D1735224

Bluetooth

Nathan J. Muller

Bluetooth

Übersetzung aus dem Amerikanischen von
Clemens Vargas R., Gerhard Franken

Ein Titelsatz für diese Publikation ist bei der
Deutschen Bibliothek erhältlich.

ISBN 3-8266-0738-4
1. Auflage 2001

Übersetzung der amerikanischen Originalausgabe
Nathan J. Muller: Bluetooth Demystified
Text Copyright © 2001 by The McGraw-Hill Companies, California.
All rights reserved including the right of reproduction in whole part or in a part in any form.

Printed in Germany
© Copyright 2001 by MITP-Verlag GmbH, Bonn
ein Geschäftsbereich der verlag moderne industrie AG&Co.KG, Landsberg

Lektorat: Sabine Schulz
Fachkorrektorat: Axel Bangert
Sprachkorrektorat: Monika Starke
Druck: Media-Print, Paderborn
Umschlaggestaltung: Justo G. Pulido, www.pulido.de
Satz und Layout: G&U e.Publishing GmbH, Flensburg

Inhaltsverzeichnis

8 Bluetooth-Sicherheit 309

Vorwort

Die drahtlose Bluetooth™-Technologie steht für eine globale technische Spezifikation, mit der permanente drahtlose Kommunikationsverbindungen zwischen tragbaren und Desktop- oder Peripheriegeräten möglich sind. Mit der drahtlosen Bluetooth-Technologie können Anwender neben vielen anderen Anwendungszwecken Daten austauschen und Dateien synchronisieren, ohne die betroffenen Geräte miteinander verkabeln zu müssen. Durch die bloße Reichweitenannäherung zweier Geräte wird es plötzlich ganz einfach, Daten aus Visitenkarten und Kalendern von einem Mobiltelefon zu einem Handheld-Computer oder persönliche Informationen von einem Palmtop- zu einem Desktop-PC zu übertragen. Sogar Fotos von einer digitalen Kamera können nun sehr einfach zur Bearbeitung oder zum Ausdruck auf einem Farbdrucker aus dem PC übernommen werden, ohne dafür Kabel anschließen, Dateien laden oder Anwendungen starten zu müssen. Da die drahtlose Verbindung mit Reichweiten bis zu zehn Metern arbeitet, verfügen die Anwender über mehr Beweglichkeit als je zuvor. Ohne lästige Kabel sehen die Arbeitsplätze nun auch ordentlicher und einladender aus.

Die Bluetooth-Technologie ist außerdem auch für drahtlose Verbindungen in konventionelle LANs (Local Area Network; lokales Netzwerk) anwendbar. Realisiert wird dies mit Hilfe eines Zugriffspunktes, der mit einem ans LAN angeschlossenen Bluetooth-Empfänger ausgestattet ist. Nach dem Aufbau einer drahtlosen Verbindung mit einem dieser Zugriffspunkte kann das mobile Gerät auf sämtliche Ressourcen im LAN, wie Drucker, Datenbank-Server und das Internet, zugreifen. Ein Anwender hätte jetzt die Möglichkeit, auf seinem Weg über den Flur zur nächsten Besprechung eine E-Mail auf seinem Palmtop zu beantworten, eine Kopie der Antwort auf einem Drucker in seiner Nähe ausdrucken und das Dokument auf dem Desktop-PC speichern zu lassen.

Das Bluetooth-Basisbandprotokoll stellt eine Kombination einer Leitungs- und Paketvermittlung dar, die gleichermaßen für Sprach- und Datenübermittlungen geeignet ist. Beispielsweise erspart diese Technik dem Anwender in Zukunft die Bedienung eines Mobiltelefons während des Autofahrens – stattdessen trägt er ein leichtes Headset, mit dem er Anrufe beantwortet und Gespräche führt, ohne das Mobiltelefon aus der Innentasche oder dem Aktenkoffer hervorholen zu müssen. Das Mobiltelefon kann nun auch mit einer Basisstation im Büro oder zu Hause so verbunden werden, als ob es wie ein schnurloses Telefon an ein öffentliches Telefonnetz angeschlossen wäre. Mit der Bluetooth-Technologie können Benutzer von Mobiltelefonen innerhalb einer begrenzten Reichweite miteinander telefonieren, ohne dafür Nutzungs-gebühren an ihre Telefongesellschaft zahlen zu müssen.

Abgesehen von den vielen denkbaren Anwendungszwecken besteht das Ziel der drahtlosen Bluetooth-Technologie darin, Kabelverbindungen zwischen Computern, Peripherie- und anderen elektronischen Geräten überflüssig zu machen. Mit der Bluetooth-Technologie soll die Herstellung einer Verbin-dung in Zukunft so einfach wie das Einschalten eines beliebigen Gerätes wer-den – der Anwender braucht nicht länger Anwendungen zu starten oder Schaltflächen zum Initiieren von Vorgängen zu betätigen. Einer der Vorteile von Bluetooth besteht darin, dass es nicht extra konfiguriert werden muss, weil es ständig im Hintergrund präsent und betriebsbereit ist. Die Bluetooth-Protokolle suchen nach anderen Bluetooth-Geräten und beginnen mit dem Austausch von Nachrichten, sobald ein anderes Gerät in Reichweite ge-kommen ist. Auf diese Weise sammeln sie Daten über die Fähigkeiten des an-deren Gerätes, bauen Verbindungen auf und sorgen, sofern erforderlich, während der Übertragung für die notwendige Sicherheit zum Schutz sicher-heitsempfindlicher Daten. Zur Kommunikation benötigen die Geräte dabei nicht einmal den direkten Sichtkontakt.

Die Bluetooth-Technologie kann für die verschiedensten Zwecke eingesetzt werden und beseitigt völlig die Notwendigkeit von Kabelverbindungen jeg-licher Art. Die Funkverbindung macht es möglich, dass sich die Anwender ganz auf ihre Aufgaben konzentrieren können und nicht mehr darüber nach-denken müssen, mit welcher Verkabelung sie die Kommunikation zwischen verschiedenen Geräten einrichten. Man geht davon aus, dass in Zukunft etwa 80% aller neuen Mobiltelefone mit einem Bluetooth-Chip ausgerüstet sein werden, der eine drahtlose Verbindung mit gleichartig ausgestatteten Notebooks, Druckern und anderen digitalen Geräten möglich macht.

Die Bluetooth-Sender/Empfänger arbeiten im global verfügbaren lizenz-freien ISM-Funkspektrum (ISM, Industrial, Scientific, Medical) mit 24 GHz. Dieses Band enthält den Frequenzbereich von 2,4 bis 2,484 GHz, der keinerlei offizielle Betriebslizenz von offizieller Seite wie etwa der Regulierungs-behörde für Telekommunikation und Post erfordert. Die Verwendung der allgemein verfügbaren Frequenzbänder bedeutet, dass Geräte mit der Blue-tooth-Technologie nahezu überall auf der Welt betrieben und mit anderen gleichartigen Geräten, die in Reichweite sind, gekoppelt werden können.

Zwischen Bluetooth und anderen drahtlosen Technologien existieren gewisse Gemeinsamkeiten. Bluetooth ergänzt die bekannt einfache Handhabung der infraroten Verfahren für den Datenaustausch und für Sprachanwendungen durch seine Rundstrahlcharakteristik, seine größere Reichweite und seine

Fähigkeit, durch Wände hindurch zu senden. Bei manchen Geräten kann eine Kombination aus Bluetooth und Infrarot die ideale Lösung für drahtlose Kommunikationsverbindungen mit kleiner Reichweite darstellen. Bei anderen Geräten hängt die Wahl der drahtlosen Bluetooth- oder Infrarottechnologie vom jeweiligen Anwendungszweck und der Verwendungsart ab.

Mit der zunehmenden Verbreitung unterschiedlicher Computer- und Kommunikationsgeräte wird die Gewährleistung der Verbindungsmöglichkeit zwischen den Geräten zu einer immer wichtigeren Frage. Natürlich wünscht sich jeder eine drahtlose Lösung, die wirtschaftlich, komfortabel, zuverlässig, leicht zu handhaben und über größere Reichweiten als die Infrarottechnologie zu betreiben ist, ohne einen direkten Sichtkontakt zwischen den Geräten vorauszusetzen. Von den vielen bisher entwickelten drahtlosen Technologien scheint nur eine viel versprechend genug zu sein, um die breitestmögliche Unterstützung der Anbieter auf dem Computer- und Telekommunikationsmarkt gewinnen zu können: Bluetooth.

Seit seiner Markeinführung 1994 durch das schwedische Telekommunikationsunternehmen Ericsson haben sich weltweit über 2000 Unternehmen als Mitglieder der Bluetooth SIG-Gruppe (SIG; Special Interest Group), der industriellen Unterstützergruppe von Bluetooth, eingeschrieben. Das Ziel dieser Gruppe besteht in der Entwicklung von Produkten, die der Spezifikation der drahtlosen Technologie entsprechen, und in der Förderung dieser Produkte im Markt. Bereits die Anzahl und die Unterschiedlichkeit der Mitglieder der Bluetooth SIG zeigen, in welche Richtung sich die Computer- und Kommunikationsindustrie bewegt: Mit der Bluetooth-Technologie wird die nahtlose Sprach- und Datenübertragung über Funkverbindungen mit kleiner Reichweite und damit die unkomplizierte und schnelle Verbindung der Anwender mit vielen unterschiedlichen Geräten ohne die Notwendigkeit einer Verkabelung möglich. Die Kommunikationsfähigkeiten von Mobiltelefonen und Handheld-Computern vergrößern sich damit ganz beträchtlich.

Die drahtlose Bluetooth-Technologie wurde in der Computer- und Kommunikationsindustrie mit einmaligem Enthusiasmus begrüßt. Es ist heute keine Frage mehr, dass Menschen überall auf der Welt schon sehr bald in den Genuss der Bequemlichkeit, Geschwindigkeit und Sicherheit der permanent verfügbaren drahtlosen Verbindungen kommen werden. Zu diesem Zweck wird die Bluetooth-Technologie erwartungsgemäß in den nächsten Jahren in Hunderttausenden von Mobiltelefonen, PCs, Laptops und einem breiten Spektrum anderer elektronischer Geräte zu finden sein. Dieses Buch erörtert die Vorteile der Bluetooth-Technologie für Anwender in den unterschiedlichsten Einsatzgebieten, erläutert ihre wesentlichen technischen Details und zeigt ihre Beziehung zur dritten Generation der globalen drahtlosen Infrastruktur auf, die heute entwickelt wird.

Die in diesem Buch enthaltenen Informationen repräsentieren (insbesondere im Hinblick auf die einzelnen Anbieter und deren Produkte) den zum Zeitpunkt der Herstellung gültigen technischen Wissensstand, der seitdem selbstverständlich einem ständigen Wandel der Technologie und des Marktes ausgesetzt war. Die Erwähnung einzelner Produkte und Dienste dient nur erläuternden Zwecken und ist in keiner Weise weder vom Verfasser noch vom herausgebenden Verlag als Werbung oder Unterstützung für diese Produkte und Dienste zu verstehen.

Nathan J. Muller

Der Fall Bluetooth

Trotz all unserer Bemühungen, sie möglichst unsichtbar zu machen, sind Kabel an unseren Computern und Peripheriegeräten im Büro und zu Hause allgegenwärtig und nehmen immer mehr überhand. Kabel gibt es mindestens zwischen dem Computer und dem Scanner, Drucker, dem Handheld-Gerät und vielleicht noch dem Visitenkarten-Scanner. Sofern wir einen Multimedia-PC verwenden, finden wir noch mehr Kabel für das Mikrofon, die Lautsprecher und Subwoofer vor. Und vermutlich gibt es noch ein weiteres Kabel für die Videokamera für Konferenzgespräche über das Internet. Ein externes Modem und Zip-Laufwerk fügt dem Kabelsalat noch einmal weitere Kabel zum Anschluss dieser Geräte hinzu. Noch mehr Kabel bekommen wir, wenn wir gern schnell und unkompliziert Daten zwischen einem Palmtop, Laptop und Desktop-PC austauschen möchten. Auf Reisen müssen wir allerlei Geräte in unseren Reisetaschen unterbringen, die alle für die verschiedenen Einsatzbedingungen und -zwecke verkabelt werden müssen. Seien wir einmal ehrlich: In unserer Welt, die sich immer mehr zu einer Welt von Geräten mit Steckverbindungen entwickelt hat, ist das Herstellen von Steckverbindungen zu einer ziemlich lästigen Angelegenheit geworden!

1.1 Was ist mit Infrarot?

Sicher – es gibt einige Geräte, die über eine optische Verbindung wie Infrarot miteinander kommunizieren können. Bei dieser Art der Kommunikation wird zwischen verschiedenen Geräten für Sprache und Daten ein Infrarotlicht im 850 Nanometer-Bereich verwendet. Allerdings setzt diese Art von Signal voraus, dass ein geradliniger Sichtkontakt ohne Hindernisse zwischen den beiden Geräten vorhanden ist. Sogar wenn ein solcher Sichtkontakt gegeben ist, müssen beide Geräte immer noch nahe genug beieinander positioniert werden, damit die Verbindung über die sehr kurze Strecke von einem Meter oder weniger funktioniert. Während Infrarot eher für kurzstreckige Punkt-zu-Punkt-Kommunikationsverbindungen zum Austausch von Daten oder Synchronisieren von Dateien gedacht ist, bestand das Entwicklungsziel der drahtlosen Bluetooth™-Technologie von Anfang an in der Unterstützung von Daten- und mehreren Sprachkanälen über eine Reichweite von bis zu zehn Metern.

Bei Infrarot- wie Bluetooth-Produkten wird der Datenaustausch als eine fundamentale technische Funktion betrachtet. Ein einfacher Datenaustausch wie etwa die Übertragung einer Visitenkarte von einem Mobiltelefon an ein Palmtop ist ebenso möglich wie die anspruchsvollere Aufgabe einer Synchronisierung der persönlichen Daten zwischen Ihrem Palmtop und Ihrem Desktop-PC. In der Praxis können viele Anwendungsgebiete mit beiden Technologien bedient werden.

1.2 Infrarot und Bluetooth?

Hier stellt sich nun die Frage: Wenn Infrarot und Bluetooth viele gleiche Anwendungsgebiete bedienen können, warum benötigen wir dann überhaupt zwei ähnliche Technologien? Die Antwort ergibt sich aus der Tatsache, dass beide Technologien ihre Vor- und Nachteile haben. Entsprechende Szenarios zeigen, dass immer dort, wo die Infrarotlösung von Nachteil ist, Bluetooth-Geräte durch ihre Vorzüge glänzen und umgekehrt.

Betrachten Sie beispielsweise einmal den Austausch von Visitenkarteninformationen zwischen zwei Geräten. Diese Art von Anwendung findet typischerweise in einem Besprechungsraum oder im Gang eines Ausstellungsgebäudes statt, in dem sich eine Reihe von Geräten befindet, die alle dieselbe Funktion auszuführen versuchen. In einer solchen Situation ist Infrarot die bessere Lösung – wegen seiner kurzen Reichweite und dem engen Winkel (30 Grad oder weniger) von Infrarotlicht können beide Anwender das andere Gerät des jeweiligen Empfängers leicht anpeilen. Beim Austausch von Visitenkarten ist es normal, dass sich die Personen nahe beieinander befinden, was die Ausrichtung zweier Geräte aufeinander begünstigt. Die begrenzte Reichweite und der Winkel von Infrarot ermöglicht es den Anwendern, auf sichere Weise und ohne gegenseitige Störungen gleichartige Aktivitäten durchzuführen.

Ein Bluetooth-Gerät würde sich in einer solchen Situation nicht genau so wie ein Infrarot-Gerät verhalten. Da es rundum abstrahlt, müsste ein Bluetooth-Gerät erst einmal den zutreffenden Empfänger ausfindig machen. Der Anwender kann nicht einfach auf den Empfänger zielen, sondern das Bluetooth-Gerät müsste zunächst einmal eine Suchoperation ausführen, deren Ergebnis vermutlich mehrere andere Bluetooth-Geräte wären, die sich in Reichweite befinden. Eine enge Annäherung würde in dieser Lage keinen Vorteil darstellen. Der Anwender ist daher gezwungen, unter mehreren entdeckten Geräten auszuwählen und ein Sicherheitsverfahren anzuwenden, welches unberechtigte Zugriffe verhindert. Alle diese Faktoren würden den Einsatz von Bluetooth-Geräte für den Visitenkartenaustausch zu einer mühseligen und unnötig zeitraubenden Angelegenheit machen.

Bluetooth-Produkte können jedoch in vielen anderen Situationen die bessere Wahl darstellen. Die Fähigkeit der drahtlosen Bluetooth-Technologie, feste Objekte durchdringen und in »Pico-Netzen« operieren zu können, stellt Möglichkeiten für den Datenaustausch zu Verfügung, die mit Infrarot nur sehr schwer oder unmöglich zu realisieren wären.

Mit der drahtlosen Bluetooth-Technologie können Sie beispielsweise Ihr Mobiltelefon mit Ihrem Notebook synchronisieren, ohne zu diesem Zweck auch nur das Telefon aus Ihrer Jacke oder Tasche hervorholen zu müssen. Mit diesem Verfahren könnten Sie am Computer eine neue Adresse eingeben und direkt in das Telefonbuch Ihres Mobiltelefons übertragen, ohne dieses hervorholen und eine Kabelverbindung zwischen den beiden Geräten herstellen zu müssen. Durch die Rundum-Abstrahlung der Bluetooth-Technologie kann die Synchronisation unverzüglich stattfinden, sofern sich das Mobiltelefon und Ihr Computer innerhalb einer Reichweite von zehn Metern befinden.

Die Verwendung von Produkten mit der drahtlosen Bluetooth-Technologie für die Synchronisation setzt nicht voraus, dass sich das Telefon an einer bestimmten, immer gleichen Stelle befindet. Die Synchronisation kann auch stattfinden, während Sie mit dem Telefon in Ihrer Jackentasche umherwandern. Mit Infrarot wäre dies nicht möglich, da das Signal keine festen Objekte durchdringen kann – weder Jackentaschen noch Ledertaschen. Außerdem müssen sich die Geräte innerhalb einer Reichweite von einem Meter befinden. Darüber hinaus erfordert die Verwendung von Infrarot, dass beide Geräte während der Synchronisation stationär verbleiben.

1.3   Geschwindigkeitsunterschiede

Hinsichtlich der Frage der Übertragungsgeschwindigkeit bietet Infrarot gegenüber der Bluetooth-Spezifikation einen deutlichen Vorteil. Während die drahtlose Bluetooth-Technologie Daten zwischen zwei Geräten mit einer Geschwindigkeit von nur 721 Kbps überträgt, erreicht Infrarot hier Datendurchsätze von bis zu 4 Mbps. Eine noch schnellere Variante der Infrarot-Technologie, die Daten zwischen zwei Geräten mit bis zu 16 Mbps übertragen kann, ist gerade verfügbar geworden – eine Vervierfachung gegenüber der Vorläufervariante. Diese erhöhte Geschwindigkeit wird mit dem VFIR-Protokoll (VFIR, Very Fast Infrared Protocol) erreicht, welches mit dem Ziel entwickelt worden ist, die hohen Datendurchsatzanforderungen zu erfüllen, die bei der Übertragung großer Bilddateien zwischen digitalen Kameras, Scannern und PCs bestehen. Auch wenn die Bluetooth-Spezifikation in der Zukunft auf höhere Datenraten hin ausgelegt werden würde, könnte sie wahrscheinlich den diesbezüglichen Vorsprung von Infrarot auf Jahre nicht mehr einholen.

1.4 Drahtlos in den Draht

Eine wichtige Eigenschaft sowohl der Bluetooth- als auch der Infrarottechnologie besteht darin, drahtlose Verbindungen zwischen tragbaren Geräten und einem Kabelnetzwerk herstellen zu können. Da Bluetooth-Geräte keinen direkten Sichtkontakt haben müssen, eignen sie sich für diese Art der Anwendung besser, weil die Anwender hinsichtlich der Wahl des Standortes eines LAN-Zugriffspunktes beweglicher als Besitzer von Infrarot-Geräten sind, die immer noch an die größere Nähe und den Sichtkontakt gebunden sind. Ein Zugriffspunkt ist ein Sender/Empfänger (transceiver), der drahtlose Signale anderer Geräte akzeptiert und über eine Kabelverbindung ins LAN weiterleitet (siehe Abbildung 1.1).

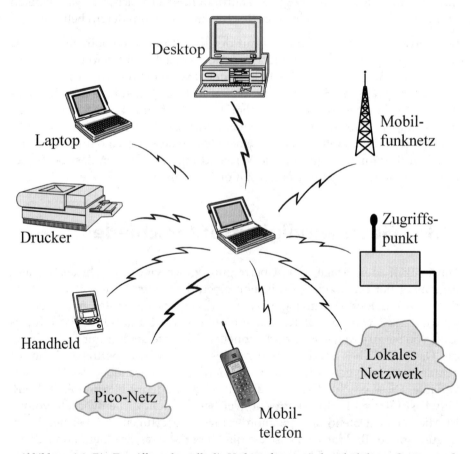

Abbildung 1.1: Ein Zugriffspunkt stellt die Verknüpfung zwischen drahtlosen Geräten und einem lokalen Netzwerk (LAN) dar

Außerdem muss ein einmal ans LAN angeschlossenes infrarotes Gerät für die Dauer des Datenaustauschs weitgehend stationär bleiben. Ein Bluetooth-Gerät mit Drahtlos-Technologie hingegen kann vom Anwender während der Verbindung mit einem LAN-Zugriffspunkt bewegt werden, solange es dabei innerhalb der Reichweite von zehn Metern bleibt.

1.5   Ins Internet einwählen

Die Emulation einer EIA/TIA 232-Verbindung zwischen einem tragbaren Computer und einem Mobiltelefon zum Aufbau einer Einwählverbindung ins Internet stellt eine weitere Anwendung dar, die sowohl mit der Infrarot- als auch der Bluetooth-Technologie realisiert werden kann. Zwar funktioniert auch die infrarote Verbindung in diesem Anwendungsfall recht gut, jedoch bietet Bluetooth hier noch den Hauptvorteil an, dass der Anwender das Mobiltelefon in der Tasche lassen und im Raum umhergehen kann, während die Verbindung weiter besteht. Bluetooth verlangt im Gegensatz zu Infrarot nicht, dass das Mobiltelefon in der Nähe eines anderen Gerätes stationiert wird. Die Tabelle 1.1 fasst die Leistungsmerkmale der Produkte mit Infrarot-Schnittstelle zusammen.

Leistungsmerkmal/ Funktion	Geschwindigkeit und Leistung
Verbindungstyp	infrarot, enger Strahlwinkel (30 Grad oder weniger)
Spektrum	optisch, 850 Nanometer (nm)
Übertragungsleistung	100 Milliwatt (mW)
Datendurchsatz	bis zu 16 Mbps unter Verwendung des VFIR-Protokolls (VFIR; Very Fast Infrared)
Reichweite	bis zu 1 Meter
Unterstützte Stationen	2
Sprachkanäle	1
Datensicherheit	Die kleine Reichweite und der enge Winkel des Infrarot-Strahls stellen selbst schon eine elementare Form von Sicherheit dar. Auf Verbindungsebene stehen ansonsten keinerlei andere Sicherheitsfunktionen zur Verfügung.
Adressierung	Jedes Gerät verfügt über eine physikalische ID mit 32 Bit, die zur Herstellung einer Verbindung mit dem anderen Gerät benutzt wird.

Tabelle 1.1: Leistungsmerkmale von Produkten mit Infrarot-Schnittstelle

1.6 Was ist mit drahtlosen LANs?

Eine weitere Option einer drahtlosen Verbindung stellt das über den 802.11-Standard des US-amerikanischen IEEE (Institute of Electrical and Electronic Engineers) beschriebene lokale Netzwerk dar. Drahtlose Netzwerke, die die Spezifikation nach 802.11 verwenden, sind für vollkommen andere Anwendungsgebiete gedacht als Bluetooth. Bluetooth-Geräte verbrauchen nur wenig Strom und sind für die Übertragung kleiner Datenmengen mit fast 1 Mbps über kleine Distanzen entwickelt worden, während der 802.11-Standard Verbindungen von 1 bzw. 2 Mbps bis zu 11 Mbps über Distanzen bis zu vielen Dutzenden von Metern ermöglicht, was sie für den Bürobereich in Industrie oder Universität geeignet macht, in denen das Verlegen von Kabeln entweder nicht praktisch oder wirtschaftlich genug wäre, oder in denen Flexibilität hinsichtlich der Konfiguration vorausgesetzt wird.

Eine typische drahtlose LAN-Konfiguration enthält einen oder mehrere Zugriffspunkte für einen Ethernet-Hub, der dann die eigentliche Verbindung ins Netzwerk übernimmt. Die Zugriffspunkte stellen im Wesentlichen mit Sendern/Empfängern ausgestattete Bridges dar, die für die Schnittstelle zwischen dem verkabelten und dem drahtlosen Netzwerk sorgen (siehe Abbildung 1.2). Der Zugriffspunkt übernimmt mindestens die Funktionen des Empfangs, der Pufferung und der Übertragung der Daten zwischen dem drahtlosen LAN und der Infrastruktur des verkabelten Netzwerks. Ein einziger Zugriffspunkt unterstützt eine kleine Gruppe von Anwendern, die sich mit ihm über drahtlose LAN-Karten mit integrierten Antennen in ihren PCs oder Notebooks verbinden (siehe Abbildung 1.3).

Abbildung 1.2: Der drahtlose LAN-Zugriffspunkt Cisco Aeronet 340

Abbildung 1.3: Eine drahtlose LAN-Karte für ein Notebook von Cisco Systems

Drahtlose LANs gibt es schon seit mehreren Jahren, jedoch mit relativ geringer Marktdurchdringung. Das weitere Wachstum wurde bisher wegen der fehlenden Interoperabilität behindert, die erst vor wenigen Jahren mit dem Standard IEEE 802.11 gewährleistet worden ist. Jedoch auch bei Wegfall der Interoperabilitätsprobleme sind die Komponenten, die zum Aufbau eines drahtlosen LAN erforderlich wären, immer noch zu teuer – eine entsprechende Adapterkarte würde etwa 400 DM und ein Zugriffspunkt nahezu 2000 DM kosten.

Drahtlose LANs bieten bei Verwendung der Spreiztechnik nach DSSS (Direct Sequence Spread Spectrum) einen Datendurchsatz von bis zu 11 Mbps und von 1 oder 2 Mbps bei Verwendung der Spreiztechnik nach FHSS (Frequency Hopping Spread Spectrum). Beim DSSS-Verfahren wird der zugrunde liegende digitale Bitstrom mit einem höheren Chippingcode für einen Datenstrom mit sehr hoher Bitrate moduliert, der bei der Übertragung über einen großen Bereich des Frequenzspektrums gespreizt wird. Beim Frequenzsprungverfahren (Frequency Hopping) wird die Bandbreite in Portionen von 1 MHz aufgeteilt. Die US-amerikanische Telekommunikationsbehörde FCC verlangt beispielsweise, dass der Sender/Empfänger mindestens 79 der Kanäle in Abständen von höchstens 30 Sekunden abtastet, was eine Minimalrate von 2,5 Hops pro Sekunde ergibt. Die Hop-Sequenz selbst stellt ein pseudo-zufälliges Muster dar, welches von konventionellen Funkempfängern während der Übertragung beim Frequenzsprungverfahren nur als Rauschen mit geringem Pegel empfangen wird.

Obwohl das DSSS-Verfahren einen höheren Datendurchsatz bietet, stellt sich das FHSS-Verfahren als weniger störanfällig dar. Es ist bevorzugt in Umgebungen mit hohen elektromagnetischen Störpegeln und strengeren Sicherheitsanforderungen einsetzbar. Das DSSS-Verfahren benötigt mehr elektrische Leistung als das FHSS-Verfahren und ist außerdem teurer in der Implementierung.

Leistungsmerkmal/ Funktion	Geschwindigkeit und Leistung
Verbindungstyp	Spread Spectrum (Direct Sequence oder Frequency Hopping)
Spektrum	ISM-Band mit 2,4 GHz
Übertragungsleistung	100 Milliwatt (mW)
Datendurchsatz	1 oder 2 Mbps bei Frequency Hopping und 11 Mbps bei Direct Sequence
Reichweite	bis zu 100 Metern zwischen Zugriffspunkt und Client
Unterstützte Stationen	Mehrere Geräte pro Zugriffspunkt; mehrere Zugriffspunkte pro Netzwerk
Sprachkanäle	Voice over IP
Datensicherheit	Authentifizierung: Challenge-Response zwischen Zugriffspunkt und Client über WEP (Wired Equivalent Privacy; Verschlüsselung: Standardmäßig mit 40 Bit, optional mit 128 Bit
Adressierung	Jedes Gerät verfügt über eine MAC-Adresse mit 48 Bit, die zur Herstellung einer Verbindung mit dem anderen Gerät benutzt wird.

Tabelle 1.2: Leistungsmerkmale von drahtlosen LANs nach 802.11

Drahtlose LANs minimieren zwar den Bedarf an Verkabelung, sind aber nicht für die wechselseitige Verbindung der mobilen Geräte gedacht, die wir jeden Tag auf dem Weg zwischen zu Hause und Büro mit uns herumtragen. Für diese wird die drahtlose Bluetooth-Technologie gebraucht. Die Tabelle 1.2 fasst die Leistungsmerkmale der drahtlosen 802.11-LANs zusammen.

1.7 Home-RF

Eine weitere drahtlose Technologie, die mit der Bluetooth-Spezifikation die Nutzung des lizenzfreien ISM-Bands bei 2,4 GHz gemeinsam hat, nennt sich Home-RF (Home Radio Frequency) und wird von mehr als 100 Mitgliedsfirmen unterstützt, die sich im Home-RF Consortium zusammengeschlossen haben. Viele dieser Unternehmen gehören gleichzeitig zur Bluetooth Special Interest Group (SIG). Home-RF formuliert eine offene Industriespezifikation für die drahtlose digitale Kommunikation zwischen PCs und elektronischen Haushalts- und Unterhaltungsgeräten und bildet damit die Grundlage für einen breiten Bereich von Consumer-Elektronik in und um den Heimbereich herum. Home-RF-Geräte werden mit 2 Mbps betrieben und erlauben in Zukunft möglicherweise Geschwindigkeiten von bis zu 10 Mbps.

Home-RF verwendet wie die Bluetooth-Spezifikation aus Sicherheits- und Zuverlässigkeitsgründen das FHSS-Verfahren. Die Unterschiede in der Frequenzsprung-Rate reduzieren die wechselseitigen Störungen zwischen Geräten, die in derselben Umgebung arbeiten. Wie die Bluetooth-Spezifikation definiert auch die Home-RF-Spezifikation eine Unterstützung für Sprache und Daten und stellt damit die Grundlage für ein weites Feld von preisgünstigen und untereinander kommunikationsfähigen Unterhaltungs- und Haushaltsgeräten dar. Die Spezifikation von Home-RF gründet auf dem SWAP-Protokoll (SWAP, Shared Wireless Access Protocol), welches eine gemeinsame Schnittstelle zur Unterstützung von drahtlosen Sprach- und Datenübertragungen für den Heimbereich definiert.

Mit SWAP werden die unterschiedlichsten, von den verschiedensten Herstellern angebotenen Geräte aus dem Bereich der Heimanwenderelektronik untereinander kommunikationsfähig und stellen damit dem Benutzer eine hervorragende und vollständige Haushalts-Netzwerklösung zur Verfügung, die Sprach- und Datenübertragungen, Schnittstellen ins öffentliche Telefonnetz und ins Internet unterstützt. So könnte beispielsweise ein SWAP-kompatibles Heim-Gateway für DSL (Digital Subscriber Line) als eine Verbindungsstelle für drahtlose Geräte zu Hause arbeiten (siehe Abbildung 1.4). DSL stellt über standardmäßige Telefonleitungen schnelle Datenverbindungen, Telefonie- und digitale Videodienste zur Verfügung. Mit der Unterstützung von SWAP ermöglicht das Gateway der ganzen Familie den simultanen Zugang zum Internet. Die nächste Generation von Gateways wird die Anwender in die Lage versetzen, über eine Einwahl von entfernten Standorten auf jedes beliebige Gerät in der Reichweite des Gateways zugreifen zu können.

Die folgenden Beispiele zeigen auf, welche Anwendungsgebiete sich den Benutzern mit der Verfügbarkeit SWAP-kompatibler Produkte außerdem noch eröffnen können:

- Einrichtung drahtloser Heim-Netzwerke zur gemeinsamen Nutzung von Sprache und Daten zwischen PCs, Peripheriegeräten, PC-gestützten schnurlosen Telefonen und neuen Produkten wie etwa tragbaren Remote-Anzeigegeräten
- Gemeinsame Nutzung von Dateien, Modems und Druckern in Haushalten mit mehreren PCs
- Intelligente Weiterleitung von ankommenden Telefonanrufen zu mehreren schnurlosen Handapparaten, Faxgeräten und Sprachmailboxen
- Bearbeitung ankommender Sprach-, Fax- und E-Mail-Nachrichten über einen PC-gestützten schnurlosen Telefonhandapparat

- Aktivieren von heimelektronischen Geräten durch Einsprechen von Befehlen in PC-gestützte schnurlose Telefonhandapparate
- Mehrbenutzer-Spiele über PC- oder Internet-gestützte Ressourcen

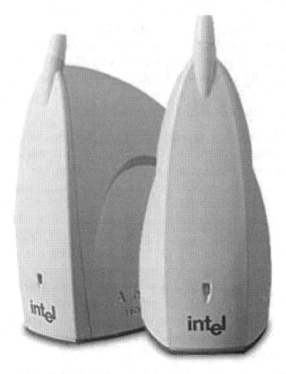

Abbildung 1.4: Dieses Paar der frühen drahtlosen Gateways von Intel Corp. namens AnyPoint Wireless Home Network fungierte als Zugriffspunkt für sämtliche drahtlose Geräte im Haushalt. Die Familienmitglieder konnten Drucker und Dateien sowie eine DSL-Verbindung ins Internet gemeinsam nutzen.

SWAP wurde aus den bestehenden Spezifikationen für schnurlose Telefone (wie DECT für Digital Enhanced Cordless Telephone) und drahtlosen LAN-Technologien entwickelt und sollte eine neue Klasse von schnurlosen Heimanwendergeräten möglich machen. Es unterstützt TDMA (Time Division Multiple Access) für interaktive Sprach- und andere ähnliche zeitkritische Dienste und den CSMA/CA-Dienst (CSMA/CA; Carrier Sense Multiple Access/Collision Avoidance) zur Bereitstellung sehr schneller Datenpakete. Die Tabelle 1.3 fasst die Leistungsmerkmale von Home-RF-Produkten zusammen.

Leistungsmerkmal/ Funktion	Geschwindigkeit und Leistung
Verbindungstyp	Spread Spectrum (Direct Sequence oder Frequency Hopping)
Spektrum	ISM-Band mit 2,4 GHz
Übertragungsleistung	100 Milliwatt (mW)
Datendurchsatz	1 oder 2 Mbps je nach Modulationstyp unter Verwendung von Frequency Hopping
Reichweite	für den Heimbereich (im und um das Haus(die Wohnung herum)
Unterstützte Stationen	bis zu 127 Geräte pro Netzwerk
Sprachkanäle	bis zu 6
Datensicherheit	Blowfish-Verschlüsselungsalgorithmus (über 1 Billion Codierungen)
Adressierung	Jedes Gerät verfügt über eine MAC-Adresse mit 48 Bit, die zur Herstellung einer Verbindung mit dem anderen Gerät benutzt wird.

Tabelle 1.3: Leistungsmerkmale von Home-RF

Das drahtlose Netzwerk kann ein Maximum von bis zu 127 Knoten bedienen. Die Knoten werden von den folgenden vier Basistypen gebildet:

- Ein Verbindungspunkt für die Unterstützung von Sprach- und Datendiensten
- Ein Spracheingabeterminal, welches für die Kommunikation mit einer Basisstation lediglich TDMA verwendet
- Ein Datenknoten, der CSMA/CA-Dienste zur Kommunikation mit einer Basisstation und anderen Datenknoten verwendet
- Ein integrierter Knoten, der sowohl TDMA- als auch CSMA/CA-Dienste verwenden kann

Das SWAP-System arbeitet entweder als ein Adhoc-Netzwerk oder ein verwaltetes Netzwerk unter der Kontrolle eines Verbindungspunktes. In einem Adhoc-Netzwerk, in dem nur Datenverbindungen unterstützt werden, gelten alle Stationen als gleichberechtigt, während die Kontrolle des Netzwerks auf die einzelnen Stationen verteilt ist. Bei zeitkritischen Anwendungen wie etwa interaktiver Sprache ist zur Koordinierung des Systems und zur Bereitstellung eines Gateways zum öffentlichen Telefonnetz ein Verbindungspunkt erforderlich. Das SWAP-System kann den Verbindungspunkt außerdem zur Unterstützung der Energieverwaltung nutzen, um über geplante Geräteaktivierungs- und Pollingtechniken längere Batterielaufzeiten zu ermöglichen.

Für Home-RF liegt eine Implementierung über PC-Karten nahe, während Bluetooth eher als integrierte Komponente realisiert werden dürfte. Außerdem ist Home-RF für eine Übertragungsreichweite von 50 Metern entwickelt worden – es benötigt einen Sender mit 100 Milliwatt. Ein Bluetooth-Gerät dagegen verfügt über eine Reichweite von zehn Metern und benötigt nur ein Milliwatt Leistung. Dies bedeutet, dass Produkte für Home-RF grundsätzlich teurer als Bluetooth-Produkte sein werden. Darüber hinaus beanspruchen Bluetooth-Produkte die Batterie weniger, da ein Bluetooth-Chip zur Zeit im Standby-Betrieb nur 0,3 Milliampere (mA) verbraucht, was weniger als 3% der von einem normalen Mobiltelefon verbrauchten Leistung ist. Der Chip verfügt außerdem über hervorragende Energieverwaltungsfunktionen und ist in der Lage, bei niedrigerem oder stoppendem Datenaufkommen automatisch in einen Modus mit sehr geringem Stromverbrauch umzuschalten.

Diesen geringen Stromverbrauch und die geringe Batteriebeanspruchung erzielt die drahtlose Bluetooth-Technologie über die Implementierung eines einzigen Chips als Bestandteil eines Moduls (siehe Abbildung 1.5). Die Entwickler haben dabei die Hochfrequenz- und Logikfunktionen auf demselben Chip integriert und dadurch weitere, außerhalb des Hauptbauteils liegende Komponenten vermieden, die zumeist beträchtlich zu den Kosten eines Empfängers beitragen. Diese Art des Designs wurde wegen der kleinen Reichweite von Bluetooth-Geräten möglich, die gegenüber einem schnurlosen Telefon eine Verringerung der Empfindlichkeit des Senders/Empfängers um ganze Größenordnungen erlaubt (es wird nur 1 Milliwatt Leistung benötigt). Auch die Übertragungsrate (etwa 720000 Bit pro Sekunde) bleibt dabei akzeptabel und beträgt nur ein Zehntel eines drahtlosen LANs.

Abbildung 1.5: Größenmäßiger Vergleich eines Bluetooth-Moduls von Ericsson mit einem Zündholz

Es ist klar, dass die Anwender Home-RF und Bluetooth gern kombiniert sehen möchten. Normalerweise sind die beiden Gerätetypen nicht kompatibel. Jedoch dürften trotz der Hauptdifferenzen zwischen Home-RF und der drahtlosen Bluetooth-Technologie genügend Synergieeffekte zur Entwicklung eines zweimoduligen Gerätes entstehen, das eine dynamische Umschaltung zwischen Home-RF und Bluetooth beherrscht. Der vollständig entfalteten Kommunikation dürfte dann nichts mehr im Wege stehen.

1.8   Vorteile von Bluetooth

Was alle wünschen, ist eine wirtschaftliche drahtlose Lösung, die komfortabel handhabbar, zuverlässig, einfach zu bedienen und über größere Reichweiten als Infrarot ohne Notwendigkeit direkten Sichtkontaktes einsetzbar ist. Von den vielen bisher entwickelten drahtlosen Systemen, die diese Anforderungen zu erfüllen versucht haben, hat sich nur die drahtlose Bluetooth-Technologie als viel versprechend genug erwiesen, um der Unterstützung der Hersteller in allen Segmenten des Computer- und Kommunikationsmarktes sicher sein zu können.

Einfach ausgedrückt: Die Bluetooth-Spezifikation stellt eine globale technologische Spezifikation für preiswerte drahtlose Kommunikationseinrichtungen und Vernetzungen für Geräte mit kleinem Formfaktor dar, die sich gleichermaßen für PCs, Mobiltelefone und andere tragbare Geräte eignet. Die Aufgabe von Bluetooth-Geräten wird es sein, Kabelverbindungen zwischen Computern, Peripheriegeräten und anderen elektronischen Geräten überflüssig zu machen. Sie wissen, dass Sie beispielsweise für die Datenübertragung zwischen einem PC und einem Laptop normalerweise ein herstellerspezifisches Kabel, eine Infrarotverbindung oder einen speziellen drahtlosen Adapter mit einer integrierten Antenne benötigen. Mit der Bluetooth-Technologie, die in Mikrochips untergebracht werden kann, können Sie die Geräte einfach beim Einschalten miteinander verbinden. Die Steckplätze in den Laptops und Desktop-PCs bleiben für andere Zwecke frei.

Da Bluetooth-Geräte den Kabelsalat zwischen Desktop-PCs beseitigen, wird der persönliche Arbeitsplatz aufgeräumter und zugänglicher. Weil die drahtlose Verbindung über eine Reichweite von bis zu zehn Metern verfügt, können Sie die Geräte praktisch überall im Büro oder Raum platzieren, ohne Rücksicht auf die üblichen Kabellängen von in der Regel weniger als einem Meter Rücksicht nehmen zu müssen. Die Standardreichweite von Bluetooth von bis zu zehn Metern kann mit optionalen Verstärkern, die an den geeigneten Stellen im Gebäude platziert sind, auf bis zu 100 Meter vergrößert werden. Die überflüssig gewordenen Kabel sorgen außerdem für einen sichereren Arbeitsplatz, da nun »Stolperfallen« und versehentliches »Steckerziehen« nicht mehr möglich sind.

Außer der Beseitigung des üblichen Kabelsalats sorgt die Bluetooth-Technologie noch dafür, dass Geräte, die in Reichweite geraten, sofort mit der Kommunikation beginnen können, ohne dafür einen Anwender zu benötigen, der Anwendungen startet oder Verarbeitungsvorgänge über Schaltflächen auslöst. Tatsächlich besteht einer der Hauptvorteile der Bluetooth-Spezifikation darin, dass sie keinerlei besondere Konfiguration benötigt – sie ist immer aktiv und läuft im Hintergrund. Die Geräte brauchen für die Kommunikation keinen Sichtkontakt. Im Gegensatz zu Infrarot können Bluetooth-Geräte durch Mauern und Aktentaschen senden – ein elektronischer Organizer in Ihrer Jackentasche kann also ohne weiteres eine Telefonnummer an Ihr Mobiltelefon im Aktenkoffer übertragen und einen Telefonanruf starten.

Da sich verschiedene Geräte bei entsprechender Nähe gegenseitig miteinander verbinden können, haben Sie damit bereits Ihr eigenes, persönliches Netzwerk (PAN, Personal Area Network), welches als Adhoc-Netzwerk fungieren kann. Das Unternehmen Motorola betrachtet die drahtlose Bluetooth-Technologie in dieser Beziehung bereits als eine Erweiterung der herkömmlichen Art, in der Messebesuche stattfinden. Als Vorbereitung auf Ihren Messebesuch könnten Sie nun beispielsweise Informationen zu den Produkten, die Sie gern kennen lernen möchten, in Ihren Palmtop laden und beim Durchwandern der Messeausstellung Ihren Palmtop andere Bluetooth-Geräte entdecken und mit diesen selektiv Daten austauschen lassen. Auf diese Weise kann ein Aussteller über Ihr eigenes Gerät Kontaktinformationen von Ihnen erhalten und Ihnen weitere Produktinformationen ins Büro senden oder über den Vertrieb telefonisch Verbindung mit Ihnen aufnehmen. Auf gleiche Weise erhalten Sie Kontaktinformationen über das Gerät des Ausstellers, so dass Sie später nach Wunsch Verbindung mit diesem aufnehmen können.

1.9   Der Beginn von Bluetooth

1994 startete Ericsson Mobile Communications, ein in Schweden ansässiges globales Telekommunikationsunternehmen, eine Studie, die die Machbarkeit einer preiswerten und im Stromverbrauch niedrigen Funkschnittstelle zwischen Mobiltelefonen und deren Zubehör untersuchen sollte. Das Ziel der Studie bestand darin, einen Weg zu finden, Kabelverbindungen zwischen Mobiltelefonen und PC-Karten, Headsets, Desktops und anderen Geräten überflüssig zu machen. Die Studie war Bestandteil eines größeren Projekts, das erforschen sollte, wie verschiedene Kommunikationsgeräte über Mobiltelefone an das Mobilfunknetz angeschlossen werden konnten. Das Unternehmen kam zu der Schlussfolgerung, dass das letzte Glied einer derartigen Verbindung eine Funkschnittstelle mit kleiner Reichweite sein müsste. Mit dem Fortgang des Projekts wurde immer klarer, dass die Anwendungsgebiete für eine Funkschnittstelle mit kleiner Reichweite praktisch unbegrenzt waren.

Die Vorarbeiten von Ericsson in diesem Gebiet wurden bald von IBM, Intel, Nokia und Toshiba bemerkt. Die Unternehmen gründeten schließlich im Mai 1998 die Bluetooth Special Interest Group (SIG), die bis zum April 2000 auf 2000 Mitgliedsfirmen anwuchs – schneller als jedes andere Konsortium für drahtlose Übertragungsverfahren. Die Unternehmen entwickelten gemeinsam die Bluetooth-Spezifikation 1.0, die im Juli 1999 veröffentlicht wurde. Diese Spezifikation besteht aus zwei Dokumenten, und zwar dem Grundlagendokument, welches die Entwurfsspezifikation enthält, und dem Grundlagenprofil, welches die Richtlinien zur Herstellung der Interoperabilität formuliert. Das Grundlagen- oder Kerndokument behandelt Komponenten wie etwa die Funkeinheit, das Basisband, den Link-Manager, das Diensterkennungsprotokoll, die Transportschicht und die Interoperabilität zwischen verschiedenen Kommunikationsprotokollen. Das Profildokument legt die für die verschiedenen Bluetooth-Anwendungen erforderlichen Protokolle und Verfahren fest.

Den fünf Gründungsmitgliederfirmen der Bluetooth SIG traten 3Com, Lucent, Microsoft und Motorola zur Bildung einer Unterstützergruppe (Promoter Group) bei. Die Charta der so genannten Promoter Group hat zum Ziel, die Anstrengungen der Bluetooth SIG über die Bildung eines Forums zu unterstützen, das die Bluetooth-Spezifikation erweitert und Möglichkeiten zum Test der Interoperabilität bereitstellt.

1.9.1 Was bedeutet der Name?

Die Ingenieure von Ericsson benannten die neue drahtlose Technologie Bluetooth (Blauzahn) zu Ehren eines Wikingerkönigs des 10. Jahrhunderts in Dänemark. Harald Blauzahn regierte von 940 bis 985 und wird nicht nur wegen seiner Verdienste um die Einigung des Landes, sondern auch wegen der Einführung des Christentums gewürdigt[1].

---

1. Der Name Haralds lautete ursprünglich Blåtand, welches etwa »Blauzahn« bedeutet. Mit der Farbe seiner Zähne hat es jedoch nichts zu tun, die er angeblich niemals geputzt oder sonst wie gereinigt haben soll. Der Name Blåtand bezieht sich eigentlich auf seine sehr dunkle Haarfarbe, die für Wikinger nicht normal war. Norwegen und Schweden bildeten in alter Zeit weitere Wikingerstaaten, was die Anleihe des Unternehmens Ericsson (wörtlich: Eric′s Sohn) beim Namen Blauzahn als Codename seiner Drahtlos-Technologie erklärt.

Zur damaligen Zeit lebten die Dänen in kleinen Gemeinschaften unter der Herrschaft lokaler Häuptlinge zusammen, von denen einige für ihre Piraten-überfälle auf Europas Küstenstädte und ihre Jagd nach Sklaven und Schätzen bekannt waren. Jahrhunderte lang hatten die Dänen den Göttern Thor und Odin gehuldigt. Als sich das Christentum überall in Europa auszubreiten begann, brachen auch in die von den Dänen besetzten Gebiete die Kämpfe zwischen Christen und Heiden herein.

Wie die Geschichte erzählt, war Harald der Sohn des Königs Gorm des Alten von Dänemark und von Thyra (bzw. Tyra), die die Tochter eines englischen Adeligen gewesen sein soll. Nach 25 Jahren seiner Regierung war Harald von dem deutschen Priester Poppos beeindruckt, der ein Stück glühendes Metall in seinen bloßen Händen hielt, ohne Wunden davonzutragen. Poppos erklärte, dass der Glaube an Gott ihn geschützt habe und überzeugte damit Harald von der Macht des Christengottes. König Harald akzeptierte das Christentum – seine spätere Taufe trug viel dazu bei, dass der religiöse Kampf in Dänemark beigelegt wurde.

Auch die Ziele der Bluetooth-Technologie bestehen in der Vereinheitlichung und Harmonisierung – unterschiedliche Geräte sollen in Zukunft über einen gemeinsam beschlossenen Standard für drahtlose Verbindung miteinander kommunizieren können. Obwohl es manchen vielleicht etwas weit hergeholt erscheinen mag, aber dies ist die Begründung, mit der die Marketingleute bei Ericsson ihre Wahl des Namens »Bluetooth« erklären.

1.10 Die Bluetooth-Technologie

Die Bluetooth-Spezifikation umfasst eine Systemlösung, die aus verschiedenen Anforderungen an die Hardware, Software und die Interoperabilität besteht. Der von Ericsson und anderen Firmen (siehe Anhang A) entwickelte Satz der Bluetooth-Spezifikationen stellt eine Antwort auf den Bedarf nach drahtloser Verbindung für Adhoc-Netzwerke dar. Das Bluetooth-Basisband-protokoll kombiniert leitungs- und paketvermittelte Dienste und ist damit gleichermaßen für Sprache und Daten geeignet.

Die drahtlose Bluetooth-Technologie wird in mobilen Geräten mit winzigen, preiswerten Sendern/Empfängern mit kleiner Reichweite realisiert, die schon heute verfügbar sind und entweder direkt in vorhandene Komponenten eingebaut oder als Adapterkarte (wie etwa PCMCIA) in ein Notebook eingesetzt werden. Geräte nach der Bluetooth-Spezifikation dürften auf diese Weise wahrscheinlich die billigste drahtlose Technologie darstellen, die jemals implementiert worden ist. Sobald die Produktion des Chips erst einmal in Masse angelaufen ist, dürfte sein Preis erwartungsgemäß bei nur noch etwa zehn DM exklusive der Kosten des Produktes, in das er eingebaut wird, liegen.

Um die Vorteile der Bluetooth-Technologie nutzen zu können, brauchen Sie nicht notwendigerweise neue Geräte anzuschaffen. Anwender, die beispielsweise Visor von der Firma Handspring gekauft haben – ein Gerät wie der Palm Pilot, aber preisgünstiger und funktioneller – werden ein Modul anschließen können, welches sich Blue-Connect nennt und von Acer NeWeb stammt. Das Modul Blue-Connect kann Anwendungsdaten von Visor zu Visor oder von Visor zum Desktop-PC oder Notebook unter Verwendung eines Synchronisationsschemas namens Blue-Share senden. Außerdem können Sie Adressbucheinträge senden und Bilder von digitalen Kameras an Visor übertragen.

Die drahtlose Bluetooth-Technologie verwendet das globale, lizenzfrei verfügbare ISM-Funkfrequenzband bei 2,4 GHz. Dieses ISM-Band (ISM; Industrial, Scientific and Medical) umfasst den die Frequenzbereich 2,4 bis 2,484 GHz, das keinerlei offizielle Betriebsgenehmigung der internationalen Regierungs- und Telekommunikationsbehörden erfordern. Der Einsatz des allgemein verfügbaren Frequenzbandes hat zur Folge, dass Sie Geräte mit der Bluetooth-Spezifikation buchstäblich überall auf der Welt betreiben und mit anderen gleichartigen Geräten vernetzen können, und zwar unabhängig von dem Land, in dem Sie sich gerade aufhalten.

1.10.1 Verbindungsarten

In der Bluetooth-Spezifikation werden zwei Arten von Übertragungen zur Unterstützung von Sprach- und Datenanwendungen definiert, und zwar eine asynchrone verbindungslose (ACL; Asynchron Connectionless) und eine synchrone verbindungsorientierte (SCO; Synchronous Connection Orientied) Übertragung. ACL-Verbindungen unterstützen Datenübertragungen auf der Grundlage des Prinzips »best-effort«, was bedeutet, so viel Daten wie möglich bei Abwesenheit aufwendiger Acknowledgement-Verfahren zu übertragen. Die übertragenen Daten können entweder Anwender- oder Steuerdaten sein. SCO unterstützt unter Verwendung einer reservierten Bandbreite Sprach- und Multimediadaten in Echtzeit. Sowohl Sprache als auch Daten werden als Pakete übertragen – entsprechend der Bluetooth-Spezifikation werden gleichzeitig ACL- und SCO-Verbindungen unterstützt.

Asynchrone verbindungslose Übertragungen unterstützen symmetrische oder asymmetrische paketvermittelte Punkt-zu-Punkt-Verbindungen, die typischerweise für reinen Datenverkehr eingesetzt werden. Bei symmetrischen Verbindungen beträgt der maximale Datendurchsatz 433,9 Kbps in beide Richtungen (sendend und empfangend). Bei asymmetrischen Verbindungen beträgt der maximale Datendurchsatz 723,2 Kbps in der einen und 57,6 Kbps in der anderen Richtung. Falls das empfangende Gerät Fehler erkennt, wird im Header des Return-Pakets eine Benachrichtigung mitgesendet, damit nur die verloren gegangenen bzw. fehlerhaften Pakete erneut übertragen werden.

Synchrone verbindungsorientierte Übertragungen bieten symmetrische, leitungsvermittelte Punkt-zu-Punkt-Verbindungen, die typischerweise für Sprache verwendet werden. Für Sprache stehen drei synchrone Kanäle mit je 64 Kbps zur Verfügung. Die Kanäle werden über die Verwendung von PCM (Pulse Code Modulation)- oder CVSD (Continuous Variable Slope Delta)-Modulationen bereitgestellt. PCM stellt den Standard für die Codierung von analoger Sprache in die digitalisierte Form mit Einsen und Nullen zur Übertragung ins öffentliche Telefonnetz dar. CVSD ist ein weiterer Standard für die Codierung Analog-zu-Digital, der mehr Störsicherheit bietet und aus diesem Grunde besser als PCM für die Sprachkommunikation über eine drahtlose Verbindung geeignet ist. Die jeweils in Frage kommende Sprachcodierung wird zwischen den Link-Managern der Bluetooth-Geräte ausgehandelt.

1.10.2 Adhoc-Networking

Hinsichtlich des Adhoc-Networking für Daten kann ein Gerät, welches mit einem Sender nach der Bluetooth-Spezifikation ausgestattet ist, sofortige Verbindungen mit anderen gleichartig ausgerüsteten Geräten herstellen, sobald sich diese in Reichweite befinden. Jedes Gerät verfügt, wie in den Standards IEEE 802 für LANs definiert, über eine eindeutige MAC-Adresse (MAC; Medium Access Control). Hinsichtlich von Sprache können Gespräche über eine lokalisierte Punkt-zu-Punkt-Funkverbindung hergestellt werden, sobald ein Mobiltelefon mit integrierter drahtloser Bluetooth-Technologie in die Reichweite eines gleichartig ausgerüsteten anderen Mobiltelefons gerät. Da die Verbindung keinerlei Dienste einer Telefongesellschaft benötigt, fallen auch keine Nutzungsgebühren an.

1.10.3 Sprache mit Bluetooth

Die Bluetooth-Spezifikation erlaubt die Verwendung kompatibler Headsets auf dreierlei Art und Weise: Erstens können Telefone zu Hause oder im Büro wie schnurlose Telefone arbeiten, die an das öffentliche Telefonnetz angeschlossen sind und Nutzungsgebühren pro Minute verursachen. Diese Nutzungsart beinhaltet Anrufe über eine Sprachbasisstation, die Anrufe zwischen zwei Sprechgeräten und den Zugriff auf weitere Dienste, die von einem externen Netzwerk zur Verfügung gestellt werden, möglich macht.

Zweitens können Telefone mit der drahtlosen Bluetooth-Technologie direkt Verbindung mit anderen Telefonen zur Verwendung als Gegensprechstellen (Walkie-Talkie) oder als Erweiterung des Handapparats aufnehmen. Diese so genannte Intercom-Nutzungsart zieht dabei keinerlei Nutzungsgebühren einer Telefongesellschaft nach sich. Drittens kann das Telefon als ein an das Mobilfunknetz angeschlossenes Mobiltelefon arbeiten, wobei es in dieser Funktion Mobilfunkgebühren verursacht.

Die Bluetooth-Spezifikation unterstützt drei Sprachkanäle. Zusätzlich zu Sprachverbindungen mit kleiner Reichweite (wie beim Walkie-Talkie) kann ein Sprachkanal noch für eine Funkverbindung zwischen einem Headset und einem Mobiltelefon genutzt werden, was Ihre Hände für wichtigere Aufgaben wie etwa Autofahren frei hält.

Ericsson beispielsweise bietet ein Headset an (siehe Abbildung 1.6), das mit einem eingebauten Bluetooth-Funkchip nur 20 Gramm wiegt. Das Funksignal arbeitet als Verbindung zwischen dem Headset und dem Bluetooth-Modul eines Ericsson-Mobiltelefons. Dies bedeutet, dass Sie sprechen und umhergehen können, ohne Ihr Telefon in die Hand nehmen oder aus der Tasche ziehen zu müssen. Wenn das Telefon klingelt, drücken Sie nur eine Taste am Headset. Wollen Sie selbst einen Anruf durchführen, drücken Sie wieder nur die Taste am Headset und führen die Verbindung über eine Spracherkennungstechnik durch. Das Telefon kann sich, während Sie mit dem Gesprächspartner sprechen, bis zu zehn Metern entfernt in einem Aktenkoffer, Ihrer Manteltasche oder sogar in einem anderen Raum befinden – Sie verfügen ohne lästige Kabel über völlige Bewegungsfreiheit.

Abbildung 1.6: Drahtloses Bluetooth-Headset von Ericsson

Auch die Infrarottechnologie unterstützt Sprache. Ein Teil der IrMC-Spezifikation (IrMC; Infrared for Mobile Communications), die von IrDA (Infrared Data Association) entwickelt worden ist, beinhaltet RTCON (Realtime Connection), ein Verfahren zur Übertragung digitalisierter Sprache über eine Infrarotverbindung. Mit einem RTCON-Modul in einem tragbaren infraroten Gerät ist Sprache in Echtzeit über eine infrarote Verbindung möglich. Allerdings funktioniert dies nur dann, sofern beide Seiten der Verbindung relativ unbeweglich zueinander sind. Die häufigste Anwendungsform besteht in der Freisprecheinrichtung eines Autos für ein Mobiltelefon, die Freisprechen während des Autofahrens erlaubt.

1.10.4 Video mit Bluetooth

Außer Sprache sieht die Bluetooth-Spezifikation auch die Unterstützung von Videoübertragungen zwischen verschiedenen Geräten vor. Eine von Toshiba, einem der fünf Gründungsmitglieder der Bluetooth SIG, entwickelte integrierte Schaltung unterstützt die Codierung und Decodierung von Videosignalen im MPEG-4-Format. Die Entwicklung von Toshiba beinhaltet die Übertragung von Bildern aus digitalen Kameras, die dann im MPEG-4-Format komprimiert und über die drahtlose Bluetooth-Technologie an andere Geräte wie etwa einen Desktop-PC gesendet werden können, auf dem sie weiterbearbeitet werden.

Die Kommunikation zwischen den Geräten wird von TCP/IP[2] übernommen, das im von der Bluetooth-Spezifikation definierten Link-Layer-Protokoll abläuft. TCP/IP stellt damit die Grundlage zur Unterstützung des Real-time Transfer Protocol (RTP) zur Verfügung, das sicherstellt, dass die Videopakete korrekt synchronisiert werden. Als dieses Buch entstand, betrug die Übertragungsrate nur zehn Bilder pro Sekunde im QCI-Format (QCI; Quarter Common Intermediate), so dass die Bildqualität noch weit unter der vom herkömmlichen Fernsehen gebotenen Qualität von 30 Bildern pro Sekunde lag. Toshiba arbeitet jedoch an einer Verbesserung sowohl der Bildqualität als auch der Bildwechselfrequenz. Schon jetzt ist diese Technologie weit genug, um einem Anwender in einem Raum seines Hauses über ein mobiles Endgerät die Betrachtung des gerade gesendeten Fernsehprogramms zu erlauben, so dass er schon einmal mit der Ferneinstellung seines Videorekorders beginnen kann. Für solche Aufgaben werden Bluetooth-Geräte im Heimbereich hervorragend geeignet sein.

---

2. TCP/IP (Transmission Control Protocol/Internet Protocol) stellt eine Familie von Netzwerkprotokollen dar, mit denen das Internet betrieben wird. TCP/IP wird wegen seiner Fähigkeit zur Verbindung verschiedener Systemplattformen – von Palmtops und PCs zum Macintosh und Unix-System bis hin zum Mainframe-System und zu Supercomputern – geschätzt.

Die integrierte Schaltung von Toshiba bietet die hochwertige Verarbeitungs-leistung, die für MPEG-4-Videocodierung und -decodierung benötigt wird, bei gleichzeitigem beträchtlich reduziertem Stromverbrauch, was die Schaltung geeignet für drahtlose Anwendungen mit geringen Energieressourcen macht. Dies beinhaltet die dritte Generation mobiler Computer- und Kommunikationsgeräte, die die drahtlose Bluetooth-Technologie verwenden.

MPEG (Moving Picture Experts Group) ist eine internationale Organisation, die gemeinsam von der ISO-Gruppe (ISO; International Organisation for Standardization) und der IEC (International Electrotechnical Commission) betrieben wird. Sie schlägt Kompressionsformate für Audio- und Videosignale vor, die auf eine effizientere Speicherung und Übertragung abzielen. MPEG-1[3] befasst sich mit Aufzeichnungen auf Medien wie etwa CD-ROMs, während das MPEG-2-Format Standards für das Senden und für Audio- und Videogeräte wie etwa DVD festlegt. MPEG-4 zielt hauptsächlich auf drahtlose Kommunikationsanwendungen des Typs ab, der von der Bluetooth-Spezifikation und Web-basierten Multimediaanwendungen unterstützt werden kann.

Ein Schlüsselelement von MPEG-4 ist ein Kompressionsformat für Videosignale, das sich für Anwendungen mit instabilen Datenübertragungswegen eignet, was Anwendungen einschließt, die über drahtlose Verbindungen und das Internet laufen. Toshiba hat dem noch ein Fehlerkorrekturverfahren hinzugefügt, welches die Bildqualitätsverluste zu minimieren versucht, die sich aus Fehlern in der Datenkommunikation ergeben.

1.10.5 Die Funkschnittstelle

Die Funkschnittstelle selbst ist sehr robust und verwendet zur Abmilderung der Interferenz- und Fading-Effekte die FHSS-Technologie (FHSS; Frequency Hopping Spread Spectrum). Wie schon erwähnt, stellt Spread Spectrum ein digitales Codierverfahren dar, das das Signal zerlegt bzw. »spreizt« und vom zufälligen Mithörer lediglich als Rauschen wahrgenommen wird. Durch das Codierverfahren kann die Anzahl der übertragenen Bits erhöht und die verwendete Bandbreite gesteigert werden.

---

3. MPEG-1 stellt einen Standard dar, auf dem Produkte wie Video, CD und MP3-Musikdateien (MP3; MPEG-1, Layer III) aufbauen. MPEG-2 ist ein Standard, auf den sich Produkte wie die Digital Television Settop-Boxen und DVD gründen. Ein MPEG-3-Standard existiert nicht. MPEG-4 ist der Standard für Multimedia im Web und für die drahtlose Umgebung. Der gegenwärtige Standard der MPEG-Gruppe ist MPEG-7, »Multimedia Content Description Interface«. Darüber hinaus begannen im Juni 2000 die Arbeiten an MPEG-21, »Multimedia Framework«. Weitere aktuelle Informationen über diese Standards erhalten Sie über die Webseite der MPEG-Gruppe unter www.cselt.it/mpeg/.

Über die Verwendung der Spreizcodes, die der Sender verwendet, kann der Empfänger das Spreizsignal zusammensetzen und in seine ursprüngliche Form zurückverwandeln. Da die Signalleistung über eine größere Bandbreite gespreizt ist, ergibt sich als Resultat ein robusteres Signal, welches weniger anfällig gegenüber Störungen und anderen Beeinträchtigungen durch Überlagerung ist. Daten- und Sprachübertragungen werden dadurch außerdem sicherer. Mit dem Frequenzsprungverfahren (Frequency Hopping), bei dem die Signale von einer Frequenz zur anderen springen, wird die Abhörsicherheit der Signale noch weiter gesteigert.

1.10.6 Störungen

Ein gespreiztes Spektrum stellt eine Hürde gegen Interferenzen von anderen Geräten dar, die ebenfalls im lizenzfreien 2,4 GHz-Band des Funkspektrums arbeiten. Hierzu gehören nicht nur Mikrowellenherde und manche Geräte im Heimbereich, sondern auch einige drahtlose LANs, die in Büros eingesetzt werden. Ein Gerät mit einem Spread Spektrum verbleibt nicht bei einer Frequenz, sondern wechselt 1600 Mal pro Sekunde zwischen 79 Frequenzen. Das Gerät, welches mit der Kommunikation begonnen hat, teilt dabei dem Partner mit, mit welcher Hop-Sequenz es sendet. Falls es auf einer Frequenz einmal zu viel Interferenzen geben sollte, hält sich der Kommunikationsverlust mit nur einer Millisekunde in Grenzen. Zur Steigerung der Zuverlässigkeit kann das System jedes Datenbit dreifach senden, was es möglich macht, dass mehrere Dutzend Personen in einem Raum gleichzeitig ohne nennenswerte Störungen Bluetooth-Geräte verwenden können.

Störungen sind in Unternehmensumgebungen, in denen unter Umständen auch drahtlose LANs eingesetzt werden, ein besonders wichtiges Thema. Die drahtlose Bluetooth-Technologie verwendet dieselbe Spread-Spectrum-Technologie, die auch von einem drahtlosen LAN auf der Grundlage des 802.11-Standards benutzt wird. Beide Systeme arbeiten im selben 2,4 GHz-Funkspektrum. Obwohl die von Bluetooth-Geräten eingesetzte drahtlose Verbindung mit kleineren Reichweiten als ein 802.11-LAN arbeitet, können beide durchaus einmal in die gegenseitige Reichweite geraten. Trifft eine Bluetooth-Verbindung mit einer drahtlosen LAN-Verbindung zusammen, kann eine der beiden Verbindungen (oder beide zusammen) stocken und Übertragungsfehler produzieren. Sobald dies passiert, werden die dabei aufgetretenen Bitfehler durch spezielle Fehlerkorrekturverfahren auf der LAN- und der Bluetooth-Seite berichtigt. Die Verwendung von unterschiedlichen Mustern bei den Frequenzsprüngen minimiert neben der Spreizung des Spektrums zusätzlich die Möglichkeit von Störungen.

1.10.7 Sicherheit

Die Strahlung von Geräten, die mit der drahtlosen Bluetooth-Technologie arbeiten, ist nicht größer als die Emissionen der schnurlosen normalen Telefone nach dem Industriestandard. Bluetooth-Module verursachen weder Beeinträchtigungen oder Gefährdungen für öffentliche oder private Telekommunikationseinrichtungen noch stellen sie Gefahren für Anwender dieser Technik oder Personen dar, die in die Betriebsreichweite von Bluetooth-Geräten kommen.

1.11 Personal Area Networks (PAN)

Eines der gemeinsam vom IEEE und der Bluetooth SIG verfolgten Ziele besteht in der globalen Verwendung drahtloser persönlicher Netzwerke, so genannter PANs (Personal Area Networks). Die Arbeitsgruppe 802.15 des IEEE arbeitet derzeit an Standards, die zu universell akzeptierten Standards für drahtlose digitale Kommunikationseinrichtungen werden und die Grundlage für ein weites Feld wechselseitig kommunikationsfähiger Endanwendergeräte bilden sollen.

Das Ziel der Arbeitsgruppe 802.15 besteht darin, einen gemeinsam verabschiedeten Standard zu erstellen, der breite Anwendung im Markt finden und effektiv mit den Problemen der Koexistenz verschiedener anderer drahtloser Netzwerktechnologien umgehen kann. Während die drahtlosen LAN-Technologien nach IEEE 802.11 hauptsächlich für Systeme im und um das Büro und private Haushalte entwickelt worden sind, sollen Geräte nach der IEEE 802.15-Spezifikation für drahtlose PANs und die Bluetooth-Technologie Nutzungsmöglichkeiten für Reisende in Autos, Flugzeugen und Schiffen über Ländergrenzen hinweg eröffnen. Die Tabelle 1.4 fasst die Leistungsmerkmale von Bluetooth-Produkten zusammen, die im 2,4 GHz-Bereich arbeiten.

1.12 Die Bluetooth-Topologie

Für Geräte innerhalb eines Pico-Netzes gibt es zwei Rollen: Master und Slave (siehe Abbildung 1.7). Der Master ist ein Gerät im Pico-Netz, dessen Takt- und Hop-Sequenz zur Synchronisation aller anderen Geräte (Slaves) im Pico-Netz verwendet wird. Die Einheit, die das Rufverfahren (paging) einleitet und die Verbindung herstellt, ist standardmäßig auch der Master innerhalb der Verbindung. Die Slaves sind die Einheiten innerhalb eines Pico-Netzes, die vom Master über seinen Takt und seineHop-Sequenz synchronisiert werden.

Leistungsmerkmal/ Funktion	Geschwindigkeit und Leistung
Verbindungstyp	Spread Spectrum (Frequenzsprungverfahren)
Spektrum	ISM-Band mit 2,4 GHz
Übertragungsleistung	1 Milliwatt (mW)
Gesamter Datendurchsatz	1 Mbps unter Verwendung des Frequenzsprung-verfahrens
Reichweite	bis zu 10 Metern
Unterstützte Stationen	bis zu 8 Geräte pro Pico-Netz
Sprachkanäle	bis zu 3
Datensicherheit	Für die Authentifizierung ein Code mit 128 Bit; für die Verschlüsselung ist die Codegröße zwischen 8 und 128 Bit konfigurierbar
Adressierung	Jedes Gerät verfügt über eine MAC-Adresse mit 48 Bit, die zur Herstellung einer Verbindung mit dem anderen Gerät benutzt wird.

Tabelle 1.4: Leistungsmerkmale von Bluetooth-Produkten

Die Bluetooth-Topologie lässt sich am besten als eine multiple Pico-Netzstruktur beschreiben. Da die Bluetooth-Spezifikation sowohl Punkt-zu-Punkt- als auch Punkt-zu-Mehrpunkt-Verbindungen unterstützt, können mehrere Pico-Netze eingerichtet und in einer Topologie namens »Scatternet« zusammengeschaltet werden, wann immer dies gewünscht wird (siehe Abbildung 1.8).

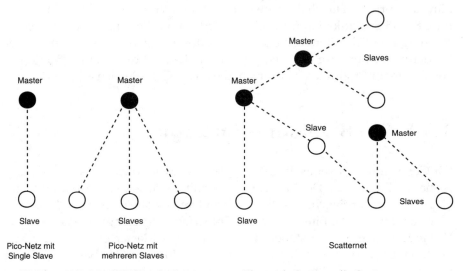

Abbildung 1.7: Mögliche Topologien vernetzter Bluetooth-Geräte – die Geräte sind entweder Master oder Slave.

Pico-Netze sind nicht koordiniert, was bedeutet, dass die Frequenzsprünge selbstständig geschehen können. Mehrere Pico-Netze können ad hoc eingerichtet und zusammengelegt werden, wobei jedes von ihnen durch eine andere Hop-Sequenz identifiziert wird. Alle Nutzer desselben Pico-Netzes werden über diese Hop-Sequenz synchronisiert. Obwohl die Synchronisation verschiedener Pico-Netze im lizenzfreien ISM-Band nicht zulässig ist, können Einheiten mit der drahtlosen Bluetooth-Technologie über TDM (Time Division Multiplexing) Teil verschiedener Pico-Netze sein. Eine Einheit ist auf diese Weise in der Lage, sequentiell in unterschiedlichen Pico-Netzen, zu einem gegebenen Zeitpunkt jedoch immer nur in einem Netz aktiv zu sein.

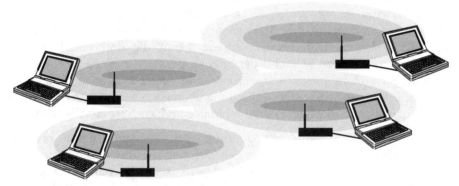

Abbildung 1.8: Mit der drahtlosen Bluetooth-Technologie können die Geräte in einer gemeinsamen Arbeitsumgebung zusammenarbeiten, indem sie eine Verbindung zu einem Pico-Netz herstellen.

Über ihr Diensterkennungsprotokoll kann die Bluetooth-Spezifikation ein viel weiteres Feld an Netzwerktechniken abdecken. Hierzu gehört auch die Einrichtung des Personal Area Networks, in dem sämtliche Geräte, die ein Anwender täglich benutzt, kommunizieren und zusammenarbeiten können (siehe Abbildung 1.9). Durch technische Sicherheitseinrichtungen wird gewährleistet, dass eine Gruppe von Bluetooth-Geräten an öffentlichen Orten wie etwa einer Flughafen-Lounge oder einem Bahnhof keine unbeabsichtigten Konversationen starten.

Die Bluetooth SIG beabsichtigt die Entwicklung der Technologie hin zu größeren Bandbreiten und Entfernungen, was die potentiellen Plattformen und Anwendungsformen im Markt der persönlichen Netzwerke noch weiter steigern würde. Die drahtlose Bluetooth-Technologie kann bis zur Unterstützung drahtloser Datenübertragungsanwendungen, die im Bereich von 5 GHz arbeiten, erweitert werden und damit Verbindungen auf Entfernungen von bis zu 100 Metern unterstützen.

1.13 Sicherheit

Machen Sie sich Sorgen wegen der Sicherheit? Das ist unnötig – die Bluetooth-Spezifikation beinhaltet auch verschiedene Sicherheitsfunktionen. Zusätzlich zur begrenzten Reichweite und der Verwendung des Frequenzsprungverfahrens, welches schon von Haus aus das Abfangen von Signalen extrem schwierig macht, sieht die Bluetooth-Spezifikation auch Funktionen auf der Verbindungsebene wie die Authentifizierung und Verschlüsselung vor. Mit einer Authentifizierung wird nicht nur der unerwünschte Zugriff auf kritische Daten und Funktionen verhindert, sondern auch ein Schutz vor Fälschungsversuchen von Hackern aufgebaut, die sich als autorisierte Benutzer auszugeben versuchen. Mit der Verschlüsselung werden die Daten während der Übertragung unkenntlich gemacht und damit das Abhören verhindert und die Privatsphäre der Verbindung sichergestellt. Darüber hinaus kennt die drahtlose Bluetooth-Technologie noch einen während der Sitzung generierten Code, der jederzeit während der Sitzung gewechselt werden kann. Sogar in dem unwahrscheinlichen Fall, dass ein Hacker eine Verbindung übernehmen kann, wird er sich keinesfalls über einen beliebigen Zeitraum hinweg im Pico-Netz aufhalten können.

Die Sicherheit ist deshalb von Bedeutung, weil sie nicht nur Ihre privaten Nachrichten und Dateien während der Übertragung durch den Äther, sondern auch die Integrität kommerzieller elektronischer Transaktionen schützt. Dementsprechend bietet die Bluetooth-Technologie eine flexible Sicherheitsarchitektur, die es möglich macht, nur ausgewiesenen Geräten und Diensten den Zugang zu gewähren und nicht ausgewiesene auszuschließen.

Zu den Unternehmen, die das Konzept verfolgen, Telefone und Palmtops mit der drahtlosen Bluetooth-Technologie als persönlich ausgewiesene elektronische Geräte zu verwenden, die finanzielle Transaktionen erlauben, gehört die Firma Nokia. In Zukunft soll es möglich sein, über elektronische »Bankschalter« Geld in elektronische Geldbörsen zu laden und direkt vor Ort mit diesem elektronischen Geld bezahlen zu können, sei dies nun ein Kaufhaus oder ein Warenautomat.

Nicht ausgewiesene oder unbekannte Geräte werden bei Verwendung der Bluetooth-Sicherheitsarchitektur vor dem Zugriff eine Autorisierung über eine Anwendereingabe erforderlich machen. Ausgewiesene Geräte sind in diesem Zusammenhang solche, die zuvor autorisiert wurden und denen auf der Grundlage ihres Verbindungscodes der Zugang gewährt worden ist. Bei solchen Geräten kann der Verbindungscode in einer Gerätedatenbank gespeichert werden, über die eine zukünftige Sicherheitsidentifizierung des ausgewiesenen Gerätes möglich wird.

Die Sicherheitsarchitektur der Bluetooth-Spezifikation authentifiziert nur Geräte, nicht Anwender. Ein ausgewiesenes Gerät kann also gestohlen oder ausgeliehen werden und sich dabei immer noch wie ein Gerät verhalten, das sich noch in der Hand des rechtmäßigen Besitzers befindet. Falls zusätzliche Authentifizierungsprozeduren für Benutzer notwendig werden, kann dies über entsprechende Sicherheitsverfahren auf der Anwendungsebene realisiert werden, etwa für E-Commerce-Anwendungen über die Eingabe eines Benutzernamens und Kennworts.

1.14 Was kann ich mit Bluetooth machen?

Die Bluetooth-Spezifikation erlaubt Ihnen die einfache und unkomplizierte Nutzung eines weiten Feldes von Computer- und Telekommunikationsgeräten ohne die Notwendigkeit, Kabel zu kaufen, zu transportieren und anzuschließen. Sie haben die Möglichkeit, rasch Adhoc-Verbindungen herzustellen und automatische Verbindungen zwischen verschiedenen Geräten aufzubauen. Zusätzlich erworbene oder proprietäre Verkabelungen zum Anschluss der Geräte werden quasi überflüssig. Da die drahtlose Bluetooth-Technologie für die verschiedensten Zwecke eingesetzt werden kann, kann sie über ihre Funkschnittstelle auch die unterschiedlichen Verkabelungsarten überflüssig machen. Mit dieser Technologie können Sie sich wieder mehr auf Ihre eigentliche Aufgabe konzentrieren, anstatt darüber nachdenken zu müssen, wie Sie die Dinge mit Kabeln zum Laufen bringen.

1.14.1 Geschäftliche Präsentationen

Falls Sie eine PowerPoint-Präsentation anbieten möchten, brauchen Sie nun nicht länger Kabelsalat zwischen dem Projektor, dem Laptop und dem Drucker in Kauf zu nehmen. Sie platzieren den Laptop einfach in der Nähe des Projektors, schalten ihn ein und warten einige Augenblicke, damit beide Geräte die nötigen Verbindungsparameter austauschen können. Über dieselbe Funkschnittstelle kann der Laptop auch Druckaufträge an einen Drucker in der Nähe senden und so den Besuchern Ihrer Präsentation aktuelle Unterlagen zur Verfügung stellen. Bei kleinen Gruppen kann die Präsentation direkt auf die Laptops der Besucher überspielt werden, sofern diese mit der drahtlosen Bluetooth-Technologie ausgerüstet sind. Dadurch werden Besprechungen möglich, die in jedem beliebigen Raum ohne Notwendigkeit einer Projektorleinwand, spezieller Beleuchtungen oder Sitzanordnungen stattfinden können.

1.14.2 Visitenkarten

Mit einem Visitenkarten-Scanner, der nach der Bluetooth-Spezifikation arbeitet, können Sie innerhalb der Reichweite von zehn Metern Visitenkarten in Ihren eigenen oder jeden anderen Computer einlesen, ohne sich mit dem lästigen Stöpseln von Kabeln zwischen den Geräten beschäftigen zu müssen. Indem Sie den Visitenkarten-Scanner, der in der Regel nicht sehr häufig eingesetzt wird, drahtlos mit einer Gruppe von Benutzern teilen, sparen Sie Kosten.

1.14.3 Zusammenarbeit

Mit spezieller Software, die Notebooks, Palmtops oder Computer mit Windows CE, die die drahtlose Bluetooth-Technologie verwenden, in elektronische Eingabegeräte für Skizzen verwandelt, können Sie Word-Dokumente, E-Mail-Nachrichten, JPEG-Fotografien oder andere Dateien aus Windows-Anwendungen mit Kommentaren und Zeichnungen versehen. Mehrere Personen müssen sich nun zur Zusammenarbeit nicht mehr an einem Ort versammeln und mit Papier und Bleistift hantieren, sondern können die Skizzen in einem Gerät über permanente drahtlose Verbindungen miteinander austauschen. Die Änderungen des Dokuments sind auf dem Bildschirm sichtbar und können in jedem einzelnen Gerät gespeichert oder als Dateianhang per E-Mail gesendet werden.

1.14.4 Daten synchronisieren

Eine hübsche Sache bei Bluetooth besteht darin, dass Geräte, die ausgeschaltet sind oder sich im Sleep-Modus befinden, Nachrichten austauschen können. Wenn ein Mobiltelefon beispielsweise eine Nachricht empfängt, kann es diese auch dann an einen Laptop senden, wenn sich dieser in einem Aktenkoffer befindet und ausgeschaltet ist. Natürlich kann diese Technologie auch für die Synchronisation von Daten zwischen verschiedenen Geräten verwendet werden, was die jederzeitige Aktualität der Daten unabhängig davon sicherstellt, welches Gerät Sie gerade dazu ausgewählt haben (siehe Abbildung 1.9).

Die automatische Synchronisation kann eine echte Zeitersparnis bedeuten. Wenn Sie beispielsweise zu Hause gerade Daten in Ihren Palmtop eingegeben haben, brauchen Sie nur noch zu Ihrem Arbeitsplatz im Büro zu gehen, um diese Dateien auf Ihren Desktop-PC laden zu lassen. Wenn Sie das Büro dann wieder verlassen, werden alle neuen Dateien auf dem Desktop-PC automatisch auf den Palmtop kopiert. Kommen Sie abends nach Hause, lädt der Palmtop die neuen Daten automatisch auf Ihren Laptop, sobald die beiden Geräte in gegenseitiger Reichweite sind. Sie müssen dazu überhaupt nichts Bestimmtes tun, da die Verbindung einfach von selbst stattfindet. Bei der automatischen Synchronisation entsteht nicht länger Unklarheit darüber, welche Datei sich auf welchem Gerät befindet – die Bluetooth-Spezifikation stellt sicher, dass Sie über die aktuellen Daten verfügen, und zwar unabhängig davon, mit welchem Gerät Sie zurzeit arbeiten.

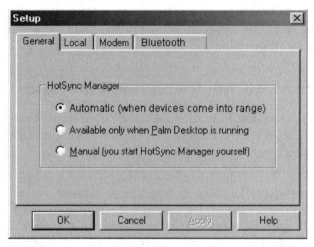

Abbildung 1.9: Wenn Bluetooth-Geräte entsprechend eingerichtet werden, können sie innerhalb der Reichweite von zehn Metern miteinander kommunizieren und Dateien ohne explizite Befehle synchronisieren.

1.14.5 Remote-Synchronisation

Die Synchronisation funktioniert auch zwischen den Geräten mehrerer Anwender, die über das öffentliche Telefonnetz miteinander verbunden sind. Nehmen Sie beispielsweise einmal an, dass gerade ein wichtiges Treffen anberaumt worden ist, während Sie sich auf Reisen befinden. Ihr Chef sendet die neuen Daten von seinem Desktop-PC an Ihr Mobiltelefon, welches sich automatisch mit Ihrem Organizer verbindet und die Termine aktualisiert. Wenn Sie Ihren Organizer das nächste Mal einschalten, werden Sie sofort auf die neue Situation aufmerksam gemacht.

Mit der Beseitigung fester Verbindungen und Anschlüsse eliminiert die Bluetooth-Spezifikation die Unterschiede zwischen mobilem und stationärem Computing – die Geräte werden einfach dort aktiv, wo sie sich gerade befinden. In einem Zug beispielsweise kann die drahtlose Bluetooth-Technologie dafür sorgen, dass Sie Ihren Laptop oder Palmtop über ein Mobiltelefon in Ihrer Aktentasche mit dem Internet verbinden, während im Büro eine solche Verbindung drahtlos über einen entsprechenden Zugriffspunkt ins Unternehmens-LAN stattfinden kann.

1.14.6 Drucken

Vergessen Sie auch die etwas entfernter liegenden Szenarien nicht: Mit der drahtlosen Bluetooth-Technologie kann Ihre digitale Kamera nun Bilder direkt an einen Drucker senden. Oder dieselbe digitale Kamera könnte das Foto sofort nach dem Schnappschuss an das Mobiltelefon in Ihrer Jackentasche senden, welches dieses Foto dann als E-Mail-Anhang an Verwandte und Freunde zu Hause schickt.

1.14.7 Freisprecheinrichtungen im Auto

Die Bluetooth-Spezifikation wird in nächster Zukunft für ein weites Feld von digitalen Geräten die gemeinsame drahtlose Nutzung von Daten im Auto möglich machen. Hierzu gehört alles vom Mobiltelefon und Pager bis hin zu Handheld-Computern und anderen ähnlichen Geräten.

Ein Unternehmen, das derartige Anwendungen anbietet, ist in den USA etwa die Firma Johnson Controls. Das Produkt TravelNote Connect dieses Unternehmens stellt einen modifizierten TravelNote-Digitalrecorder mit integrierter Bluetooth-Technologie dar. TravelNote ist ein digitales Aufzeichnungs- und Abspielgerät, welches in das Armaturenbrett oder die Sonnenblende eines Autos eingebaut werden kann. Es versetzt den Fahrer oder Beifahrer in die Lage, Nachrichten aufzuzeichnen, zu speichern und wieder abzuspielen. Mit dem Zusatz der drahtlosen Bluetooth-Technologie kann ein solches Gerät beispielsweise eine Telefonnummer von einem Telefonhandapparat erhalten und diese Nummer automatisch anwählen, ohne dass der Fahrer dafür seine Hände vom Lenkrad nehmen muss. Ist die Verbindung hergestellt, kann die Bluetooth-Komponente eine drahtlose Sprachverbindung mit dem Mobiltelefon herstellen und damit eine voll einsatzfähige Auto-Freisprecheinrichtung zur Verfügung stellen.

Solche und ähnliche Produkte von anderen Herstellern bieten in Zukunft die Möglichkeit an, jedes Mobiltelefon ohne Aufrüstung oder kostspielige Installationen im Wageninnern in eine Freisprecheinrichtung zu verwandeln. Da jedes Gerät mit der drahtlosen Bluetooth-Technologie mit jedem anderen gleichartig ausgerüsteten Gerät Verbindung aufnehmen kann, können nun unterschiedliche Produkte zur Verwendung im Auto miteinander kombiniert werden, und zwar unabhängig vom Modell, dem Fabrikat, dem Hersteller oder dem Betriebssystem.

1.14.8 Kommunikationsplattformen

Die Kommunikationsplattformen der Zukunft werden eine Reihe verschiedener Technologien und Leistungsmerkmale einschließlich von mobilem Internet-Browsing, Nachrichtenaustausch, Bildverarbeitung, ortsgebundenen

Anwendungen und Diensten, Mobilfunk, persönlichem Informationsmanagement und Unternehmensanwendungen in einem Gerät kombinieren. Mit derartigen integrierten mobilen Informationsgeräten werden Sie in der Lage sein, die mobile Internet- und Multimedia-Kommunikation einschließlich Sprache, Daten und Bildern vollständig ausnutzen zu können.

Zu den verschiedenen Unternehmen, die integrierte Kommunikationsplattformen zur Unterstützung von Hochgeschwindigkeits-Datenübertragungen, Triple-Band-Sprache und Internet-Zugang anbieten, gehört auch Ericsson. Die Anwenderoberfläche verwendet das VGA-Format (siehe Abbildung 1.10), das Ericsson als das ideale Format für mobile Kommunikationseinheiten und -anwendungen ansieht. Das Gerät verfügt über einen farbigen Touchscreen für einfache Navigation, Stifteingabe und Handschriftenerkennung. Mit einem eingebauten GPS-Empfänger kann diese Plattform außerdem auch Positionierungsdaten liefern. Über integrierte Bluetooth- und Infrarotkomponenten kann sich diese Plattform drahtlos mit anderen Geräten, Netzwerken und Anwendungen von Drittanbietern verbinden.

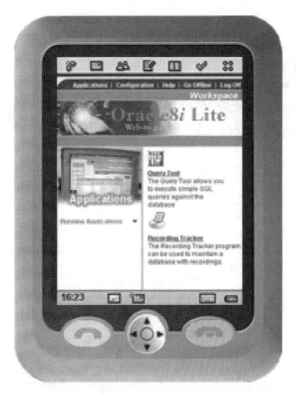

Abbildung 1.10: Ericsson hat seine Plattformtechnologie, die Java, WAP und die Bluetooth-Spezifikation unterstützt, von Symbian lizenziert. Dieses PDA-ähnliche Gerät, das von Symbian (früher die Softwareabteilung von Psion) angeboten wird, wird mit Oracle8i Lite betrieben, eine Internet-Datenbankanwendung von Oracle Corp.

1.14.9 Elektronische Bücher

Elektronische Bücher werden zunehmend populär. Sie können heute Titel im Web von Online-Händlern kaufen und sie auf Ihren Desktop-PC oder Notebook laden. Ihr Computer wird in diesem Fall zu einer Art elektronischen Bibliothek, aus der Sie bestimmte in elektronischer Form vorliegende Bände zur Mitnahme auf die Geschäftsreise oder in die Ferien auswählen können. Mit einem Bibliotheksprogramm, das die Titel auf Ihrem Computer verwaltet, sind Sie in der Lage, jeden elektronischen Band (wie auch beliebige andere persönliche Dokumente) an ein spezielles Lesegerät namens »ebook« (electronic book) zu überspielen. Das ebook ist wiederum über eine Station mit Ihrem Computer verkabelt. Das ebook ist ein tragbares, batteriebetriebenes Gerät, das nur etwa 630 Gramm wiegt. Zum besseren Lesen von Text verfügt es über ein weißes Hintergrundlicht. Wenn solche Geräte erst einmal mit der Bluetooth-Technologie ausgerüstet sind, werden Sie vorausgewählte Buchtitel einfach dadurch auf diese Geräte übertragen können, indem Sie sie in die Reichweite Ihres Desktop-PC mit Ihrer Bibliothek bringen (siehe Abbildung 1.11).

Abbildung 1.11: In der Zukunft werden Sie ein ebook mit drahtlosen Bluetooth-Komponenten neben Ihrem Desktop-PC platzieren und von diesem vorausgewählte Titel herunterladen können, die Sie dann mit sich nehmen. Die Abbildung zeigt das Rocketbook (rechts) von NuvoMedia.

1.14.10 Auf Reisen

Falls Sie oft auf Reisen und häufig mit dem Flugzeug unterwegs sind, kann Ihnen die Bluetooth-Spezifikation einige Vorteile hinsichtlich der Beschaffung Ihrer Tickets bringen. Bei der Ankunft am Flughafen können Sie ein Ticket einfach dadurch erwerben, dass Sie an einem drahtlosen Terminal vorbeigehen, welches Ihre Identität überprüft, ein elektronisches Ticket erstellt und dieses auf Ihre Kreditkarte bucht. Der Flugbegleiter muss nicht länger alle

Passagiere aufsuchen und sie bitten, alle ihre elektronischen Geräte abzuschalten, denn der Bluetooth-Master im Flugzeug sorgt nun dafür, dass alle elektronischen Geräte nach Abstrahlung der entsprechenden Aufforderung automatisch für die Dauer des Starts und der Landung des Flugzeugs abgeschaltet werden.

Nach der Landung am Zielflughafen nehmen Sie dann den Shuttle-Bus zur Autovermietung am Flughafen. Ihre Reservierung wird automatisch an die Datenbank der Autovermietung übertragen und dort verifiziert, so dass der Busfahrer Sie direkt am bestellten Fahrzeug absetzen kann. Sobald Sie in den Mietwagen mit der drahtlosen Bluetooth-Technologie steigen, wird ebenfalls automatisch Ihre Hotelreservierung aus Ihrem Palmtop oder Mobiltelefon abgefragt und über den Bildschirm des GPS-Systems zur satellitengestützten Fahrzeugleitung die Richtung zum Hotel angezeigt. Beim Betreten der Hotel-Lobby werden Sie automatisch eingecheckt – Ihre Raumnummer und der elektronische Schlüssel werden an Ihr Bluetooth-Gerät gesendet. Die Tür Ihres Hotelzimmers öffnet sich automatisch, sobald Sie mit den Koffern in den Händen davor stehen. Sollten Sie dann später Einschlafschwierigkeiten haben, können Sie sich über Ihr ebook etwas Bettlektüre aussuchen ...

1.14.11 Unterhaltungs- und Haushaltsbereich

Falls Sie jetzt vielleicht denken sollten, dass dies alles weit hergeholt ist, dann sollten Sie mal Microsoft hören. Microsoft hat bereits Visionen des Tages, an dem Sie ein mit Bluetooth ausgerüstetes digitales Fernsehgerät kaufen können, das Sie anruft und fragt, ob Sie das gerade laufende Spiel Ihrer Fußballmannschaft aufzeichnen wollen!

Im Heimbereich ist die Anzahl der möglichen Anwendungen für die drahtlose Bluetooth-Technologie geradezu unüberschaubar. Stellen Sie sich einmal ein simples Dateneingabegerät vor, das mit einem Bluetooth-Sender/Empfänger und einem Touchscreen ausgestattet ist – das Eingabegerät ist flach, wiegt nur wenig und ist über die Menüsteuerung mit Symbolen einfach zu bedienen. Dieses Eingabegerät steuert nicht nur sämtliche Unterhaltungsgeräte in Ihrem Heim, sondern kann auch die Geräte kontrollieren, die Sie in Zukunft noch anschaffen werden – dies wäre das Ende all der verschiedenen Infrarotfernbedienungen im Haus!

Laut Microsoft werden Sie sogar Ihr Badezimmer mit speziellen Bluetooth-Chips »erweitern« können, die Zahnpasta und Seife überwachen und Sie informieren, wenn nachgekauft werden muss!

1.14.12 Zahlungssysteme

Mit der drahtlosen Bluetooth-Technologie wird es auch möglich sein, Mobiltelefone und andere Handheld-Geräte drahtlos mit einer Tankstelle zu verbinden, so dass nach dem Tanken die Kosten sofort automatisch über den Handapparat des Kunden von dessen Kreditkarte abgebucht werden. In ähnlicher Weise kann die drahtlose Bluetooth-Technologie auch für Bahntickets, Kinos, Parkhäuser und andere Arten von Verkaufsschaltern verwendet werden – mit niedrigeren Transaktionskosten und ohne unnötigen Abwicklungsaufwand für den Kunden (siehe Abbildung 1.12).

Abbildung 1.12: Mit Mobiltelefonen mit Infrarot von BT Cellnet wie auf der Abbildung können heute in Europa die Kunden ihre Kontostände und Umsätze überprüfen oder Überweisungen vornehmen und Rechnungen bezahlen, während sie unterwegs sind. Mit zusätzlichen drahtlosen Bluetooth-Komponenten können solche Telefone ihren Benutzern sogar noch mehr Flexibilität verschaffen.

1.14.13 Scanner

Die drahtlose Bluetooth-Technologie ermuntert zur Entwicklung völlig neuer Typen von Geräten. Der schwedische Hersteller C Tech beispielsweise bietet C Pen an, ein so genannter »mobiler Informationsbeschaffer«, der eine Kreuzung zwischen einem Palmtop und einem Textscanner darstellt. Das Gerät kann über einen winzigen Scanner Texte oder Grafiken erfassen und die Daten in seinem eingebauten Speicher mit 8 MB speichern. C Pen bietet eine Reihe von Funktionen, die mit denjenigen eines Palmtop vergleichbar sind. Eine dieser Funktionen erlaubt es dem Anwender beispielsweise, Visitenkarten zeilenweise einzuscannen und in das Adressbuch von Microsoft Outlook zu laden. Über zweisprachige Wörterbücher können Sie beispielsweise auch von Englisch nach Deutsch und umgekehrt übersetzen. Das Unternehmen will eine Variante von C Pen herausbringen, die sowohl mit Infrarot als auch der drahtlosen Bluetooth-Technologie ausgerüstet ist. Eine Variante des C Pen soll in Zukunft über einen integrierten drahtlosen Bluetooth-Anschluss verfügen, während eine andere zur Kommunikation mit anderen Computern einen Infrarotanschluss verwendet. Der kleine Alleskönner brüstet sich mit einem Intel-Prozessor mit 100 MHz plus einer Batterie für dreistündigen Betrieb, ist aber im Moment noch nicht klein genug, um in die Handfläche zu passen.

1.14.14 Elektronisches »Wohlverhalten«

Die drahtlose Bluetooth-Technologie kann mit anderen Technologien kombiniert werden, die gänzlich neue Fähigkeiten, wie etwa die automatische Absenkung der Ruftonlautstärke oder Abschaltung des Mobiltelefons in Ruhezonen, zur Verfügung stellen. Der Nutzen und die potentiellen Vorteile von Mobiltelefonen stehen außer Frage, jedoch löst die Allgegenwärtigkeit dieser Technologie immer noch heiße Diskussionen darüber aus, wann und wo diese Geräte verwendet werden dürfen. Bei Millionen von Mobilfunkteilnehmern ist es klar, dass Mobiltelefone immer wieder einmal unbeabsichtigt oder unerlaubterweise während Besprechungen, in Gottesdiensten oder Unterhaltungssendungen klingeln und Störungen verursachen. Die drahtlose Bluetooth-Technologie kann dazu beitragen, dass ein »umweltfreundlicher« Gebrauch von Mobiltelefonen in bestimmten Ruhebereichen unterstützt wird. Die Benutzer von Mobiltelefonen zeigen auf diese Weise gute Umgangsformen, ohne auf ihre praktischen Geräte verzichten zu müssen, während in Theatern, Kirchen und Besprechungen die Ruhebedingungen eingehalten werden können, die die Planer der entsprechenden Veranstaltungen schaffen wollten.

Ein innovatives Unternehmen namens BlueLinx Corp. in den USA bietet ein Instrument an, welches das störende Klingeln von Mobiltelefonen in Kirchen, Theatern und Restaurants verhindert. Die patentierte Q-zone des Unternehmens verwendet die drahtlose Bluetooth-Technologie dazu, besondere Zonen festzulegen, in denen elektronische Geräte mit leiseren Signaltönen piepsen, summen oder klingeln. Q-zone ändert automatisch die Einstellungen von Mobiltelefonen und anderen kleinen elektronischen Geräten immer dann auf geringere Lautstärken oder auf Vibrationsalarm, wenn bestimmte Bereiche betreten werden. Die früheren Einstellungen werden wiederhergestellt, sobald der Benutzer den Bereich wieder verlässt. Das System funktioniert über eine Reihe kleiner, überall in der betroffenen Zone installierter Kontaktstellen, die ein kleines Netzwerk mit kleiner Reichweite bilden und damit eine nahtlose Kommunikation zwischen verschiedenen Geräten erlauben.

1.14.15 Mobiler E-Commerce

Die drahtlose Bluetooth-Technologie soll einmal eine Schlüsselrolle im elektronischen Handel spielen. Schon bald werden Sie zum Bezahlen einzelner Artikel keine Schlange mehr in Geschäften bilden müssen, oder Sie werden überall über Ihr Mobiltelefon auf das Internet zum Einkaufen und Bezahlen von Waren und Dienstleistungen zugreifen können. Mobiltelefone identifizieren Ihre Nutzer oder Besitzer über die kleine SIM-Karte (SIM, Subscriber Identity Module) im Gerät, die auch elektronisches Geld speichern kann (siehe Abbildung 1.13). Natürlich wird niemand Lust dazu haben, diese Karten aus dem Telefon entnehmen und an der Kasse präsentieren zu müssen, damit sie gelesen werden können – mit Bluetooth-Komponenten können diese Karten gelesen werden, ohne dass das Telefon oder Palmtop-Gerät dazu aus der Tasche genommen werden muss (siehe Abbildung 1.14).

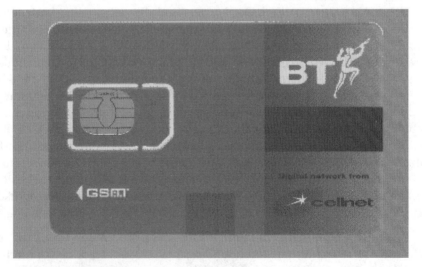

Abbildung 1.13: Eine SIM-Karte für Nutzer von BT Cellnet, einem Mobilfunkanbieter in Großbritannien. In die große Karte ist eine herausnehmbare kleinere SIM-Karte in Briefmarkengröße integriert (links). Mit den beiden Formaten wird die Verwendung in einem beliebigen Mobiltelefon des Nutzers möglich.

Zu den Unternehmen, die Zahlungssysteme für den Kauf von Waren und Dienstleistungen über das Internet und mobile Geräte wie Mobiltelefone und Palmtops entwickeln, gehören Ericsson und Visa International. Diese beiden Unternehmen widmen sich insbesondere der Entwicklung einer breiten Palette von Zahlungssystemen, die verschiedene, sich wechselseitig ergänzende offene Standards wie die Bluetooth-Spezifikation und WAP (Wireless Application Protocol), aber auch die Protokolle SET (Secure Electronic Transactions) und EMV (Europay-Mastercard-Visa) zur Abdeckung verschiedener Markterfordernisse verwenden.

Abbildung 1.14: Socket Comunications bietet eine Reihe von Plugin-Karten für ausgewählte Palmtop-Computer mit Windows CE an. Neben Bluetooth-Komponenten gibt es noch Plugin-Karten für drahtlosen Web-Zugang, Strichcode-Scanning, serielle Kommunikation und Ethernet-Netzwerkzugang. Die Karte ist zur Bluetooth-Spezifikation kompatibel und beinhaltet den Bluetooth-Protokollstack für Windows CE.

Die drahtlose Brieftasche von Ericsson mit eingebauter Bluetooth-Technologie stellt eine Zahlungslösung für den mobilen E-Commerce dar. Die drahtlose Brieftasche, die als Ersatz einer herkömmlichen Brieftasche mit Banknoten und Münzen dienen soll, enthält mehrere Lesegeräte für Smart Cards. Eine in diese Brieftasche eingelegte Smart Card kann unter Verwendung drahtloser Bluetooth-Komponenten mit einem mobilen Gerät kommunizieren. Das mobile Gerät kann dabei beispielsweise für den Zugang ins Internet verwendet werden, während die drahtlose Brieftasche zur Zahlung dient.

SET wurde von Visa und anderen Unternehmen im Bereich der Zahlungssysteme als offener, globaler Standard für sicheren elektronischen Handel entwickelt. SET gründet sich auf einer von RSA Data Security entwickelten Verschlüsselungstechnologie und bietet den Kartenbesitzern und Händlern die Verwendung spezieller Codierungs- und Identifizierungssoftware (so genannte Zertifikate) an, mit denen die wechselseitige Authentifizierung und als Zahlungsmittel die sichere Übermittlung von Kreditkarteninformationen über das Internet möglich wird.

EMV ist eine gemeinsame Industrieinitiative, deren Ziel darin besteht, die Integration der Chiptechnologie in internationale Zahlungssysteme zu fördern. Zu diesem Zweck hat EMV gemeinsame Spezifikationen für ICC-Karten (ICC; Integrated Circuit Cards) und Terminals für Kassensysteme entwickelt. EMV dient weltweit als eine globale Anlaufstelle für die Hersteller von Chipkarten und Terminals.

Industriestudien sagen voraus, dass die Verbraucher innerhalb der nächsten zehn Jahre zum Zugriff auf das Internet zunehmend Geräte benutzen werden, die keine PCs sind, sondern beispielsweise Mobiltelefone. Durch entsprechende Partnerschaften soll sichergestellt werden, dass die Visa-Mitgliedsbanken den Kartenbesitzern sichere Zahlungslösungen für den online-Erwerb von Gütern und Dienstleistungen über ein Mobiltelefon anbieten können.

Mit der Einführung von Mobiltelefonen, die auf das Internet zugreifen können, haben die Benutzer heute die Möglichkeit, drahtlos ins Internet zu gehen und Nachrichten empfangen zu können. Visa und seine Mitgliedsbanken können auf diese Weise ihren Kartenbesitzern neue komfortable und interessante Dienstleistungen anbieten.

Ein Beispiel eines neuen Dienstes, der durch diese Technologie möglich wird, wäre die gezielte Verkaufsförderung für Konzert- oder Theatertickets. Dieser Dienst kann die Nutzer von Mobiltelefonen über anstehende Veranstaltungen benachrichtigen, bevor diese ausverkauft sind. Der Nutzer kann die Tickets sofort unter Verwendung eines Web-fähigen Mobiltelefons mit WAP bestellen. Diese werden dann elektronisch an das Telefon gesendet und auf dessen Smart Card gespeichert. Sobald der Besucher das Theater betritt, werden die elektronischen Tickets auf der Smart Card über die drahtlose Bluetooth-Verbindung am Ticketschalter des Theaters »vorgezeigt«.

WAP ist eine offene globale Spezifikation, die mobilen Geräten den Zugriff auf und die Interaktion mit Web-gestützten Informationen und Diensten möglich macht. Sie stellt die erforderliche Middleware bereit, die auf dem Internet Protocol (IP) aufsetzt, und gestattet die Übertragung von Textinhalten an drahtlose Terminals. Der Standard legt fest, dass dieser Inhalt mit WML (WML, Wireless Markup Language) erstellt wird, die wiederum mit XMTL (Extensible Markup Language) kompatibel ist. Auf die WML-Inhalte kann über das Internet unter Verwendung des standardmäßigen HyperText Transfer Protocol (HTTP) zugegriffen werden. Zu den zahlreichen Informationsdiensten, die auf diese Weise WAP-kompatiblen Geräten zugänglich gemacht werden, können Nachrichten, Sportergebnisse, Flugpläne, Wetter- und Verkehrsberichte, Restaurantverzeichnisse und Fernsehprogramme oder Börsennotierungen gehören.

Mit der drahtlosen Bluetooth-Technologie werden sowohl die Händler als auch das Bank- und Finanzgewerbe in der Lage sein, marktorientierter zu arbeiten. Über die volle Ausnutzung des Marktpotentials, welches im mobilen Handel und in der Erweiterung sicherer, mobiler E-Commerce-Lösungen steckt, können daran teilnehmende Firmen aller Branchen und Größen neue Geschäftsfelder erschließen. Die Bluetooth-Spezifikation eröffnet in dieser Hinsicht dem E-Commerce vollkommen neue Dimensionen, die die Art und Weise, wie tragbare und drahtlose Geräte bisher angesehen und verwendet worden sind, radikal ändern dürfte. Sie bietet zahllose geschäftliche Einsatzgebiete für Anwendungen wie etwa Verkaufs- und Ticketing-Maschinen, Kassenterminals, Geldautomaten und Parkuhren.

1.15 Java und Bluetooth

Die meisten heutigen mobilen Geräte verwenden herstellerspezifische Plattformen wie etwa Microsoft Windows CE oder PalmOS und können daher weder die Treiber für die Anwendungen noch die Peripherieeinrichtungen gemeinsam nutzen. Eine solche Situation begünstigt die Akzeptanz der Bluetooth-Spezifikation nicht gerade, da einer der Schlüsselvorteile dieser Technologie im Adhoc-Networking mit Geräten besteht, die auf zufällige Weise in Reichweite geraten. Java von Sun ist in dieser Hinsicht eine portable Plattform, da der Code praktisch auf sämtlichen Systemen und Netzwerkanwendungen läuft, die JVM (Java Virtual Machine)[4] unterstützen. Ein Java-Compiler generiert Code für JVM, nicht für einen bestimmten Computer oder ein bestimmtes Betriebssystem. Java-Programme werden auf diese Weise automatisch zu Anwendungen, die auf allen Plattformen kompatibel sind. Diese Methode der Codeerzeugung macht Java außerdem besser für speicherbeschränkte integrierte Geräte geeignet, die mit der drahtlosen Bluetooth-Technologie ausgestattet sind.

---

4. Sun bietet eine abgespeckte Variante der Java Virtual Machine für Umgebungen an, in denen die Speicherressourcen knapp sind (128 bis 512 KB). Diese K Virtual Machine (KVM) eignet sich besonders für Geräte im Consumer-Bereich und für integrierte Lösungen und ist Teil einer umfangreicheren Bemühung von Sun, eine modulare skalierbare Architektur zur Entwicklung und Bereitstellung portabler, dynamisch herunterladbarer und sicherer Anwendungen im Consumer-Bereich und für integrierte Lösungen anzubieten. Die dazugehörige Lösung heißt Java 2 Platform Micro Edition (Java 2 ME) und ist speziell für Geräte wie Mobiltelefone, Pager, PDAs, TV-Settop-Boxen und Kassenterminals mit wenig Speicher und begrenzten Ressourcen optimiert.

Es gibt noch zwei weitere zwingende Gründe zum Einsatz von Java in integrierten Systemen, nämlich die Konnektivität gegenüber einem Zielsystem auf der Anwendungsebene und die Optimierung des Softwareentwicklungsprozesses. Hinsichtlich des ersten Punktes kann Java eine sichere Umgebung für Dienstleistungen bieten – die Fähigkeit, Code auf sichere Weise aus dem Internet herunterladen und lokal ausführen zu können, ist das herausragende Argument für Java. Im Zeitalter des E-Commerce können sich Dienstleister überall im Web befinden – die Möglichkeit, die Wünsche der Kunden zu sehr niedrigen Kosten bedienen zu können, stellt in diesem Bereich des Wettbewerbs ein wesentliches Element für den Unternehmenserfolg dar.

Hinsichtlich des zweiten Punktes profitiert das Softwareentwicklungsteam eines Unternehmens von der eleganten Programmiersprache, die sämtlichen Code von Treibern bis hin zu Anwendungen erzeugen kann. Java wird zwar niemanden im Handumdrehen in einen Experten für integrierte Software verwandeln, kann aber junge wie auch erfahrene Softwareentwickler produktiver machen. Durch die Wiederverwendung des Codes wird Rapid Development möglich – integrierte Systeme können einfacher getestet und schneller in die Produktion eingeführt werden.

Drahtlose Geräte, die von Haus aus Javacode ausführen, werden spontan miteinander kommunizieren und mit anderen Java-aktiven Geräten über verschiedene drahtlose Protokolle zusammenarbeiten können. Neben der Bluetooth-Spezifikation sollen in Zukunft auch Home-RF und 802.11 zur Erweiterung der Fähigkeiten drahtloser Funktionen beitragen.

1.16 Jini und Bluetooth

Außer Java bietet Sun auch noch eine Diensterkennungstechnologie namens Jini an. Jini gründet auf der Java-Technologie und ist entwickelt worden, um den Benutzern die einfache Verbindung mit anderen Geräten möglich zu machen. Wenn zwei Jini-aktive Geräte in wechselseitige Reichweite kommen, können sie sich automatisch gegenseitig erkennen, Daten austauschen und eine Netzwerkverbindung herstellen.

Sun hat den Vorgang beschrieben, mit dem Geräte mit der Jini-Technologie über einen Erkennungsprozess nach anderen Geräten suchen, die ebenfalls mit der Jini-Technologie ausgerüstet sind. Im Erfolgsfall senden die Geräte Objekte, die die Dienste repräsentieren, die sie anzubieten haben, und deren beschreibende Merkmale und Attribute an einen technischen Suchdienst von Jini. Möchte ein Gerät den der Allgemeinheit angebotenen Dienst nutzen, kann es die dafür erforderlichen Objekte, die jede Art von benötigtem Code, wie etwa Anwendungen, Gerätetreiber oder Benutzerschnittstellen beinhalten können, vom Jini-Suchdienst herunterladen.

Zum Verständnis dessen, wie die Jini-Technologie die drahtlose Bluetooth-Technologie ergänzt, sollten Sie sich einmal vorstellen, wie ein mit einer digitalen Kamera geschossenes Bild ausgedruckt wird (siehe Abbildung 1.15). Zum Drucken des Fotos benötigt die Kamera einen Dienst, das heißt, einen speziellen Druckdienst. Der Druckdienst wird zwar normalerweise lokal ausgeführt, jedoch wird vielleicht (wie rechts gezeigt wird) manchmal auch die Kommunikation mit einem externen Gerät (wie etwa einem älteren Drucker, der die Java-Programmiersprache nicht unterstützt) nötig, oder es muss eine Schnittstelle zu einem fremden Gerät (das heißt einem Gerät ohne Jini-Dienst) gebildet werden. Das fremde Gerät kann beispielsweise eine Datenbank mit Fotos im Web sein.

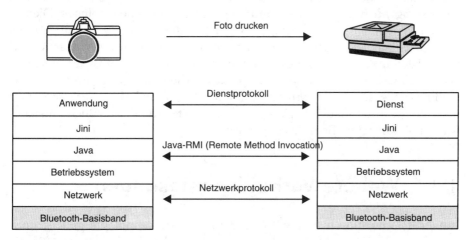

Abbildung 1.15: Die Bluetooth-Spezifikation beinhaltet einen Netzwerktransport. Auf diese Weise können drahtlose Verbindungen für eine Kommunikation zwischen unterschiedlichen Geräten für gegenseitige Dienste eingerichtet werden. In diesem Fall besteht der Dienst im Druck des Fotos einer digitalen Kamera.

Die Pfeile zeigen die verschiedenen Kommunikationsebenen an, die zum Druck des Fotos erforderlich sind. Zunächst lokalisiert die Kamera unter Verwendung der Jini-Technologie den Druckdienst, der umgekehrt das jeweilige vom Betriebssystem bereitgestellte Netzwerkprotokoll nutzt. Die Jini-Technologie erwartet kein bestimmtes Betriebssystem oder Netzwerkprotokoll – die Kamera könnte daher beispielsweise entweder drahtlose Bluetooth- oder infrarote Technologie verwenden oder physikalisch mit einem Netzwerk verbunden sein.

Wie auch immer die Verbindung mit dem Netzwerk hergestellt wird: Nach der Verbindung ist die Kamera sofort in der Lage, einen Drucker ohne Dazwischenschalten eines PC zum Druck des Fotos zu veranlassen. Der Drucker würde mit Java Virtual Machine und einem Jini-Paket sowie seinen eigenen Treibern und Benutzerschnittstellen geladen werden. Der Drucker sendet als Nächstes ein Java-Objekt, welches ihn selbst beschreibt, an den Suchdienst des Netzwerks, der das Objekt wiederum an die Kamera schickt, sobald diese den Dienst des Druckers anfordert. Zum Druck des Fotos lokalisiert die Kamera den Druckdienst, lädt den vom Druckdienst angebotenen Javacode herunter und führt ihn aus. Dieser Code benutzt gleichzeitig die zugrunde liegende Netzwerk-Transportschicht (entweder der Bluetooth-Architektur oder eines beliebigen anderen Netzwerkprotokolls) zu dem Zweck, das Druckdienstprotokoll zu implementieren, welches zur Übertragung des Fotos an den Drucker erforderlich ist.

Jini-aktive Geräte sollen sich nahtlos mit einem Netzwerk koppeln lassen, sich gegenseitig ausfindig machen und die wechselseitig angebotenen Dienste nutzen können. Bisher allerdings konnte Jini die Anfangserwartungen aus den verschiedensten Gründen nicht erfüllen, da es noch nicht ausreichend vermarktet und angenommen worden ist. Probleme technischer, vertrieblicher und lizenzrechtlicher Art haben bislang die Entstehung einer engagierten Entwicklergemeinde verhindert. Mit 3 MB ist der Code außerdem immer noch zu groß für manch speicherknappe Geräte. Als dieses Buch entstand, war die Zukunft von Jini noch ungewiss.

1.17 Weitere Verbindungslösungen

Neben der drahtlosen Bluetooth- und infraroter Technologie gibt es noch andere in der Entwicklung befindliche Netzwerktechnologien, die für die Lokalisierung und Kommunikation mit anderen Geräten mit eigenen Protokollen über Draht- oder drahtlose Verbindungen arbeiten. Beispiele für diese Technologien sind JetSend und HAVi.

1.17.1 JetSend

Die JetSend-Technologie, die von Hewlett-Packard entwickelt wurde und seit 1997 zur Verfügung steht, stellt ein Beispiel für ein Diensteprotokoll dar, mit dem Geräte wie etwa Drucker, digitale Kameras und Palmtop-Computer über drahtlose Verbindungen und ohne Benutzerintervention den Informationsaustausch auf intelligente Weise selbstständig handhaben können. Beispielsweise können Sie mit JetSend die mit Ihrer digitalen Kamera geschossenen Fotos unmittelbar auf Ihren Desktop-PC übertragen oder zum Druck auf Fotopapier an den Drucker senden lassen. Oder Sie können Jet-Send zum drahtlosen Senden von elektronischen Fotos an Ihren Palmtop-Computer oder ein anderes Gerät mit Windows CE nutzen.

Das JetSend-Protokoll erlaubt den Geräten die Festlegung eines gemeinsamen Datenformats und Datenaustausch, wobei die Notwendigkeit spezieller Treiber für die Kooperation der Geräte fortfällt. Gegenwärtig können JetSend-Geräte drahtlos über infrarote Verbindungen mit 4 Mbps miteinander kommunizieren. Das Protokoll könnte jedoch ebenso gut auch mit den drahtlosen Bluetooth-Verbindungen arbeiten, wenn diese erst einmal populär geworden sind. JetSend kann auch in verkabelten Netzwerken mit TCP/IP verwendet werden.

1.17.2 HAVi

HAVi (Home Audio-Video Interoperability) ist eine Spezifikation für Heimnetzwerke mit verschiedenen Geräten der Unterhaltungselektronik, zu denen CD-Spieler, Fernseher, Videorekorder, digitale Kameras und Settop-Boxen gehören können. HAVi soll im Wesentlichen dafür sorgen, dass alle diese Geräte sich gegenseitig erkennen und in einem Heimnetzwerk ohne Dazwischenschalten eines PC zusammenschließen können. Bei der Aktivierung oder Entfernung eines Gerätes wird die Netzwerkkonfiguration automatisch entsprechend aktualisiert. Der Zweck der zukünftigen Anwendungen soll darin bestehen, die Kontrolle der verschiedenen Geräte zu koordinieren und ihre Verwendung durch den Anwender einfacher zu gestalten.

Matsushita will eine Settop-Box anbieten, mit der man durch Hunderte von Kanälen zappen und beliebige Programme aufzeichnen kann. In wenigen Jahren soll die Box in der Lage sein, 200 Stunden Inhalt speichern zu können. Für den Anwender soll es eine Sucheinrichtung geben, die die entsprechende Navigation erlaubt. In einem HAVi-Netzwerk dienen IEEE 1394-Kabel (auch unter der Bezeichnung Firewire bekannt) zum Anschluss der Geräte mit 100, 200 oder 400 Mbps. Bei HAVi ist ein Bridge-Protokoll erforderlich, um Dienste zwischen HAVi-Geräten und Geräten mit der Jini-Technologie gemeinsam nutzen zu können. Anwendungen mit der Jini-Technologie können den Zugriff auf HAVi-Geräte wie beispielsweise Videorekorder erhalten. Auf ähnliche Weise werden sich Heimgeräte im HAVi-Netzwerk, insbesondere Fernseher, mit Jini-aktiven Remote-Diensten wie etwa Video-on-Demand verbinden können.

Microsoft hat noch ein weiteres Ziel zur Übernahme der Kontrolle über Ihr Wohnzimmer im Auge: Das Unternehmen versucht Windows CE und eine HAVi-inkompatible Alternative unter der Bezeichnung HAPi (Home Application Programming Interface) durchzusetzen. Die Befürworter von HAVi meinen, dass sich die Microsoft-Betriebssysteme für Geräte im Consumer-Bereich nicht eignen, da sie zu komplex und fehleranfällig wären und nicht in der Lage sind, mit großen kontinuierlichen Datenströmen umzugehen. Die Pläne von Microsoft sind jedoch noch ehrgeiziger und zielen auf alle nur denkbaren Anwendungsgebiete von der Musikanlage bis hin zum Kühlschrank ab – PCs sollen in Zukunft Videos bearbeiten oder Fernsehbilder ausdrucken können.

All diese in der Entwicklung befindlichen Netzwerktechnologien spielen Schlüsselrollen bei den Bestrebungen, improvisierte digitale Netzwerke zu wahrhaft universellen, unmittelbar verfügbaren und zuverlässigen Lösungen bei der Gerätekommunikation zu machen. Die Jini-Lösung für vernetzte Java-aktive Geräte in Kombination mit der Bluetooth-Spezifikation und anderen Standards wie JetSend verspricht eine Erweiterung unserer Erfahrungen im Umgang mit der Computerwelt der Zukunft, die gleichzeitig sowohl weitaus allgegenwärtiger und individueller als bisher als auch einfacher werden soll. Aber damit ist der Fahrplan der kommenden Innovationen noch lange nicht am Ende – auf der Makroebene gibt es noch die gerade in der Entwicklung befindlichen globalen 3G-Netzwerke!

1.17.3 Globale drahtlose 3G-Systeme

Die drahtlose Bluetooth-Technologie gehört zu den gegenwärtig bereitgestellten Technologien, deren Ziel die Optimierung der mobilen, multimediatauglichen Kommunikationssysteme der dritten Generation (3G) ist, die von der ITU (International Telecommunication Union) und anderen regionalen Standardisierungskörperschaften in den USA entwickelt werden. Das zugrunde liegende Konzept einer »Systemfamilie« sieht vor, verschiedene drahtlose Technologien auf einer gemeinsamen Ebene so zu vereinheitlichen, dass den Benutzern echtes globales Roaming und nahtlose Sprache-Bild-Anwendungen zur Verfügung stehen, was zu neuen Diensten und innovativen Multimediaanwendungen führen wird. Diese Initiative namens International Mobile Telecommunications 2000 (IMT-2000) umfasst sowohl satelliten- als auch terrestrisch gestützte Systeme und bedient stationäre und mobile Benutzer in öffentlichen und privaten Netzwerken.

Die Initiative zielt darauf ab, die Evolution der heutigen nationalen und regionalen Systeme der zweiten Generation (2G), die nicht kompatibel zueinander sind, hin zu 3G-Systemen zu unterstützen, die den Benutzern Interoperabilität, größere Reichweiten und neue Dienste anbieten. Die Rolle der ITU besteht darin, die Richtung vorzugeben und die zahlreichen technologischen Entwicklungen in diesem Bereich zu koordinieren, so dass eine Zusammenarbeit zwischen konkurrierenden nationalen und regionalen drahtlosen Technologien möglich wird. Mit universell akzeptierten Spezifikationen wären alle nationalen und regionalen Hersteller und Zulieferer in der Lage, Systeme und Produkte zu fertigen, die zusammenarbeiten können. Die Bluetooth-Spezifikation passt als ein globaler Standard hervorragend in dieses 3G-Konzept hinein.

Zu den denkbaren unterstützenden 3G-Anwendungen, für die auch die drahtlose Bluetooth-Technologie geeignet wäre, befindet sich sowohl die lokale Kommunikation als auch die Konnektivität im Weitverkehrsbereich, die zusammen eine höhere Stufe der Dienstleistung ermöglichen, als eine allein erreichen könnte.

Als Beispiel kann an dieser Stelle wieder ein Verkaufsautomat im Einkaufsbereich dienen. Über ein Zugangssystem mit Bluetooth kann eine Gruppe von Verkaufsautomaten an eine zentrale Verwaltungseinheit für Verkaufsautomaten angeschlossen werden, die wiederum 3G-Zugangssysteme für die Wartung und den Nachschub verwendet. Kleinere Probleme werden direkt an den mit drahtloser Bluetooth-Technik ausgestatteten Communicator des hauseigenen Technikers gesendet. Preisänderungen können einfach über die zentrale Verwaltungseinheit gesendet und lokal an alle Verkaufsautomaten mit Bluetooth weitergegeben werden.

Eine andere Anwendung, in der die drahtlose Bluetooth-Technologie 3G-Systeme ergänzen kann, ist die E-Mail. Ein Bluetooth/3G-Mobiltelefon kann E-Mails über eine Datenübertragung empfangen und über Bluetooth an ein Notebook weiterleiten, sobald dieses in Reichweite ist. Nach dem Empfang kann das Notebook den Benutzer durch eine SMS-Nachricht über die Bluetooth-Verbindung mit dem Mobiltelefon darüber informieren, dass eine E-Mail für ihn eingetroffen ist; wenn es sein muss, auch mit einem Dringlichkeitshinweis.

Im Rahmen dieses Konzeptes arbeiten 3G-Terminals als lokale »Kopfstellen« für eine breite Palette von Anwendungen, die lokal über die drahtlose Bluetooth-Technologie miteinander verbunden sind. Wird beispielsweise eine wichtige E-Mail-Nachricht empfangen, während Sie auf den Zug oder das Flugzeug warten, könnten Sie sich einer Bluetooth-Servicestelle zu dem Zweck bedienen, gegen eine Servicegebühr, die auf Ihre Kreditkarte gebucht wird, das Notebook anzuweisen, die wichtige E-Mail sofort an Ort und Stelle auf dem Drucker der Servicestelle auszugeben. Den ganzen Vorgang steuern Sie dabei mit Ihrem 3G/Bluetooth-Mobiltelefon, ohne dass Sie dazu das Notebook aus dem Aktenkoffer nehmen müssen.

Systeme im Haus, die mit drahtlosen Bluetooth-Komponenten ausgestattet sind, werden fernsteuerbar sein. Zu solchen Systemen können beispielsweise die Zentralheizung oder Klimaanlage, das Licht, der Rasensprenger und andere gehören. Wenn Sie außer Reichweite sein sollten (weil Sie beispielsweise noch spät abends im Büro arbeiten), kann das 3G-Mobiltelefon oder Palmtop-Gerät dies erkennen und automatisch das 3G/Bluetooth-Gateway in Ihrem Haus anrufen, um den Zugang zu allen Haushaltsanwendungen in Reichweite zu erlangen. Zu den Dingen, die Sie erledigen können, während Sie beispielsweise noch im Büro sind oder im Verkehrsstau feststecken, gehören:

- Den Inhalt des Kühlschranks abfragen und nach Bedarf auf dem Nachhauseweg einkaufen
- Vor der Ankunft zu Hause die Heizung heraufschalten
- Noch vor der Ankunft Ihren Lieblingsfilm auf Videorekorder aufzeichnen lassen

1.18 Probleme mit Bluetooth

Die Idee hinter der Bluetooth-Spezifikation besteht darin, die Verkabelung, die die Geräte heute noch aneinander binden, durch eine einzige Funkschnittstelle mit kleiner Reichweite überflüssig zu machen. Es wird erwartet, dass innerhalb weniger Jahre etwa 80% aller Mobiltelefone einen Bluetooth-Chip enthalten werden, mit dem eine drahtlose Verbindung zu gleichartig ausgerüsteten Notebooks, Druckern und gegebenenfalls auch anderen digitalen Geräten in einer Reichweite von zehn Metern möglich wird.

Außer einer Definition dessen, wie solche Geräte sich gegenseitig finden und unterhalten können, lässt sich die Bluetooth-Spezifikation auch in vorhandene Datennetzwerke einschließlich des Internets einbinden. In Zukunft werden Sie eine E-Mail in Ihren Palmtop eintippen, es anweisen, über Ihr Mobiltelefon eine Verbindung zum Internet aufzubauen, eine Kopie der Nachricht auf dem Drucker im 1. Stock ausgeben und das Original auf dem Desktop-PC speichern können.

So viel versprechend die drahtlose Bluetooth-Technologie auch ist, so sehr wird sie durch ihre geringe Datenrate von 1 Mbps begrenzt. Wie schon erwähnt, sieht die Bluetooth-Spezifikation eine Aufwärtsskalierung in Anwendungsbereiche zur Unterstützung drahtloser Datenübertragungen vor, die im 5 GHz-Bereich arbeiten und Verbindungen mit Geräten vorsehen, die bis zu 100 Meter entfernt sind.

Diese Art der Technologie hat übrigens einen Präzedenzfall – als IrDA (Infrared Data Association) 1994 seine Spezifikation für die SIR-Datenverbindungstechnologie (SIR, Serial Infrared) vorstellte, wurden nur Verbindungen zwischen Geräten mit 115,2 Kbps unterstützt. Ein Jahr später erweiterte IrDA SIR so, dass nun Daten mit 4 Mbps übertragen werden konnten, und innerhalb der nächsten vier Jahre veröffentlichte es seine Spezifikation für infrarote Verbindungen mit 16 Mbps. Es gibt keinen Grund, warum nicht auch die Bluetooth SIG innerhalb eines ähnlichen Zeitrahmens die Geschwindigkeit und Reichweite seiner Technologie noch beträchtlich zur Unterstützung weiterer Anwendungsgebiete erweitern können sollte.

Falls es überhaupt ein Problem mit der Bluetooth-Technologie gibt, dann besteht es darin, dass es bisher vielleicht zu enthusiastisch dargestellt worden ist. Beispielsweise wurden Bluetooth-Geräte schon angepriesen, bevor überhaupt die Standards für diese Geräte freigegeben werden konnten. Bluetooth wurde sehr frühzeitig angekündigt, weil die Bluetooth SIG zur Schaffung des erforderlichen Entwicklungsschubs möglichst viele Unternehmen in die Entwicklung von Produkten und Anwendungen einbinden wollte. Die Bluetooth SIG ging ursprünglich davon aus, dass diese Technologie noch vor dem Jahre 2002 zur Fertigung von mehreren hundert Millionen Geräten führen würde. Eine Studie des US-amerikanischen Forschungsinstituts Cahners In-Stat Group sagt jetzt voraus, dass diese Art der Marktdurchdringung erst etwa 2005 erreicht sein wird.

Ein Grund für diese Verzögerung liegt darin, dass die Chips nicht mehr als zehn DM oder weniger kosten dürfen, um den Massenmarkt erobern zu können – eine Prognose, die heute noch gewagt wäre. Es wird noch mindestens drei Jahre dauern, bevor Bluetooth-Chips billig genug sind, um in massenhaft verwendeten Geräten, wie Mobiltelefonen und Handheld-Computern, Einzug zu halten. Trotz dieser Verzögerung sollte jedoch allein die bloße Masse der Unterstützung für die Bluetooth-Spezifikation von Seiten der Industrie (über 2000 Unternehmen) die Gewähr dafür bieten, dass dieser Standard zu etwas Alltäglichem werden wird. Die drahtlose Bluetooth-Technologie ist weder die erste Technologie, die spät erfolgreich wird, noch wird sie die letzte sein!

1.19 Das Bluetooth-Qualifizierungsprogramm

Die Bluetooth SIG hat ein Qualifizierungsverfahren entwickelt, mit dem sichergestellt werden soll, dass die Produkte mit der Bluetooth-Spezifikation übereinstimmen. Nach erfolgreichem Ablauf dieses Qualifizierungsprozesses dürfen diese Produkte den Bluetooth-Markennamen tragen und den Endanwendern damit anzeigen, dass sie erwartungsgemäß funktionieren werden. Jedes Produkt mit dem Bluetooth-Markennamen muss zum Führen dieses Namens eine Lizenz beantragen – nur Produkte, die den Qualifizierungstest erfolgreich durchlaufen haben, erhalten die Lizenz.

Der Qualifizierungsprozess verlangt Tests des Produkts durch den Hersteller und eine Testeinrichtung von Bluetooth (BQTF; Bluetooth Qualification Test Facility), die Prüfberichte erstellt und diese von einer Bluetooth-Qualifizierungskörperschaft (BQB; Bluetooth Qualification Body) überprüfen lässt.

Sämtliche Hardware- oder Softwareänderungen eines qualifizierten Produkts müssen dokumentiert und vom BQB, welches das Qualifizierungszertifikat herausgegeben hat, überprüft werden.

Die Qualifizierungsbedingungen lauten nicht für alle Produkte gleich. Von Tests sind beispielsweise solche Produkte ausgenommen, die speziell als Entwicklungswerkzeuge oder Demonstrations-Kits entworfen und vermarktet werden. Die Qualifizierung für diese Produkte ist über die Abgabe einer einfachen Erklärung möglich, die die Kompatibilität feststellt. Produkte mit einer integrierten Bluetooth-Komponente, die bereits qualifiziert worden ist, können von einer Wiederholung des Testverfahrens, das sich auf die bereits qualifizierte Komponente bezieht, ausgenommen werden.

1.20 Der Bluetooth-Markt

Seit ihrer Einführung wurde die drahtlose Bluetooth-Technologie von Beobachtern der Industrie als die wichtigste Entwicklung in der drahtlosen Kommunikation seit 20 Jahren bezeichnet. Schon bald sollen Menschen überall in der Welt in den Genuss des Komforts, der Geschwindigkeit und Sicherheit unmittelbarer drahtloser Verbindungen kommen. Damit diese Erwartungen erfüllt werden können, werden vermutlich in den nächsten Jahren Bluetooth-Komponenten in Millionen von Mobiltelefonen, PCs, Laptops und andere elektronische Geräte eingebaut werden.

Nach dem Verlauten des Forschungsinstituts IDC soll die drahtlose Bluetooth-Technologie bis zum Jahr 2004 in den Vereinigten Staaten in mehr als 100 Millionen Geräten und weltweit in fast 450 Millionen Geräten zu finden sein. Darüber hinaus wird sich diese Technologie neben den zuerst in Frage kommenden Geräten wie Laptops und Handheld-Computern auch auf eine Reihe anderer Geräte wie Drucker, digitalen Kameras und weitere Consumer-Geräte ausdehnen. IDC geht davon aus, dass intelligente Telefone zu den ersten Zielgeräten der Bluetooth-Spezifikation gehören werden. Bei Druckern soll die Integration der drahtlosen Bluetooth-Technologie innerhalb des Zeitraums 2001 bis 2002 beginnen. Cahner In-Stat Group sagt voraus, dass die drahtlose Bluetooth-Technologie bis 2005 in mehr als 670 Millionen Produkte eingebaut sein wird.

1.21 Zusammenfassung

Die Bluetooth-Spezifikation erleichtert nicht nur die Verbindung mit einem Telefon oder dem Internet, sondern auch die Kommunikation zwischen Geräten. Tatsächlich enthält der Fokus der drahtlosen Bluetooth-Technologie auf preiswerte, hochintegrierte und einfach zu konfigurierende Produkte das Potential zur Änderung der gegenwärtigen Paradigmen für das mobile Arbeiten an Computern (Computing) und die Möglichkeiten der Netzwerkverbindung. Darüber hinaus stärkt die drahtlose Bluetooth-Technologie, die gleichermaßen Sprache und Daten sowie ein breites Feld von Anwendungen von der Dateisynchronisation und dem Visitenkartenaustausch bis hin zum Internet-Zugang unterstützt, die mobilen Computing-Lösungen aller Anbieter im Markt. Hierzu gehören nicht nur Geräte wie etwa Notebook-Computer, sondern auch drahtlose Verbindungslösungen wie Wireless Domino Access und IBM Mobile Connect.

Die Verwendung von drahtlosen LANs auf der Grundlage der Bluetooth-, Infrarot-, Home-RF- oder 802.11-Spezifikation hängt von Ihren Anwendungen ab. Sie werden oft feststellen, dass Sie mehr als nur eine dieser Technologien zur Erfüllung Ihrer Anforderungen benötigen werden. Typische Anwendungszwecke dieser Technologien fasst die Tabelle 1.5 zusammen.

Technologie	Typische Anwendungen
Bluetooth	Keine Kabel, Kommunikation für Sprache und Daten zwischen verschiedenen Geräten, PANs, Fernsteuerung von Geräten, mobiler E-Commerce
Infrarot	Keine Kabel, Hochgeschwindigkeits-Dateitransfer zwischen verschiedenen Geräten, lokale Gerätesteuerung
Home-RF	Keine Kabel, Datenkommunikation zwischen Computern sowie Computern und Peripheriegeräten zu Hause oder in kleinen Büros (vornehmlich kommerzielle Anwendungen)
Drahtlose 802.11-LANs	Keine Kabel, Datenkommunikation zwischen Computern sowie Computern und Peripheriegeräten zu Hause oder in Unternehmensbüros

Tabelle 1.5: Typische Anwendungen für drahtlose Technologien

Zwischen Bluetooth und anderen drahtlosen Technologien wird es Berührungspunkte geben. Infrarotübertragungen und Bluetooth-Technologien beispielsweise bieten hinsichtlich des Datenaustauschs und von Sprachanwendungen komplementäre Lösungen an. Dabei wird die leichte Handhabbarkeit des Point-and-Shoot-Verfahrens bei Infrarot durch die Fähigkeiten drahtloser Bluetooth-Geräte wie Rundstrahlcharakteristik, größere Reichweite und Durchdringung fester Objekte ergänzt werden. Bei vielen Geräten wird die optimale drahtlose Lösung für kleine Reichweiten eine Kombination aus Bluetooth- und Infrarot-Komponenten sein. Bei anderen Geräten wiederum wird die Wahl zwischen Bluetooth- oder Infrarot-Komponenten von der jeweiligen Anwendung und den Nutzungsarten abhängen. Die Geschichte der drahtlosen Kommunikation mit kleiner Reichweite wird gerade geschrieben – in Zukunft werden sowohl die Infrarot- als auch die Bluetooth-Technologie die Hauptantriebskräfte der Entwicklung in diesem Bereich sein.

Grundlagen 2

Wie schon im Kapitel zuvor erwähnt, besteht das Ziel des Bluetooth-Standards darin, eine nahtlose Kommunikation für Sprache und Daten für Funkstrecken mit kleiner Reichweite zwischen mobilen und stationären Geräten möglich zu machen. Der Standard legt fest, wie Mobiltelefone, drahtlose Informations-geräte (WID, Wireless Information Devices), Handheld-Computer und PDAs (Personal Digital Assistance) unter Verwendung drahtloser Bluetooth-Komponenten wechselseitig miteinander, mit Desktop-PC und Büro- bzw. Heimtelefonen verbunden werden können. Durch die Verwendung der Spread-Spectrum-Technologie wird die erste Generation von Bluetooth-Geräten den sicheren Datenaustausch bis zu einer Rate von 1 Mbps erlauben, und dies auch in Bereichen mit beträchtlicher elektromagnetischer Aktivität. Durch den Einsatz der CVSD-Modulation (CVSD; Continuous Variable Slope Delta Modulation) zur Sprachcodierung ermöglicht die Bluetooth-Spezifikation die Übertragung von Sprache über kurze Distanzen bei minimalen Störungen.

Dieses Kapitel erörtert die zugrunde liegenden Übertragungskonzepte mit dem Ziel, die Basiskonzepte der drahtlosen Bluetooth-Spezifikation im Umgang mit Daten und Sprache zu erläutern. Damit ein gründliches Verständnis der drahtlosen Bluetooth-Technologie im Feld der Kommunikationstechnologien erreicht wird, werden Vergleiche mit Alternativtechnologien in drahtlosen und drahtgebundenen Umgebungen herangezogen werden. Im Verlaufe dieser Erörterung werden die Fähigkeiten der drahtlosen Bluetooth-Technologie deutlicher hervortreten und Grundlagen für eine detaillierte Diskussion der drahtlosen Bluetooth-Technologie in den Folgekapiteln geschaffen.

2.1 Seriell gegenüber Parallel

Wie andere Kommunikationstechnologien verwendet die drahtlose Bluetooth-Technologie zur Übertragung von Daten in binärer Form (Nullen und Einsen) eine serielle Kommunikation. Ein drahtloses Bluetooth-Gerät benutzt hierzu eine Funkschnittstelle. Eine serielle Kommunikation kann jedoch ebenso gut auch über Infrarot oder Kupfer- oder Glasfaserverbindungen stattfinden. Bei einer seriellen Kommunikation findet die Datenübertragung in einer sequentiellen Form statt, das heißt, die Nullen und Einsen werden eine nach der anderen über die Leitung zum entfernten Gerät gesendet. Diese Methode der Informationsübertragung wird sowohl für die asynchrone als auch die synchrone Datenkommunikation verwendet. Die parallele Kommunikation dagegen überträgt mehrere Bits zur selben Zeit, wobei jedes Bit über eine eigene Leitung im Kabel gesendet wird.

2.1.1 Serielle Übertragung

Wie der Begriff impliziert, ist eine serielle Übertragung ein Verfahren zum Senden und Empfangen von Datenbits, die eines nach dem anderen sequentiell übertragen werden. Die meisten Leser werden die seriellen RS-232-Schnittstellen in ihren Computern kennen, die zur Herstellung von Verbindungen mit einem externen Moden mit Geschwindigkeiten bis zu 20 Kbps verwendet werden, oder die neueren USB-Hochgeschwindigkeitsanschlüsse (USB, Universal Serial Bus) für Verbindungen mit Peripheriegeräten wie Scannern für Geschwindigkeiten mit bis zu 12 Mbps. Serielle Verbindungen werden aber nicht nur für den Anschluss lokaler Geräte benutzt – sie bilden die Grundlage jeglicher Datenkommunikation, die über lokale (LAN; Local Area Network) und Weitverkehrsnetzwerke (WAN, Wide Area Network) und alle dazwischenliegenden Formen stattfindet. Das zugrunde liegende Medium kann ein Kupferdraht, eine Glasfaserleitung oder eine infrarote bzw. funkgesteuerte Technologie sein.

2.1.2 Parallele Übertragung

Während die serielle Methode das Senden und Empfangen eines Bits zu einer Zeit vorsieht, gehört zur parallelen Übertragung das gleichzeitige Senden und Empfangen eines vollständigen Bytes, wobei jedes einzelne Bit über eine separate Leitung bzw. einen Kanal übertragen wird. Bei acht gleichzeitig gesendeten Bits werden hierfür acht Kanäle oder Leitungen für je ein Bit benötigt. Damit die Daten mit dieser Methode übertragen werden können, ist noch ein separater Kanal bzw. eine Leitung für das Taktsignal erforderlich, das den Empfänger darüber informiert, wann die Daten zur Verfügung stehen. Ein weiterer Kanal bzw. eine Leitung wird vom Empfänger zur Bestätigung des Dateneingangs und zur Anzeige benutzt, dass er bereit zum Empfang weiterer Daten ist.

Eine parallele Kommunikation findet häufig innerhalb eines Computers oder zwischen einem Computer und lokal angeschlossenen Peripheriegeräten wie etwa einem Drucker statt. Beispielsweise werden die zwischen einem Plattenlaufwerk und einem Plattencontroller ausgetauschten Daten parallel über ein Flachbandkabel gesendet.

Die bekannteste Anwendungsform der parallelen Übertragung ist der Druck, bei dem ein Kabel am parallelen Anschluss des Computers mit dem entsprechenden Anschluss des Druckers verbunden wird. Der 25polige Stecker dieses Kabels in D-Form, der als DB25-Stecker bekannt ist, wird dabei hinten am Computer befestigt, während das andere Ende mit einem 36adrigen so genannten Centronics-Stecker in den Drucker geht[1].

Parallele Verbindungen erweisen sich unabhängig von der Anwendung normalerweise als problemlos, da es keine Notwendigkeit dafür gibt, die Daten auf der Senderseite in Pakete zusammenzufassen und auf der Empfängerseite wieder »auszupacken«. Der standardmäßige parallele Anschluss des PC sendet die Daten normalerweise mit 115200 Bit pro Sekunde – neuere erweiterte parallele Anschlüsse sind bis zu zehnmal schneller und überschreiten bereits 1 Mbps. Trotzdem ist die parallele Übertragung nur für kleine Distanzen geeignet, wie etwa die Koppelung von einzelnen Komponenten innerhalb des Computers und die lokale Verbindung eines Computers mit einem Drucker oder einem anderen Peripheriegerät wie etwa einem externen Zip-Laufwerk. Die serielle und parallele Datenübertragung werden in der Abbildung 2.1 einander gegenübergestellt.

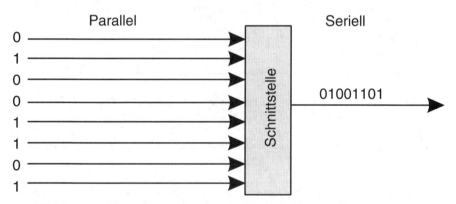

Abbildung 2.1: Gegenüberstellung der seriellen und parallelen Datenübertragung

Bluetooth überträgt Daten an andere Geräte seriell über drahtlose Verbindungen, und zwar synchron oder asynchron in Abhängigkeit von der jeweili-

---

1. Die Verwendung verschiedener Steckertypen an den Enden des Kabels ergibt sich aus der nicht standardisierten Fertigungsweise in den frühen Tagen des Desktop-PC. Als IBM seine PCs gebaut hat, hat es sich gegen den 36adrigen Stecker des seinerzeitigen den Markt dominierenden Druckerherstellers Centronics entschieden. Stattdessen rüstete IBM seine eigenen Computer mit dem 25poligen D-förmigen Stecker, dem DB25-Stecker, aus. Im Laufe der Jahre blieben die Druckerhersteller jedoch beim Centronics-Stecker, während die Hersteller von PCs die DB25-Stecker standardisierten. Aus diesem Grunde wurde zur Herstellung der Verbindung zwischen beiden Geräten ein spezielles Adapterkabel nötig.

gen Anwendung. Bestimmte interne Vorgänge in Bluetooth selbst verwenden jedoch eine Kombination aus einer parallelen und seriellen Übertragung. Zum Verschlüsseln von Daten über eine Funkschnittstelle beispielsweise benutzt ein Bluetooth-Gerät einen fortlaufenden Codierungsprozess, bei dem vier Inputs parallel in einen Nutzdaten-Codegenerator eingeführt werden, der aus den eingegebenen Daten einen Nutzdaten-Code) generiert (siehe Abbildung 2.2). Der Keystream-Generator sendet den Code dann zum Verschlüsseln seriell an einen Codierer (Encoder), bevor er ebenfalls seriell über die drahtlose Verbindung gesendet wird. Die sendenden und empfangenden Geräte verwenden diesen Code zur Herstellung einer wechselseitigen Authentifizierung, die sicherstellt, dass die nachfolgend gesendeten Nachrichten sicher sind. Die empfangenen Daten können von beiden Stationen nur mit Hilfe des richtigen Codes entsperrt werden.

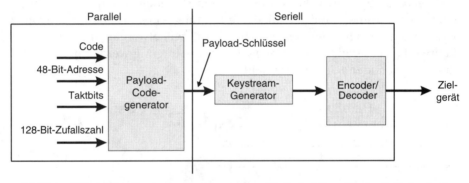

Abbildung 2.2: Auf der Komponentenebene verwendet die drahtlose Bluetooth-Technologie eine Kombination aus seriellen und parallelen Vorgängen zum Generieren und Senden eines Nutzdaten-Codes, der zur Herstellung einer wechselseitigen Authentifizierung zwischen zwei Geräten und zur Gewährleistung sicherer Datenübertragungen über drahtlose Verbindungen verwendet wird.

2.2 Asynchron versus Synchron

Das Problem der seriellen Datenübertragung besteht darin, wie der Empfänger mit dem Sender so synchronisiert werden kann, dass er den Anfang eines neuen Zeichens im empfangenen Bitstrom erkennen kann. Ohne eine Synchronisierung würde der Empfänger den eintreffenden Bitstrom nicht korrekt interpretieren können. Dieses Problem der Synchronisation in der seriellen Datenübertragung kann mit zwei Methoden gelöst werden: Asynchrone und synchrone Datenübertragung, die beide von der Bluetooth-Spezifikation unterstützt werden.

Bei der asynchronen Übertragung wird die Synchronisation durch die Einklammerung jedes Satzes mit 8 Bit in ein Start- und Stoppbit hergestellt. Ein Startbit wird von einem sendenden Gerät gesendet, um das empfangende Gerät darüber zu informieren, dass ein Zeichen eintreffen wird. Anschließend wird das Zeichen mit einem abschließenden Stoppbit gesendet, das anzeigt, dass die Übertragung des Zeichens abgeschlossen ist. Dieser Prozess wird für die Dauer der Übertragung wiederholt.

Bei der synchronen Übertragung wandern die Daten als fortlaufender Datenstrom über die Leitung – es werden keine Start- und Stoppbits zum Einklammern der Zeichen verwendet. Stattdessen verwenden beide Geräte am jeweiligen Ende der Leitung das Timing als Mittel dafür, den Beginn und das Ende eines Zeichens festzustellen. Damit diese Methode der Datenübertragung korrekt funktionieren kann, müssen jedoch beide Geräte auf jeder Seite über einen gemeinsamen Takt miteinander synchronisiert sein. Dies wird erreicht, indem vor dem Senden der eigentlichen Nutzdaten spezielle Synchronisierungszeichen (»syn«-Daten) gesendet werden. Sobald die Takte auf beiden Seiten synchronisiert sind, beginnt die Nutzdatenübertragung.

2.2.1 Asynchron

Der Begriff Asynchron bedeutet, dass die Bits eines seriellen Datenstroms nicht an einen speziellen Takt auf der Empfängerseite gebunden sind. Eine asynchrone Methode der seriellen Datenübertragung eignet sich daher ideal für PCs oder einfache Terminalverbindungen, bei denen die Zeichen in unregelmäßigen Abständen von der Tastatur generiert werden. Der Vorteil der asynchronen Übertragung liegt in diesem Fall darin, dass jedes einzelne Zeichen in sich selbst vollständig ist und daher bei einer Zerstörung auf dem Übertragungsweg andere Zeichen davor und dahinter nicht in Mitleidenschaft ziehen kann. Nur das verlorene oder zerstörte Zeichen muss neu übertragen werden.

Zeichen mit 7 oder 8 Bit werden in der Umgebung eines PC häufig verwendet. Sieben Bit genügen, um in Übereinstimmung mit dem ASCII-Standard (ASCII; American Standard Code for Information Interchange) sämtliche 128 Groß- und Kleinbuchstaben, Symbole und Funktionstasten zu übertragen. Ein achtes, optionales *Paritätsbit* sorgt für die Überprüfung der Datenintegrität. Es wird zwischen dem letzten Bit eines Zeichens und dem ersten *Stoppbit* eingefügt. Wie später noch erörtert wird, dient das Stoppbit in einer asynchronen Kommunikation dem Zweck, das Ende einer Folge von Bits, die ein Zeichen darstellen, anzuzeigen (siehe Abbildung 2.3).

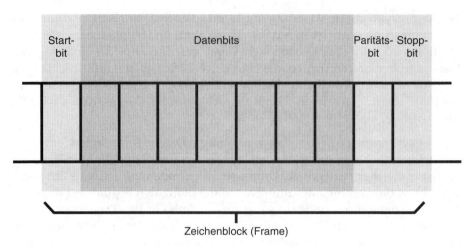

Zeichenblock (Frame)

Abbildung 2.3: Ein solcher Zeichenblock (Frame bzw. Rahmen) besteht aus zwei Bits für Start/ Stopp, einem Paritätsbit und sieben Nutzdatenbits.

Das Paritätsbit dient als einfache Form einer Fehlerüberprüfung. Hinsichtlich der Parität spricht man von gleicher und ungleicher Parität – beide Geräte in der Leitung müssen dieselbe Paritätseinstellung verwenden, wobei die Parität der Übertragung jeweils vor Beginn der eigentlichen Kommunikation auf gleich bzw. ungleich festgelegt werden muss. In Windows wird dies bei der Festlegung der Modemvoreinstellungen für eine Einwählverbindung erledigt (siehe Abbildung 2.4).

Stellen Sie sich nun einmal eine ungerade Parität vor – dabei sendet der Sender das Paritätsbit so, dass eine ungerade Anzahl von Datenbits und Paritätsbits entsteht. Gibt es beispielsweise fünf Einsen im Datenbit (die bereits eine ungerade Anzahl ergeben), dann wird das Paritätsbit auf null gesetzt.

Die hier erörterte Anwendung des Paritätsbits gilt nicht nur für die weithin bekannten Modemverbindungen, sondern ist auch für das Verständnis dessen nützlich, wie diese Art von Bit in drahtlosen Verbindungen zwischen Bluetooth-Geräten zur Implementierung einer elementaren Fehlerkorrektur eingesetzt werden kann. Die Datenpakete können dabei jeweils mit aktiver oder inaktiver Parität gesendet werden. Ist die Parität aktiviert, können die Benutzer von Bluetooth-Geräten ihre Verbindungseinstellungen in Abhängigkeit vom Hostsystem, mit dem sie sich verbinden wollen, für eine gerade oder ungerade Parität konfigurieren. Bei Sprache hingegeben wird die Parität nicht aktiviert, obwohl Bluetooth-Geräte Sprache digital codiert in Paketen senden können.

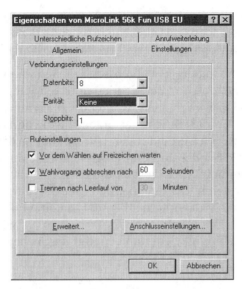

Abbildung 2.4: Die Verbindungseinstellungen eines USB-Modems von Elsa Microlink in Windows 98. Die Einstellung 8-keine-1 ist eine Standardeinstellung, die Verbindungen mit nahezu sämtlichen Systemen einschließlich Mailboxen (BBS) und dem Internet möglich macht. Bei der Anwahl von Unix-Systemen und Großrechnern kann manchmal die Einstellung 7-gerade-1 erforderlich werden.

Bei asynchroner Kommunikation müssen der Sender und Empfänger sich nur auf annähernd dieselbe Taktrate abstimmen. Bei einer Sequenz von zehn Bits wird das letzte Bit auch dann korrekt interpretiert, wenn die Taktraten von Sender und Empfänger um 5% voneinander abweichen. Synchrone Verbindungen sind daher einfach zu handhaben und stellen gleichzeitig eine preiswerte Methode der seriellen Datenübertragung dar.

Allerdings bringen asynchrone Übertragungen einen großen Overhead mit sich, der dadurch entsteht, dass jedes Byte mindestens zwei Extrabits für die Start/Stop-Funktion mit sich führen muss. Daraus ergibt sich hinsichtlich der Bandbreite ein Verlust von 25% (2/8 = 0,5), was sich bei größeren Datenmengen schnell aufsummieren kann. Zur Übertragung von 1000 Zeichen bzw. 8000 Bits müssen beispielsweise für die Start/Stop-Funktion 2000 Extrabits übertragen werden, was eine Gesamtanzahl übertragener Bits von 10000 ergibt. Die 2000 Extrabits nehmen dabei den Raum von 250 Zeichen ein, die zusätzlich über die Verbindung hätten übertragen werden können.

Die drahtlose Bluetooth-Technologie unterstützt einen asynchronen Kanal mit einer Datenrate von fast 1 Mbps. ACL (Asynchronous Connection-Less), die asynchrone verbindungslose Übertragung, überträgt Daten auf der Basis des Prinzips »best-effort«. ACL unterstützt paketvermittelte Punkt-zu-Mehrpunkt-Verbindungen, die typischerweise für den Datenverkehr verwendet werden. Falls Fehler auf der Empfängerseite entdeckt werden, wird im Header des Rückgabepakets eine entsprechende Benachrichtigung mitgesendet, damit nur verlorene oder zerstörte Pakete erneut übertragen werden.

ACL kann symmetrisch oder asymmetrisch arbeiten. Eine symmetrische Arbeitsweise bedeutet, dass in der Sende- und Empfangsrichtung dieselbe Datenrate verwendet werden kann, während bei asymmetrischen Verfahren in der Sende- und Empfangsrichtung unterschiedliche Datenraten möglich sind. Bei symmetrischen Verbindungen beträgt die maximale Datenrate bis zu 433,9 Kbps in die Sende- und Empfangsrichtung, während die maximale Datenrate bei asymmetrischen Verbindungen 723,2 Kbps in der einen und 57,6 Kbps in der anderen Richtung beträgt. Eine asymmetrische Verbindung wird beispielsweise für das Internet benutzt, da eine hohe Datenrate in der Empfangsrichtung zum Übertragen von Webseiten als wichtiger angesehen wird. In der Senderichtung wiederum benötigt die Suche nach einer Webseite viel weniger Bandbreite[2].

2.2.2   Synchron

Die drahtlose Bluetooth-Spezifikation unterstützt auch eine synchrone verbindungsorientierte Übrtragung (SCO; Synchronous Connection-Oriented). Dies ermöglicht leitungsvermittelte Punkt-zu-Punkt-Verbindungen, die typischerweise unter Verwendung reservierter Bandbreiten für die Übertragung von Sprache, Daten und Multimedia verwendet werden. SCO-Verbindungen sind symmetrisch und stellen in der Sende- und Empfangsrichtung dieselbe Bandbreite zur Verfügung.

Daten

Synchrone Übertragungen gründen unter Verzicht auf Start/Stoppbits auf einem genauen Timing zwischen Sender und Empfänger, welches während der Decodierung der Erkennung der Nullen und Einsen des Bitstroms dient. Sofern beide Geräte denselben Takt verwenden, kann die Übertragung mit der Gewissheit stattfinden, dass der Bitstrom vom Empfänger korrekt interpretiert wird. Zum Schutz gegen einen Verlust der Synchronisation wird der

---

2. Die Verwendung von asymmetrischen und symmetrischen Verbindungen ist nicht spezifisch für die Bluetooth-Spezifikation. Auch der Dienst DSL (Digital Subscriber Line), der über gewöhnliche Telefonleitungen betrieben wird, läuft mit 8 Mbps in der Downstream-Richtung (zum Benutzer hin) und mit bis zu 640 Kbps in der Upstream-Richtung (zum Internet hin). Die tatsächlichen Geschwindigkeiten hängen von der Entfernung zwischen dem Kunden und der Vermittlungsstelle der Telefongesellschaft ab. SDSL (Symmetrical Digital Subscriber Line) bietet bis zu 1,1 Mbps in jede Richtung, wobei die tatsächlichen Geschwindigkeiten in beide Richtungen auch hier wieder von der Entfernung zwischen dem Kunden und der Vermittlungsstelle der Telefongesellschaft abhängen. RADSL (Rate Adaptive Digital Subscriber Line) unterstützt sowohl symmetrische als auch asymmetrische Datenübertragungen.

Empfänger in periodischen Abständen erneut mit dem Sender synchronisiert, was über die Verwendung von Steuerbits erzielt wird, die in den Bitstrom eingebaut werden.

Bei der synchronen Übertragungsmethode werden die Daten nicht als einzelne Bytes gesendet, die durch Start/Stoppbits eingeklammert sind, sondern in der Form von Paketen in festgelegten Zeitfenstern, die zwischen dem sendenden und dem empfangenden Gerät vereinbart werden. Eine synchrone Übertragung ist im Unterschied zur asynchronen Übertragung hinsichtlich der Bandbreite normalerweise viel effizienter, da die Datenfelder in der Regel beträchtlich breiter als die Overhead-Felder sind. Ein weiterer Vorteil der synchronen Übertragung liegt darin, dass der Paketaufbau eine einfachere Handhabung der Steuerinformationen möglich macht. Für alle speziellen Codes, die zur Einhaltung der Timing-Parameter und der Festlegung der reservierten Zeitfenster benötigt werden, kann eine auf natürliche Weise geeignete Position (normalerweise am Beginn des Pakets) oder eine (wie im Fall von Bluetooth) spezielle Nachricht verwendet werden.

Sprache

Die Bluetooth-Spezifikation legt drei synchrone Kanäle mit je 64 Kbps fest, also dieselbe Bandbreite, die auch bei der Übertragung von Gesprächen über digitale T-Leitungen oder ISDN-Dienste über das öffentliche Telefonnetz gegeben ist. Anders als bei der reinen Datenübertragung können Pakete, die Sprache enthalten, nicht erneut übertragen werden, da die daraus entstehende Verzögerung die beiden Gesprächspartner unterbrechen würde. Wie schon in Kapitel 1 festgestellt, legt die Bluetooth-Spezifikation die Verwendung von zwei Sprachcodierungssystemen fest: PCM (Pulse Code Modulation) und CVSD (Continuous Variable Slope Delta). Von diesen beiden ist die CVSD-Modulation unempfindlicher gegenüber Störungen und daher besser für die Sprachkommunikation über eine drahtlose Verbindung geeignet. Die Wahl von PCM oder CVSD hängt von den Link-Managern beider Bluetooth-Geräte ab, die das geeignete Sprachcodierungssystem für die Anwendung selbst aushandeln.

Zum Vergleich von CVSD und PCM ist es sinnvoll, einmal ihre Arbeitsweise genauer zu betrachten. Kurz gesagt, tastet (sampelt) PCM die wechselnden Amplituden des analogen Signals 8000 Mal in der Sekunde ab und weist dabei jedem Punkt im Verlauf des abgetasteten Signals einen Wert zu, den es als Datenwort oder -byte mit 8 Bit darstellt (siehe Abbildung 2.5)[3]. Durch das

---

3. Bei PCM wird das Sampeln der analogen Wellenkurve 8000 Mal pro Sekunde vorgenommen, wobei jeder einzelne Wert 8 Bit darstellt. Das Ergebnis ist eine Übertragungsrate von 64000 Bits bzw. 64 Kbps pro Sekunde, die gleichzeitig die Größe eines normalen Sprachkanals einer digitalen Verbindung ergibt, und zwar unabhängig davon, ob eine drahtgebundene oder drahtlose Verbindung vorliegt.

Abtasten eines Signals auf diese Weise wird die Aufzeichnung und Darstellung der menschlichen Stimme in digitaler Form möglich. Der sich hieraus ergebende Bitstrom wird in Form von elektrischen Impulsen, die Einsen und Nullen repräsentieren, über die Leitung gesendet. Beim empfangenden Gerät werden diese Informationen wieder decodiert und ergeben eine sehr stark angenäherte Wiedergabe des ursprünglichen analogen Signals, das in hörbare Sprache umgewandelt werden kann.

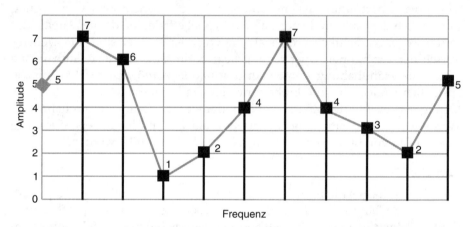

Abbildung 2.5: PCM (Pulse Code Modulation) tastet das konstante wechselnde analoge Signal 8000 Mal pro Sekunde ab. Die sich daraus ergebenden Werte werden in Datenwörter mit 8 Bit umgewandelt.

CVSD arbeitet unterschiedlich insofern, als die Breite der Abtastwerte nur 1 Bit und nicht 8 Bit wie bei PCM beträgt. Mit einem so kleinen digitalen Datenwort können viel mehr Abtastwerte innerhalb derselben Bandbreite gesendet werden – die Übertragung ist daher weniger anfällig gegenüber Störungen. Datenwörter mit 1 Bit können allerdings keine absoluten »Lautstärken« wiedergeben. Das bei CVSD verwendete Abtast-Bit repräsentiert daher auch nicht den absoluten Spannungswert des analogen Signals, sondern bezieht sich lediglich auf Änderungen der Flanke des Signals (daher »Slope Delta Modulation«).

Die CVSD-Modulation stellt eine Methode zur Digitalisierung eines Sprachsignals dar, die sich den Umstand zunutze macht, dass sich Sprachsignale nie abrupt verändern. Anstelle des Abtastwerts der Amplitude des Sprachsignals 8000 Mal pro Sekunde und der Codierung der Ergebniswerte in Datenwörter mit 8 Bit verwendet CVSD nur Datenwörter mit 1 Bit, die sich jeweils auf eine Änderung der Flanke bzw. Steilheit des Signals beziehen.

Der CVSD-Modulator ist im Wesentlichen ein Konverter analog-zu-digital mit 1 Bit. Die Ausgabe dieses 1-Bit-Encoders besteht in einem seriellen

Bitstrom, bei dem jedes Bit eine inkrementelle Zunahme bzw. Abnahme der Signalamplitude darstellt, die als eine Funktion des vorausgegangenen Abtastwerts behandelt wird. Die Anzahl der vergangenen Abtastungen (das heißt, der Bits), die eine Vorhersage ermöglichen, beträgt 3. Mit nur einem 1-Bit-Wort können bei gleicher Bandbreite viel mehr Samples gesendet werden, was CVSD daher sehr robust macht.

Der CVSD-Modulator bzw. -Konverter findet sich in den Bluetooth-Chipsätzen verschiedener Hersteller, die in Consumer-Geräte wie etwa Mobiltelefone oder PDAs integriert werden. Der CVSD-Konverter besteht aus einem Encoder/Decoder-Paar, wobei der Decoder als Teil einer Rückkopplungsschleife ausgelegt ist. Der Encoder empfängt ein bandbeschränktes Audiosignal und gleicht dieses mit der analogen Ausgabe des Decoders ab. Das Ergebnis des Vergleichs besteht in einer seriellen Folge von Nullen und Einsen, von denen jede einzelne angibt, ob die Amplitude des bandbeschränkten Abtastwers ober- oder unterhalb des decodierten Signals liegt. Wenn eine Folge von drei identischen Bits entdeckt wird, wird die Flanke der generierten analogen Annäherungskurve so lange in die entsprechende Richtung angehoben, bis die Folge von identischen Bits abreißt. Der CVSD-Decoder führt die entgegengesetzte Funktion des Encoders aus und reproduziert das Audiosignal.

CVSD verfügt über mehrere Eigenschaften, die es sehr gut geeignet für die digitale Codierung von Sprache machen. Datenwörter mit 1 Bit eliminieren die Notwendigkeit komplexer Framing-Schemata. Bei seiner Robustheit im Hinblick auf Bitfehler werden Funktionen zur Fehlererkennung und -korrektur überflüssig; andere Sprachcodierungssysteme erfordern manchmal auch noch eine DSP-Engine (DSP; Digital Signal Processing) und weitere Komponenten für die Umwandlung analog-zu-digital/digital-zu-analog. Ein weiterer Vorteil von CVSD besteht darin, dass der gesamte Encoder/Decoder-Algorithmus einschließlich der Eingabe- und Ausgabefilter auf einem einzigen Chip integriert werden kann. Mit dieser Einfachheit verfügt CVSD über ausreichende Flexibilität für die digitale Verschlüsselung sicherer Sprachkommunikation.

Schließlich kann CVSD noch mit den unterschiedlichsten Datenübertragungsraten betrieben werden. Nach seiner Entwicklung 1970 wurde CVSD erfolgreich mit Datenraten von 9,6 Kbps bis zu 64 Kbps verwendet. Bei 9,6 Kbps ist die Sprachqualität von Audiosignalen zwar vermindert, aber immer noch verständlich, während sie bei einer Datenrate von 24 bis 48 Kbps schon akzeptabel ist. Oberhalb von 48 Kbps jedoch ist die Qualität nahezu tadellos. Alle diese Merkmale machen CVSD für drahtlose Kommunikationssysteme, insbesondere Bluetooth, attraktiv.

Obwohl auch mit dem CVSD-Verfahren Fehler möglich sind, muss man bedenken, dass Sprachdaten wegen der entstehenden Verzögerung niemals erneut übertragen werden können. Beim Auftreten von Fehlern würden diese daher beim empfangenden Gerät lediglich als Hintergrundrauschen ankommen. Mit steigender Bitfehlerrate würde dieses Hintergrundrauschen zwar zunehmen, jedoch ist CVSD für Punkt-zu-Punkt-Sprachkommunikationen in der Bluetooth-Umgebung mit begrenzter Distanz sehr gut geeignet.

2.3 Spread-Spectrum

Die drahtlose Bluetooth-Technologie verwendet eine digitale Codiertechnik, die unter der Bezeichnung Spread-Spectrum bekannt ist und ein Verfahren für drahtlose Verbindungen darstellt, welches das Schmalbandsignal über einen breiteren Bereich des verfügbaren Funkfrequenzbandes spreizt. Neben anderen Vorteilen ergibt sich aus dem resultierenden Signal eine hohe Festigkeit gegenüber Störungen und eine größere Abhörsicherheit. Dieselbe Technologie wird auch in schnurlosen Telefonen und drahtlosen lokalen Netzwerken (LAN, Local Area Network) eingesetzt. Darüber hinaus verwenden viele Mobilfunkdienste noch CDMA (Code Division Multiple Access), ein Modulations- und Zugangsverfahren, welches auf dem Konzept des Spread-Spectrum aufbaut.

In den letzten Jahren erhielten CDMA-Systeme durch die Verwendung im drahtlosen Betrieb eine weite globale Verbreitung. Die Technik unterscheidet sich dabei von demjenigen Verfahren, welches zur Übertragung von Sprache und Daten über TDMA-Netze (TDMA, Time Division Multiple Access) benutzt wird – bei TDMA wird jedem Benutzer ein Zeitfenster in einem engen Bandspektrum zugewiesen. Die drahtlose Bluetooth-Technologie macht zwar Gebrauch von der Spread-Spectrum-Technologie, verwendet aber gleichzeitig zur Bereitstellung der Zeitfenster für Sprache und Daten noch eine Variante von TDMA namens TDD (Time Division Duplexing).

Das US-amerikanische Patent für die Spread-Spectrum-Technologie wurde gemeinsam von der Schauspielerin Hedy Lamarr (siehe Abbildung 2.6) und dem Komponisten George Antheil gehalten. Ihr Patent für ein »geheimes Nachrichtensystem«, das 1942 erteilt wurde, gründete auf dem Frequenzsprungverfahren. Dabei stellten die Tasten eines Klaviers die verschiedenen Frequenzen und Frequenzhube in der Musik dar[4].

---

4. Die zur praktischen Realisierung des Spread-Spectrums erforderliche Technologie gab es 1942 noch nicht. Als schließlich der Transistor erfunden wurde, verwendete die US-amerikanische Marine die Idee für abhörsichere militärische Nachrichtensysteme. Als der Transistor zu einem billigen Massenprodukt wurde, konnte die Technik auch im Mobilfunk eingesetzt werden, um die Privatsphäre von Gesprächen sicherzustellen. Als die US-amerikanische Marine die Technik zu verwerten begann, war das ursprüngliche Patent bereits abgelaufen – Lamarr und Antheil haben daher niemals Lizenzgebühren für ihre Idee erhalten.

Abbildung 2.6: Die Schauspielern Hedy Lamarr (1914 – 2000), die Mitentwicklerin der Spread-Spectrum-Technologie.

Während des zweiten Weltkrieges begann sich Lamarr für funkgesteuerte Raketen und das Problem zu interessieren, wie man eine Störung ihres Führungssignals verhindern konnte. Sie erkannte, dass man ein Signal erzeugen müsste, das sehr schnell von einer Frequenz zur anderen springen konnte – etwa wie wechselnde Rundfunkstationen im Radio. Wenn sowohl der Sender als auch der Empfänger zur selben Zeit in derselben Folge die Frequenz wechselten, würde eine Störung des Signals praktisch unmöglich sein, sofern der Störsender keine Kenntnis darüber hatte, wie und wann der Frequenzwechsel stattfinden wird. Obwohl auch die Idee des Frequenzsprungverfahrens wegen der begrenzten Möglichkeiten der damaligen Technologie nicht realisiert werden konnte, wurde sie doch eines Tages zur Grundlage der Mobilfunkkommunikation.

2.3.1 Spreizung

Das Spread-Spectrum stellt eine digitale Codiertechnik dar, die ein Schmalbandsignal zerlegt und über ein Frequenzspektrum »spreizt« (siehe Abbildung 2.7). Mit dem Codierverfahren wird die Anzahl der übertragenen Bits gesteigert und die Signalbandbreite erhöht. Unter Verwendung desselben Spreizcodes wie der Sender kann der Empfänger dann das Spreizsignal analysieren und in seine ursprüngliche Form zurückverwandeln. Das Ergebnis ist eine äußerst robuste, drahtlose Datenübertragungstechnik, die gegenüber dem konventionellen Schmalbandfunk beträchtliche Vorteile aufweist.

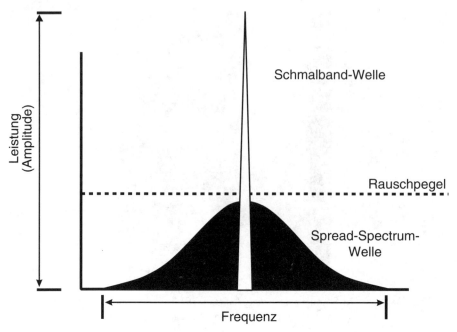

Abbildung 2.7: Das Spread-Spectrum überträgt das ganze Signal über eine Bandbreite, die wesentlich größer als diejenige ist, die für eine standardmäßige Schmalbandübertragung erforderlich ist. Durch die Steigerung des Frequenzbereichs können mehr Bestandteile des Signals übertragen werden, was eine wesentlich genauere Rekonstruktion des Ursprungssignals beim Empfänger erlaubt.

Einer der Vorteile des Spread-Spectrums besteht darin, dass das Spreizsignal eine viel niedrigere Leistungsdichte aufweist. Diese niedrigere Leistungsdichte, die über eine ausgedehnte Bandbreite gespreizt wird, bietet eine Festigkeit gegenüber den verschiedenen Störzuständen, unter denen der Schmalbandfunk zu leiden hat. Derartige Störzustände sind:

- **Interferenz**. Ein Zustand, in dem die Übertragung durch externe Quellen unterbrochen wird, welches von verschiedenen elektrischen Geräten oder internen Quellen wie dem Übersprechen, erzeugt wird.

- **Störungen durch andere Sender**. Ein Zustand, in dem ein stärkeres Signal ein schwächeres Signal überlagert und damit eine Unterbrechung der Datenkommunikation herbeiführt.

- **Mehrwegeausbreitung (Multipath)**. Ein Zustand, in dem das Originalsignal durch Reflexion an festen Objekten gestreut wird.

- **Abhören**. Ein Zustand, in dem ein unberechtigter Nutzer das Signal abfängt, um dessen Inhalt zu ermitteln.

Der konventionelle Schmalbandfunk sendet und empfängt auf einer speziellen Frequenz, die gerade breit genug ist, um die Informationen (Sprache oder Daten) übertragen zu können. Indem den Nutzern unterschiedliche Kanalfrequenzen zugewiesen, die Signale an die festgelegten Bandbreiten angepasst und die verfügbaren Leistungen zur Modulation des Signals begrenzt werden, werden unerwünschte Nebeneffekte wie Übersprechen (Interferenzen zwischen verschiedenen Nutzern) vermieden. Diese Regeln werden von den jeweiligen länderspezifischen Telekommunikationsbehörden überwacht und sind notwendig, um die Gefahr des Übersprechens zu verhindern, die sich aus einer Erweiterung der Funksignalbandbreite ergeben würde, die wiederum das Ergebnis einer gesteigerten Modulationsrate wäre.

Der Hauptvorteil der Funkwellen im Spread-Spectrum liegt darin, dass sich die Signale durch entsprechende Bearbeitung trotz elektromagnetischer Interferenz so gut verbreiten können, dass sie praktisch immun gegen Übersprechen werden. Die Modulation des Spread-Spectrums spreizt die Leistung eines Signals über einen weiteren Bereich des Frequenzbandes mit der Folge, dass ein robustes Signal entsteht, welches weniger anfällig gegenüber Interferenzen von gleichartigen Funkquellen wird, die ebenfalls eine Signalspreizung, aber mit unterschiedlichen Spreizalgorithmen, betreiben.

Das Spread-Spectrum kennt zwei Betriebsarten: Das Frequenzsprungverfahren und »Direct Sequencing«. Beim *Frequenzsprungverfahren* werden die Signale durch »Sprünge« des Schmalbandsignals über das gesamte Funkband als Funktion der Zeit gespreizt. Beim *Direct Sequencing* werden die Signale zugleich über das gesamte Funkband gespreizt. Die drahtlose Bluetooth-Technologie verwendet zwar die Betriebsart des Frequenzsprungs im Spread-Spectrum, jedoch schadet es nicht, wenn man das Direct Sequencing einmal dieser Technik gegenüberstellt, um ihre Vorteile besser verstehen zu können.

2.3.2 Direct Sequence

Beim Spreizen mit Direct Sequence wird die Funkleistung über einen größeren Bereich des Bandes gespreizt, als eigentlich für die Daten erforderlich ist. Erreicht wird dies durch die Aufteilung jedes Datenbits in mehrere Subbits, die *Chips* genannt werden und eine höhere Modulationsrate erzeugen. Die höhere Modulationsrate wird erzielt, indem man das digitale Signal mit der Chip-Sequenz multipliziert. Wenn die Chip-Sequenz beispielsweise 10 beträgt und auf ein Signal angewendet wird, das Daten mit 300 Kbps transportiert, ergibt sich eine zehnmal breitere resultierende Bandbreite. Der Umfang der Spreizung hängt von der Chip-Rate für jedes Informationsbit ab.

Da die Datenmodulation das Trägersignal so erweitert, dass mit zunehmender Datenrate auch immer größere Bandbreiten erreicht werden können, spreizt diese gegenüber der Datenrate zehnfache Chip-Rate das Trägersignal um das Zehnfache dessen, was normalerweise für die Daten allein benötigt werden würde. Der Sinn dieses Verfahrens liegt darin, dass ein Spread-Spectrum-Signal mit einem eindeutigen Spreizcode niemals die genau gleiche Spektrumscharakteristik wie ein anderes spreizcodiertes Signal ergeben kann. Über die Verwendung desselben Codes wie der Sender kann der Empfänger dann im Gegensatz zu allen anderen Empfängern das Spreizsignal in seine ursprüngliche Form zurückverwandeln.

Durch dieses Merkmal des Spread-Spectrums wird es möglich, mehrere Netzwerke am selben Standort aufzubauen und zu betreiben. Durch die Zuweisung mehrerer jeweils eindeutiger Spreizcodes können sämtliche Übertragungen im selben Frequenzband und doch unabhängig voneinander stattfinden. Die Übertragungen des einen Netzwerks werden von anderen lediglich als zufälliges Hintergrundrauschen wahrgenommen und ausgefiltert, da die Spreizcodes nicht übereinstimmen.

Diese Spreiztechnik scheint nun einen geringeren Rauschabstand zu ergeben, da durch den Spreizvorgang die Signalleistung auf jeder Frequenz gemindert wird. Normalerweise führt ein geringerer Rauschabstand auch zu Neuübertragungen aufgrund von beschädigten Datenpaketen. Durch die Verstärkungsleistung auf der Empfängerseite beim Entspreizen wird dieser Leistungsverlust bei der Rekonstruktion der ursprünglichen Bandbreite jedoch wieder wettgemacht. Die Leistungsstärke wird dabei nicht über den Umfang hinaus angehoben, der auch ohne die Signalspreizung vorgelegen hätte.

In den Vereinigten Staaten hat die Telekommunikationsbehörde FCC Regeln für Sender mit Direct Sequence festgelegt. Diese Regeln begrenzen den praktischen Rohdatendurchsatz der Sender auf 2 Mbps im 902 MHz-Band und 8 Mbps im 2,4 GHz-Band. Die Anzahl der Chips ergibt sich direkt aus der Immunität eines Signals gegenüber Interferenzen. In einem Sendebereich mit viel Funkinterferenz müssen die Benutzer daher im Interesse der Begrenzung von Interferenzen Abstriche beim Datendurchsatz machen.

2.3.3 Frequenzsprungverfahren

Die drahtlose Bluetooth-Technologie benutzt das Frequenzsprungverfahren im Spread-Spectrum, welches Sprünge des Senders von einer Frequenz zur anderen mit einer bestimmten Hop-Rate vorsieht, die sich aus einem pseudozufälligen Code ergibt. Die vom Sender gewählte Frequenzreihenfolge entspricht vorher festgelegten Werten, die von der Codesequenz bestimmt werden. Wenn der Sender beispielsweise ein Hop-Muster verfolgt, welches Sprünge von der dritten zur zwölften, zur fünften und so weiter vorsieht, die sich über einen ganzen Bereich von Frequenzen hinziehen, wird der Empfänger diese Wechsel nachvollziehen. Da nur der ausgewählte Empfänger das Hop-Muster des Senders kennt, wird auch nur er die übertragenen Daten erkennen können.

Die FCC geht davon aus, dass Systeme mit der Frequenzsprungtechnik im Spread-Spectrum auf einem Kanal nicht länger als 0,4 Sekunden innerhalb von 20 Sekunden bzw. 30 Sekunden im 2,4 GHz-Band verbleiben. Weiterhin müssen diese Systeme mindestens 50 Kanäle im 900 MHz-Band und 75 Kanäle im 2,4 GHz-Band »besuchen«. Mit diesen Regeln wird die Möglichkeit wiederholter Paketkollisionen in Bereichen minimiert, in denen mehrere Sender mit dem Frequenzsprungverfahren aktiv sind. Die Bluetooth-Spezifikation legt eine Rate von 1600 Hops pro Sekunde unter 79 Frequenzen fest.

Alle Bluetooth-Geräte partizipieren an einem Pico-Netz, wobei jedes Gerät einen gemeinsamen Kanal nutzt. Ein Pico-Netz kann aus bis zu acht verbundenen Geräten mit einem Master und bis zu sieben Slaves bestehen; eine Verbindungsart, die für die Dauer der Pico-Netzverbindung bestehen bleibt. Die Einheiten, die an einem Pico-Netz partizipieren, werden zeitlich und über die Hops auf denselben Kanal synchronisiert. Jede Bluetooth-Einheit verfügt über einen internen Systemtakt, über den das vom Sender benutzte Timing und Hopping ermittelt wird. Das Timing und die Frequenzsprünge im Kanal des Pico-Netzes werden vom Takt des Masters festgelegt. Beim Aufbau eines Pico-Netzes wird der Takt des Masters an die Slaves weitergereicht, die jede ihren eigenen Takt entsprechend mit dem Takt des Masters abgleichen, um sich mit diesem zu synchronisieren. Da die Takte unabhängig voneinander laufen, müssen die Takte der Slaves in regelmäßigen Abständen aktualisiert werden.

Andere Sender mit dem Frequenzsprungverfahren in der Nachbarschaft verwenden andere Hop-Muster und viel langsamere Hop-Raten als Bluetooth-Geräte. Falls Sender ohne die drahtlose Bluetooth-Technologie zufällig dieselbe Frequenz im selben Moment benutzen sollten, wird das Datenpaket, das von einem oder beiden Einheiten gerade gesendet worden ist, unkenntlich gemacht und eine erneute Übertragung dieses betroffenen Pakets erforderlich. Mit dem nächsten Hop-Zyklus des Senders wird dann ein neues Datenpaket übertragen.

Obwohl die Chance minimal ist, dass Geräte mit der drahtlosen Bluetooth-Technologie und andere Geräten ohne diese Technologie, die aber das 2,4 GHz-Band benutzen, sich gegenseitig stören könnten, gibt es einige besorgte Hersteller, die die FCC zur Herausgabe neuer Richtlinien für eine bessere Trennung konkurrierender Protokolle im 2,4 GHz-Band aufgefordert haben[5].

---

5. Docket 99-231 vom FCC adressierte diese Besorgnisse. Als dieses Buch entstand, gab es noch keinerlei offizielle Entscheidung. Leser, die sich über diese Frage auf dem Laufenden halten möchten, können sich auf der Website des FCC unter `www.fcc.gov` informieren.

Sowohl die Bluetooth SIG und der IEEE haben das Potential für derartige Signalstörungen dieser Art erkannt und eine gemeinsame Zusammenarbeit aufgenommen, um die Möglichkeit dafür zu prüfen, wie eine Koexistenz beider Technologien erreicht werden kann. Alle Änderungen, die sich aus entsprechenden Regelungen ergeben, hätten Auswirkungen auf Mobiltelefone und auch andere Geräte wie Mikrowellenherde, drahtlose Lautsprecher und Sicherheitssysteme, die in diesem Band aktiv sind.

2.4 Leitungs- und Paketvermittlung

Das Bluetooth-Protokoll verwendet eine Kombination aus Leitungs- und Paketvermittlung. Die Leitungsvermittlung ist jedem vertraut, der schon einmal einen Anruf über das öffentliche Telefonnetz getätigt hat. Bei der Anwahl einer Nummer wird im Telefonnetz zur Bearbeitung des Anrufs ein reservierter Pfad aufgebaut (siehe Abbildung 2.8), der so lange bestehen bleibt, wie die Verbindung dauert. Nach dem Ende des Anrufs wird der Pfad abgebaut – die Netzressourcen, die zum Aufbau der Verbindung eingesetzt worden sind, werden zur Bearbeitung eines anderen Anrufs wieder frei. Eine Leitungsvermittlung kann sowohl in drahtlosen als auch in drahtgebundenen Netzen vorkommen und gleichermaßen für Sprache und Daten verwendet werden.

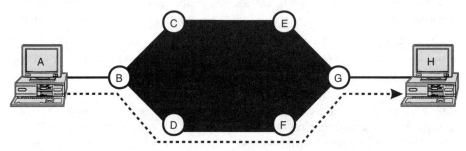

Abbildung 2.8: Bei der Leitungsvermittlung wird zur Abwicklung eines Sprach- oder Datenanrufs zwischen den Endpunkten der Verbindung ein reservierter Pfad aufgebaut, der für die Dauer der Verbindung aufrechterhalten wird.

Bei der Paketvermittlung wandern die Daten in der Form individuell adressierter Pakete über mehrere gemeinsam genutzte Pfade zum Zielpunkt – einen Verbindungsaufbau und -abbruch gibt es nicht, da die benutzten Pfade immer zur Verfügung stehen.

Die Paketvermittlung ist jedem vertraut, der schon einmal im Internet nach Informationen gesucht hat. Wenn Sie beispielsweise eine Webseite herunterladen, wird der Text- und Grafikinhalt in Paketen verpackt und an Ihren Computer gesendet. Auf dem Weg durchs Internet können die Pakete dabei jedoch viele unterschiedliche Wege über Verbindungen nehmen, die immer verfügbar sind und auch von anderen Nutzern verwendet werden, die vielleicht ebenfalls gerade Webseiten herunterladen. Alle individuell adressierten Pakete landen schließlich am richtigen Zielpunkt. Pakete, die für Ihren Computer bestimmt sind und in der falschen Reihenfolge eintreffen, werden vor der Anlieferung auf Ihrem Computer erst einmal in die richtige Reihenfolge gebracht. Dann stellt ein Webbrowser wie Netscape Navigator von AOL oder der Microsoft Internet Explorer die angeforderte Seite entsprechend den Instruktionen dar, die mit der HTML-Sprache codiert worden sind.

Die Leitungsvermittlung arbeitet effektiv bei Sprache, während die Paketvermittlung effizient bei der Datenübertragung ist. Bei einem Anruf muss die Verbindung zum anderen Gerät explizit angefordert und aufgebaut werden, während bei Datenübertragungen keinerlei Verbindungen über das Netzwerk aufgebaut werden müssen, da die individuell adressierten Pakete über jederzeit verfügbare, gemeinsame Pfade wandern. Weil die Pakete diese Pfade jedoch mit anderen Paketen teilen, die zu anderen Zielpunkten wandern, gibt es immer eine gewisse Verzögerung beim Transport, mit der zu rechnen ist. Leitungsvermittelte Netze sind daher ideal für Kommunikationsverbindungen, bei denen Sprache und Daten in Echtzeit übertragen werden müssen, während paketvermittelte Netze effizienter sind, falls eine gewisse Verzögerung akzeptabel ist.

Bluetooth verwendet für die Leitungs- und Paketvermittlung Zeitfenster, mit deren Hilfe Kanäle gebildet werden. Für leitungsvermittelte Sprache werden drei Zeitfenster für synchrone Pakete reserviert, so dass bis zu drei simultane synchrone Sprachkanäle unterstützt werden, von denen jeder über sein eigenes Zeitfenster verfügt. Für paketvermittelte Daten unterstützt die drahtlose Bluetooth-Technologie einen asynchronen Datenkanal. Die Geräte in einem Pico-Netz »lauschen« nach Paketen, die an sie adressiert sind. Die Bluetooth-Spezifikation unterstützt außerdem einen Hybrid-Kanal, mit dem simultan asynchrone Daten und synchrone Sprache unterstützt werden können.

Bluetooth-Systeme können Punkt-zu-Punkt-Verbindungen zwischen zwei Einheiten oder eine Punkt-zu-Mehrpunkt-Verbindung mit mehr als zwei Einheiten unterstützen, wobei der Kanal von allen teilnehmenden Bluetooth-Einheiten gemeinsam verwendet wird. Zwei oder mehr Einheiten, die denselben Kanal nutzen, bilden ein Pico-Netz. Die Einheit, die den Anruf initiiert, wird zum Master, während die anderen zu Slaves werden. Das Timing für synchrone Kommunikationsverbindungen stammt vom internen Takt des Masters.

2.5 TDD (Time Division Duplexing)

Es stehen unterschiedliche Verfahren zur Aufteilung des verfügbaren Spektrums zur Verfügung, um den Nutzern den geregelten Zugriff darauf zu ermöglichen. Bei den meisten Kommunikationssystemen ist es erwünscht, dass gleichzeitig in beide Richtungen kommuniziert wird. Für Sprache ist diese Anforderung selbstverständlich; sie gilt aber auch für Daten. Im Internet beispielsweise geben Sie die Adresse einer Webseite in die Befehlszeile Ihres Webbrowsers ein; eine Anforderung, die dann über die Verbindung in Paketform an den zutreffenden Webserver gesendet wird, der umgekehrt den Inhalt der gewünschten Seite an Ihren Computer liefert. Da Geräte mit der drahtlosen Bluetooth-Technologie neben der Sprachkommunikation auch den Zugang zum Internet anbieten, stellt eine zweiseitige Kommunikation eine elementare Anforderung dar. Außer dem Internet-Zugang erfordern auch Dateitransfers zwischen tragbaren Geräten und Desktop-PCs insbesondere während des Dateisynchronisierungsvorgangs die zweiseitige Verbindung.

Wenn ein Gerät in der Lage ist, Daten zur selben Zeit zu senden und zu empfangen, wird diese Fähigkeit einer zweiseitigen Verbindung *Vollduplex*-Betrieb genannt. Bei einer Sprachübertragung ist dies wünschenswert, da die eine Seite damit die Gelegenheit erhält, die andere Seite unterbrechen zu können; oder ein Gerät kann während einer Datenkommunikation unverzüglich eine Neuübertragung eines fehlerhaft gesendeten Informationsblocks anfordern. Der Vollduplex-Betrieb wird in der Funkübertragung auf zweierlei Art und Weise realisiert: FDD (Frequency Division Duplexing) und TDD (Time Division Duplexing). Bluetooth verwendet das zweite Verfahren.

FDD ist von den beiden Verfahren das ältere und seit den 20er Jahren des letzten Jahrhunderts im Gebrauch. Es ist immer noch die am häufigsten verwendete Duplex-Methode in drahtlosen Kommunikationsverbindungen. Bei diesem Verfahren sind die Sende- und Empfangsfunktionen separat im selben Frequenzbereich, wobei zum Schutz vor wechselseitigen Interferenzen für eine ausreichende Isolierung gesorgt werden muss (siehe Abbildung 2.9). Systeme auf der Grundlage von FDD müssen am besten zwei Antennen haben, die jeweils auf eine andere Frequenz eingestellt sind: Eine für die Übertragung und eine zweite für den Empfang. Da beide Operationen simultan stattfinden, kann dieses Funksystem daher echtes Vollduplexing zur Verfügung stellen.

Während FDD zur Übertragung von Sprachverkehr entwickelt worden ist, der typischerweise symmetrisch und vorhersagbar verläuft, war TDD für den digitalen Datenverkehr bestimmt, der typischerweise asymmetrisch und nicht vorhersagbar verläuft. TDD verwendet zum Senden und Empfangen von Daten einen einzigen Kanal, bei dem die Übertragungsrichtung zwischen Senden und Empfangen abwechselt. Es verwendet nur eine Antenne, die wechselweise dem Senden und Empfangen der Signale dient. Die Trennung zwischen Sendung und Empfang wird im Zeitbereich erreicht. Darüber hinaus ist die jeder Richtung zugewiesene Bandbreite flexibel.

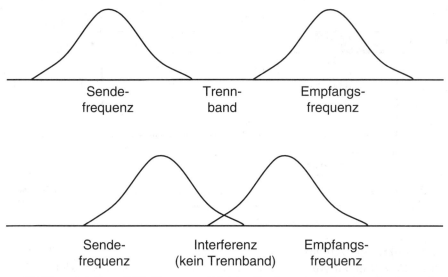

Abbildung 2.9: Beim FDD (Frequency Division Duplexing) werden zum Senden und Empfangen zwei separate Frequenzen verwendet. Ein Trennband verhindert, dass es zwischen den beiden Frequenzen zu Interferenzen kommt (oben). Wenn kein Trennband vorhanden ist, kann es zu Interferenzen kommen (unten).

Obschon TDD kein echtes Duplexing bietet, nähert es sich einem solchen Verfahren sehr stark an und macht es für Sprache wie Daten gleichermaßen geeignet. TDD müsste eigentlich präziser als *Halbduplex*-Verfahren beschrieben werden. Der Vorgang des Wechselns zwischen Senden und Empfangen geschieht jedoch so außerordentlich schnell, dass der Endnutzer keinerlei Lücken oder Verzögerungen wahrnehmen kann. Dem Endnutzer erscheint dieses Verfahren als eine echte Vollduplex-Verbindung. Die Bluetooth-Spezifikation bezeichnet TDD sogar als »Vollduplex«.

Der Kanal wird in Zeitfenster aufgeteilt, von denen jedes 625 Mikrosekunden lang ist. Die Zeitfenster werden in Übereinstimmung mit dem Takt des Masters im Pico-Netz nummeriert. Innerhalb der Zeitfenster können der Master und die Slaves dann die Pakete übertragen. Beim TDD-Verfahren übertragen Master und Slave alternierend (siehe Abbildung 2.10) – der Master startet seine Übertragung nur in den gerade nummerierten Zeitfenstern, während der Slave ausschließlich in den ungerade nummerierten Zeitfenstern überträgt. Der Start eines Pakets wird am Start des Zeitfensters ausgerichtet. Vom Master oder Slave übertragene Datenpakete können über fünf Zeitfenster hinweg ausgedehnt werden.

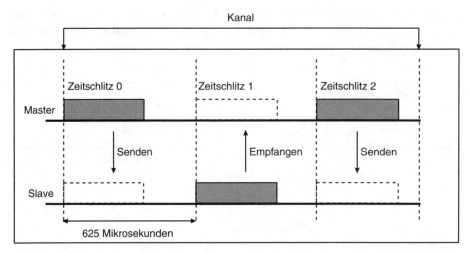

Kanal

Zeitschlitz 0　Zeitschlitz 1　Zeitschlitz 2

Master

Senden　Empfangen　Senden

Slave

625 Mikrosekunden

Abbildung 2.10: Beim in der drahtlosen Bluetooth-Technologie verwendeten TDD-Verfahren werden die Pakete zwischen Master- und Slave-Einheiten innerhalb eines Pico-Netzes über Zeitfenster von 625 Mikrosekunden Länge gesendet.

Die Hop-Frequenz bleibt für die Lebensdauer des Pakets fest (siehe Abbildung 2.11). Bei einem einzelnen Paket wird die zu verwendende Hop-Frequenz aus dem aktuellen Wert des Bluetooth-Taktes abgeleitet. Bei einem Paket für mehrere Zeitfenster wird die Hop-Frequenz für das gesamte Paket aus dem Bluetooth-Takt abgeleitet, der im ersten Zeitfenster des Pakets gegeben war. Der Hop-Frequenz im ersten Zeitfenster nach einem Paket für mehrere Zeitfenster ergibt sich aus einer Frequenz, die aus dem aktuellen Takt des Masters abgeleitet wurde. Falls ein Paket mehr als ein Zeitfenster in Anspruch nimmt, ist die zugrunde gelegte Hop-Frequenz dieselbe wie die des Zeitfensters, in dem die Übertragung des Pakets gestartet worden ist.

TDD wird gegenüber FDD wegen seiner Fähigkeit geschätzt, asynchrones Herauf- und Herunterladen besser zu unterstützen. Bei TDD kann die Bandbreite nach Bedarf allokiert werden, was eine Anpassung des Datenflusses an die Anforderungen erlaubt. Falls ein Nutzer beispielsweise eine große Datei herunterladen möchte, kann er die für diesen Transfer benötigte Bandbreite bekommen. Falls danach eine Datei heraufgeladen werden soll, kann auch hier wieder die zum Übertragen geforderte Bandbreite allokiert werden. Die FDD-Technologie kennt wegen ihrer Aufteilung der Frequenzen zum Senden und Empfangen von Informationen nur eine fixe Allokation der Bandbreite in jede Richtung – im Hinblick auf das Spektrum ist sie daher nicht so effizient wie TDD.

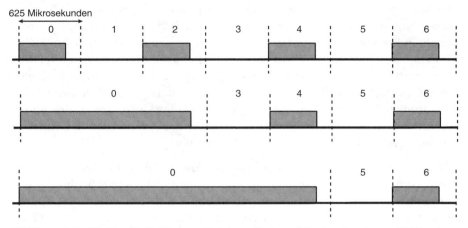

Abbildung 2.11: Die Hop-Definition von Paketen mit einem (oben) und mehreren Zeitfenstern (Mitte und unten).

FDD und TDD definieren zwar verschiedene Methoden zum Aufbau bidirektionaler Funkverbindungen, legen jedoch nicht gleichzeitig auch ein bestimmtes Zugangsverfahren fest, das mehreren Benutzern eine gemeinsame Nutzung der verfügbaren Bandbreite erlaubt und das System effizienter machen würde. Beispiele für eine Technologie, die mehrere Zugangsverfahren anbietet, sind FDMA (Frequency Division Multiple Access), TDMA (Time Division Multiple Access) und CDMA (Code Division Multiple Access). Alle diese Technologien werden häufig in Mobilfunknetzen verwendet.

FDMA wird immer noch in einigen analogen Mobilfunknetzen der ersten Generation, wie etwa AMPS (Advanced Mobile Phone Service) und TACS (Total Access Communications System) eingesetzt[6]. TDMA wird in digitalen Mobilfunknetzen der zweiten Generation, wie etwa North American Digital Cellular und GSM (Global System for Mobile communications) verwendet. CDMA wird auch in digitalen Mobilfunknetzen der zweiten Generation, wie etwa PCS 1900 benutzt. Sowohl TDMA als auch CDMA wurden zur Unterstützung der in der Entwicklung befindlichen Netzwerke der dritten Generation, die unter die von ITU (International Telecommunication Union) gesponserte IMT-2000-Initiative (IMT; International Mobile Telecommunications-2000) fallen, erweitert.

FDMA teilt die verfügbare Bandbreite in einen Bereich von Funkfrequenzen auf, von denen jede einzelne einen Kanal darstellt. Jedem Kanal wird dabei zu einem gegebenen Zeitpunkt nur ein Nutzer zugewiesen. Andere Gesprä-

---

6. Es gibt eine digitale Variante von AMPS namens D-AMPS (Digital-Advanced Mobile Phone Service). D-AMPS kombiniert TDMA und AMPS und erhält dadurch drei Subkanäle für jeden AMPS-Kanal, was die Anzahl der Gespräche, die über einen Kanal abgewickelt werden können, verdreifacht.

che können über diesen Kanal erst dann stattfinden, wenn das Gespräch dieses Nutzers beendet worden ist. TDMA teilt die konventionellen Funkkanäle in Zeitfenster auf, um höhere Kapazitäten zu erzielen. Wie bei FDMA können auch hier keine anderen Gespräche über einen belegten TDMA-Kanal stattfinden, bis dieser nicht wieder frei geworden ist; entweder wegen einer Gesprächsbeendigung oder indem der Nutzer den Netzbereich der Mobilfunkzelle verlässt. Im letzteren Fall wird das Gespräch an eine andere Basisstation übergeben. In beiden Fällen wird das entsprechende Zeitfenster wieder frei und kann wieder verwendet werden.

CDMA verwendet einen radikal anderen Ansatz. Es stellt gleichzeitig eine Modulations- und Zugangstechnik dar, die auf dem Konzept des Spread-Spectrums gründet. Wie schon erwähnt, ergibt sich ein System mit Spread-Spectrum, wenn die vom Signal belegte Bandbreite weitaus größer als die vom eigentlichen Informationssignal beanspruchte Bandbreite ist. Beispielsweise könnte ein Gespräch mit einer Bandbreite von 3 KHz in diesem Fall auf 1 MHz und mehr des Spektrums gespreizt werden.

In Systemen mit Spread-Spectrum nutzen mehrere Gespräche das verfügbare Spektrum simultan, und zwar sowohl in zeitlicher als auch frequenzbezogener Hinsicht. Das verfügbare Spektrum wird dabei hinsichtlich der Frequenz oder Zeit wie bei FDMA- und TDMA-Systemen nicht »kanalisiert«. Stattdessen werden die individuellen Gespräche über die Codierung voneinander unterschieden, das heißt, beim Sender wird jedes Gespräch mit einem eindeutigen Spreizcode kombiniert, der zum Verteilen des Signals über die verfügbare Bandbreite dient. Der Empfänger verwendet diesen eindeutigen Code wiederum zur Identifizierung des Signals, das mit einem bestimmten Gespräch verknüpft ist. Andere vorhandene Signale werden über andere Codes identifiziert und erscheinen lediglich als Hintergrundrauschen. Auf diese Weise können mehrere Gespräche gleichzeitig innerhalb desselben Spektrumsbereichs übertragen werden.

Die folgende Analogie wird häufig zur Erklärung der Funktionsweise der CDMA-Technologie verwendet: Vier Sprecher stellen sich gleichzeitig vor und sprechen dabei unterschiedliche Muttersprachen: Deutsch, Koreanisch, Englisch und Chinesisch (siehe Abbildung 2.12). Falls Deutsch Ihre Muttersprache sein sollte, würden Sie nur die Worte des Deutsch sprechenden Sprechers verstehen und die koreanischen, englischen und chinesischen Sprecher ausblenden. Sie hören nur das, was Sie erkennen und verstehen können – die anderen Töne klingen wie Hintergrundrauschen. Dasselbe gilt für CDMA – jedes Gespräch wird speziell für einen bestimmten Nutzer codiert und decodiert. Obwohl sich mehrere Nutzer zur selben Zeit dasselbe Frequenzband teilen, kann jeder Hörer nur das Gespräch wahrnehmen, das er interpretieren kann.

Abbildung 2.12: In dieser Analogie der CDMA-Technik wird jedes Gespräch für einen bestimmten Nutzer codiert und decodiert. Eine deutsch sprechende Person hört daher nur den Deutsch sprechenden Gesprächsteilnehmer und blendet die anderen Sprachen, die als Hintergrundrauschen wahrgenommen werden, aus.

CDMA weist jedem Nutzer einen eindeutigen Code zu, um mehrere Nutzer zur selben Zeit im selben Breitbandkanal unterzubringen. Diese Codes werden dann zur Unterscheidung verschiedener Gespräche verwendet. Das Ergebnis einer derartigen Zugangsmethode besteht in einer zunehmenden Kapazität zur Abwicklung von Gesprächen. Unter idealen Bedingungen bietet CDMA die 10- bis 20fache Kapazität von FDMA und die 4- bis 8fache Kapazität von TDMA. Die Abbildung 2.13 fasst die Unterschiede zwischen den drei Technologien zusammen.

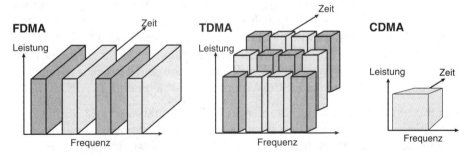

Abbildung 2.13: Ein einfacher Vergleich von FDMA (Frequency Division Multiple Access), TDMA (Time Division Multiple Access) und CDMA (Code Division Multiple Access).

2.6   Physikalische Verbindungen

Wie in Kapitel 1 schon erwähnt, können zwischen einem Master und einem oder mehreren Slaves zwei Arten von Übertragungen aufgebaut werden: Verbindungsorientiert und Verbindungslos. *Verbindungsorientierte Übertragungen* erfordern, dass vor dem Senden von Daten erst eine Sitzung aufgebaut werden muss; vergleichbar mit der Vermittlung eines Gesprächs im öffentlichen leitungsvermittelten Telefonnetz. In solchen Netzwerken kann garantiert werden, dass die Daten in der gesendeten Reihenfolge beim Empfänger ankommen. In *verbindungslosen* Netzwerken ist der Aufbau einer Sitzung zwischen Sender und Empfänger nicht notwendig – der Sender beginnt einfach mit dem Senden von Paketen an den Empfänger. In solchen Netzwerken können die Daten in einer anderen Reihenfolge eintreffen, als sie gesendet worden sind. Beispiele für verbindungsorientierte Leitungen (so genannte Virtual Circuits) zwischen einem Sender und Empfänger sind ATM und der Frame-Relay-Verkehr. Mit IP können die Pakete mehrere Pfade im Netzwerk durchwandern, bevor sie am Zielpunkt ankommen, was IP zu einem verbindungslosen Dienst macht.

Die drahtlose Bluetooth-Technologie macht sowohl von verbindungsorientierten als auch verbindungslosen Übertragungen Gebrauch, das heißt Verbindungen mit SCO (Synchronous Connection-Oriented) und ACL (Asynchronous Connection-Less).

2.6.1   SCO-Verbindungen

Die SCO-Verbindung stellt eine Punkt-zu-Punkt-Verbindung zwischen einem Master und einem einzelnen Slave im Pico-Netz dar. Der Master verwaltet die SCO-Verbindung unter Verwendung reservierter Fenster in regelmäßigen Intervallen. Die ACL-Verbindung ist eine Punkt-zu-Mehrpunkt-Verbindung zwischen dem Master und sämtlichen anderen Slaves, die am Pico-Netz teilnehmen. In den Fenstern, die nicht für eine oder mehrere SCO-Verbindungen reserviert sind, kann der Master auf der Grundlage je eines Zeitfensters eine ACL-Verbindung mit jedem Slave aufbauen, worin auch die Slaves einbezogen sind, die bereits an einer SCO-Verbindung teilnehmen.

Die SCO-Verbindung stellt eine symmetrische Punkt-zu-Punkt-Verbindung zwischen dem Master und ein oder mehr spezifischen Slaves dar. Die SCO-Verbindung unterstützt typischerweise zeitgebundene Informationen wie etwa Sprache. Da eine SCO-Verbindung Fenster reserviert, wird sie als eine leitungsvermittelte Verbindung zwischen Master und Slave betrachtet. Die SCO-Verbindung wird vom Master aufgebaut, der über das LM-Protokoll

(LM; Link Management) eine entsprechende Nachricht sendet. Diese Nachricht enthält die Timingparameter und legt die reservierten Fenster fest.

Der Master kann bis zu drei SCO-Verbindungen mit demselben Slave oder mit unterschiedlichen Slaves innerhalb des Pico-Netzes unterstützen. Ein Slave kann bis zu drei SCO-Verbindungen vom selben Master oder zwei SCO-Verbindungen unterstützen, wenn die Verbindungen von zwei unterschiedlichen Mastern stammen. Da die über SCO-Verbindungen transportierten Pakete zeitkritische Informationen enthalten, werden sie beim Auftreten von Fehlern nie erneut übertragen.

Der Master sendet die Pakete über die SCO-Verbindungen in für Master und Slave reservierten Fenstern in regelmäßigen Abständen, die nach Fenstern gezählt werden, an den Slave. Der Slave darf in den nachfolgenden Master-Slave-Fenstern mit eigenen Paketen antworten, sofern im vorherigen Master-Slave-Fenster kein anderer Slave adressiert worden ist. Falls der Slave die Slave-Adresse im Header nicht decodieren kann, darf er trotzdem noch im reservierten Fenster ein Paket zurücksenden.

2.6.2 ACL-Verbindungen

In den nicht für SCO-Verbindungen reservierten Fenstern kann der Master Pakete mit Slaves auf Grundlage je eines Fensters austauschen. Die ACL-Verbindung bietet eine paketvermittelte Verbindung zwischen dem Master und allen aktiven Slaves, die am Pico-Netz teilnehmen. Die ACL-Verbindung unterstützt sowohl asynchrone als auch isochrone Dienste; zwischen einem Master und einem Slave darf jedoch nur eine einzige ACL-Verbindung aktiv sein. Bei den meisten ACL-Paketen findet eine Paketneuübertragung zur Gewährleistung der Datenintegrität statt.

Einem Slave ist die Rücksendung eines ACL-Pakets im Fenster Slave-an-Master nur dann erlaubt, wenn er im vorausgegangenen Fenster Master-an-Slave adressiert worden ist. Falls der Slave die Slave-Adresse im Header nicht dekodieren kann, darf er nicht senden. ACL-Pakete, die nicht an einen bestimmten Slave adressiert sind, werden als Broadcast-Pakete angesehen, die an alle Slaves gerichtet sind. Falls es keine Daten zum Senden über eine ACL-Verbindung gibt und kein Polling erforderlich ist, findet keine Übertragung statt.

2.7 Pakete – ein Blick ins Innere

Viele datenorientierte Kommunikationsdienste verwenden Pakete, die auch zur Übertragung digitalisierter Sprache nutzbar sind. Einfach ausgedrückt, stellen Pakete »verpackte« Dateneinheiten dar, die über eine Kommunikationsverbindung zwischen verschiedenen Geräten ausgetauscht werden. Größere Übertragungen werden nicht als einzige lange Folge gesendet, sondern in Pakete aufgeteilt, damit bei einer Zerstörung eines Pakets während der Reise nur dieses eine Paket anstelle der gesamten Sendung neu übertragen werden muss. Falls Sprache in Form von Paketen übertragen wird, werden diese üblicherweise nicht erneut gesendet, da die damit einhergehende Verzögerung sich störend auf die Unterhaltung auswirken würde.

Pakete verfügen über einen formalen Aufbau, der in den Standards für jeden Netzwerktyp beschrieben wird. Standardisierungskörperschaften sorgen dafür, dass es in der Industrie einen Konsens über diese und andere Fragen gibt, was den Herstellern die Möglichkeit verschafft, Produkte zu fertigen, die im selben Netzwerk zusammenarbeiten können. Im Paket selbst gibt es verschiedene Felder für spezifische Informationen, die interpretiert und von den Geräten im Netzwerk auf dem Weg zum Ziel bearbeitet werden. Je nach dem verwendeten Protokoll kann ein Paket Felder für die Quell- und Zieladresse, Prioritätsangabe, Flusskontrolle, Fehlerkorrektur und das Sequencing enthalten. Diese Felder werden oftmals auch als »Overhead« bezeichnet, um sie von den reinen Nutzdatenfeldern zu unterscheiden, die sich außerdem noch im Paket befinden.

Es gibt zwei Arten von Adressen: Geräteadressen (Schicht 2) und Netzwerkadressen (Schicht 3). Stationen in herkömmlichen Netzwerken wie etwa Ethernet und Token Ring verwenden Geräteadressen, die als MAC-Adressen (MAC; Media Access Control) bezeichnet werden. Es handelt sich hierbei um Hardwareadressen mit 6 Byte in den Netzwerkkarten, über die Arbeitsstationen und andere Geräte die Möglichkeit haben, unter Verwendung eines Hub oder Switch zusammenzuarbeiten. Eine MAC-Adresse kann beispielsweise 00 00 0C 00 00 01 lauten. Die ersten drei Byte enthalten einen Herstellercode (der Code oben steht für Cisco Systems), während die letzten drei Byte eine eindeutige Stations-ID darstellen, die fest in die Firmware der Karte eingebaut ist. Hersteller-IDs werden vom IEEE (Institute of Electronic and Electrical Engineers) vergeben.

Bridges im LAN arbeiten unterschiedslos, das heißt, sie hören jeden Datenverkehr in allen angeschlossenen Segmenten ab, die zusammen eine einzelne Broadcast-Domäne ergeben. Eine Bridge liest die MAC-Adresse und filtert sie, so dass Informationen, die vom Segment A an eine Arbeitsstation im selben Segment adressiert sind, nicht über die Brücke gehen können. Informationen, die vom Segment A an eine Arbeitsstation im Segment B adressiert sind, dürfen dagegen die Brücke überqueren, um in dieses Segment zu gelangen. Dort werden sie nur von der Arbeitsstation mit der zutreffenden MAC-Adresse erkannt.

Falls Pakete im LAN jedoch für ein anderes Netzwerk wie beispielsweise das Internet bestimmt sind, muss eine Schicht 3-Adresse benutzt werden, die auch unter der Bezeichnung IP-Adresse bekannt ist. Die meisten Arbeitsstationen und andere LAN-Geräte sind mit der TCP/IP-Protokollfamilie ausgestattet, die einen Transport IP-gerechter Pakete über Ethernet, Token Ring und andere LAN-Typen möglich macht. Anstelle einer Bridge, die in der Schicht 2 operiert, wird hier ein Router notwendig, der in der Schicht 3 arbeitet. Router lesen zum Routen von Paketen zu anderen Routern im Internet die IP-Adressen und leiten die Pakete so über den effizientesten Pfad an den Zielort[7].

Bluetooth-Geräte können in Abhängigkeit von der Anwendung sowohl den Verkehr in Schicht 2 als auch in Schicht 3 unterstützen. Wenn zwei Bluetooth-Geräte eine direkte Verbindung miteinander aufnehmen, wird für diese Verbindung die Schicht 2 verwendet. Baut ein Bluetooth-Gerät dagegen eine Verbindung mit einem Gateway zum Abrufen von Informationen aus dem Internet auf, dann wird die Schicht 3 verwendet. Im ersten Fall werden nur Geräteadressen und im zweiten IP-Adressen benutzt. Eine IP-Adresse kann etwa lauten: 192.100.168.1. Je nach der eingesetzten Technologie können Pakete von fester oder variabler Länge sein. Hinsichtlich der Länge können sie für Ethernet und IP bis zu 12000 Bits und für Frame Relay bis zu 32000 Bits betragen. ATM-Dienste (ATM; Asynchronous Transfer Mode) verwenden die kleinstmöglichen Pakete, die über eine feste Länge von je 424 Bits bzw. 53 Bytes verfügen. Bluetooth-Geräte senden Daten über einen Pico-Netzkanal in Form von Paketen, deren Länge bis zu 2800 Bits variieren kann.

2.8   Bluetooth-Pakete

Die Bluetooth-Spezifikation legt die Verwendung von zwei Paketarten fest: SCO und ACL. SCO-Pakete werden in den synchronen Verbindungen für Sprache verwendet und an den synchronen Ein/Ausgabe-Port für Sprache weitergeleitet. Sie enthalten keinerlei Fehlerkorrekturmöglichkeiten und werden nie neu übertragen, da die entstehende Verzögerung die Sprachqualität herabsetzen würde.

ACL-Pakete werden in der asynchronen Verbindung verwendet. Die übertragenen Informationen können Nutz- oder Steuerdaten sein. Da die über eine asynchrone Verbindung übertragenen Daten nicht empfindlich gegenüber Verzögerungen sind, können die Pakete einen Fehlerkontrollmechanismus

---

7. Die Funktionen einer Bridge und eines Routers finden sich oftmals in demselben Gerät vereint. Dadurch wird je nach anfallendem Datenverkehr ein abwechselndes Bridging und Routing möglich.

enthalten und neu übertragen werden, um Pakete zu berichtigen, die während der Übertragung zerstört wurden.

Das allgemeine Format eines in der drahtlosen Bluetooth-Technologie verwendeten Pakets (siehe Abbildung 2.14) besteht aus drei Komponenten: Zugangscode, Header und Nutzdaten.

72 Bit	54 Bit	0-2745 Bit
Zugangs-code	Header	Payload (Nutzteil)

Abbildung 2.14: Allgemeines, für die drahtlose Bluetooth-Technologie festgelegtes Paketformat

2.8.1   Zugangscode

Jedes Paket beginnt mit einem Zugangscode, der für die Signalisierung verwendet wird. Die Felder dieses Zugangscodes bestehen aus einer Präambel, einem syn-Wort und einem Trailer (siehe Abbildung 2.15). Die Präambel zeigt dem Empfänger die Ankunft eines Pakets an. Das syn-Wort wird für die Synchronisation und das Timing mit dem Empfänger benutzt. Der Empfänger stellt eine Korrelation mit dem gesamten syn-Wort im Zugangscode her, was ein sehr robustes Signalisierverfahren ergibt. Der Trailer wird unmittelbar an das syn-Wort angehängt und vom Paket-Header gefolgt. Die Anzahl der Bits im Zugangscode kann unterschiedlich sein und hängt davon ab, ob ein Paket-Header folgt. Falls ein Paket-Header folgt, ist der Zugangscode 72 Bits lang – anderenfalls ist er nur 68 Bits lang.

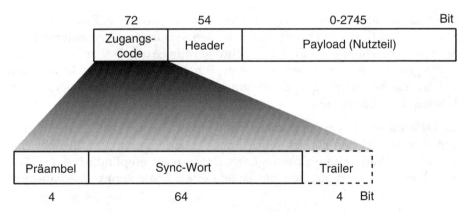

Abbildung 2.15: Der Zugangscode wird für die Signalisierung zwischen verschiedenen Bluetooth-Geräten verwendet.

Die vom Zugangscode bereitgestellten Funktionen können in Abhängigkeit von der Betriebsart des Bluetooth-Gerätes unterschiedlich sein. Dementsprechend gibt es drei Typen von Zugangscodes:

- **CAC (Channel Access Code)**. Der CAC identifiziert ein Pico-Netz. Dieser Code ist in allen im Pico-Netz ausgetauschten Paketen enthalten. Alle im selben Pico-Netz gesendeten Pakete beginnen mit demselben CAC.

- **DAC (Device Access Code)**. Der DAC wird zur Festlegung von Signalisierverfahren verwendet. Hierzu gehören etwa das Paging und die Beantwortung des Paging. Das Paging beinhaltet die Übertragung einer Reihe von Nachrichten mit dem Ziel, eine Kommunikationsverbindung mit einer im Funkversorgungsgebiet aktiven Einheit aufzubauen. Sobald diese Einheit auf das Paging reagiert hat, kann die Kommunikationsverbindung aufgebaut werden.

- **IAC (Inquiry Access Code)**. Es gibt zwei Typen von IA-Codes: Allgemein und bestimmt. Ein allgemeiner IAC ist bei allen Geräten gebräuchlich und wird zur Erkennung anderer Bluetooth-Geräte in Reichweite verwendet. Der bestimmte IAC ist für eine bestimmte Gruppe von Bluetooth-Einheiten gebräuchlich, die eine eigene Charakteristik gemeinsam haben. Er dient nur zur Erkennung dieser bestimmten Bluetooth-Einheiten, die sich in Reichweite befinden.

2.8.2   Header

Der Header enthält, sofern er vorhanden ist, Informationen zur Leitungssteuerung (LC; Link Control) und besteht aus sechs Feldern, die insgesamt 18 Bits ergeben (siehe Abbildung 2.16):

- Active Member Address (3 Bits)
- Typ (4 Bits)
- Flow (1 Bit)
- Automatic Repeat Request (1 Bit)
- Sequence Number (1 Bit)
- Header Error Check (8 Bits)

Active Member Address

Dieses Feld mit drei Bits wird zur Unterscheidung zwischen den aktiven Members verwendet, die am Pico-Netz teilnehmen. Im Pico-Netz werden ein oder mehrere Slaves mit einem einzigen Master verbunden. Zur Identifizierung jedes einzelnen Slave wird jedem von ihnen eine temporäre Adresse mit 3 Bit zugewiesen, die während der Zeit seiner Aktivität verwendet wird. Die zwischen dem Master und Slave ausgetauschten Pakete enthalten diese

Active Member Address des Slave. Anders ausgedrückt: Die Adresse des Slave wird sowohl in den Paketen Master-an-Slave als auch Slave-an-Master mitgeführt. Für Broadcasting-Pakete vom Master an die Slaves ist eine Adresse mit lauter Nullen reserviert. Slaves, die aus der Verbindung ausscheiden oder *geparkt* werden, verlieren ihre Adresse – beim erneuten Anschluss ans Pico-Netz müssen sie eine neue Adresse zugewiesen bekommen.

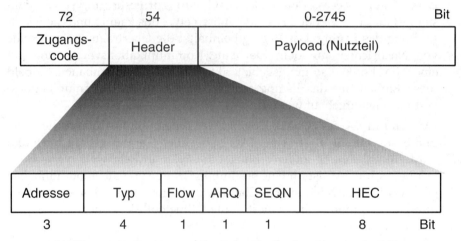

Abbildung 2.16: Das Format eines Paket-Headers besteht aus sechs Feldern

Typ

Dieses Feld mit vier Bits wird für einen Code verwendet, der den Pakettyp angibt. Die Interpretation dieses Codes hängt von der Art der Verbindung ab, die mit dem Paket verknüpft ist, nämlich entweder eine SCO- oder ACL-Verbindung. Es gibt vier verschiedene Typen von SCO-Paketen und sieben unterschiedliche Typen von ACL-Paketen. Der Typcode gibt außerdem die Anzahl der Fenster an, die das aktuelle Paket belegt. Hierdurch wird es Empfängern, die nicht adressiert werden, möglich, für die Dauer der verbleibenden Fenster vom Ablauschen des Kanals abzusehen.

Flow

Dieses Feld mit einem Bit wird für die Flusskontrolle der Pakete über die ACL-Verbindung genutzt. Wenn der Puffer des Empfängers für die ACL-Verbindung voll ist, wird ein »Stop«-Kennzeichen zurückgegeben, damit die Datenübertragung temporär angehalten wird. Das Stopsignal gilt nur für ACL-Pakete. Pakete, die nur Informationen zur Verbindungssteuerung enthalten, oder SCO-Pakete können nach wie vor empfangen werden. Wenn der Empfängerpuffer leer ist, wird ein »Go«-Kennzeichen zurückgegeben. Ein

»Go«-Kennzeichen wird dann vorausgesetzt, wenn kein Paket empfangen wird oder der empfangene Header fehlerhaft ist.

Automatic Repeat Request

Dieses Feld mit einem Bit wird dazu verwendet, das sendende Gerät über die erfolgreiche Übertragung der Nutzdaten zu informieren. Die erfolgreiche Übertragung dieser Information wiederum wird mit Hilfe einer Prüfsumme (CRC; Cyclic Redundancy Check) überprüft. Die Rückgabebenachrichtigung kann in der Form eines positiven Acknowledgements (ACK) oder eines negativen Acknowledgements (NAK) stattfinden. Falls die Nutzdaten in gutem Zustand empfangen worden sind, wird ein ACK-Zeichen übertragen; anderenfalls ein NAK-Zeichen. Wenn keine Rückgabebenachrichtigung – gleich welcher Art – empfangen wird, wird ein NAK vorausgesetzt. Die ACK/NAK-Zeichen sind im Header des Rückgabepakets untergebracht.

Der CRC stellt ein numerisches Verfahren dar, mit dem die Korrektheit der Daten sichergestellt werden kann. Der Wert der dahinter stehenden mathematischen Funktion wird vor der Übertragung des Pakets beim Sender auf der Grundlage des Paketinhalts berechnet. Dieser Wert wird dann mit dem entsprechend neu berechneten Wert der Funktion beim Empfänger verglichen. Wenn beide Werte übereinstimmen, wird das ACK-Zeichen zurückgegeben. Gibt es eine Abweichung, wird das NAK-Zeichen zurückgegeben.

Sequence Number

Über dieses Feld mit einem Bit wird ein sequentielles Nummerierungsschema möglich, mit dessen Hilfe der Strom der Datenpakete beim Eintreffen am Empfängergerät in die richtige Reihenfolge gebracht werden kann. Das Bit der Sequence Number wird für jedes neu übertragene Paket, das Daten mit einem CRC-Wert enthält, invertiert, damit am Zielpunkt Neuübertragungen ausgefiltert werden. Falls wegen eines ausgebliebenen ACK eine Neuübertragung erforderlich wird, empfängt das Zielgerät dasselbe Paket zweimal. Der Vergleich der Sequence Number mit nachfolgenden Paketen bedeutet dann, dass korrekt empfangene Neuübertragungen gelöscht werden können.

Header Error Check

Dieses Feld mit acht Bits wird zur Überprüfung der Integrität des Header verwendet. Nach der Initialisierung des entsprechenden HEC-Generators wird für die Header-Bits ein Header Error Check-Wert (HEC) errechnet. Der Empfänger initialisiert seine entsprechende HEC-Funktion entsprechend, damit er den Wert interpretieren kann. Ist der HEC nicht gültig, wird das gesamte Paket ignoriert.

2.8.3 Nutzdaten

Der letzte Teil des allgemeinen Paketformats sind die Nutzdaten (Payload). Innerhalb der Nutzdaten gibt es zwei Typen von Feldern: (synchrones) Sprachfeld und (asynchrones) Datenfeld. Die ACL-Pakete enthalten dabei nur das Datenfeld und die SCO-Pakete nur das Sprachfeld. Die Ausnahme hiervon stellt ein DV-Paket (DV; Data Voice) dar, welches beide Felder enthält. Das Datenfeld besteht aus drei Segmenten: Nutzdaten-Header, eigentliche Nutzdaten und unter Umständen ein Prüfsummencode (siehe Abbildung 2.17).

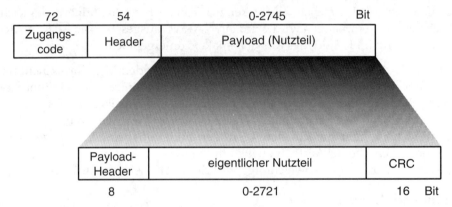

Abbildung 2.17: Die Nutzdaten des ACL-Pakets bestehen aus drei Feldern.

Nutzdaten-Header

Nur Datenfelder verfügen über einen Nutzdaten-Header, der ein oder zwei Bytes lang ist. Er legt den logischen Kanal fest, dient der Flusskontrolle der logischen Kanäle und verfügt über ein Nutzdaten-Längenkennzeichen. Das Längenkennzeichen gibt die Anzahl der Bytes (das heißt 8 Bit-Datenwörter) in den eigentlichen Nutzdaten exklusive des Nutzdaten-Headers und des CRC-Code an.

Eigentliche Nutzdaten

Die eigentlichen Nutzdaten beinhalten die tatsächlichen Nutzerdaten. Die Länge der eigentlichen Nutzdaten wird durch das Längenfeld im Nutzdaten-Header angegeben.

CRC-Prüfsumme

Nach der Initialisierung des Prüfsummengenerators wird entsprechend der übertragenen Informationen ein Prüfsummencode mit 16 Bit errechnet, der an die Informationen angehängt wird.

2.9   Logische Kanäle

Logische Kanäle beziehen sich auf verschiedene Typen von Kanälen, die über eine physikalische Verbindung laufen (speziell die ACL- bzw. SCO-Verbindung). Im Bluetooth-System sind fünf logische Kanäle für die Steuer- und Nutzerinformationen definiert:

- Link Control (LC)
- Link Manager (LM)
- User Asynchronous (UA)
- User Isochronous (UI)
- User Synchronous (US)

LC und LM stellen Steuerkanäle dar, die auf der Ebene der Verbindungssteuerung bzw. des Link Manager verwendet werden. Die Nutzerkanäle UA, UI und US dienen der Übertragung von asynchronen, isochronen bzw. synchronen Nutzerinformationen. Der LC-Kanal wird im Paket-Header mitgeführt, während alle anderen Kanäle in den Nutzdaten des Pakets enthalten sind. Die LM-, UA- und UI-Kanäle sind im Feld Logical Channel im Nutzdaten-Header gekennzeichnet. Den US-Kanal gibt es nur bei einer SCO-Verbindung, während die UA- und UI-Kanäle normalerweise zwar über die ACL-Verbindung laufen, aber auch über die Daten im DV-Paket in der SCO-Verbindung transportiert werden können. Der LM-Kanal kann sowohl von der SCO- als auch der ACL-Verbindung transportiert werden.

Link Control

Der LC-Kanal wird dem Paket-Header zugeordnet. Dieser Kanal transportiert Verbindungskontrollinformationen der unteren Ebene wie etwa Automatic Repeat Request, Flusskontrolle und Nutzdaten-Charakterisierung. Der LC-Kanal wird in jedem Paket transportiert, das über einen Paket-Header verfügt. Alle anderen Kanäle werden den Nutzdaten zugeordnet.

Link Manager

Der LM-Kontrollkanal transportiert Kontrollinformationen, die zwischen den Link Managern des Masters und eines oder mehrerer Slaves ausgetauscht werden.

User Asynchronous

Der UA-Kanal transportiert asynchrone Nutzerdaten. Diese Daten können in einem oder mehreren Basisbandpaketen übertragen werden.

User Isochronous

Der UI-Datenkanal wird über das entsprechende Timing der Startpakete der höheren Ebenen unterstützt. Dieser Typ von logischem Kanal wird auch für zeitkritische Informationen wie komprimierte Audiodaten über eine ACL-Verbindung genutzt.

User Synchronous

Der US-Kanal transportiert transparent synchrone Nutzerdaten und wird über die SCO-Verbindung transportiert. Der US-Kanal kann nur SCO-Paketen zugeordnet werden. Alle anderen Kanäle werden den ACL-Paketen oder gegebenenfalls dem SCO DV-Paket zugeordnet. Die LM-, UA- und UI-Kanäle können den US-Kanal unterbrechen, falls sie es mit Informationen von höherer Priorität zu tun haben.

2.10 Client/Server-Architektur

In den 90er Jahren dominierte in den Bemühungen der Unternehmen zur Verschlankung, Neustrukturierung und Anpassung an die zunehmende Globalisierung der Wirtschaft die Client/Server-Architektur. Die Zugangsbeschränkungen der traditionellen Systemmanager von Informationssystemen und die langsame technische Entwicklung der zentralen, großrechnerorientierten Anwendungsentwicklung hatten sich als immer frustrierender erwiesen. Die Client/Server-Architektur ging aus der Notwendigkeit hervor, die Computerisierung wie auch die Entscheidungskompetenz näher an den Endanwender heranzubringen, damit die Unternehmen schneller auf Kundenanforderungen, Wettbewerbsdruck und Marktentwicklungen reagieren konnten. Dieses Modell der Computerisierung trifft auch auf die drahtlose Bluetooth-Technologie zu, in der die Geräte je nach der implementierten Anwendung bzw. dem Dienst zu Clients oder Servern werden können.

2.10.1 Aufbau des Modells

Die Client/Server-Architektur ist nicht neu. Eine bekannte Umsetzung dieser Architektur stellt die jahrzehntealte Telefonanlage in Unternehmen dar, die eine zentrale Vermittlung als Server und angeschlossene Telefone als Clients kennt. Sämtliche Telefonapparate beziehen ihre Leistungsmerkmale und Nutzerzugangsfunktionen von der Zentrale, die gleichzeitig ankommende und abgehende Gespräche verarbeitet. Ein Beispiel einer Client/Server-Datenumgebung im großen Stil ist das Internet als ein globales Netzwerk, das aus weiteren Netzwerken besteht und sich in Übereinstimmung mit dem

Client/Server-Modell als Austausch von Informationen betrachten lässt. Relativ neu ist die Anwendung dieses Modells auf die LAN-Umgebung und das noch neuere Bluetooth-Pico-Netz.

Unabhängig von der Umgebung sieht die Client/Server-Architektur immer den Einsatz eines Anwendungsprogramms vor, welches aus den zwei Komponenten Server und Client besteht. Beide tauschen miteinander über das Netzwerk Informationen aus (siehe Abbildung 2.18).

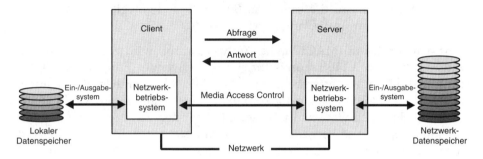

Abbildung 2.18: Vereinfachtes Modell der Client/Server-Architektur

Client

In der herkömmlichen Client/Server-Umgebung wird der Client-Teil des Programms bzw. der Frontend von den einzelnen Anwendern auf Ihren Desktop-PCs ausgeführt. Er dient Aufgaben wie etwa dem Abfragen einer Datenbank, dem Druck eines Berichts oder der Eingabe eines neuen Datensatzes. Die Funktionen werden von einer dafür bestimmten Datenbankzugriffssprache ausgeführt, die unter der Bezeichnung SQL (Structured Query Language) bekannt ist und mit den vorhandenen Anwendungen zusammenarbeitet.

Server

Der Server-Teil des Programms bzw. der Backend liegt auf einem Computer, der zur Unterstützung mehrerer Clients ausgelegt ist und diesen den gemeinsamen Zugriff auf zahlreiche Anwendungsprogramme, aber auch auf Drucker, Dateiablagen, Datenbanken, Kommunikationsverbindungen und weitere Ressourcen bietet. Der Server bearbeitet nicht nur simultane Anfragen von mehreren Clients, sondern führt auch administrative Aufgaben wie das Transaktionsmanagement, die Sicherheit, Protokollierungen, das Erstellen und Aktualisieren von Datenbanken, die Abwicklung des Mehrbenutzerbetriebs und die Verwaltung des Datenbankindex aus. Der Datenbankindex stellt eine standardmäßige Terminologie zur Verfügung, mit der Datenbanksätze einem breiten Nutzerkreis zur Verfügung gestellt werden können.

Netzwerk

Das Netzwerk besteht aus der eigentlichen Übertragungseinrichtung, also normalerweise ein LAN. Bei Verwendung der drahtlosen Bluetooth-Technologie wird das Netzwerk zum Pico-Netz. Die am häufigsten verwendeten Medien für ein LAN sind das Koaxialkabel, Twisted-Pair-Kabel (geschirmtes und ungeschirmtes) und optische Glasfaser (Single- und Multimode). In einigen Fällen werden auch drahtlose Einrichtungen wie Infrarot und Spread-Spectrum verwendet, um Clients und Server miteinander zu verbinden. Natürlich macht die drahtlose Bluetooth-Technologie auch Gebrauch vom Spread-Spectrum-Verfahren.

Ein MAC-Protokoll (MAC; Media Access Control) wird zur Regelung des Zugangs auf eine Übertragungseinrichtung verwendet. Ethernet und Token Ring sind die am weitesten bekannten MAC-Protokolle. Ethernet baut auf einer Bus- oder Sterntopologie mit konkurrierendem Zugriff auf, was bedeutet, dass die einzelnen Stationen wechselseitig um den Zugang zum Netzwerk konkurrieren. Dieser Vorgang wird über eine statistisch arbeitende Vermittlungseinrichtung gesteuert. Jede Station »belauscht« das Netzwerk daraufhin, ob es gerade inaktiv ist. Falls es gegenwärtig keinen Verkehr im Netzwerk gibt, kann die Station mit der Übertragung beginnen. Ist das Netzwerk aktiv, wartet die Station und versucht es später erneut.

Die in Token Ring-Netzwerken verwendete Media-Access-Control-Methode verwendet das »Token« (engl. für Staffelholz). Das Token, das drei Oktetts lang ist, wird von einer Station zur anderen weitergereicht. Eine Station kann das Token beanspruchen und dann durch einen Frame mit Daten ersetzen, so dass nur vom Adressaten die Nachricht empfangen werden kann. Nach Abschluss dieses Informationstransfers fügt die Station das Token wieder in den Ring ein. Ein Timer für das Token überwacht eine bestimmte Zeitspanne, für die eine Station maximal vor der Rückgabe des Tokens im Netzwerk aktiv sein darf.

Bluetooth-Geräte können entweder Clients oder Server sein. Das SDP-Protokoll (SDP; Service Discovery Profile) beispielsweise definiert die Rolle von Bluetooth-Geräten im Rahmen eines Verfahrens namens Diensteerkennung als lokales (LocDev) und entferntes Gerät (RemDev). Ein LocDev initiiert das Diensteerkennungsverfahren und muss dazu mindestens den Client-Teil der Bluetooth-SDP-Architektur enthalten. Das LocDev enthält die Anwendung zur Diensteerkennung, die wiederum den Nutzer in die Lage versetzt, Erkennungsvorgänge zu starten und die Ergebnisse dieser Vorgänge darzustellen.

Ein oder mehrere RemDevs nehmen am Vorgang der Diensteerkennung durch die Beantwortung der Diensteanfragen teil, die vom lokalen Gerät generiert werden. Um diese Aufgabe erfüllen zu können, müssen sie mindestens den Server-Teil der Bluetooth-SDP-Architektur enthalten. Jedes

RemDev enthält eine Dienstedatenbank, die der Server-Teil des SDP für die Beantwortung von Diensteerkennungsanfragen heranzieht.

Die Rollen des LocDev und RemDev sind nicht permanent oder exklusiv nur für ein bestimmtes Gerät vorgesehen. Ein RemDev beispielsweise kann gleichermaßen die Diensteerkennungsanwendung wie auch einen SDP-Client installiert haben, während ein LocDev auch über einen SDP-Server verfügen kann. Ein Gerät kann daher ein LocDev für die eine, aber ein RemDev für eine andere SDP-Transaktion sein.

2.11 Diensteerkennung

Mit der Diensteerkennung ist die Fähigkeit von Netzwerkgeräten, Anwendungen und Diensten gemeint, andere komplementäre Netzwerkgeräte, Anwendungen und Dienste ausfindig machen zu können, die zur Ausführung bestimmter Aufgaben benötigt werden. Zu diesem Zweck enthält in herkömmlichen Netzwerken ein zentrales Verzeichnis detaillierte Informationen über die verschiedenen Komponenten des Netzwerks. In weniger formal aufgebauten Netzwerken wird eine Suchtabelle aufgebaut, wobei einer der Knoten als Speicherablage für die Leistungsmerkmale der Geräte und Dienste in einem temporären Netzwerk dient. In Adhoc- und Peer-to-Peer-Netzwerken gibt es überhaupt keine Notwendigkeit für ein Verzeichnis, da die Geräte ihre gegenseitigen Leistungsmerkmale durch direkte Interaktionen ermitteln. Entsprechend dem drahtlosen und mobilen Paradigma kann ein und dasselbe Gerät an allen Netzwerktypen teilnehmen.

Die drahtlose Bluetooth-Technologie macht ausgedehnten Gebrauch von den Diensteerkennungsvorgängen, mit denen die Geräte, die in wechselseitige Reichweite kommen, sich gegenseitig identifizieren und entsprechende Verbindungen aufbauen, um den Betrieb gemeinsam genutzter Anwendungen und den Zugriff auf Dienste möglich zu machen. Mit der Diensteerkennung werden persönliche Netzwerke im wahrsten Sinne des Wortes selbstkonfigurierend, was umgekehrt den Einsatz mobiler Geräte außerordentlich einfach gestaltet. Die Verbindungen sind für den Benutzer vollständig transparent und verlangen keinerlei Setup-Assistenten oder Online-Konfigurationen. Das Einzige, was benötigt wird, ist eine Diensteerkennungstechnologie, die mobile Geräte beim Wandern in herkömmliche verzeichnisorientierte und Peer-to-Peer-Netzwerke und zurück unterstützt. Die Industrie ermöglicht diese Kommunikation unterschiedlicher Geräte und Einrichtungen in der neuen und leicht zugänglichen Netzwerkumgebung durch die breite Unterstützung eines Diensteerkennungsstandards namens Salutation Architecture.

Diese Architektur, die vom Salutation Consortium entwickelt worden ist, sollte die Probleme lösen, die hinsichtlich der Diensteerkennung und -nutzung durch die wachsende Anzahl von Geräten und Einrichtungen von immer mehr Herstellern entstanden. Sie ist vollständig unabhängig von der jeweiligen Prozessorplattform, dem Betriebssystem und dem Kommunikationsprotokoll. Die Salutation Architecture bietet ein Standardverfahren für Anwendungen, Dienste und Geräte an, mit denen diese ihre Leistungsmerkmale gegenüber anderen Anwendungen, Diensten und Geräten beschreiben und umgekehrt die Leistungsmerkmale anderer Geräte erkennen können. Mit der Diensteerkennung wird es einem Gerät beispielsweise möglich, Eigenschaften eines Druckers, wie etwa seine Fähigkeit zum Farbdruck, seine verschiedenen unterstützten Auflösungen, seine Vorrichtung zur Druckreihenfolge oder den Inhalt seiner Tintentanks erkennen zu können. Sobald alle diese Leistungsmerkmale bekannt sind, kann eine Sitzung mit dem Drucker angefordert und aufgebaut werden, die alle diese Fähigkeiten nutzt.

Die Salutation Architecture verfügt über Implementierungsformen für TCP/IP, IrDA (InfraRed Data Association), Bluetooth und SLP (Service Location Protocol) von IETF (Internet Engineering Task Force), einem Protokoll zur automatischen Ressourcenerkennung in IP-Netzwerken. SLP kann in einem LAN, Unternehmens-Intranet oder im öffentlichen Internet verwendet werden, in denen die Benutzer ohne ein derartiges Protokoll kein klares Bild der zur Verfügung stehenden Dienste und Ressourcen erhalten – ein Administrator hätte in einem solchen Fall einen großen Teil seiner Arbeitszeit nur dafür aufzuwenden, die Desktop-PC der Benutzer so zu konfigurieren, dass sie den Zugang zu den nötigen Diensten erhalten.

Früher mussten die Benutzer Dienste über den Namen eines Hosts im Netzwerk (eine von Menschen lesbare Zeichenkette) ausfindig machen, der den Alias für eine Netzwerkadresse darstellte. SLP beseitigt die Notwendigkeit, den Namen eines Host wissen zu müssen, der einen Dienst anbietet. Stattdessen liefert der Benutzer den gewünschten Dienstetyp und einen Satz von Merkmalen, die den Dienst beschreiben. Auf der Grundlage dieser Beschreibung löst das SLP-Protokoll dann die Netzwerkadresse des entsprechenden Dienstes auf.

Durch den Einsatz von Werkzeugen mit SLP erhalten alle Benutzer des Netzwerks einen besseren Überblick über die Ressourcen und Dienste, die im Netzwerk zur Verfügung stehen. Die Benutzer können nach den Ressourcen suchen und über entsprechende Attribute den Dienst auswählen, der gerade am besten zur aktuellen Aufgabe passt. SLP macht es einfach, die Webseite der Personalabteilung eines Unternehmens, den nächsten Farbdrucker oder alternativen Fileserver zu finden oder einen Druckauftrag an einen Drucker im entfernten Vertriebsbüro weiterzuleiten.

Die Salutation Architecture unterstützt Windows, Windows CE, Java, VX-Works und Tornado und bietet eine Portierung auf Palm an. Seit der Version 2.1 der Salutation Diensteerkennungsarchitektur steht eine Programmierschnittstelle (API; Application Programming Interface) zur Verfügung, mit der einem Gerät der gleichzeitige Zugriff auf zwei SLP ermöglicht wird. Darüber hinaus bietet die Version 2.1 einen Service Manager an, mit dem eine gleichzeitige lokale Unterstützung des Salutation-Protokolls und von SLP im Internet oder Intranet erzielt werden kann.

2.12 Zusammenfassung

Geräte, die der Bluetooth-Spezifikation folgen, können sehr gut mit nahezu sämtlichen Formen von Kommunikationsverbindungen für kleine Reichweiten umgehen. Damit wird eine nahtlose Sprach- und Datenkommunikation über drahtlose Verbindungen zwischen mobilen und stationären Geräten einschließlich von Mobiltelefonen, drahtlosen Informationssystemen, Handheld-Computern und Personal Digital Assistants möglich. Ebenso unterstützt werden auch Desktop-PC, Heim- und Bürotelefonsysteme und die neuen Gateways, mit denen für Fernsteuerungszwecke eine Einwählverbindung mit nahezu sämtlichen Einrichtungen im Haushalt aufgebaut werden kann.

Durch die Verwendung der Spread-Spectrum-Technologie erlaubt die Bluetooth-Spezifikation den effektiven Datenaustausch sogar in Bereichen mit höheren Störpegeln. Durch die Spreizung der Signalleistung über ein breiteres Frequenzband kann das Ursprungssignal mit größerer Genauigkeit rekonstruiert werden, was ein robusteres und gegen Störungen weniger anfälliges Signal ergibt. Da das gespreizte Signal nur schwer vom Hintergrundrauschen unterschieden werden kann, macht es die Sprach- und Datenkommunikation gleichzeitig sicherer vor Abhörversuchen.

Die Bluetooth-Protokollarchitektur 3

Wie schon in Kapitel 1 erwähnt, wurde die Bluetooth-Spezifikation von der Bluetooth Special Interest Group (SIG) entwickelt. Sie beinhaltet Protokolle, mit denen eine Entwicklung interaktiver Dienste und Anwendungen möglich wird, die über drahtlose, mit Hilfe von interoperablen Funkmodulen hergestellte Funkverbindungen betrieben werden. Die SIG hat außerdem auch verschiedene Einsatzmodelle der drahtlosen Bluetooth-Technologie entworfen. Die Spezifikation beinhaltet eine Beschreibung der Protokolle, mit denen diese Einsatzmodelle implementiert werden können.

3.1 Was ist ein Protokoll?

Protokolle stellen eine gemeinsame Vereinbarung über die Art und Weise dar, wie Geräte Informationen austauschen. Es gibt für jeden Netzwerktyp einschließlich des in der Bluetooth-Spezifikation beschriebenen, einen Satz von Protokollen oder Regeln, die exakt definieren, wie Nachrichten über die Verbindung gesendet werden. Wie Sie sich sicher schon beim Lesen des Kapitels 2 gedacht haben, definieren Protokolle die Formatierung solcher Nachrichten einschließlich dessen, welche Teile der Nachricht etwa Adressen, Fehlerkontrollen oder Nutzdaten vorbehalten sind.

Die Protokolle, die die Art und Weise definieren, in der Datenverkehr über die Verbindung geleitet wird, sind durchaus mit den Protokollen vergleichbar, die wir aus dem Alltag kennen. Wenn wir beispielsweise mit unseren Wagen an eine stark befahrene Kreuzung kommen, beachten wir das "Protokoll" der Ampelsteuerung: Wir fahren bei Grün, verlangsamen bei Gelb und halten bei Rot. In den seltenen Fällen, in denen wie einmal auf Straßenkreuzungen ohne Verkehrsampeln oder -zeichen treffen, kann es unter den Fahrern eine gewisse Verwirrung hinsichtlich der Frage geben, welches Fahrzeug die Vorfahrt hat. Sobald dies geschieht, wird der Verkehrsfluss unter Umständen langsamer, insbesondere dann, wenn es Zusammenstöße gegeben hat. Wenn Sie eine solche Straße benutzen, werden Sie sehr wahrscheinlich zu spät zur Arbeit kommen!

Ohne allgemein akzeptierte Protokolle könnte ein Netzwerk nicht richtig funktionieren, da die Hardwarehersteller und Softwareentwickler nicht zusammenarbeiten würden. Das Ergebnis wären herstellerspezifische Produkte, die nicht in der Lage wären, miteinander im selben Netzwerk zu kommunizieren. Als in den 60er Jahren die Arbeiten am zukünftigen TCP/IP (Transmission Control Protocol/Internet Protocol) begannen, gründeten Computer auf herstellerspezifischen Plattformen und waren aus diesem Grunde nicht in der Lage, im Netzwerk zwischen den verschiedenen Plattformen Informationen auszutauschen. Heute sind die Computer nahezu aller Hersteller und Marken mit einem TCP/IP-Stack ausgestattet, der sie beim Anschluss ans Internet zur wechselseitigen Kommunikation befähigt. Über den auf allen Computern installierten gemeinsamen TCP/IP-Stack sind sie in der Lage, einfach und schnell Daten auszutauschen und auf die verschiedensten Dienste zuzugreifen.

In den 70er Jahren übernahmen internationale Standardisierungsorganisationen die Aufgabe, ein allgemeines Referenzmodell namens OSI (Open Systems Interconnection) zu entwickeln. Das Modell ist eine sinnvolle Grundlage zur visuellen Darstellung des Kommunikationsprozesses und der Möglichkeiten zu wechselseitiger Kooperation. Eine solche geschichtete Struktur unterstützt den Benutzer nicht nur in der bildhaften Vorstellung des Kommunikationsprozesses, sondern bietet den Herstellern auch die Gelegenheit, die verschiedenen Funktionen im Kommunikationsablauf als einheitliches Ganzes segmentieren und strukturieren zu können. Auf diese Weise kann viel Verwirrung hinsichtlich der Frage, wie die komplexen Zusammenhänge in der Kommunikation am besten zu unterstützen sind, vermieden werden.

3.2   Open Systems Interconnection (OSI)

Das OSI-Referenzmodell wurde 1974 von der ISO (International Standardisation for Organization) veröffentlicht. Die Aufgabe des siebenschichtigen Modells bestand darin, zur Unterstützung der Kooperation zwischen den Produkten verschiedener Hersteller eine Separierung der einzelnen Netzwerkfunktionen vorzunehmen (siehe Tabelle 3.1). Jede Schicht trägt zu dieser Aufgabe mit eigenen Protokollfunktionen bei, die alle zusammen einen glatten und fehlerfreien Ablauf des Informationsaustauschs zwischen den angeschlossenen, unterschiedlichen Geräten gewährleisten sollen.

OSI-Schicht	Beschreibung	Funktionen
Anwendung	Definiert die Art und Weise, wie Anwendungen mit dem Netzwerk interagieren	E-Mail, Dateitransfer, Terminalemulation
Darstellung	Definiert die Art und Weise, in der Daten formatiert, dargestellt, konvertiert und codiert werden	Zeichencodes, Datenkonvertierung, Datenkompression, Datenverschlüsselung
Sitzung	Definiert die Verfahren zum Aufbau, Verwalten und Trennen einer Kommunikationsverbindung zwischen Geräten im Netzwerk	Datensynchronisierung, Namenssuche, Authentifizierung, Protokollierung
Transport	Definiert die Verfahren zur Gewährleistung einer stabilen Datenübertragung	Paketaufbau und -zerlegung, Paketfehlerprüfung, Paketsequenzierung, Anforderungen zur Neuübertragung
Netzwerk	Definiert die Verfahren zum Routen von Daten durch unterschiedliche Systeme bis zum Zielpunkt	Physikalische und logische Adressumsetzung, QoS (Quality of Service), Routenselektion
Sicherung	Überprüft die Integrität des Datenflusses von einem Knoten zum andern durch Synchronisation der Datenblöcke und Kontrolle des Datenflusses	Frame-Aufbau und -Zerlegung, Frame-Fehlerprüfung, Frame-Neuübertragung (teilweise auch Leitungsschicht genannt)
Physikalisch	Definiert die physikalischen und elektrischen Merkmale des Mediums, welches zum Transport der Daten in der Form von Nullen und Einsen verwendet wird	Verkabelung (bis hin zu den Pin-Belegungen der Kabelverbindungen), Netzwerkschnittstellen, Signalisierungen zum Senden/Empfangen, Erkennung von Signalisierfehlern im Medium (auch Bitübertragungsschicht genannt)

Tabelle 3.1: Aufbau des siebenschichtigen OSI-Modells

Seit seiner Veröffentlichung wurde das OSI-Modell immer wieder von der Entwicklung neuer offener Netzwerktechnologien, einschließlich der drahtlosen Bluetooth-Technologie, beeinflusst. Obwohl die Bluetooth-Architektur ihren eigenen vierschichtigen Protokollstack besitzt, macht sie durchaus Gebrauch von bereits vorhandenen Protokollen der höheren Schichten. Diese Verwendung existierender Protokolle unterstützt die Adaptierung älterer Anwendungen (so genannte Vererbungsanwendungen; "legacy") im Rahmen der Zusammenarbeit mit der drahtlosen Bluetooth-Technologie.

3.2.1   Anwendungsschicht

Die höchste Schicht im OSI-Referenzmodell ist die Anwendungsschicht, die Anwendungen zur Verfügung steht, die speziell für den Betrieb im Netzwerk entwickelt worden sind. Eine Anwendung, die für den Zugriff auf Netzwerkdienste entwickelt worden ist, wird auf genau diese Schicht zugreifen. Sie bietet vor allem Dienste zur direkten Unterstützung der Benutzeranwendung an, wie etwa E-Mail, Datenbankzugriffe und Dateitransfers (siehe Abbildung 3.1).

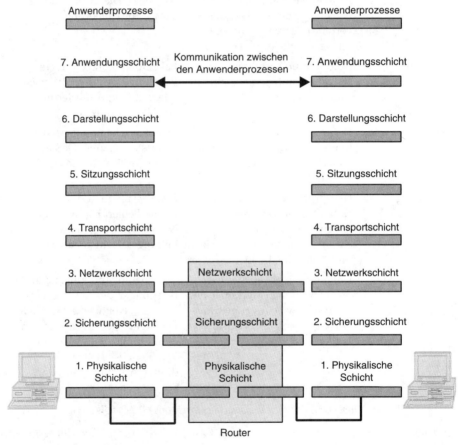

Abbildung 3.1: Anwendungsschicht im OSI-Referenzmodell

Gemäß dem OSI-Referenzmodell muss jeder Typ von Anwendung in der Schicht 7 sein eigenes Protokoll benutzen. Die Schicht 7 kann für die ganze Vielfalt der zur Verfügung stehenden Anwendungstypen jeweils eigene Definitionen anbieten, wie etwa:

- Gemeinsame Ressourcennutzung
- Zugriff auf Remote-Dateien
- Zugriff auf Remote-Drucker
- Interprozesskommunikation
- Netzwerkmanagement
- Verzeichnisdienste
- Elektronische Nachrichtendienste (wie etwa E-Mail)
- Virtuelle Terminals im Netzwerk

3.2.2 Darstellungsschicht

Die Schicht 6 hat mit dem Format und der Darstellung der von der Anwendung benutzten Daten zu tun. Ihre Aufgabe besteht im Wesentlichen in der Kontrolle der Bildschirme und Dateien (siehe Abbildung 3.2). Die Schicht 6 definiert Dinge wie die Syntax, Steuercodes, spezielle Grafiken und Zeichensätze. Auf dieser Ebene wird außerdem auch festgelegt, wie Zeichenketten übertragen, binäre Zahlen dargestellt und Daten formatiert werden.

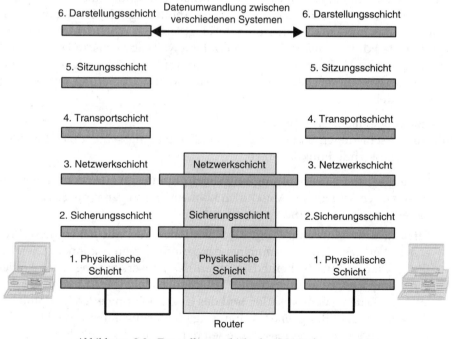

Abbildung 3.2: Darstellungsschicht des OSI-Referenzmodells

In der Darstellungsschicht werden die in der Anwendungsschicht darzustellenden Daten formatiert. Sie kann als eine Art Übersetzung für das Netzwerk betrachtet werden. Die Schicht überträgt die von einer Anwendung benutzten Daten in der sendenden Station in ein allgemeines Format und verwandelt dieses bei der empfangenden Station in ein Format zurück, das von der Anwendungsschicht verstanden werden kann. Zur Darstellungsschicht gehören:

- **Zeichensatzkonvertierung** – beispielsweise ASCII nach EBCDIC.

- **Datenkonvertierung** – Bitreihenfolge, Wagenrück- (CR) bzw. Wagenrücklauf/Zeilenwechselzeichen (CR/LF), Fließkommadarstellungen und andere Funktionen.

- **Datenkompression** – reduziert die Anzahl Bits, die über das Netzwerk übertragen werden müssen.

- **Datenverschlüsselung** – verschlüsselt Daten aus Sicherheitsgründen.

3.2.3 Sitzungsschicht

Die Sitzungsschicht verwaltet die Kommunikation und baut beispielsweise die virtuellen Pfade (Virtual Circuits) zwischen den Sende- und Empfangsgeräten auf, verwaltet und beendet sie (siehe Abbildung 3.3). Sie definiert den Start und das Ende der Nachrichten und legt fest, wie Nachrichten gesendet werden: Halbduplex, wobei jeder Computer jeweils abwechselnd sendet und empfängt, oder Vollduplex, wobei jeder Computer gleichzeitig sendet und empfängt. Alle diese Details werden während der Initiierung der Sitzung ausgehandelt.

Die Sitzungsschicht erlaubt den Aufbau einer Sitzung zwischen Prozessen, die auf verschiedenen Stationen ablaufen. Die Sitzungsschicht bietet im Wesentlichen folgende Funktionen an:

- **Sitzungsaufbau, -verwaltung und -beendigung.** Zwei Anwendungsprozesse auf verschiedenen Maschinen können eine so genannte *Sitzung* aufbauen, benutzen und die Verbindung beenden.

- **Sitzungsunterstützung.** Führt die Funktionen aus, mit denen diese Prozesse über das Netzwerk miteinander kommunizieren können: Die Authentifizierung aus Sicherheitsgründen, Namenserkennung, Protokollierung und weitere administrative Funktionen. In dieser Schicht werden auch die Datensynchronisation und das Checkpointing erledigt, damit bei der Wiederherstellung einer Verbindung im Störungsfall nur die Daten erneut gesendet werden müssen, die seit dem Abbruch der Verbindung fehlen.

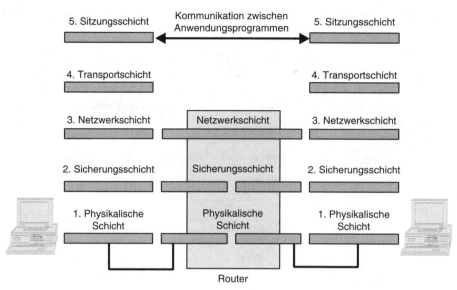

Abbildung 3.3: Sitzungsschicht des OSI-Referenzmodells

3.2.4 Transportschicht

Die Schicht 4 bearbeitet den Ende-zu-Ende-Transport (siehe Abbildung 3.4). Wann immer es einen Bedarf für zuverlässigen und sequenzierten Ende-zu-Ende-Transport gibt, wird dieser von der Transportschicht erledigt. Wenn beispielsweise alle Pakete einer Nachricht unterschiedliche Routen durch das Netzwerk zum Zielpunkt nehmen müssen, sorgt die Transportschicht dafür, dass die Paketreihenfolge durch einen Prozess namens Sequenzierung geordnet wird, damit die Nachricht exakt so empfangen wird, wie sie gesendet wurde. In dieser Schicht werden verloren gegangene Daten wiederhergestellt und die Flusskontrolle durchgeführt. Die Flusskontrolle steuert die Rate des Datentransfers auf eine Weise, die eine Belastung des Netzwerks durch übermäßige Datenmengen verhindert.

Die Schicht 4 kann auch den Datagram-Transfer unterstützen, also Transaktionen, die beim Verlust von Daten nicht erneut übertragen werden müssen. Dies wird bei Sprache und Video, die einen gewissen Informationsverlust, aber keine größeren Verzögerungen und Abweichungen hinsichtlich der Übertragungszeit tolerieren können, notwendig. Die entsprechende Flexibilität entsteht durch die in dieser Schicht implementierten Protokolle, von den fünf OSI-Protokollen TP0 bis TP4 und TCP bis UDP der TCP/IP-Protokollfamilie bis hin zu vielen anderen herstellerspezifischen Protokollen. Einige dieser Protokolle führen keinerlei Neuübertragungen, Sequenzierungen, Prüfsummenberechnungen und Flusskontrollen durch. Die Transportschicht bietet im Wesentlichen folgende Funktionen an:

- **Nachrichtensegmentierung.** Akzeptiert eine Nachricht von der oberhalb liegenden Sitzungsschicht, teilt die Nachricht in kleinere Einheiten auf (falls diese nicht klein genug sind) und reicht die kleinen Einheiten an die Netzwerkschicht weiter. Die Transportschicht der Zielstation setzt die Nachricht wieder zusammen.

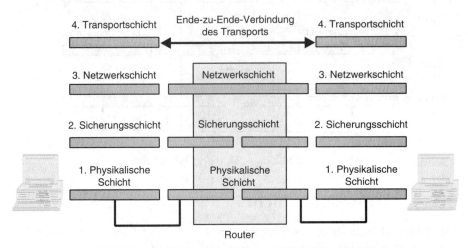

Abbildung 3.4: Transportschicht des OSI-Referenzmodells

- **Nachrichtenbestätigung.** Mit Bestätigungen (Acknowledgements) werden stabile Ende-zu-Ende-Nachrichtentransporte möglich.
- **Nachrichtenverkehrssteuerung.** Weist die sendende Station an, sich "zurückzuhalten", falls keine Nachrichtenpuffer verfügbar sind.
- **Sitzungs-Multiplexing.** Fasst mehrere Nachrichtenströme oder Sitzungen in einer logischen Verbindung zusammen und überwacht dabei die Zugehörigkeit der einzelnen Nachrichten zu den jeweiligen Sitzungen (siehe Sitzungsschicht).

3.2.5 Netzwerkschicht

Die Netzwerkschicht formatiert die Daten in Paketform, fügt einen Header hinzu, der die Paketsequenz und die Adresse des empfangenden Gerätes enthält, und legt die Dienste fest, die im Netzwerk benötigt werden (siehe Abbildung 3.5). Das Netzwerk übernimmt dann das Routing für die Dienste. Manchmal (wie etwa beim paketvermittelten X.25-Netzwerk) wird beim sendenden Knoten eine Kopie des Pakets gespeichert, bis die Bestätigung dafür

eingetroffen ist, dass es ohne Zerstörung am empfangenden Knoten eingetroffen ist. Wenn ein Knoten das Paket empfängt, sucht er ohne Berücksichtigung der Paketreihenfolge, die in der Nachricht verzeichnet ist, in einer Rou-
ting-Tabelle nach dem bestmöglichen Pfad für den Zielpunkt.

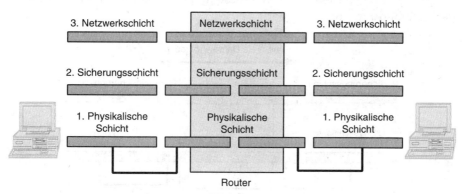

Abbildung 3.5: Netzwerkschicht des OSI-Referenzmodells

In einem Netzwerk, in dem sämtliche Knoten direkt miteinander kommunizieren können, sorgt die Netzwerkschicht für das Routen der Pakete durch
die dazwischen liegenden Knoten. Diese Knoten können die Nachricht auch
neu routen, um Staus oder Knotenausfälle zu vermeiden. Die Netzwerkschicht bietet im Wesentlichen die folgenden Funktionen:

- **Routing.** Routet die Frames durch die Netzwerkknoten.
- **Subnetz-Verkehrssteuerung.** Router (Zwischenglieder in der Netzwerk-
  schicht) können eine sendende Station dahingehend instruieren, ihre
  Übertragung von Frames so lange zurückzustellen, wie die Puffer eines
  Routers überfüllt sind.
- **Frame-Fragmentierung.** Ein Router, der festgestellt hat, dass die Größe
  der MTU (Maximum Transmission Unit) in Downstream-Richtung kleiner
  als die Rahmengröße ist, kann einen Rahmen zur Übertragung aufteilen
  und an der Zielstation wieder zusammensetzen.
- **Zuordnung logisch-physikalischer Adressen.** Übersetzt logische Adressen bzw. Namen in physikalische Adressen.
- **Protokollierung der Subnetznutzung.** Bietet Protokollierungsfunktionen
  zu Abrechnungszwecken an, mit deren Hilfe Rahmen überwacht werden,
  die von Subnetz-Zwischengliedern weitergeleitet worden sind.

3.2.6 Sicherungsschicht

Alle modernen Kommunikationsprotokolle einschließlich des Bluetooth-Protokolls, die in drahtgebundenen oder drahtlosen Kommunikationsverbindungen genutzt werden, verwenden die in der Schicht 2 definierten Dienste (siehe Abbildung 3.6).

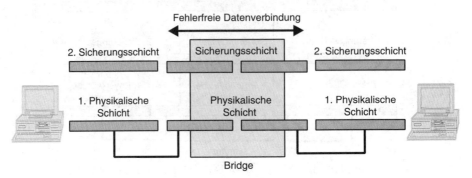

Abbildung 3.6: Sicherungsschicht des OSI-Referenzmodells

Die Schicht 2 hat keinerlei Kenntnis davon, was die Informationen bzw. Pakete, die sie kapselt, bedeuten oder wohin sie gehen. Netzwerke, die einen solchen Mangel an Informationen tolerieren können, haben dafür auch nur wenig Übertragungsstörungen. Die von der Sicherungsschicht (data link layer) angebotenen Funktionen beinhalten im Wesentlichen:

- **Leitungseinrichtung und -beendigung.** Aufbau und Abbau der logischen Leitung zwischen zwei Knoten.

- **Frame-Verkehrssteuerung.** Weist den sendenden Knoten an, sich zurückzuhalten, wenn keine Frame-Puffer zur Verfügung stehen.

- **Frame-Sequenzierung.** Überträgt und empfängt Rahmen sequenziell.

- **Frame-Bestätigung.** Bietet bzw. erwartet Bestätigungen für Rahmen. Erkennt und bereinigt Fehler, die in der physikalischen Schicht entstanden sind, indem nicht bestätigte Rahmen neu übertragen und doppelt empfangene Rahmen entsprechend bearbeitet werden.

- **Frame-Delimiting.** Erstellt und erkennt Rahmengrenzen.

- **Frame-Fehlerprüfung.** Überprüft die Integrität empfangener Rahmen.

- **Zugriffsverwaltung für das Medium.** Legt fest, wann ein Knoten die Berechtigung zum Zugriff auf das physikalische Medium hat.

3.2.7 Physikalische Schicht

Die niedrigste OSI-Schicht ist die physikalische Schicht (auch Bitübertra-gungschicht genannt), die die eigentliche elektrische und mechanische Schnittstelle für die Verbindung eines Gerätes mit einem Übertragungsme-dium repräsentiert (siehe Abbildung 3.7).

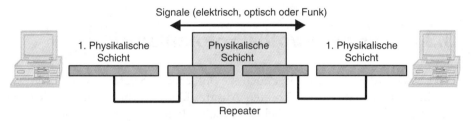

Abbildung 3.7: Physikalische Schicht des OSI-Referenzmodells

Die physikalische Schicht ist mittlerweile so stark standardisiert, dass ihre Funktionsfähigkeit manchmal ungeprüft vorausgesetzt wird. Doch physika-lische Verbindungen wie Kabel und Stecker mit all ihren diversen Pin-Bele-gungen und Übertragungseigenschaften können beim Entwurf eines stabilen Netzwerks immer noch zu einem Problem werden, wenn sie nicht mit be-kannten Charakteristika übereinstimmen. Die von der physikalischen Schicht angebotenen Funktionen beinhalten im Wesentlichen:

- **Datencodierung.** Modifiziert das einfache, vom PC verwendete digitale Muster der Einsen und Nullen entsprechend der Charakteristika des phy-sikalischen Mediums und hilft bei der Bit- und Rahmen-Synchronisation.

- **Schnittstelle zum physikalischen Medium.** Behandelt die verschiedenen Möglichkeiten des Mediums, wie etwa der Anzahl der Stecker-Pins und deren Funktion.

- **Übertragungstechnik.** Legt fest, ob die codierten Bits über digitale oder analoge Signalisierung übertragen werden.

- **Übertragung im physikalischen Medium.** Überträgt die Bits als elektri-sche oder optische Signale, die zum physikalischen Medium passen. Legt weiterhin fest, welche Spannungen bzw. Pegel zur Repräsentierung eines Signalzustands in einem gegebenen physikalischen Medium verwendet werden sollen.

Während der 80er Jahre wurde des Öfteren vorhergesagt, dass OSI eines Ta-ges TCP/IP als bevorzugte Technik für die Verbindung der Netzwerke ver-schiedener Hersteller ablösen würde. Offensichtlich ist dies bis heute nicht passiert, wofür es verschiedene Gründe gibt, die unter anderem sowohl in der langsamen Entwicklung der OSI-Standards in den 80er Jahren als auch in den Kosten liegen, die sich aus der Implementierung komplexer OSI-Software und der Zertifizierung von OSI-Produkten ergeben würden.

Außerdem stand TCP/IP bereits seit längerer Zeit zur Verfügung und entwickelt seine Funktionalität durch entsprechende Plugin-Protokolle immer noch weiter. In Europa liegt die Situation anders, da die Behörden in vielen europäischen Ländern schon früh die OSI-Tauglichkeit gefordert haben.

3.3 Der Bluetooth-Protokollstack

Wie das OSI-Modell verwendet auch die Bluetooth-Spezifikation in ihrer Protokollarchitektur den geschichteten Ansatz. Und wie beim OSI-Modell besteht auch das letztendliche Ziel der Bluetooth-Spezifikation darin, die Entwicklung von Anwendungen zu unterstützen, die im Rahmen dieser Spezifikation zusammenarbeiten können. Eine Interoperabilität wird erreicht, wenn die Anwendungen der Netzwerkgeräte mit identischen Protokollstacks arbeiten können, wobei verschiedene Anwendungen auch verschiedene Protokollstacks verwenden werden. Ungeachtet der jeweiligen Anwendung beinhalten die beteiligten Protokollstacks die Verwendung einer gemeinsamen Sicherungs- und Verbindungsschicht (siehe Abbildung 3.8).

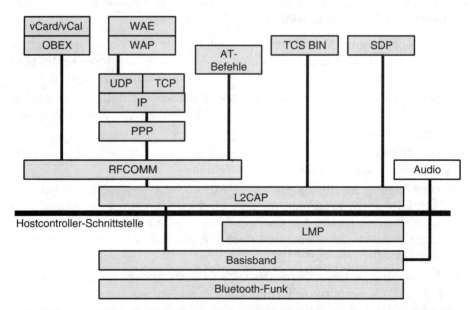

Abbildung 3.8: Oberhalb dieses Bluetooth-Protokollstacks laufen die Anwendungen ab, die zusammenarbeiten und die Bluetooth-Nutzungsmodelle unterstützen. Quelle: Bluetooth-Spezifikation 1.0.

Nicht alle Anwendungen machen Gebrauch von sämtlichen Protokollen im Bluetooth-Protokollstack. Es kann Anwendungen geben, die sich eines oder mehrerer vertikaler Schnittstücke aus dem Stack bedienen und nur einen bestimmten Dienst beanspruchen, der gerade zur Unterstützung der Hauptanwendung erforderlich ist. Außerdem können die Protokolle auch Beziehungen untereinander haben. Beispielsweise können Protokolle wie L2CAP (Logical Link Control and Adaptation Layer) und TCS BIN (Telephony Control Specification Binary) Gebrauch vom LMP (Link Manager Protocol) machen, wenn dies zur Kontrolle der Verbindung erforderlich wird.

Der vollständige Protokollstack besteht sowohl aus Protokollen, die spezifisch für die Bluetooth-Spezifikation sind, wie etwa LMP und L2CAP und anderen, wie OBEX (Object Exchange Protocol), UDP (User Datagram Protocol) und WAP (Wireless Application Protocol), die auch auf vielen anderen Plattformen verwendet werden können. Beim Entwurf der Protokolle für den Bluetooth-Protokollstack wurde nicht immer das Rad neu empfunden, sondern für verschiedene Zwecke auch auf existierende Protokolle in den höheren Schichten zurückgegriffen. Durch diese Verfahrensweise wurde nicht nur die Entwicklung der Bluetooth-Spezifikation beschleunigt, sondern auch die Adaption der Vererbungs-Anwendungen (legacy application) an die Bluetooth-Technologie unterstützt und sichergestellt, dass die Zusammenarbeit all dieser verschiedenen Anwendungen glatt und reibungslos verläuft.

Durch die Offenheit der Bluetooth-Spezifikation erhalten viele bereits im Einsatz befindliche Anwendungen die Gelegenheit, sich sofort der Vorteile der Hardware und Software bedienen zu können, die zur Bluetooth-Spezifikation kompatibel sind. Diese Offenheit erlaubt den Herstellern außerdem auch die freie Implementierung eigener (herstellerspezifischer) oder allgemein verwendeter Anwendungsprotokolle oberhalb derjenigen Protokolle, die spezifisch für die drahtlose Bluetooth-Technologie sind. Die offene Spezifikation trägt daher in großem Umfang dazu bei, dass die Anzahl der neuen und älteren Anwendungen, die vollen Gebrauch von den Fähigkeiten der drahtlosen Bluetooth-Technologie machen können, erweitert werden kann.

Der Bluetooth-Protokollstack besteht aus vier Schichten. Die Tabelle 3.2 fasst diese Schichten und die Protokolle innerhalb der Schichten zusammen.

Die Bluetooth-Spezifikation definiert außerdem eine Hostcontroller-Schnittstelle (HCI, Host Controller Interface), die eine Befehlsschnittstelle zum Basisbandcontroller, Link Manager und zum Zugriff auf den Hardwarestatus und die Steuerregister darstellt. In der Abbildung 3.8 ist HCI unterhalb von L2CAP angesiedelt; es kann aber auch oberhalb von L2CAP liegen.

Bluetooth-Protokoll-schicht	Komponenten des Protokollstacks
Bluetooth-Kernprotokolle	● Basisband ● LMP (Link Management Protocol) ● SDP (Service Discovery Protocol)
Kabelersatzprotokoll	● RFCOMM (Radio Frequency Communication)
Telefonieprotokolle	● TCS BIN (Telephony Control Specification Binary) ● AT-Befehle
Adaptierte Protokolle	● PPP (Point-to-Point Protocol) ● UDP (User Datagram Protocol)/TCP (Transmission Control Protocol)/IP (Internet Protocol) ● OBEX (Object Exchange Protocol) ● WAP (Wireless Application Protocol) ● vCard ● vCalendar ● IrMC (Infrared Mobile Communications) ● WAP (Wireless Application Environment)

Tabelle 3.2: Zusammenfassung der Protokolle und Schichten des Bluetooth-Protokollstacks

Die Kabelersatzschicht, die Telefonieschicht und die Schicht mit den adaptierten Protokollen bilden zusammen die anwendungsbezogenen Protokolle, mit denen Anwendungen über die Bluetooth-Kernprotokolle ablauffähig werden. Da die Bluetooth-Spezifikation offen ist, können auch zusätzliche Protokolle wie HTTP (Hypertext Transfer Protocol) und FTP (File Transfer Protocol) so eingepasst werden, dass sie oberhalb der für Bluetooth spezifischen Protokolle oder oberhalb der zuvor in der Abbildung 3.8 gezeigten anwendungsorientierten Protokolle zusammenarbeiten können.

3.4 Die Bluetooth-Kernprotokolle

Die Protokolle der drahtlosen Bluetooth-Technologie wurden von der Bluetooth SIG entwickelt. Die Protokolle RFCOMM und TCS BIN wurden ebenfalls von der Bluetooth SIG entwickelt, basieren jedoch auf vorhandenen Standards (ETSI TS 07.10 bzw. ITU-T Recommendation Q.391 werden später erörtert). Die Kernprotokolle plus das des Bluetooth-Funks (wie in der Abbildung 4.8) werden von den meisten Bluetooth-Geräten verlangt, während der Rest der Protokolle nur bei Bedarf verwendet wird.

3.4.1 Basisband

Die Basisbandschicht ermöglicht die physikalische Funkverbindung zwischen Bluetooth-Einheiten im Pico-Netz. Da das Bluetooth-Funksystem die Technologie des Frequenzsprungverfahrens im Spread-Spectrum einsetzt, die eine Übertragung von Paketen in definierten Zeitfenstern über definierte Frequenzen vorsieht, enthält diese Schicht entsprechende Abfrage- und Pagingverfahren, mit denen die Übertragungsfrequenzen und der Takt der verschiedenen Bluetooth-Geräte synchronisiert werden.

Das Basisband stellt zwei verschiedene Arten physikalischer Verbindungen mit ihren entsprechenden Basisbandpaketen zur Verfügung: SCO (Synchronous Connection-Oriented) und ACL (Asynchronous Connection-Less), die über dieselbe Funkverbindung im Multiplexing übertragen werden können. ACL-Pakete werden nur für Daten verwendet, während SCO-Pakete entweder nur Audio- oder Audio- und Videodaten enthalten können. Alle Audio- und Videopakete können mit verschiedenen Stufen der Fehlerkorrektur versehen und zur Sicherstellung der Privatsphäre verschlüsselt werden. Darüber hinaus wird für die Verbindungsverwaltung und die Steuernachrichten jeweils ein besonderer Kanal verwendet.

Pakete, die Audiodaten enthalten, können zwischen einem oder mehreren Bluetooth-Geräten übertragen werden, was verschiedene Einsatzmodelle erlaubt. Die Audiodaten in SCO-Paketen werden direkt zum und vom Basisband geroutet, ohne durch L2CAP zu wandern. Das Audiomodell innerhalb der Bluetooth-Spezifikation ist relativ einfach: Zwei beliebige Bluetooth-Geräte können durch einfaches Eröffnen einer Audioverbindung Audiodaten senden und empfangen.

3.4.2 LMP (Link Manager Protocol)

Das Link Manager Protocol ist für den Aufbau der Verbindung und Kontrolle zwischen den Bluetooth-Geräten einschließlich der Steuerung und dem Aushandeln der Basisbandpaketgrößen zuständig. Es wird außerdem auch für die Sicherheit verwendet (Authentifizierung und Verschlüsselung sowie Generieren, Austausch und Überprüfung von Verbindungs- und Verschlüsselungsschlüsseln). Das LMP kontrolliert darüber hinaus die Energiemodi und Betriebszyklen der Bluetooth-Funkeinheit und den Verbindungsstatus einer Bluetooth-Einheit im Pico-Netz.

LMP-Nachrichten werden vom Link Manager auf der Empfängerseite ausgefiltert und interpretiert und niemals an höhere Schichten weitergereicht. LMP-Nachrichten haben gegenüber Benutzerdaten immer die höhere Priorität. Ein Link Manager, der eine Nachricht senden will, wird daher nicht vom L2CAP-Verkehr gestört. Außerdem werden LMP-Nachrichten nicht explizit bestätigt, da der logische Kanal so stabil ist, dass Bestätigungen unnötig werden.

3.4.3   L2CAP (Logical Link Control and Adaptation Protocol)

Das L2CAP-Protokoll unterstützt das Multiplexing der höheren Ebene, die Paketsegmentierung und -neuzusammensetzung sowie QoS (Quality of Service). L2CAP erlaubt den Protokollen der höheren Ebene das Senden und Empfangen von Datenpaketen mit einer Größe von bis zu 64 KB. Obwohl das Basisbandprotokoll die Verbindungstypen ACL und SCO vorsieht, ist L2CAP nur für ACL-Verbindungen definiert – SCO-Verbindungen sind nicht geplant. Kanäle in Sprachqualität für Audio- und Telefonieanwendungen laufen normalerweise über SCO-Verbindungen im Basisband. Audiodaten können jedoch auch verpackt und mit Kommunikationsprotokollen gesendet werden, die über L2CAP laufen.

3.4.4   SDP (Service Discovery Protocol)

Die Diensteerkennung ist innerhalb des Bluetooth-Systems ein wichtiges Element, da sie die Grundlage sämtlicher Einsatzmodelle darstellt. Unter Verwendung von SDP können die Geräteinformationen, Dienste und Leistungsmerkmale aller Dienste abgefragt werden. Sobald der Benutzer verfügbare Dienste in der Umgebung entdeckt hat, kann er einen von ihnen auswählen. Anschließend kann eine Verbindung zwischen zwei oder mehreren Bluetooth-Geräten aufgebaut werden.

3.5   Kabelersatzprotokolle

Die Bluetooth-Spezifikation enthält zwei Protokolle, die für die drahtlose Signalisierung zuständig sind und die Art der Signalisierung emulieren können, die normalerweise über Kabelverbindungen stattfindet.

3.5.1   RFCOMM

RFCOMM ist ein serielles Emulationsprotokoll und gründet auf einer Untermenge von TS 07.10 (TS; Technical Standard) vom European Telecommunications Standards Institut (ETSI). Es wird außerdem auch für GSM-Geräte
(GSM; Global System for Mobile Communication) verwendet. ETSI ist eine
nicht-kommerzielle Organisation für Telekommunikationsstandards, die in
ganz Europa eingesetzt werden. Das RFCOMM-Protokoll sorgt für eine Emulation des seriellen RS232-Anschlusses über das L2CAP-Protokoll. Dieses so
genannte Kabelersatzprotokoll emuliert die Steuer- und Datensignale über
das Basisband und sorgt damit sowohl für die Transportmöglichkeiten der
Dienste höherer Ebenen (zum Beispiel OBEX), die serielle Leitungen verwenden, als auch für den Transportmechanismus selbst.

RFCOMM unterstützt Anwendungen, die den seriellen Anschluss des Geräts
benutzen. Die Abbildung 3.9 zeigt in einer einfachen Konfiguration ein Beispiel für ein Kommunikationssegment, in dem eine Bluetooth-Verbindung
von einem Gerät zu einem anderen besteht. Dort, wo sich das Kommunikationssegment in einem anderen Netzwerk befindet, wird für den Pfad zwischen dem Gerät und einem Netzwerkverbindungsgerät, wie etwa einem
Modem, die drahtlose Bluetooth-Technologie benutzt. RFCOMM hat hinsichtlich einer direkten Verbindung nur mit der Verbindung zwischen Bluetooth-Geräten oder hinsichtlich eines Netzwerks nur mit der Verbindung
zwischen dem Bluetooth-Gerät und einem Modem zu tun. Es unterstützt
auch andere Konfigurationen, wie beispielsweise Module, die auf der einen
Seite über die drahtlose Bluetooth-Technologie und auf der anderen Seite
über eine Kabelschnittstelle kommunizieren (siehe dazu Abbildung 3.10).
Solche Geräte sind eigentlich keine Modems, bieten aber ähnliche Dienste an.
Ein Beispiel dafür wäre ein LAN-Zugriffspunkt, der Bluetooth-Geräte unterstützt und damit den Anschluss von Handheld-Geräten ans Unternehmens-
netzwerk ermöglicht.

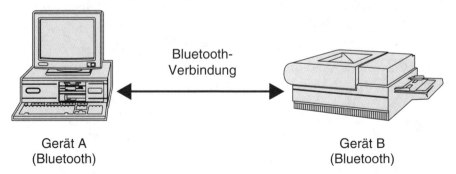

Gerät A   Gerät B
(Bluetooth)   (Bluetooth)

*Abbildung 3.9: RFCOMM in einer Direktverbindung zwischen zwei Bluetooth-Geräten wie
etwa einem PC und einem Drucker. Quelle: Bluetooth-Spezifikation 1.0.*

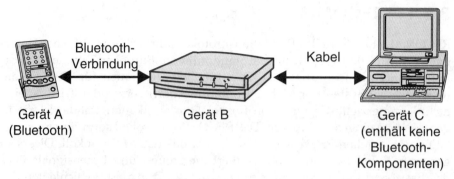

Abbildung 3.10: RFCOMM in einer Verbindung zwischen einem Bluetooth-Gerät (PDA) und einem Gerät ohne die drahtlose Bluetooth-Technologie (Netzwerk-Hub in einem Unternehmen) unter Vermittlung eines LAN-Zugriffspunktes. Quelle: Bluetooth-Spezifikation 1.0.

3.5.2 Telefonieprotokolle

TCS Binary bzw. TCS BIN (Telephony Control Specification Binary) stellt ein bitorientiertes Protokoll dar, das die Rufsignalisierung zum Aufbau von Sprache und Daten zwischen Bluetooth-Geräten regelt. Es definiert weiterhin Verfahren für das Mobilitätsmanagement für Gruppen von Bluetooth-TCS-Geräten. TCS BIN gründet auf der von ITU-T (International Telecommunication Union) veröffentlichten Regelung Q.931. ITU-T ist eine UN-Behörde und koordiniert die Standards für globale Telekommunikationsnetzwerke und -dienste. Q.931 ist die ITU-T-Spezifikation für die grundlegende Rufsteuerung unter ISDN (Integrated Services Digital Netzwork).

Zusätzlich zu TCS BIN hat die Bluetooth SIG eine Reihe von AT-Befehlen definiert, mit denen ein Mobiltelefon und ein Modem in verschiedenen Einsatzmodellen, die weiter unten erörtert werden, gesteuert werden können. Die AT-Befehle gründen auf der ITU-T-Empfehlung V.250 und ETS 300 916 (GSM 07.07). Bei Faxdiensten werden die Befehle durch eine der folgenden Implementierungen festgelegt:

- Fax Class 1.0 TIA-578-A und ITU T.31 Service Class 1.0
- Fax Class 2.0 TIA-592 und ITU T.32 Service Class 2.0
- Fax Service Class 2 – kein Industriestandard

3.6 Adaptierte Protokolle

Wie zuvor erwähnt, macht die Bluetooth-Spezifikation Gebrauch von mehreren existierenden Protokollen, die für die verschiedensten Zwecke in den höheren Ebenen verwendet werden. Ältere Anwendungen können auf diese Weise mit der drahtlosen Bluetooth-Technologie zusammenarbeiten und reibungslos mit neueren Anwendungen kooperieren, die speziell für Bluetooth-Geräte entwickelt wurden.

3.6.1 PPP

Die Bluetooth-Spezifikation sieht den Einsatz von PPP (Point-to-Point Protocol) vor, das von der IETF (Internet Engineering Task Force) entwickelt wurde. Dieser Standard definiert, wie IP-Datagramme über serielle Punkt-zu-Punkt-Verbindungen transportiert werden. Solche Verbindungen werden benutzt, wenn Sie sich über ein Modem und eine Einwählverbindung oder einen Router mit einer bestimmten Leitung mit dem Internet verbinden. Datagramme stellen einfach nur Dateneinheiten dar, die auf der Grundlage des best-effort-Prinzips über eine Leitung transportiert werden. PPP besteht aus drei Hauptkomponenten:

Kapselung

PPP bietet ein Verfahren zum Kapseln von Datagrammen über serielle Verbindungen an. Es stellt ein Kapselungsprotokoll über sowohl bitorientierte synchrone als auch asynchrone Verbindungen mit acht Datenbits ohne Parität zur Verfügung. Die Verbindungen sind Vollduplex und entweder bestimmt oder leitungsvermittelt. PPP verwendet als Grundlage der Kapselung das HDLC-Protokoll (HDLC; High-Level Data Link Control). Die PPP-Kapselung bietet außerdem noch das simultane Multiplexing verschiedener Protokolle der Netzwerkschicht über dieselbe Verbindung an. Es stellt eine allgemeine Lösung für die einfache Verbindung einer breiten Palette von Hosts, Bridges und Routern dar.

LCP (Link Control Protocol)

Über das Link Control Protocol stellt PPP seine Portabilität über die verschiedensten Systemumgebungen sicher. LCP wird für die automatische Vereinbarung der Kapselungsformatoptionen, die Verarbeitung unterschiedlicher Paketgrößen, zur Authentifizierung der Identität seines Peers innerhalb der Verbindung, zur Ermittlung der Funktionstüchtigkeit bzw. -untüchtigkeit einer Verbindung, für die Erkennung einer Rückkoppelungsverbindung und anderer häufiger Konfigurationsfehler sowie zum Abbau der Verbindung benutzt.

NCP (Network Control Protocol)

Punkt-zu-Punkt-Verbindungen neigen dazu, die Probleme von Netzwerkprotokollen noch zu verschlimmern. Beispielsweise ist die Zuweisung und Verwaltung von IP-Adressen schwierig, die sogar in LAN-Umgebungen ein Problem werden können, insbesondere über leitungsvermittelte Punkt-zu-Punkt-Verbindungen, wie etwa Einwähl-Modemserver. Probleme dieser Art werden von einer Familie von Netzwerkprotokollen behandelt, die sich mit den spezifischen Anforderungen der Protokolle der Netzwerkschicht befassen.

In drahtlosen Bluetooth-Netzwerken läuft PPP zur Implementierung serieller Punkt-zu-Punkt-Verbindungen über RFCOMM, beispielsweise zwischen einem mobilen Gerät und einem LAN-Zugriffspunkt. PPP-Networking ist ein Mittel dafür, IP-Pakete aus der PPP-Schicht zu entnehmen bzw. dort hineinzubringen und ins LAN zu senden, was den Anwendern beispielsweise den Zugriff auf die E-Mail des Unternehmens erlaubt.

3.6.2   TCP/UDP/IP

TCP (Transmission Control Protocol), UDP (User Datagram Protocol) und IP (Internet Protocol) sind alle von der IETF definiert und werden für die Kommunikation im Internet eingesetzt. Als solche gehören sie zur weltweit am meisten verwendeten Protokollfamilie. Protokolle dieser Art finden sich in zahlreichen Geräten von den verschiedensten Marken und Modellen von Desktop-PC und Notebooks bis hin zu Minicomputern, Großrechnern und Supercomputern. Zunehmend werden auch Drucker, Handheld-Computer und Mobiltelefone mit diesen Protokollen ausgestattet.

TCP (Transmission Control Protocol)

TCP ist ein verbindungsorientiertes, zuverlässiges Ende-zu-Ende-Protokoll, das sich in die geschichtete Hierarchie von Protokollen zur Unterstützung von Multinetzwerk-Anwendungen einordnen lässt. TCP leitet Daten oder Pakete, die in der Form von IP-Datagrammen angeliefert werden, an den entsprechenden Prozess auf dem empfangenden Host weiter. TCP definiert unter anderem die Verfahren zur Aufteilung des Datenstroms in Pakete, zur Neuzusammensetzung in der richtigen Reihenfolge für die Rekonstruktion des ursprünglichen Datenstroms auf der Empfängerseite und zur Aussendung von Neuübertragungsaufforderungen zum Ersatz von fehlenden oder beschädigten Paketen. Da die Pakete normalerweise über unterschiedliche Pfade im Internet bis zum Ziel wandern, treffen sie zu verschiedenen Zeitpunkten und ungeordnet ein. Alle Pakete werden temporär so lange zwischengespeichert, bis die letzten Pakete eingetroffen sind, damit alle Pakete in die richtige Reihenfolge gebracht werden können. Falls ein Paket beschädigt eintrifft, wird es gelöscht und als Antwort auf eine entsprechende Neu-übertragungsaufforderung ein anderes Paket gesendet.

UDP (User Datagram Protocol)

Während TCP die Lieferung gewährleistet, reicht UDP die einzelnen Nach-richten einfach nur an IP zur Übertragung nach dem best-effort-Prinzip wei-ter. Da IP nicht inhärent zuverlässig ist, kann es auch keinerlei Liefergaran-tien geben. Trotzdem ist UDP außerordentlich nützlich für gewisse Typen der Kommunikation wie beispielsweise schnelle Datenbankanfragen. Beispiels-weise besteht DNS (Domain Name System) aus einem Satz von verteilten Da-tenbanken für einen Dienst, der die Übersetzung zwischen Domänennamen im Klartext und deren IP-Adressen besorgt. UDP ist adäquat für einfaches Messaging zwischen Anwendungen und Netzwerkressourcen dieses Typs.

IP (Internet Protocol)

IP transportiert Datagramme zwischen verschiedenen Netzwerken über Router, die die Pakete eines autonomen Systems (AS) an ein anderes weiter-leiten. Jedes Gerät in einem AS verfügt über eine eindeutige IP-Adresse. IP fügt seinen eigenen Header und eine eigene Prüfsumme hinzu, um sicherzu-stellen, dass die Daten korrekt geroutet werden. Dieser Prozess wird durch Routing-Aktualisierungsnachrichten unterstützt, mit denen die Adresstabel-len jedes Routers aktuell gehalten werden. Je nach den Subnetzen, die an ei-ner Verwaltungsdomäne beteiligt sind, werden verschiedene Aktualisie-rungsnachrichten benutzt. Die Routing-Tabellen enthalten sowohl die verschiedenen Knoten im Subnetz als auch die Pfade zwischen den Knoten. Falls die Datenpakete für den Zielknoten zu groß sind, werden sie vom TCP der höheren Ebene in kleinere Pakete verpackt.

Die Implementierung dieser Standards über die Bluetooth-Spezifikation er-laubt die Kommunikation mit jedem anderen Gerät, das ans Internet ange-schlossen ist. Das Bluetooth-Gerät, sei es ein Mobiltelefon oder ein LAN-Zu-griffspunkt, wird dann als Brücke (Bridge) ins Internet verwendet. TCP, IP und PPP werden für sämtliche Bridging-Nutzungsszenarien ins Internet (werden weiter unten erörtert) verwendet, ebenso auch für OBEX in den zu-künftigen Versionen der Bluetooth-Spezifikation. UDP, IP und PPP stehen ebenfalls als Transport für WAP (Wireless Application Protocol) zur Verfü-gung.

3.6.3 OBEX

OBEX stellt ein Protokoll der Sitzungsschicht dar, das ursprünglich von IrDA (Infrared Data Association) unter der Bezeichnung IrOBEX entwickelt wurde. Sein Zweck besteht in der Unterstützung des unkomplizierten und

spontanen Austauschs von Objekten. Das OBEX-Protokoll definiert beispielsweise ein Ordneranzeigeobjekt, mit dem der Inhalt von Ordnern auf einem
entfernten Gerät (remote device) durchsucht werden kann. OBEX bietet
daher dieselbe grundlegende Funktionalität wie HTTP (Hypertext Transfer
Protocol), aber in "abgespeckter" Form. Wie HTTP gründet OBEX auf dem
Client/Server-Modell und ist unabhängig vom tatsächlichen Transportmechanismus. In der ersten Phase der Implementierung mit der Bluetooth-Spezifikation ist zunächst nur RFCOMM als Transportschicht für OBEX vorgesehen; spätere Implementierungen werden sehr wahrscheinlich auch TCP/IP
unterstützen.

OBEX wurde im Mai 1999 zum ersten Protokoll sowohl für die Bluetooth- als
auch für die drahtlose Infrarot-Spezifikation. Durch die Übernahme allgemeiner Einsatzmodelle und die Ausnutzung der verschiedenen Vorteile jeder
Technologie wurde mit der Kombination von Bluetooth und Infrarot der einzige drahtlose Standard für kleine Reichweiten geschaffen, der alle Nutzer-
anforderungen von drahtlosen Übertragungen bis hin zum stabilen Hochge-
schwindigkeits-Datentransfer mit 16 Mbps abdeckt.

Ein Beispiel dafür, wie das OBEX-Protokoll über den Einsatz eines Mobiltelefons mit der Bluetooth- oder infraroten drahtlosen Technologie praktisch anwendbar gemacht werden kann, stammt von Nokia. Der Communicator 9110
dieses Herstellers unterstützt aktuell eine infrarote Verbindung und das
IrOBEX-Protokoll für den Objektaustausch (zukünftige Modelle sollen Bluetooth-Verbindungen und OBEX unterstützen). Mit Nokias Anwendung zum
Objektaustausch wird die Übertragung von Dokumenten von einem Handheld-Scanner wie Hewlett-Packard Capshare 910 zum Communicator über
eine infrarote IrOBEX-Verbindung und deren Weiterleitung an andere Geräte
wie etwa ein Fax oder als E-Mail-Anhang möglich.

Der Anwender fährt mit dem Gerät (siehe Abbildung 3.11) über eine beliebige Vorlage, sei dies eine Visitenkarte, ein Vertrag oder sogar ein Flipchart.
Anschließend wird die elektronische Kopie auf Knopfdruck an einen PC oder
Handheld-Computer gesendet, wo sie bearbeitet oder per E-Mail und Fax
weitergeleitet werden kann. Der Anwender kann durch Senden des Dokuments an einen mit Infrarot ausgestatteten Drucker sogar sofort Ausdrucke
erhalten. Das Modell HP Capshare verfügt über eine Speicherkapazität von
bis zu 50 Text-, 15 Grafik- oder 150 Flipchart-Seiten.

Abbildung 3.11: Capshare 910 von Hewlett-Packard ist ein Handheld-Scanner, der Dokumente über eine IrOBEX-Verbindung an Mobiltelefone senden und an andere Geräte (z.B. Faxgeräte) oder als E-Mail-Anhang weiterleiten kann.

3.6.4 WAP (Wireless Application Protocol)

WAP ist eine Spezifikation zum Senden und Empfangen von Internet-Inhalten und -nachrichten für kleine drahtlose Geräte mit Text-Displays (wie etwa Mobiltelefone). Zu den WAP-aktiven Informationsdiensten gehören Nachrichtendienste, Börsenberichte, Wetterberichte, Flugpläne und Unternehmensinformationen. Auf speziellen Webseiten namens WAP-Portalen sind weitere speziell formatierte Informationen und Dienste zu finden. Inhaltsanbieter, die Nachrichten für Mobiltelefone, drahtlose PDAs und Handheld-Computer bereitstellen, sind beispielsweise CNN und Reuters. WAP-aktive Dienste, auf die über die genannten Geräte zugegriffen werden kann, sind außerdem die E-Mail und der E-Commerce.

Geräte der genannten Art verfügen nur über kleine Bildschirme, so dass der übertragene Inhalt entsprechend schlicht gestaltet werden muss. Darüber hinaus sind die Bandbreitenbeschränkungen der heutigen Mobilfunknetze ein weiterer Grund dafür, dass an Handheld-Geräte gesendete Informationen entsprechend aufbereitet werden müssen. Zur entsprechenden Formatierung dieser Informationen werden die Websites mit einer einfacheren Variante von HTML (Hypertext Markup Language) namens WML (Wireless Markup Language) geschrieben.

Die Stärke von WAP besteht darin, dass es mehrere Standards für Luftschnittstellen umspannt und (in echter Internet-Tradition) von den Inhaltsanbietern und Anwendungsentwicklern keinerlei Kenntnisse über das jeweilige technische Übertragungsverfahren verlangt. Wie das Internet wird auch WAP primär über Netzwerkprotokolle, Inhaltsformate und gemeinsam genutzte Dienste definiert, ein Ansatz, der eine flexible Client/Server-Architektur ermöglicht, die auf unterschiedliche Art und Weise implementiert werden kann und trotzdem Interoperabilität und Portabilität auf der Ebene der Netzwerkschnittstellen bietet. Der WAP-Protokollstack wird in der Abbildung 3.12 illustriert.

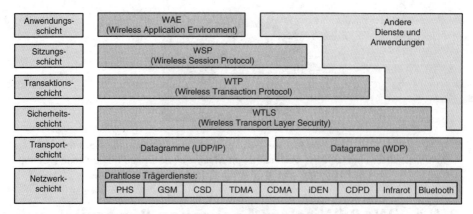

Abbildung 3.12: Der WAP-Protokollstack. Quelle: Wireless Application Protocol Forum, Ltd.

WAP stellt eine Antwort auf das Problem der Nutzung von Internet-Standards wie HTML, HTTP, TLS und TCP über Mobilfunknetze dar; Protokolle, die ineffizient arbeiten würden, da sie überwiegend große Mengen von Textdaten zu übertragen hätten. Webinhalte, die mit HTML geschrieben worden sind, können generell nicht effektiv auf den winzigen Bildschirmen der handtellergroßen Mobiltelefone und Pager dargestellt werden. Außerdem wäre die Navigation in diesen Bildschirmen mit nur einer Hand recht schwierig.

HTTP und TCP sind darüber hinaus nicht für die wechselnde Funknetzversorgung, langen Latenzen und begrenzten Bandbreiten in drahtlosen Netzwerken optimiert. HTTP sendet seine Header und Befehle nicht in einem komprimierten binären, sondern im ineffizienten Textformat. Drahtlose Dienste, die solche Protokolle nutzen, sind oft langsam, kostspielig und schwierig zu handhaben. Der TLS-Sicherheitsstandard ist ebenfalls problematisch, da zwischen Client und Server viele Nachrichten ausgetauscht werden müssen. Bei den Latenzen der drahtlosen Übertragung würde dieser ständig hin- und her gehende Verkehr eine sehr lange Antwortzeit für den Anwender ergeben.

WAP wurde auf die Lösung all dieser Probleme hin optimiert. Es macht Gebrauch von der binären Übertragung zur besseren Kompression der Daten und ist für längere Latenzen und geringe Bandbreiten optimiert. WAP-Sitzungen können mit wechselnden Funkversorgungen und mit einer breiten Anzahl verschiedener drahtloser Protokolle umgehen, wobei sie, falls möglich, entweder IP- oder andere optimierte Protokolle verwenden. Die für WAP genutzte WML-Sprache (WML; Wireless Markup Language) nutzt die kleinen Bildschirme optimal und ermöglicht die einfache einhändige Navigation ohne Rückgriff auf die vollständige Tastatur. Es verfügt über eine integrierte Skalierbarkeit von zweizeiligen Text- bis hin zu den größeren graphischen Displays der neueren Mobiltelefone und Communicators.

Es gibt zwei Dinge, für die sich WAP innerhalb einer Bluetooth-Umgebung sehr gut eignet: Informationstransport und *Hidden Computing*. Hinsichtlich des Informationstransports erkennt ein WAP-Client mit der drahtlosen Bluetooth-Technologie die Anwesenheit eines WAP-Server über das Diensteerkennungsprotokoll (SDP; Service Discovery Protocol). Sobald der Dienst erkannt worden ist, wird die Adresse des WAP-Server ermittelt. Wenn der Client die Adresse erhält, baut er eine Verbindung zum Server auf und greift über das Pull/Push-Verfahren auf die von ihm angebotenen Informationen oder Dienste zu. Die Verschlüsselung und Authentifizierung im Rahmen der Server-zu-Client-Sicherheit wird vom WTLS-Protokoll (WTLS; Wireless Transport Layer Security) erledigt, das wichtig zum Schutz der Privatsphäre von E-Commerce- und Hidden Computing-Anwendungen ist.

Mit Hidden Computing ist die Fähigkeit gemeint, von einem mobilen Peer-Gerät aus auf die Funktionen eines Computers zugreifen und diese steuern zu können. Eine Hidden Computing-Anwendung kann ein Schalter an einem Flughafen, ein Einkaufszentrum oder ein anderer öffentlicher Ort sein, an dem das mobile Gerät nach Informationen suchen, Waren kaufen oder Tikkets bestellen kann. Der Grund, aus dem die Bluetooth SIG den WAP-Stack für Hidden Computing verwendet, liegt im Bestreben, die für WAE (Wireless Application Environment) entwickelten Anwendungen auch weiterhin nutzen zu können.

3.6.5   WAE (WAP Applications Environment)

WAP-Anwendungen werden in der WAE-Umgebung (WAE; Wireless Application Environment) entwickelt, die dem Modell für den Transport von Webinhalten weitestgehend folgt, jedoch zusätzlich noch Gateway-Funktionen bietet. Die Abbildung 3.13 stellt das herkömmliche Web-Modell dem WAE-Modell gegenüber. Alle Inhalte werden in Formaten spezifiziert, die dem standardmäßigen Internet-Format ähneln und mit Standardprotokollen im Web transportiert werden. In der drahtlosen Umgebung wird ein optimiertes Hypertext-Transfer-Protokoll (HTTP-Protokoll) benutzt (nämlich WAP). Die Architektur ist speziell auf die Speicherbeschränkungen und CPU-Leistungen von mobilen Geräten abgestimmt. Es befindet sich darin ebenso eine Unterstützung von niedrigen Bandbreiten und stark latenten Netzwerken. Dort, wo sich die existierenden Standards als nicht geeignet für die besonderen Anforderungen der kleinen drahtlosen Geräte erwiesen haben, nimmt WAE eine entsprechende Modifikation der Standards vor, ohne die Vorteile der Internet-Technologie aufzugeben.

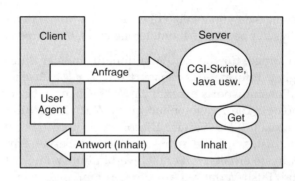

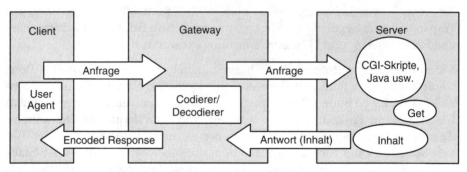

Abbildung 3.13: Das Standardmodell für den Transport von Web-Inhalten (oben) und das WAE-Modell (Wireless Application Environment). Quelle: Wireless Application Protocol Forum, Ltd.

Das WAE-Modell besteht aus fünf Hauptelementen:

- **WAE User Agents.** Diese Softwarekomponenten auf der Seite des Client stellen dem Endanwender spezielle Funktionen zur Verfügung. Ein Beispiel eines User Agent ist ein Browser, der aus dem Web heruntergeladene Inhalte anzeigt. In diesem Fall interpretiert der User Agent den über einen URL (Uniform Ressource Locator) angesprochenen Netzwerkinhalt. WAE enthält User Agents für die zwei standardmäßigen Inhaltstypen: WML (Wireless Markup Language) und kompiliertes WMLScript (Wireless Markup Language Script).

- **Inhaltsgenerator.** Anwendungen oder Dienste auf Servern können in der Form von CGI-Skripten (CGI; Common Gateway Interface) auftreten, die als Antwort auf Anfragen von User Agents Standardinhaltsformate in mobilen Geräten darstellen können. WAE spezifiziert keinen bestimmten Inhaltsgenerator, von denen weitere voraussichtlich in der Zukunft zur Verfügung stehen werden.

- **Standard-Inhaltscodierung.** Dieser Satz gut definierter Inhaltscodierungen ermöglicht einem WAE-User Agent (in diesem Fall einem Browser) die komfortable Anzeige von Web-Inhalten. Zur Standard-Inhaltscodierung gehört die komprimierte Codierung für WML, Bytecode-Codierung für WMLScript, standardmäßige Grafikformate, das Multipart-Containerformat und adaptierte Datenformate von Kalendern und aus der Geschäftswelt (z. B. vCard und vCalendar).

- **WTA (Wireless Telephony Applications).** Diese Gruppe telefoniespezifischer Erweiterungen bietet Anruf- und Funktionskontrollmechanismen. Die Benutzer können damit auf die Telefonbücher und Kalenderanwendungen von mobilen Geräten zugreifen.

WMLScript ist eine einfache prozedurale Skriptsprache, die auf JavaScript aufbaut und die standardmäßigen Browsing- und Präsentationsfähigkeiten von WML um verschiedene Steuermöglichkeiten erweitert. Beispielsweise kann ein Anwendungsentwickler mit WMLScript die Validität der Benutzereingaben überprüfen, bevor diese an den Netzwerkserver gesendet werden, der den Anwendern den Zugang zu Gerätefunktionen und Peripherieeinrichtungen verschafft. Auf diese Weise wird über die Interaktion mit dem Benutzer langes Warten auf Fehlermeldungen des Servers vermieden.

Zusätzlich zu WML und WMLScript sind vCard und vCalendar weitere unterstützte Inhaltsformate für WAP über die drahtlose Bluetooth-Technologie. Diese und andere Komponenten sind alle Bestandteil der WAP-Anwendungsumgebung.

3.6.6 Inhaltsformate

vCard und vCalendar sind offene Spezifikationen, die ursprünglich vom Versit Consortium[1] entwickelt und jetzt vom IMC (Internet Mail Consortium) kontrolliert werden. Die weitere Entwicklung geschieht über die IETF. Die Spezifikationen legen das Format einer elektronischen Visitenkarte und von Kalendereinträgen bzw. Termindaten fest. vCard und vCalendar definieren keinerlei Transportmechanismus, sondern lediglich das Format, mit dem die Daten zwischen den Geräten übertragen werden.

vCalendar

vCalendar definiert ein transport- und plattformunabhängiges Format für den einfachen, automatisierten und konsistenten Austausch von Kalender- und Termindaten. Es speichert Informationen über Termine und Erledigungslisten, die häufig über persönliche Informationsmanager (PIMs) und

---

1. Das Versit Consortium ist eine globale Initiative von IBM, Siemens und Lucent Technologies, deren Ziel die Überwindung der Barrieren in der Kommunikationswelt ist. Durch die Entwicklung und Förderung offener und plattformkompatibler Spezifikationen für weite Bereiche von Computer- und Telefonieprodukten soll eine bessere Zusammenarbeit möglich werden.

Arbeitsgruppen-Anwendungen verwaltet werden. Programme, die Gebrauch von vCalendar machen, können wichtige Daten über Termine austauschen und auf diese Weise Besprechungstermine für alle Personen planbar machen, die über eine Anwendung für vCalendar verfügen (siehe Abbildung 3.14).

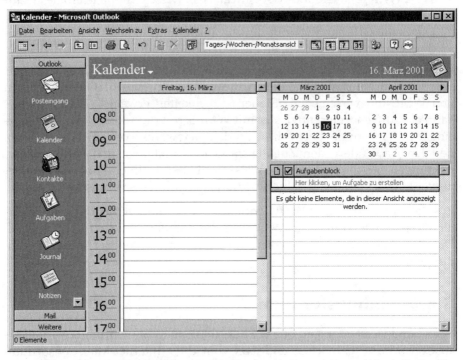

Abbildung 3.14: Die Schnittstelle von vCalendar innerhalb von Microsoft Outlook. Es gibt separate Fenster für tägliche Aufgaben (links), monatliche Zusammenfassungen (oben rechts) und den Aufgabenblock (unten rechts).

vCalendar bietet ein konsistentes und einfaches Format zum Speichern und Austauschen von Informationen zu Terminen und Tätigkeiten an und unterstützt bei der Optimierung der täglichen Planung von Besprechungen und Verabredungen. Zu den Kerneigenschaften von vCalendar gehören Anhänge, Audio- und E-Mail-Reminder sowie die Klassifizierung von Terminen. Zu den Objekten, mit denen ein Termin verknüpft werden kann, gehört auch die elektronische Visitenkarte namens vCard. Darüber hinaus bietet die vCalendar-Spezifikation die Interoperabilität zwischen verschiedenen Kalender- und Terminplanungsanwendungen und damit Planungsmöglichkeiten für Besprechungen oder Verabredungen über das öffentliche Internet, private Intranet oder gemeinsam genutzte Extranets an. Aufgrund ihrer Adaption durch die Bluetooth SIG können Funktionen von vCalendar auch zwischen

Geräten ausgetauscht werden, die sich in der Reichweite eines Pico-Netzes befinden.

vCard

vCard ist eine Spezifikation für elektronische Visitenkarten, die ursprünglich zusammen mit vCalendar vom Versit Consortium entwickelt worden ist.

Die Verantwortung für die Weiterentwicklung und Förderung von vCard liegt jetzt ebenfalls beim Internet Mail Consortium. vCard wird in Anwendungen wie etwa Internet Mail, Voice Mail, Webbrowsern, Telefonie, Call Centern, Videokonferenzen, PIMs, PDAs, Pagern, Faxgeräten, Bürogeräten und Smart Cards verwendet. Die Informationen von vCard gehen über reinen Text hinaus und können Objekte wie Grafiken, Unternehmens-Logos und Hyperlinks für Webseiten beinhalten.

vCards enthalten wichtige Telefon- und Adressdaten, wie Name, Adressen (Büro, zu Hause, Postanschrift und so weiter), Telefonnummern (zu Hause, Büro, Fax, Pager, Mobiltelefon, ISDN, Sprache, Daten und Video), E-Mail-Adressen und Links auf Inhalte im Web (siehe Abbildung 3.15).

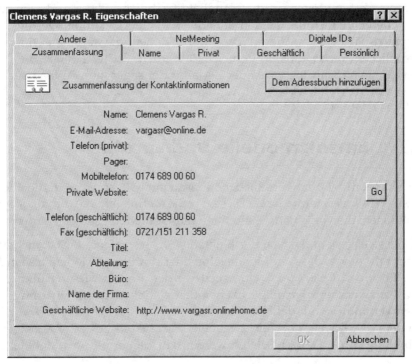

Abbildung 3.15: Die vCard-Schnittstelle erlaubt dem Benutzer die Eingabe verschiedener nützlicher Informationen, die in die Kategorien Geschäftlich, Persönlich, Privat, Konferenz (hier NetMeeting), Digitale IDs und Andere kategorisiert werden können.

vCards können Grafiken und Multimedia-Inhalte wie etwa Fotografien, Unternehmens-Logos und Audioclips enthalten. Über geografische und Zeitzoneninformationen in vCard können die Partner feststellen, wann sie miteinander telefonieren können. vCard unterstützt außerdem mehrere Sprachen.

Die vCard-Spezifikation ist transport- und betriebssystemunabhängig und erlaubt dem Anwender damit die Installation von vCard-Anwendungen auf jedem beliebigen Computersystem. Verschiedene Programme verarbeiten vCards unter Umständen unterschiedlich – bei manchen Programmen können vCards per "Drag&Drop" in die Anwendung gezogen werden, während andere erwarten, dass vCards erst gespeichert und dann in die gewünschte Anwendung importiert werden. Wieder andere Anwendungen können eine vCard automatisch erkennen und den Benutzer danach fragen, ob sie geöffnet oder gespeichert werden soll.

Eine Notwendigkeit zum manuellen Austausch von Visitenkarten besteht nicht – alle diesbezüglichen Informationen können in den Computer eingegeben und dann an ein oder mehrere andere Geräte weitergeleitet werden. Mit vCard wird der Austausch von Visitenkarteninformationen einfach dadurch möglich, dass Sie in ein Meeting gehen und die Daten über Bluetooth- oder infrarote Verbindungen an die Handheld-Organizer, PDAs und Notebooks der anderen Teilnehmer senden. Innerhalb weniger Sekunden verfügen alle Gesprächspartner über die nötigen Informationen, die automatisch in ihren persönlichen Verzeichnissen gespeichert werden. Später können die Daten dann für Telefonanrufe, Faxe oder E-Mails oder sogar zum Aufbau einer Videokonferenz weiterverwendet werden.

3.7 Einsatzmodelle und -profile

Die Bluetooth SIG hat verschiedene Einsatzmodelle entworfen, die alle mit einem Profil verknüpft sind. Diese Profile definieren die Protokolle und Funktionen, die von einem bestimmten Einsatzmodell geboten werden.

Beispielsweise sieht das von der Bluetooth SIG festgelegte Einsatzmodell Internet Bridge vor, dass ein Mobiltelefon oder drahtloses Modem als ein Modem für einen Desktop-PC eingesetzt werden und in dieser Funktion ein DFÜ-Netzwerk und Faxmöglichkeiten ohne Notwendigkeit einer physikalischen Verbindung mit dem PC bieten kann. Für ein DFÜ-Netzwerk wird neben dem SDP-Zweig noch ein zweiteiliger Protokollstack erforderlich (siehe Abbildung 3.16). Die AT-Befehle werden zur Steuerung des Mobiltelefons bzw. Modems benötigt, während ein weiterer Stack wie etwa PPP über RF-COMM zur Übertragung der Nutzdaten (Payload) dient. Zum Faxen wird ein ähnlicher Protokollstack eingesetzt, jedoch nicht PPP und die Netzwerkprotokolle oberhalb von PPP. Stattdessen sendet die Anwendungssoftware das FAX direkt über RFCOMM.

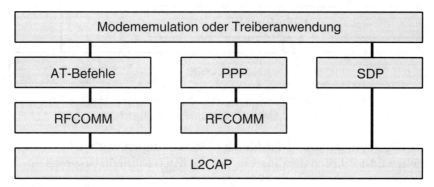

Abbildung 3.16: Protokollstack des Einsatzmodells für das DFÜ-Netzwerk. Quelle: Bluetooth-Spezifikation 1.0.

Weitere Einsatzmodelle und Profile legen die Funktionen des Telefonhandapparats fest und sorgen im Wesentlichen für verschiedene Einsatzmöglichkeiten des Handapparats. Handapparate, die in Übereinstimmung mit diesen Profilen gefertigt werden, können auf dreierlei Art und Weise eingesetzt werden: Erstens als schnurloses Telefon, das zu Hause oder im Büro an das öffentliche Telefonnetz angeschlossen ist und die üblichen Nutzungsgebühren pro Minute nach sich zieht. Diese Nutzungsart beinhaltet Anrufe über eine Sprachbasisstation, die Anrufe zwischen zwei Sprechgeräten und den Zugriff auf weitere Dienste möglich macht, die von einem externen Netzwerk zur Verfügung gestellt werden, möglicht macht. Zweitens kann das Telefon als ein an das Mobilfunknetz angeschlossenes Mobiltelefon arbeiten, wobei es in dieser Funktion Mobilfunkgebühren verursacht. Schließlich können die Handapparate direkt Verbindung mit anderen Telefonen im Pico-Netz aufnehmen. Diese so genannte Intercom-Nutzungsart zieht dabei keinerlei Nutzungsgebühren einer Telefongesellschaft nach sich. Die Abbildung 3.17 illustriert die schnurlosen und Intercom-Szenarien, die denselben Protokollstack verwenden. Der Audiostream wird direkt über das Basisbandprotokoll abgewickelt und umgeht damit L2CAP.

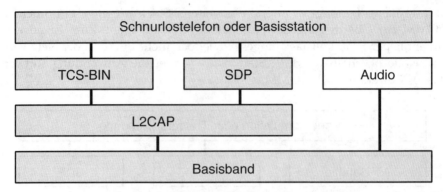

Abbildung 3.17: Der Protokollstack der Nutzungsszenarien für schnurlose Telefone und Intercom. Quelle: Bluetooth-Spezifikation 1.0.

Diese Einsatzmodelle und Profile werden zusammen mit weiteren Einsatzmodellen und Profilen detailliert in den nächsten Kapiteln besprochen.

3.8   Zusammenfassung

Der Zweck der Bluetooth-Protokolle besteht darin, die schnelle Entwicklung von Anwendungen zu unterstützen, die sich die Vorteile der Bluetooth-Technologie zunutze machen können. Die unteren Schichten des Bluetooth-Protokollstack sind als flexible Grundlage für die Weiterentwicklung des Protokolls entworfen worden. Andere Protokolle wie etwa RFCOMM wurden von existierenden Protokollen übernommen und nur leicht für die Anpassung an die Bluetooth-Spezifikation abgewandelt. Protokolle der oberen Schichten wie WAP sind ohne jede Modifikation übernommen worden. So konnten vorhandene Anwendungen in die drahtlose Bluetooth-Technologie ohne Schaden für die Interoperabilität integriert werden.

Der Zweck der Bluetooth-Spezifikation besteht darin, die Entwicklung wechselseitig zusammenarbeitender Anwendungen zu fördern, die den vom Marketingteam der SIG bis dahin identifizierten Einsatzmodellen mit der höchsten Priorität zugeordnet werden können. Die Bluetooth-Spezifikation dient jedoch auch als Grundlage der zukünftigen Entwicklung – sie ermutigt Hardware- und Softwarehersteller dazu, noch mehr Einsatzmodelle auf dieser Grundlage zu erstellen. Die drahtlose Bluetooth-Technologie, die die Fähigkeiten der aktuellen Computer- und Kommunikationsgeräte nutzt, eröffnet praktisch unbegrenzte Möglichkeiten im Feld neuer drahtloser Anwendungen.

Verbindungsmanagement 4

Wenn zwei Bluetooth-Geräte in gegenseitige Reichweite gelangen, entdecken sie sich über den Link Manager, der in jedes Gerät eingebaut ist. Die Peer-to-Peer-Verbindung zwischen den Link Managern geschieht über Nachrichten, die über das LMP (LMP; Link Management Protocol) ausgetauscht werden. Über diese Nachrichten findet der Leitungsaufbau einschließlich der Sicherheitsmechanismen wie die Authentifizierung und Verschlüsselung statt, was die Erzeugung, den Austausch und die Überprüfung der Verbindungs- und Verschlüsselungscodes sowie die Steuerung und Aushandelung der Basisband-Paketgrößen beinhaltet. Über diesen Nachrichtenaustausch steuert das LMP außerdem die Energiezustände und Betriebszyklen der Bluetooth-Funkgeräte sowie den Verbindungsstatus der Bluetooth-Einheiten eines Pico-Netzes. Die Beziehung zwischen dem LMP und anderen drahtlosen Bluetooth-Einheiten wird in der Abbildung 4.1 aufgezeigt.

Der Link Manager ist Software, das auf einem Mikroprozessor in der Bluetooth-Einheit abläuft und die Kommunikation zwischen den Bluetooth-Geräten verwaltet. Jedes Bluetooth-Gerät verfügt über seinen eigenen Link Manager, der andere Link Manager erkennen und mit diesen zu dem Zweck kommuniziert, den Leitungsaufbau, die Authentifizierung, die Konfiguration und andere Funktionen zu regeln.

Damit der Link Manager diese Dienste ausführen kann, bedient er sich der vom darunter liegenden LC (Link Controller) angebotenen Funktionen. Der LC stellt eine Überwachungseinrichtung dar, die sämtliche Aufgaben des Bluetooth-Basisbandes bearbeitet und den Link Manager unterstützt. Er sendet und empfängt Daten, fragt die Identifikation des sendenden Gerätes ab, authentifiziert die Verbindung, baut den Verbindungstyp auf (SCO oder ACL), legt den Frame-Typ auf der Grundlage des Paketaustauschs fest und regelt die Reaktion der Geräte auf die Sendungen anderer Geräte oder versetzt sie in den Wartezustand.

Die zwischen den Link Managern ausgetauschten Nachrichten haben die Form von PDUs (Protocol Data Units). Sie verfügen über eine höhere Priorität als die Nutzerdaten – eine Nachricht, die der Link Manager senden möchte, wird daher nicht vom L2CAP-Verkehr verzögert. PDUs können allerdings durch Neuübertragungen einzelner Basisbandpakete behindert werden. In jedem Fall werden diese Nachrichten ausgefiltert und vom Link Manager auf der Empfängerseite interpretiert; sie werden nicht an die höheren Schichten weiterverteilt.

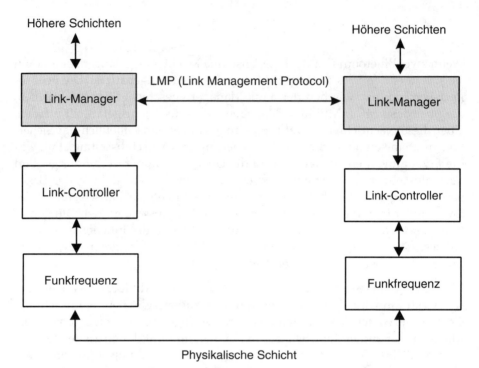

Abbildung 4.1: Das LMP zwischen den Link Managern der Bluetooth-Geräte baut die Verbindung zwischen diesen auf und sorgt für die Sicherheitskonfiguration. Quelle: Bluetooth-Spezifikation 1.0.

Im Link-Management-Protokoll ist keine spezielle Einrichtung zur Bestätigung vorgesehen, da die Stabilität der über den Link Controller aufgebauten Verbindung so hoch ist, dass Bestätigungen nicht erforderlich sind. Dafür darf allerdings der Zeitraum zwischen dem Empfang eines Basisbandpakets, das ein LMP-PDU darstellt, und dem Senden einen Basisbandpakets mit einer gültigen Antwort-PDU nicht größer als der Antwortschwellenwert von LMP sein (30 Sekunden).

4.1 PDU-Typen

Die Bluetooth-Spezifikation definiert 55 verschiedene Typen von PDUs, von denen jede einzelne eine bestimmte Funktion erfüllt. Jeder PDU wird ein Opcode mit 7 Bit zur eindeutigen Identifizierung ihres Typs zugewiesen.

Quelle und Ziel der PDUs werden von der AM_ADDR (Active Member Address) im Paket-Header bestimmt. Eine Zusammenfassung der PDUs einschließlich ihrer jeweiligen Länge in Bytes, ihrem Opcode, ihrer Zielrichtung im Hinblick auf ihre Master-Slave-Beziehung und ihrem Inhalt ist in der Tabelle 4.1 enthalten. Die Verwendung dieser PDUs wird detailliert im Rest dieses Kapitels erörtert werden.

LMP PDU	Bytes	Opcode	Richtung	Inhalt
LMP_accepted	2	3	M → S	Opcode
LMP_au_rand	17	11	M ↔ S	Zufallszahl
LMP_auto_rate	1	35	M → S	
LMP_clkoffset_req	1	5	M ↔ S	
LMP_clkoffset_res	3	6	M ↔ S	Taktoffset
LMP_comb_key	17	9	M ↔ S	Zufallszahl
LMP_decr_power_request	2	32	M ↔ S	zukünftige Verwendung
LMP_detach	2	7	M ↔ S	Grund (für detach)
LMP_encryption_key_size-req	2	17	M ↔ S	Codegröße
LMP_features_req	9	39	M ↔ S	Funktionen
LMP_features_res	9	40	M ↔ S	Funktionen
LMP_host_connection_req	1	51	M ↔ S	
LMP_hold	3	20	M ↔ S	Hold-Zeitdauer
LMP_hold_req	3	21	M ↔ S	Hold-Zeitdauer
LMP_incr_power_req	2	31	M ↔ S	zukünftige Verwendung
LMP_in_rand	17	8	M ↔ S	Zufallszahl
LMP_max_power	1	33	M ↔ S	
LMP_max_slot	2	45	M → S	maximale Zeitschlitze
LMP_max_slot_req	2	46	M ← S	maximale Zeitschlitze
LMP_min_power	1	34	M ↔ S	
LMP_modify_beacon	11 oder 13	28	M → S	Timing-Steuerung
LMP_name_req	2	1	M ↔ S	Namensoffset
LMP_name_res	17	2	M ↔ S	Namensoffset, Namenslänge, Namensfragment
LMP_not_accepted	3	4	M ↔ S	Opcode-Grund
LMP_page_mode_req	3	53	M ↔ S	Pagingschema

Tabelle 4.1: Zusammenfassung der LMP PDU(Protocol Data Unit)-Typen, wie in der Bluetooth-Spezifikation 1.0 beschrieben.

LMP PDU	Bytes	Opcode	Richtung	Inhalt
LMP_page_scan_mode_req	3	54	M ↔ S	Pagingschema, Einstellungen für Pagingschema
LMP_park	17	26	M → S	Timingsteuerung-Flags
LMP_park_req	1	25	M ↔ S	
LMP_preferred_rate	2	36	M ↔ S	Datenrate
LMP_quality_of_service	4	41	M → S	Polling-Intervall
LMP_quality_of_service_req	4	42	M ↔ S	Polling-Intervall
LMP_remove_SCO_link_req	3	44	M ↔ S	SCO-Bearbeitungs-grund
LMP_SCO_link_req	7	43	M ↔ S	SCO-Bearbeitung, Timingsteuerungs-Flags, SCO-Paket, Air-Modus
LMP_set_broadcast_scan_window	4 oder 6	27	M → S	Timingsteuerungs-Flags, Broadcast-Scan-Fenster
LMP_setup_complete	1	49	M → S	
LMP_slot_offset	9	52	M ↔ S	Zeitschlitz-Offset, Blue-tooth-Geräteadresse
LMP_sniff	10	23	M → S	Timingsteuerungs-Flags, Sniff-Versuch, Sniff-Timeout
LMP_sniff_req	10	23	M ↔ S	Timingsteuerungs-Flags, Sniff-Versuch, Sniff-Timeout
LMP_sres	10	23	M ↔ S	Authentifizierungs-antwort
LMP_start_encryption_req	17	17	M → S	Zufallszahl
LMP_Stopp_encryption_req	1	18	M → S	
LMP_supervision_timeout	3	55	M ↔ S	Supervision-Timeout
LMP_switch_req	1	19	M ↔ S	
LMP_temp_rand	17	13	M → S	Zufallszahl
LMP_temp_key	17	14	M → S	Code
LMP_timing_accuracy_req	1	47	M ↔ S	

Tabelle 4.1: Zusammenfassung der LMP PDU(Protocol Data Unit)-Typen, wie in der Bluetooth-Spezifikation 1.0 beschrieben. (Forts.)

LMP PDU	Bytes	Opcode	Richtung	Inhalt
LMP_timing_accuracy_res	1	48	M ↔ S	Drift, Jitter
LMP_unit_key	17	10	M ↔ S	Code
LMP_unpark_BD_ADDR_req	unter-schied-lich	29	M → S	Timingsteuerungs-Flags, 1. AM_ADDR unpark, 2. AM_ADDR unpark, 1. BD_ADDR unpark, 2. BD_ADDR unpark
LMP_unpark_PM_ADDR_req	unter-schied-lich	30	M → S	Timingsteuerungs-Flags, 1. AM_ADDR unpark, 2. AM_ADDR unpark, 1. PM_ADDR unpark, 2. PM_ADDR unpark
LMP_unsniff_req	1	24	M ↔ S	
LMP_use_semipermanent_key	1	50	M → S	
LMP_version_req	6	37	M ↔ S	Versionsnummer, Unternehmens-ID, Unterversionsnummer
LMP_version_res	6	38	M ↔ S	Versionsnummer, Unternehmens-ID, Unterversionsnummer
LMP_accepted	2	3	M → S	Opcode

Tabelle 4.1: Zusammenfassung der LMP PDU(Protocol Data Unit)-Typen, wie in der Bluetooth-Spezifikation 1.0 beschrieben. (Forts.)

Jede PDU ist entweder verbindlich (V) oder optional (O). Der LM braucht keine PDU übertragen, die optional ist, muss aber sämtliche von ihm empfangenen PDUs erkennen und, sofern eine Antwort erforderlich wird, eine gültige Antwort auch im Fall einer nicht unterstützten LMP-Funktion senden. Falls die empfangene optionale PDU keine Antwort erfordert, wird auch keine gesendet. Es kann eine Liste der optionalen PDUs, die von einem Gerät unterstützt werden, angefordert werden.

Einige LMP PDUs sind zur zukünftigen Verwendung reserviert. Beispielsweise werden in der ersten Version der Bluetooth-Spezifikation die PDUs, die eine Absenkung (LMP_decr_power_req) und Steigerung der Energie (LMP_incr_power_req) vorsehen, noch nicht unterstützt. Eine entsprechende Unterstützung wird es unter Umständen in der folgenden Version geben.

4.2 Allgemeine Antwortnachrichten

Es gibt zwei allgemeine, zwischen den Link Managern verwendete Antwortnachrichten (siehe Tabelle 4.2): Die PDUs `LMP_accepted` und `LMP_not_accepted` werden in einer Reihe von Prozeduren als Antwortnachrichten an andere PDUs verwendet. Die PDU `LMP_accepted` beinhaltet den Opcode der Nachricht, die akzeptiert worden ist. Die PDU `LMP_not_accepted` beinhaltet den Opcode der Nachricht, die nicht akzeptiert wurde, und den Grund dafür.

Verbindlich/optional	PDU	Inhalt
V	LMP_accepted	Opcode
V	LMP_not_accepted	Opcode, Grund

Tabelle 4.2: Allgemeine Antwortnachrichten.
Quelle: Bluetooth-Spezifikation 1.0.

4.3 Authentifizierung

Für die Sicherheit wird ein Authentifizierungsverfahren auf der Grundlage eines Abfrage-Antwort-Schemas eingesetzt. Sowohl der Master als auch der Slave können eine Überprüfung vornehmen. Der jeweilige Überprüfer sendet die PDU `LMP_au_rand`, die eine Zufallszahl (die Abfrage) enthält, an die anfordernde Seite. Die anfordernde Seite berechnet eine Antwort, die eine Funktion der Abfrage, der Bluetooth-Geräteadresse (`BD_ADDR`) und eines geheimen Codes darstellt. Die Antwort wird zurück an den Überprüfer gesendet, der diese auf Gültigkeit hin überprüft. Eine korrekte Berechnung der Authentifizierungsantwort erfordert, dass beide Geräte (der Überprüfer und der Anforderer) gemeinsam denselben geheimen Code benutzen. Die Tabelle 4.3 enthält die am Authentifizierungsprozess beteiligten PDUs.

Verbindlich/optional	PDU	Inhalt
V	LMP_au_rand	Zufallszahl
V	LMP_sres	Authentifizierungsantwort

Tabelle 4.3: Authentifizierungsnachrichten.
Quelle: Bluetooth-Spezifikation 1.0.

Falls der Anforderer über einen mit dem Überprüfer verknüpften Verbindungscode verfügt, berechnet er die Antwort und sendet sie mit `LMP_sres` an den Überprüfer. Der Überprüfer überprüft dann diese Antwort. Falls sie nicht korrekt ist, kann der Überprüfer die Verbindung durch Senden von `LMP_detach` mit dem Grund »code authentication failure« beenden. Verfügt der Anforderer dagegen nicht über einen mit dem Überprüfer verknüpften Verbindungscode, sendet er nach dem Empfang von `LMP_au_rand` `LMP_not_accepted` mit dem Grundcode: »key missing«.

Nach dem Fehlschlag einer Authentifizierung und zur Verhinderung von Einbrüchen durch Ausprobieren einer Anzahl von Codes muss erst ein bestimmtes Zeitintervall vor einem erneuten Authentifizierungsversuch abgewartet werden. Dieses Warteintervall wird mit jedem aufeinander folgenden Fehlschlag der Authentifizierung exponentiell verlängert, das heißt, nach jedem Fehlschlag ist das Warteintervall vor einem erneuten Versuch doppelt so lang wie der Warteintervall vor dem letzten Versuch. Das maximale Warteintervall hängt von der jeweiligen Implementierung ab., Wenn während eines bestimmten Zeitraums keine neuen fehlgeschlagenen Authentifizierungsversuche mehr zu verzeichnen waren, wird die Wartezeit exponentiell auf ein Minimum reduziert.

4.4 Paarungen

Wenn zwei Geräte keinen gemeinsamen Verbindungscode haben, muss anhand einer PIN und einer Zufallszahl ein Initialisierungscode erstellt werden. Der Initialisierungscode mit 128 Bits wird erstellt, sobald der Überprüfer `LMP_in_rand` an den Anforderer sendet. Anschließend muss die Authentifizierung erfolgen, wobei die Berechnung der Authentifizierungsantwort auf dem Initialisierungscode basiert. Nach einer erfolgreichen Authentifizierung wird ein Verbindungscode erstellt. Die im Paarungsvorgang verwendeten PDUs werden in der Tabelle 4.4 aufgeführt.

Verbindlich/optional	PDU	Inhalt
V	`LMP_in_rand` Zufallszahl	Zufallszahl
V	`LMP_au_rand` Zufallszahl	Zufallszahl
V	`LMP_sres` Authentifizie-rungsantwort	Authentifizierungsantwort
V	`LMP_comb_key` Zufallszahl	Zufallszahl
V	`LMP_unit_key` Code	Code

Tabelle 4.4: Nachrichten der Paarungsprozedur.
Quelle: Bluetooth-Spezifikation 1.0.

Der Überprüfer sendet `LMP_in_rand` und der Anforderer antwortet mit `LMP_accepted`. Beide Geräte berechnen den Initialisierungscode, und auf der Grundlage dieses Codes wird dann eine Authentifizierung vorgenommen. Der Überprüfer überprüft die Authentifizierungsantwort – ist diese korrekt, wird ein Verbindungscode erstellt. Ist die Authentifizierungsantwort dagegen nicht korrekt, kann der Überprüfer die Verbindung durch Senden von LMP_detach mit dem Grundcode »code authentication failure« beenden.

Wenn der Anforderer über eine feste PIN verfügt, kann er durch Generieren einer Zufallszahl und deren Rücksendung über LMP_in_rand einen Tausch der Rolle Überprüfer/Anforderer beantragen. Falls das Gerät, das die Paarungsprozedur gestartet hat, über eine variable PIN verfügt, muss es diese akzeptieren und mit LMP_accepted antworten. Die Rollen werden dann vertauscht und der Paarungsprozess fährt fort.

Falls das Gerät, das die Paarungsprozedur gestartet hat, über eine feste PIN verfügt, während das andere Gerät einen Rollentausch beantragt, wird der Tausch durch Senden von LMP_not_accepted mit dem Grundcode »pairing not allowed« abgewiesen. An diesem Punkt wird die Paarungsprozedur gestoppt. Falls der Anforderer die Paarung abweist, sendet er nach dem Empfang von LMP_in_rand LMP_not_accepted mit dem Grundcode »pairing not allowed«.

Nach Abschluss der Authentifizierung muss der Verbindungscode erstellt werden, der zwischen den beiden Einheiten für die Dauer aller nachfolgenden Verbindungen zur Authentifizierung verwendet wird. Ein Codewechsel ist jederzeit möglich. Der während der Paarungsprozedur erstellte Verbindungscode ist entweder ein Kombinationscode oder einer der Einheitencodes der jeweiligen Einheit. Sendet eine Einheit einen Einheitencode und die andere LMP_comb_key, dann wird der Einheitencode zum Verbindungscode. Falls beide Einheiten LMP_unit_key senden, wird der Einheitencode des Masters zum Verbindungscode. Wenn beide Einheiten LMP_comb_key senden, wird der Verbindungscode errechnet.

Falls die Authentifizierung während der Paarung wegen einer falschen Authentifizierungsantwort fehlschlägt, muss vor dem nächsten Authentifizierungsversuch erst ein Warteintervall ablaufen. Dieses Warteintervall wird mit jedem aufeinander folgenden Fehlschlag der Authentifizierung mit derselben Bluetooth-Adresse exponentiell verlängert. Dadurch wird verhindert, dass durch rasches Ausprobieren einer Reihe unterschiedlicher PINs Einbrüche stattfinden können.

4.5   Verbindungscode ändern

Wenn zwei Geräte gepaart sind und der Verbindungscode aus den Kombinationscodes abgeleitet wurde, kann der Verbindungscode geändert werden. Falls der Verbindungscode ein Einheitencode ist, müssen die Einheiten erst die Paarungsprozedur durchlaufen, damit der Verbindungscode geändert werden kann. Die Inhalte der PDU sind über den aktuellen Verbindungscode geschützt. Die Tabelle 4.5 enthält die PDUs, die zum Ändern des Verbindungscodes verwendet werden.

Verbindlich/optional	PDU	Inhalt
V	LMP_comb_rand	Zufallszahl
V	LMP_unit_rand	Code

Tabelle 4.5: Die zum Ändern des Verbindungscodes verwendeten PDUs.
Quelle: Bluetooth-Spezifikation 1.0.

Wenn die Änderung des Verbindungscodes erfolgreich war, wird der neue Verbindungscode im nichtflüchtigen Speicher abgelegt und der alte Code gelöscht. Der neue Verbindungscode stellt nun für alle nachfolgenden Verbindungen zwischen den beiden Geräten so lange den Verbindungscode dar, bis er erneut geändert wird. Der neue Verbindungscode wird gleichzeitig zum aktuellen Verbindungscode und bleibt dies auch, bis der Verbindungscode erneut geändert oder ein temporärer Verbindungscode erzeugt wird.

Falls innerhalb der Verbindung eine Verschlüsselung verwendet und der aktuelle Verbindungscode temporär ist, muss der Prozedur zum Ändern des Verbindungscodes unverzüglich ein Stopp der Verschlüsselung folgen. Die Verschlüsselung kann anschließend erneut aufgenommen werden. Durch diese Verfahrensweise wird sichergestellt, dass die anderen Geräten im Pico-Netz bekannten Verschlüsselungsparameter nicht verwendet werden, wenn der aktuelle Verbindungscode ein semipermanenter Verbindungscode ist.

4.6 Ändern des aktuellen Verbindungscodes

Der aktuelle Verbindungscode kann ein semipermanenter oder temporärer Verbindungscode sein. Er kann zwar temporär geändert werden, jedoch gilt die Änderung nur für die jeweilige Sitzung. Der Wechsel zu einer temporären Verbindung ist notwendig, falls das Pico-Netz verschlüsselte Broadcasts unterstützen soll.

Für den Wechsel zu einem temporären Verbindungscode beginnt der Master mit der Erzeugung eines Mastercodes. Der Master erzeugt eine Zufallszahl und sendet sie in LMP_temp_rand an den Slave. Beide Seiten können dann einen entsprechenden Überlagerungswert errechnen. Der Master sendet den Mastercode in LMP_temp_key an den Slave. Der Slave, dem der Überlagerungswert bekannt ist, berechnet den Mastercode. Danach wird der Mastercode zum aktuellen Verbindungscode. Er bleibt in dieser Funktion so lange, bis ein neuer temporärer Code erstellt oder der Verbindungscode geändert wird.

4.6.1 Temporären Verbindungscode ändern

Es ist möglich, den semipermanenten Verbindungscode zum aktuellen Verbindungscode zu machen. Nachdem der aktuelle Verbindungscode zum Mastercode geändert worden ist, kann diese Änderung auch wieder rückgängig gemacht werden, so dass der semipermanente Verbindungscode erneut zum aktuellen Verbindungscode wird. Falls innerhalb der Verbindung eine Verschlüsselung verwendet wird, muss der Prozedur, mit der zum semipermanenten Verbindungscode gewechselt wird, unverzüglich ein Stopp der Verschlüsselung folgen. Die Verschlüsselung kann anschließend wieder aufgenommen werden. Durch diese Verfahrensweise wird sichergestellt, dass die anderen Geräten im Pico-Netz bekannten Verschlüsselungsparameter nicht verwendet werden, sofern der aktuelle Verbindungscode ein semipermanenter Verbindungscode ist.

4.7 Verschlüsselung

Die Verschlüsselung ist optional und kann dann eingesetzt werden, wenn mindestens eine Authentifizierung durchgeführt worden ist. Falls der Master verlangt, dass sämtliche Slaves im Pico-Netz dieselben Verschlüsselungsparameter verwenden, muss er einen temporären Code ausgeben und diesen vor Beginn der Verschlüsselung zum aktuellen Verbindungscode für alle Slaves im Pico-Netz machen. Dies ist nötig, falls Broadcast-Pakete verschlüsselt werden sollen. Die Tabelle 4.6 zeigt die PDUs, die zum Umgang mit der Verschlüsselung erforderlich sind.

Verbindlich/optional	PDU	Inhalt
O	LMP_encryption_mode_req	Verschlüsselungsmodus
O	LMP_encryption_key_size_req	Schlüsselgröße
O	LMP_start_encryption_req	Zufallszahl
O	LMP_stop_encryption_req	

Tabelle 4.6: Die zum Umgang mit der Verschlüsselung erforderlichen PDUs. Quelle: Bluetooth-Spezifikation 1.0.

Master und Slave vereinbaren als Erstes, ob die Verschlüsselung verwendet werden soll oder nicht, und ob sie nur für Punkt-zu-Punkt-Pakete oder auch für Broadcast-Pakete gelten soll. Falls Master und Slave sich über den Verschlüsselungsmodus einig sind, stellt der Master weitere detaillierte Informationen über die Verschlüsselung zur Verfügung.

Der nächste Schritt besteht darin, die Größe des Verschlüsselungscodes zu bestimmen. Der Master sendet die Nachricht `LMP_encryption_key_size_req` einschließlich der empfohlenen Schlüsselgröße. Anschließend werden so lange zwischen Master und Slave Nachrichten zum Aushandeln der Größe des Verschlüsselungscodes ausgetauscht, bis eine Vereinbarung über die Schlüsselgröße erzielt oder klar geworden ist, dass eine solche nicht möglich ist. Wurde eine Vereinbarung erzielt, sendet die Einheit `LMP_accepted`. Es wird dann die Schlüsselgröße der letzten `LMP_encryption_key_size_req` verwendet.

Danach beginnt die Verschlüsselung. Falls keine Vereinbarung erreicht werden konnte, sendet die Einheit `LMP_not_accepted` mit dem Grundcode »unsupported parameter value« – die Einheiten können dann nicht unter Verwendung der Bluetooth-Verbindungsverschlüsselung kommunizieren.

Falls die Verschlüsselung gestartet werden konnte, erzeugt der Master eine Zufallszahl und berechnet den Verschlüsselungscode. Die Zufallszahl ist für sämtliche Slaves gleich, sofern das Pico-Netz verschlüsselte Broadcasts unterstützt. Der Master sendet dann `LMP_start_encryption_req` einschließlich einer Zufallszahl. Sobald diese Nachricht empfangen wird, berechnet der Slave den aktuellen Verbindungscode und sendet als Bestätigung `LMP_accepted` zurück. Auf beiden Seiten wird der aktuelle Verbindungscode und die Zufallszahl als Eingabe für den Verschlüsselungsalgorithmus verwendet.

Vor dem Start der Verschlüsselung muss der Datenverkehr der höheren Schichten temporär gestoppt werden, um den Empfang beschädigter Daten zu vermeiden. Der Start der Verschlüsselung besteht aus drei Schritten:

1. Der Master wird zur Übertragung unverschlüsselter und zum Empfang verschlüsselter Pakete konfiguriert.

2. Der Slave wird zur Übertragung und zum Empfang verschlüsselter Pakete konfiguriert.

3. Der Master wird zur Übertragung und zum Empfang verschlüsselter Pakete konfiguriert.

Zwischen den Schritten 1 und 2 ist eine Master-an-Slave-Übertragung möglich, und zwar bei der Übertragung von `LMP_start_encryption_req`. Der Schritt 2 wird ausgelöst, sobald der Slave diese Nachricht empfängt. Zwischen Schritt 2 und Schritt 3 ist eine Slave-an-Master-Übertragung möglich, und zwar bei der Übertragung von LMP_accepted. Der Schritt 3 wird ausgelöst, sobald der Master diese Nachricht empfängt.

Vor dem Stopp der Verschlüsselung muss der Datenverkehr der höheren Schichten temporär gestoppt werden, um den Empfang beschädigter Daten zu vermeiden. Der Start der Verschlüsselung besteht aus drei Schritten:

1. Der Master wird zur Übertragung verschlüsselter und zum Empfang unverschlüsselter Pakete konfiguriert.
2. Der Slave wird zur Übertragung und zum Empfang unverschlüsselter Pakete konfiguriert.
3. Der Master wird zur Übertragung und zum Empfang unverschlüsselter Pakete konfiguriert.

Zwischen den Schritten 1 und 2 ist eine Master-an-Slave-Übertragung möglich, und zwar bei der Übertragung von LMP_stop_encryption_req. Der Schritt 2 wird ausgelöst, sobald der Slave diese Nachricht empfängt. Zwischen Schritt 2 und Schritt 3 ist eine Slave-an-Master-Übertragung möglich, und zwar bei der Übertragung von LMP_accepted. Der Schritt 3 wird ausgelöst, sobald der Master diese Nachricht empfängt.

Falls der Verschlüsselungsmodus, der Verschlüsselungscode oder die Verschlüsselungszufallszahl gewechselt werden muss, muss die Verschlüsselung erst gestoppt und dann mit den neuen Parametern wieder gestartet werden.

4.8   Taktoffset

Der Taktoffset ist die Differenz des Taktes zwischen Slave und Master. Sein Wert ist in den Nutzdaten (Payload) des FHS-Pakets (FHS; Frequency Hop Synchronization) enthalten. Sobald ein Slave dieses Paket empfängt, wird die Differenz zwischen seinem eigenen Takt und dem des Masters errechnet und in die Nutzdaten des FHS-Pakets eingefügt. Der Taktoffset wird außerdem jedes Mal dann aktualisiert, wenn ein Paket vom Master empfangen wird. Der Master kann diesen Taktoffset jederzeit während der Verbindung anfragen. Durch Speichern des Taktoffsets weiß der Master, auf welchem Funkkanal der Slave auf einen Page-Scan reagiert, nachdem er das Pico-Netz verlassen hat. Dies kann dazu genutzt werden, beim Ausrufen desselben Gerätes die

Paging-Dauer zu beschleunigen. Die Tabelle 4.7 enthält die PDUs, die für eine Abfrage des Taktoffsets benötigt werden.

Verbindlich/optional	PDU	Inhalt
V	LMP_clkoffset_req	Verschlüsselungsmodus
V	LMP_clkoffset_res	Taktoffset

Tabelle 4.7: Die zur Abfrage des Taktoffsets benötigten PDUs.
Quelle: Bluetooth-Spezifikation 1.0.

4.9 Informationen zum Zeitschlitz-Offset

Der Zeitschlitz-Offset ist die Differenz zwischen den Zeitschlitzgrenzen verschiedener Pico-Netze. Die PDU LMP_slot_offset enthält zwei Parameter: Zeitschlitz-Offset und Bluetooth-Geräteadresse (BD_ADDR). Der Zeitschlitz-Offset, der in Mikrosekunden angegeben wird, ist die Zeit zwischen dem Start des Übertragungs-Zeitschlitzes des Masters (TX) im Pico-Netz, in dem die PDU übertragen wird, und dem Start des TX-Zeitschlitzes des Masters im Pico-Netz, in dem BD_ADDR übertragen wird. Vor dem Wechsel von Master und Slave wird diese PDU von dem Gerät übertragen, das die Rolle des Masters in der Wechselprozedur beansprucht. Falls der Master die Wechselprozedur initiiert, sendet der Slave LMP_slot_offset vor dem Senden von LMP_accepted. Falls der Slave die Wechselprozedur initiiert, sendet er LMP_slot_offset vor LMP_switch_req. Die Tabelle 4.8 zeigt die für den Zeitschlitz-Offset verwendete PDU.

Verbindlich/optional	PDU	Inhalt
O	LMP_slot_offset	Zeitschlitz-Offset, BD_ADDR

Tabelle 4.8: Die für den Zeitschlitz-Offset benötigte PDU.
Quelle: Bluetooth-Spezifikation 1.0.

4.10 Informationen zur Timing-Genauigkeit

Die Timing-Information kann zu dem Zweck verwendet werden, das Scan-Fenster für eine gegebene Hold-Zeit während der Rückkehr von einem Hold zu minimieren und die maximale Hold-Zeit zu erweitern. Die Information kann außerdem dazu benutzt werden, das Scan-Fenster beim Scannen der Zeitschlitze im Sniff-Modus oder Beacon-Pakete im Park-Modus zu minimieren. In Übereinstimmung damit unterstützt das Link Management-Protokoll Anfragen zum Timing. Die zurückgegebenen Parameter zur Timing-Genauigkeit sind der Langzeit-Drift, gemessen in parts per million (ppm) und der Langzeit-Jitter, gemessen in Millisekunden des während des Holds, Sniff- und Park-Modus verwendeten Taktes.

Diese Parameter sind für ein gegebenes Gerät fest und müssen bei wiederholten Anfragen identisch bleiben. Falls ein Gerät die Informationen zur Timing-Genauigkeit nicht unterstützt, sendet es beim Empfang der Anfrage die PDU `LMP_not_accepted` mit dem Grundcode »unsupported LMP feature«. Das anfragende Gerät geht von den Werten des schlechtesten Falles aus: Einer Drift von 250 ppm und einem Jitter von 1 ms. Die Tabelle 4.9 enthält die PDUs, die zur Anfrage der Timing-Informationen verwendet werden.

Verbindlich/optional	PDU	Inhalt
O	`LMP_timing_accuracy_req`	
O	`LMP_timing_accuracy_res`	Drift, Jitter

Tabelle 4.9: Die zur Anfrage von Informationen zur Timing-Genauigkeit verwendeten PDUs. Quelle: Bluetooth-Spezifikation 1.0.

4.11 LMP-Version

Das Link Management-Protokoll unterstützt Anfragen nach der Version des Protokolls. Das antwortende Gerät sendet in diesem Fall eine Antwort mit drei Parametern zurück: Versionsnummer (`VersNr`), Unternehmens-ID (`CompId`) und Unterversionsnummer (`Sub-VersNr`). `VersNr` gibt die Version der Bluetooth-LMP-Spezifikation an, die vom Gerät unterstützt wird. `CompId` wird zur Überwachung möglicher Probleme mit den unteren Bluetooth-Schichten verwendet. Alle Unternehmen, die eine eindeutige Implementierung des Link Manager erstellt haben, verfügen über ihre eigene `CompId` (Tabelle 4.10).

Code	Unternehmen
0	Ericsson Mobile Communications
1	Nokia Mobile Phones
2	Intel Corp.
3	IBM Corp.
4	Toshiba Corp.
5 – 65534	(reserviert)

Tabelle 4.10: Die Parametercodes von LMP_CompId. Quelle: Bluetooth-Spezifikation 1.0.

Code	Unternehmen
65535	Nicht zugewiesen. Zur Verwendung in internen und Interoperabilitäts-tests vor der Zuweisung einer Unternehmens-ID. Kann nicht in Produkten verwendet werden.

Tabelle 4.10: Die Parametercodes von LMP_CompId.
Quelle: Bluetooth-Spezifikation 1.0.

Alle Unternehmen sind außerdem für die Verwaltung und Pflege von Sub VersNr verantwortlich. Darüber hinaus muss jedes Unternehmen über eine eindeutige SubVersNr für jede Funkfrequenz, jedes Bluetooth-Basisband und jede Implementierung eines Link Managers verfügen. Es steht keine Möglichkeit zur Verfügung, die LMP-Version auszuhandeln; es können nur Parameter ausgetauscht werden (siehe Tabelle 4.11).

Verbindlich/optional	PDU	Inhalt
V	LMP_version_req	VersNr, CompId, SubVersNr
V	LMP_version_res	VersNr, CompId, SubVersNr

Tabelle 4.11: Die zur Anfrage der LMP-Version verwendeten PDUs.
Quelle: Bluetooth-Spezifikation 1.0.

4.12 Unterstützte Leistungsmerkmale

Da Bluetooth-Funk- und –Link-Controller nur eine Untermenge aller Pakettypen und Leistungsmerkmale, wie sie in der Basisband- und Funkspezifikation beschrieben werden, unterstützen, muss dafür gesorgt werden, dass die Geräte die Leistungsmerkmale der anderen Geräte erkennen können. Diese Information wird über die PDUs LMP_features_req und LMP_features_res ausgetauscht (Tabelle 4.12). Nachdem die Anfrage nach Leistungsmerkmalen ausgeführt worden ist, können ebenso auch die von beiden Seiten unterstützten Pakettypen ausgetauscht werden.

Verbindlich/optional	PDU	Inhalt
V	LMP_features_req	Leistungsmerkmale
V	LMP_features_res	Leistungsmerkmale

Tabelle 4.12: Die zur Anfrage der LMP-Leistungsmerkmale verwendeten PDUs.
Quelle: Bluetooth-Spezifikation 1.0.

Jede gesendete Anfrage muss kompatibel zu den unterstützten Leistungsmerkmalen des anderen Gerätes sein. Wenn beispielsweise eine SCO-Verbindung eingerichtet wird, kann der Initiator keine Verwendung eines Pakettyps vorschlagen, der vom anderen Gerät nicht unterstützt wird. Ausnahmen von dieser Regel sind die PDUs LMP_slot_offset und das optionale LMP_switch_req, die beide als die ersten LMP-Nachrichten gesendet werden können, sobald zwei Bluetooth-Geräte miteinander verbunden sind und bevor die anfragende Seite Kenntnis von den Leistungsmerkmalen der anderen Seite hat.

4.13 Wechsel der Master/Slave-Rolle

Da im Pico-Netz immer das ausrufende Gerät (paging device) zum Master wird, kann manchmal ein Wechsel der Master/Slave-Rolle erwünscht sein (optionale Funktion). Falls beispielsweise das Gerät A der Slave und Gerät B der Master ist, muss das Gerät, das den Wechsel initiiert, die Übertragung der aktuellen L2CAP-Nachricht abschließen und danach die PDU LMP_switch_req senden, die einen Rollentausch anfordert. Wenn der Wechsel akzeptiert wird, beendet das andere Gerät die Übertragung der aktuellen L2CAP-Nachricht und antwortet dann mit LMP_accepted. Falls der Wechsel jedoch zurückgewiesen wird, antwortet das andere Gerät mit LMP_not_accepted – der Wechsel der Rolle Master/Slave findet in diesem Fall nicht statt.

4.14 Namensanfrage

LMP unterstützt eine Namensanfrage an ein anderes Bluetooth-Gerät. Diese Bezeichung ist ein benutzerfreundlicher mit einem Bluetooth-Gerät verknüpfter Name, der aus bis zu 248 Bytes bestehen kann. Er wird fragmentiert über ein oder mehrere Pakete gesendet. Wenn LMP_name_req gesendet wird, zeigt ein entsprechender Namensoffset an, welches Fragment erwartet wird. Das korrespondierende LMP_name_res transportiert neben demselben Offset die Namenslänge mit der Gesamtanzahl Bytes des Bluetooth-Gerätenamens und das Namensfragment (Tabelle 4.13).

Verbindlich/optional	PDU	Inhalt
V	LMP_name_req	Namensoffset
V	LMP_name_res	Namensoffset, Namenslänge, Namensfragment

Tabelle 4.13: Die zur Anfrage des Namens eines Bluetooth-Gerätes verwendeten PDUs. Quelle: Bluetooth-Spezifikation 1.0.

4.15 Detach

Master und Slave können jederzeit die Verbindung zwischen Bluetooth-Geräten beenden. Die PDU für diese Funktion heißt `LMP_detach`. In der Nachricht wird ein Grundcode mitgeliefert, der die andere Seite darüber informiert, warum die Verbindung abgebrochen wurde.

4.16 Hold-Modus

Die ACL-Verbindung (ACL; Asynchronous Connection-Less) zwischen zwei Bluetooth-Geräten kann für eine bestimmte Zeitdauer auf Hold gesetzt werden. Die zur Anforderung des Hold-Modus verwendete PDU lautet `LMP_hold_request` (Tabelle 4.14). Während dieser Zeitdauer können keine Pakete vom Master übertragen werden.

Verbindlich/optional	PDU	Inhalt
O	`LMP_hold`	Hold-Zeitdauer
O	`LMP_hold_req`	Hold-Zeitdauer

Tabelle 4.14: Die für den Hold-Modus verwendeten PDUs.
Quelle: Bluetooth-Spezifikation 1.0.

Der Hold-Modus wird normalerweise dann aktiviert, wenn es keine Notwendigkeit zum Senden von Daten für eine längere Zeitperiode gibt. Während dieser Periode kann der Sender/Empfänger abgeschaltet werden, um Energie zu sparen. Der Hold-Modus kann auch dann verwendet werden, falls ein Gerät ein anderes Bluetooth-Gerät erkennen oder von einem solchen erkannt werden, oder falls es an einem anderen Pico-Netz teilnehmen möchte. Was ein Gerät im Hold-Modus tatsächlich macht, wird nicht über die Hold-Nachricht kontrolliert, sondern vom jeweiligen Anwender des Gerätes entschieden.

Der Master kann den Hold-Modus erzwingen, sofern es zuvor eine Anforderung des Hold-Modus gegeben hat, die akzeptiert worden ist. Die einzige Begrenzung besteht darin, dass die vom Master erzwungene und in der PDU enthaltene Hold-Zeit nicht länger als eine Hold-Zeit sein darf, die der Slave zuvor akzeptiert hat. Dieselbe Begrenzung trifft auf den Slave zu: Auch dieser kann den Hold-Modus nur dann erzwingen, sofern es zuvor eine Anforderung eines Hold-Modus gegeben hat, die akzeptiert worden ist, und sofern die in der PDU enthaltene Hold-Zeit nicht länger als eine Hold-Zeit ist, die zuvor vom Master akzeptiert wurde.

Entweder der Master oder der Slave können den Hold-Modus anfordern. Beim Empfang der Anforderung kann dieselbe Anforderung mit veränderten

Parametern zurückgesendet oder die Verhandlung beendet werden. Falls es eine Vereinbarung gibt, wird mit `LMP_accepted` die Verhandlung beendet und die ACL-Verbindung in den Hold-Modus versetzt. Falls keine Vereinbarung erzielt werden konnte, beendet `LMP_not_accepted` mit dem Grundcode »unsupported parameter value« die Verhandlung – der Hold-Modus wird dann nicht aktiv.

4.17 Sniff-Modus

Ein weiterer Energiesparmodus im Betrieb von Bluetooth-Geräten ist der Sniff-Modus. Zum Aktivieren des Sniff-Modus verhandeln Master und Slave ein Sniff-Intervall und einen Sniff-Offset, der das Timing der Sniff-Zeitschlitze festlegt. Der Offset bestimmt die Zeitdauer des ersten Sniff-Zeitschlitzes. Danach folgen in periodischen Abständen die Sniff-Zeitschlitze im Sniff-Intervall. Wenn sich die Verbindung im Sniff-Modus befindet, kann nur der Master eine Übertragung im Sniff-Zeitschlitz starten (siehe Tabelle 4.15).

Die Lauschaktivität des Slave wird über zwei Parameter kontrolliert. Der Erste davon ist der Parameter »Sniff Attempt« (Sniff-Versuch), der festlegt, wie viele Zeitschlitze der Slave beginnend mit dem Sniff-Zeitschlitz belauschen muss, und zwar auch dann, wenn er kein Paket mit seiner eigenen Active Member Address empfangen haben sollte. Der Zweite ist der Parameter »Sniff Timeout«, der bestimmt, wie viele zusätzliche Zeitschlitze der Slave belauschen muss, sofern er nur noch Pakete mit seiner eigenen Active Member Address empfängt.

Verbindlich/optional	PDU	Inhalt
O	LMP_sniff	Timingsteuerungs-Flags, Sniff-Offset, Sniff-Intervall, Sniff-Attempt, Sniff-Timeout
O	LMP_sniff_req	Timingsteuerungs-Flags, Sniff-Offset, Sniff-Intervall, Sniff-Attempt, Sniff-Timeout
O	LMP_unsniff_req	

Tabelle 4.15: Die für den Sniff-Modus verwendeten PDUs.
Quelle: Bluetooth-Spezifikation 1.0.

Der Master kann für den Slave den Sniff-Modus erzwingen. Die Anforderung des Sniff-Modus kann jedoch von Master und Slave beantragt werden. Beim Empfang der Anforderung kann dieselbe Anforderung mit veränderten Parametern zurückgesendet oder die Verhandlung abgebrochen werden. Falls es eine Vereinbarung gibt, wird mit `LMP_accepted` die Verhandlung beendet und die ACL-Verbindung in den Hold-Modus versetzt. Falls keine Vereinbarung erzielt werden konnte, beendet `LMP_not_accepted` mit dem Grundcode »unsupported parameter value« die Verhandlung – der Hold-Modus wird dann nicht aktiv.

Der Sniff-Modus wird durch Senden der PDU `LMP_unsniff-req` beendet. Das angefragte Gerät muss mit `LMP_accepted` antworten. Fordert der Slave an, aktiviert er den Modus nach dem Empfang von `LMP_accepted`. Falls der Master anfordert, aktiviert der Slave den Modus nach Empfang von `LMP_unsniff_req`.

4.18 Park-Modus

Falls ein Slave nicht an einem Kanal teilnehmen muss, aber immer noch über das Frequenzsprungverfahren (FHS; Frequency Hop Synchronized) synchronisiert bleiben soll, kann er in den Park-Modus versetzt werden. In diesem Modus gibt das Gerät seine Active Member Address (`AM_ADDR`) auf. Einem Slave im Park-Modus wird eine eindeutige Parked Member Address (`PM_ADDR`) zugewiesen, die vom Master zum Entparken des Slave benutzt werden kann[1]. Auch ohne seine `AM_ADDR` ist das Gerät immer noch auf den Kanal synchronisiert, indem es als Antwort auf *beacons* (Baken-Signale), die in vorher festgelegten Intervallen auftreten können, aufgeweckt wird. Über ein »beacon« kann der geparkte Slave vom Master reaktiviert werden. Der Master kann außerdem die Parameter des Park-Modus ändern, Broadcast-Informationen übertragen oder zulassen, dass der geparkte Slave den Zugriff auf den Kanal anfordert.

Alle vom Master an die geparkten Slaves gesendeten PDUs (`LMP_set_broadcast_scan_window`, `LMP_modify_beacon`, `LMP_unpark_BD_addr_req` und `LMP_unpark_PM_addr_req`) werden im Broadcast-Verfahren (to broadcast; Rundfunk/Mitteilung an alle) gesendet und sind die einzigen PDUs, die an einen Slave im Park-Modus gesendet werden können. Zur Steigerung der Zuverlässigkeit des Broadcast-Verfahrens können die Pakete verkleinert werden.

---

1. Bei einer Identifizierung von Slaves über die PM_ADDR kann ein Maximum von sieben Slaves über eine Nachricht entparkt werden. Falls die Slaves über die Bluetooth-Geräteadresse identifiziert werden (BD_ADDR), kann ein Maximum von zwei Slaves über eine Nachricht entparkt werden.

Der Master kann den Park-Modus erzwingen. Zu diesem Zweck schließt er die Übertragung der aktuellen L2CAP-Nachricht ab und sendet dann LMP_park. Sobald diese PDU vom Slave empfangen wird, schließt dieser die Übertragung der aktuellen L2CAP-Nachricht ab und sendet LMP_accepted.

Der Master kann außerdem den Slave dazu auffordern, in den Park-Modus zu gehen. Zu diesem Zweck schließt er die Übertragung der aktuellen L2CAP-Nachricht ab und sendet dann LMP_park_req. Sobald diese PDU vom Slave akzeptiert wird, schließt dieser die Übertragung der aktuellen L2CAP-Nachricht ab und antwortet mit LMP_accepted. Zum Schluss sendet der Master LMP_park. Falls der Slave den Park-Modus zurückweisen will, sendet er LMP_not_accepted zurück.

Der Slave kann die Aktivierung des Park-Modus anfordern. In diesem Fall schließt er die Übertragung der aktuellen L2CAP-Nachricht ab und sendet dann LMP_park_req an den Master. Falls dieser die Anforderung akzeptiert, schließt er die Übertragung der aktuellen L2CAP-Nachricht ab und sendet LMP_park zurück. Falls der Master den Park-Modus zurückweisen will, sendet er LMP_not_accepted zurück.

4.19 Leistungsverwaltung

Die Leistungsverwaltung wird zur Begrenzung der Sendeleistung der Bluetooth-Geräte verwendet. Damit werden der Energieverbrauch und der Gesamtstörpegel optimiert. Wenn ein Bluetooth-Gerät die Stärke des empfangenen Signals misst, sendet es eine Information darüber zurück, ob die Leistung gesteigert oder reduziert werden soll. Falls der RSSI-Wert (RSSI; Receiver Signal Strength Indicator) zu stark vom bevorzugten Wert abweicht, kann das Bluetooth-Gerät eine Steigerung oder Reduzierung der Sendeleistung des anderen Geräts anfordern. Geräte, die mit einer Einrichtung zur Leistungsverwaltung ausgestattet sind, optimieren während einer Verbindung über LMP-Befehle die Ausgabeleistung. Auf der Seite des Masters ist die Übertragungsleistung spezifisch für bestimmte Slaves, so dass die Anforderung eines Slave daher die Sendeleistung des Masters für den jeweiligen Slave betrifft.

Verbindlich/optional	PDU	Inhalt
O	LMP_incr_power_req	Für zukünftige Verwendung (1 Byte)

Tabelle 4.16: Die für die Leistungsverwaltung verwendeten PDUs.
Quelle: Bluetooth-Spezifikation 1.0.

Verbindlich/optional	PDU	Inhalt
O	LMP_decr_power_req	Für zukünftige Verwendung (1 Byte)
O	LMP_max_power	
O	LMP_min_power	

Tabelle 4.16: Die für die Leistungsverwaltung verwendeten PDUs.
Quelle: Bluetooth-Spezifikation 1.0.

Falls der Empfänger des Befehls LMP_incr_power_req bereits mit maximaler Sendeleistung arbeitet, wird LMP_max_power zurückgegeben. Das Gerät kann eine Steigerung nur dann anfordern, wenn es zuvor mindestens einmal eine Absenkung angefordert hat. Wenn ähnlich dazu der Empfänger von LMP_decr_power_req bereits mit minimaler Leistung arbeitet, wird LMP_min_power zurückgegeben – das Gerät kann eine Absenkung nur dann anfordern, wenn es zuvor mindestens ein Mal eine Steigerung angefordert hat.

In LMP_incr/decr_power_req ist ein Byte für die zukünftige Verwendung reserviert. Dieses Byte könnte beispielsweise eine Abweichung zwischen dem gewünschten und gemessenen RSSI anzeigen. Der Empfänger von LMP_incr/decr_power_req kann dann diesen Wert dazu verwenden, die Sendeleistung in einem statt in mehreren Schritten als Antwort auf einzelne Anforderungen anzupassen. In allen Versionen von LMP wird dieser Parameter auf einen Standardwert eingestellt, sofern ein solcher noch nicht definiert worden ist.

4.20 Kanalqualitätsabhängige Steuerung der Datenrate

Bluetooth-Geräte sind dafür konfiguriert, immer DM- (DM; Data-Medium) oder DH-Pakete (DH; Data-High), also mittlere oder hohe Datenübertragungsraten, zu verwenden oder die Pakettypen automatisch je nach der Qualität des Kanals anzupassen. Der Unterschied zwischen DM und DH besteht darin, dass die Nutzdaten eines DM-Pakets über einen FECcode (FEC; Forward Error Correction) geschützt sind, während die Nutzdaten eines DH nicht geschützt sind. Falls ein Gerät automatisch zwischen DM und DH umschalten will, sendet es an das andere Gerät LMP_auto_rate. Das Gerät stellt dann fest, ob der Wechsel des Pakettyps eine Steigerung des Datendurchsatzes gebracht hat (wird als Grundlage für die Qualitätsmessung im Link Controller verwendet). Wenn ja, wird dem anderen Gerät `LMP_preferred_rate` gesendet (Tabelle 4.17).

Verbindlich/optional	PDU	Inhalt
O	`LMP_auto_rate`	
O	`LMP_preferred_rate`	Datenrate

Tabelle 4.17: Die für die kanalqualitätsabhängige Veränderung der Datenrate verwendeten PDUs. Quelle: Bluetooth-Spezifikation 1.0.

4.21 Dienstequalität (QoS)

Der Link Manager bietet über einen Polling-Intervall einen QoS-Dienst (Quality of Service) an, wobei das Intervall die maximale Zeit zwischen aufeinander folgenden Übertragungen vom Master zu einem bestimmten Slave angibt. Das Polling-Intervall wird für die Bandbreitenallokation und Latenzsteuerung verwendet. Das Polling-Intervall wird mit Ausnahme von Kollisionen beim Page, Page-Scan, Inquiry und Inquiry-Scan garantiert. Darüber hinaus handeln Master und Slave die Anzahl der Wiederholungen von Broadcast-Paketen (NBC) aus.

Der Master kann einem Slave einen neuen QoS-Dienst anzeigen. Der Master benachrichtigt den Slave in diesem Fall über ein neues Polling-Intervall und NBC. Der Slave kann die Benachrichtigung nicht abweisen. Alternativ dazu können Master und Slave dynamisch nach Bedarf den QoS-Dienst aushandeln. In diesem Fall kann jedes Gerät einen neuen QoS-Dienst akzeptieren oder zurückweisen (Tabelle 4.18).

Verbindlich/optional	PDU	Inhalt
V	`LMP_quality_of_service`	Polling-Intervall, NBC
O	`LMP_quality_of_service_req`	Polling-Intervall, NBC

Tabelle 4.18: Die für die Dienstequalität (QoS) verwendeten PDUs. Quelle: Bluetooth-Spezifikation 1.0.

4.22 SCO-Verbindungen

Zwischen zwei Bluetooth-Geräten wird als Erstes eine ACL-Verbindung (ACL; Asynchronous Connection-Less) aufgebaut. Sobald diese Verbindung hergestellt ist, können ein oder mehrere SCO-Verbindungen (SCO; Synchronous Connection-Oriented) eingerichtet werden. Durch die SCO-Verbindung werden Zeitschlitze reserviert, die durch das SCO-Intervall separiert werden. Der erste für die SCO-Verbindung reservierte Zeitschlitz wird über das SCO-Intervall und die -Verzögerung definiert. Danach folgen die SCO-Zeitschlitze periodisch entsprechend dem SCO-Intervall. Zur Vermeidung von Problemen mit dem Überschreiben des Taktes während der Initialisierung der SCO-Verbindung zeigt ein Flag an, wie der erste SCO-Zeitschlitz berechnet werden soll. Das Flag ist in einer Nachricht des Masters enthalten. Jede SCO-Verbindung wird von allen anderen SCO-Verbindungen durch ein SCO-Handle unterschieden (Tabelle 4.19).

Verbindlich/optional	PDU	Inhalt
O	LMP_SCO_link_req	SCO-Handle, Timing-steuerungs-Flags, SCO-Intervall, SCO-Delay, SCO-Paket, Luftschnittstelle
O	LMP_remove_SCO_link_req	SCO-Handle, Grund

Tabelle 4.19: Die zur Verwaltung von SCO-Verbindungen verwendeten PDUs. Quelle: Bluetooth-Spezifikation 1.0.

Zum Aufbau einer SCO-Verbindung sendet der Master eine Anfrage mit Parametern, die das Timing, den Pakettyp und die Codierung für die SCO-Verbindung festlegen. Für jedes SCO-Paket unterstützt die Bluetooth-Spezifikation drei verschiedene sprachcodierte Formate der Luftschnittstelle: μ-law-PCM, A-law-PCM und CVSD. Die für die SCO-Verbindung verwendeten Zeitschlitze werden über drei vom Master kontrollierte Parameter festgelegt: SCO_Intervall, SCO-Delay und ein Flag, das angibt, wie der erste SCO-Zeitschlitz berechnet werden soll. Nach dem ersten Zeitschlitz folgen die SCO-Zeitschlitze periodisch entsprechend dem SCO-Intervall.

Falls der Slave die SCO-Verbindung nicht akzeptiert, jedoch einen anderen Satz von SCO-Parameter anzunehmen bereit ist, kann er anzeigen, welchen Wert im Fehlergrundfeld von LMP_not_accepted er nicht akzeptieren würde. Der Master kann anschließend eine neue Anfrage mit geänderten Parametern ausgeben. Das SCO-Handle in der Nachricht muss unterschiedlich von sämtlichen schon existierenden SCO-Verbindungen sein.

Der Slave kann über LMP_SCO_link_req auch einen SCO-Verbindungsaufbau initiieren, jedoch sind sowohl die Timingsteuerungs-Flags und SCO-Delay als auch das SCO-Handle ungültig. Falls der Master keine SCO-Verbindung einrichten kann, antwortet er mit LMP_not_accepted. Anderenfalls sendet er LMP_SCO_link_req zurück. Diese Nachricht enthält das zugewiesene SCO-Handle, SCO-Delay und die Timingsteuerungs-Flags. Hinsichtlich der anderen

Parameter versucht der Master dieselben Parameter wie bei der Slave-Anfrage zu verwenden; falls das nicht klappt, kann er andere Werte nehmen. Der Slave muss dann mit LMP_accepted oder LMP_not_accepted antworten.

Der Master und der Slave können beide eine Änderung der SCO-Parameter anfordern. Ungeachtet des Gerätes, von dem die Anforderung ausgegangen ist, wird die Initiierung mit LMP_SCO_link_req aufgenommen, wobei zum SCO-Handle das Handle derjenigen SCO-Verbindung wird, für die das Gerät eine Änderung der Parameter anfordert. Falls das Gerät die neuen Parameter akzeptiert, antwortet es mit LMP_accepted und die SCO-Verbindung wird auf die neuen Parameter umgestellt. Falls das Gerät die neuen Parameter nicht akzeptiert, antwortet es mit LMP_not_accepted – die SCO-Verbindung bleibt unverändert. Wenn das Gerät mit LMP_not_accepted antwortet, zeigt es über den Fehlergrundparameter an, was es nicht akzeptiert hat. Das Gerät kann dann versuchen, die SCO-Verbindung erneut über andere Parameter zu ändern.

Der Master und der Slave können beide durch Senden einer Anforderung die SCO-Verbindung entfernen. Die Anforderung enthält das SCO-Handle der SCO-Verbindung, die entfernt werden soll, und einen Grund dafür, weshalb die SCO-Verbindung entfernt wird. In diesem Fall muss das empfangende Gerät mit LMP_accepted antworten.

4.23 Steuerung von Multi-Zeitschlitz-Paketen

Die von einem Slave in seinen Rückgabepaketen verwendete Anzahl Zeitschlitze kann begrenzt werden. Der Master erlaubt dem Slave die Verwendung der maximalen Anzahl von Zeitschlitzen, indem er ihm die PDU LMP_max_slot schickt und »max slots« als Parameter anbietet. Dementsprechend kann jeder Slave eine maximale Anzahl von Zeitschlitzen anfordern, indem er die PDU LMP_max_slot_req sendet und »max slots« als Parameter anbietet. Der Standardwert ist ein Zeitschlitz. Falls der Slave nicht über die Anzahl der Zeitschlitze informiert worden ist, kann er Pakete mit nur einem Zeitschlitz verwenden. Zur Steuerung der Multi-Zeitschlitz-Pakete werden zwei PDUs benutzt (Tabelle 4.20).

Verbindlich/optional	PDU	Inhalt
V	LMP_max_slot	Maximale Zeitschlitze
O	LMP_max_slot_req	Maximale Zeitschlitze

Tabelle 4.20: Die zur Steuerung von Multi-Zeitschlitz-Paketen verwendeten PDUs. Quelle: Bluetooth-Spezifikation 1.0.

4.24 Paging

Zusätzlich zum verbindlichen Paging-Schema, welches von allen Bluetooth-Geräten unterstützt werden muss, sieht die Bluetooth-Spezifikation noch optionale Paging-Schemata vor (siehe Tabelle 4.21)[2]. Das LMP bietet die Möglichkeit zum Aushandeln des Paging-Schemas, das dann beim nächsten Paging eines Bluetooth-Gerätes eingesetzt wird. Der Hauptunterschied zwischen einem optionalen Paging-Schema und dem verbindlichen Schema besteht im Aufbau der Paging-Folge, die vom Pager gesendet wird. Außer in den gerade nummerierten Master-Zeitschlitzen überträgt der Master auch in den ungerade nummerierten Zeitschlitzen. Im optionalen Schema wird der Satz von Frequenzen zur Übertragung auch für den Empfang verwendet, was der Slave-Einheit die Gelegenheit gibt, das Scan-Fenster zu reduzieren.

Verbindlich/optional	PDU	Inhalt
O	LMP_page_mode_req	Paging-Schema, Einstellungen für Paging_Schema
O	LMP_page_scan_mode_req	Paging-Schema, Einstellungen für Paging_Schema

Tabelle 4.21: Die zur Anforderung des Paging-Schemas verwendeten PDUs.
Quelle: Bluetooth-Spezifikation 1.0.

Die Prozedur für den Page-Modus wird vom Gerät A initiiert, welches das verwendete Paging-Schema aushandelt, sobald es Gerät B »ausruft«. Gerät A schlägt ein Paging-Schema einschließlich der Parameter für dieses Schema vor, während Gerät B die Anforderung annehmen oder abweisen kann. Beim Abweisen der Anforderung wird die alte Einstellung nicht geändert. Eine Anforderung zum Umschalten auf das verbindliche Schema kann ebenfalls abgewiesen werden.

Die Prozedur für den Scan-Modus wird von Gerät A initiiert, welches das verwendete Paging-Schema aushandelt, sobald Gerät B Gerät A »ausruft«. Gerät A schlägt ein Paging-Schema einschließlich der Parameter für dieses Schema vor, während Gerät B die Anforderung annehmen oder abweisen kann. Beim Abweisen der Anforderung wird die alte Einstellung nicht geändert. Eine Anforderung zum Umschalten auf das verbindliche Schema muss akzeptiert werden.

---

2. Als dieses Buch entstand, war das optionale Paging-Schema in der Bluetooth-Spezifikation 1.0 noch nicht vollständig definiert worden.

4.25 Verbindungsüberwachung

Jede Bluetooth-Verbindung verfügt über einen Timer für die Verbindungsüberwachung (link supervision). Dieses verbindliche Leistungsmerkmal
wird dazu verwendet, Verbindungsabrisse zu erkennen, die von Geräten verursacht werden, die sich außerhalb der Reichweite befinden, abgeschaltet
oder auf andere Art und Weise von einem Ausfall betroffen sind. Der Wert
für den Überwachungs-Timeout wird über eine LMP-Prozedur eingestellt.
Die zum Einstellen des Überwachungs-Timeouts verwendete PDU heißt
`LMP_supervision_timeout`.

4.26 Verbindungseinrichtung

Nach einer Paging-Prozedur muss der Master den Slave näher bestimmen,
indem er POLL- bzw. NULL-Pakete mit einem Intervall max poll sendet. Anschließend können LMP-Prozeduren ausgeführt werden, die keine Interaktionen zwischen dem LM und dem Host auf der Seite der »ausgerufenen«
Einheit erfordern.

Wenn das »ausrufende« Gerät (paging device) eine Verbindung erstellen
muss, die Schichten oberhalb des Link Manager (LM) beinhaltet, sendet es
`LMP_host_connection_req` (Tabelle 4.22). Sobald die andere Seite diese
Nachricht empfängt, wird der Host über die ankommende Verbindung informiert. Das entfernte Gerät (remote device) kann die Verbindungsanforderung durch Senden von `LMP_accepted` oder `LMP_not_accepted` akzeptieren
oder zurückweisen. Sobald ein Gerät keine weiteren Verbindungseinrichtungsprozeduren erwartet, sendet es `LMP_setup_complete`. Es kann in diesem Fall immer noch auf Anforderungen vom anderen Gerät antworten. Sobald auch das andere Gerät mit der Verbindungseinrichtung fertig ist, sendet
es `LMP_setup_complete`. Danach kann das erste Paket auf einem anderen
vom LMP verschiedenen logischen Kanal übertragen werden.

Verbindlich/optional	PDU	Inhalt
V	LMP_host_connection_req	
V	LMP_setup_complete	

Tabelle 4.22: Die zur Verbindungseinrichtung verwendeten PDUs.
Quelle: Bluetooth-Spezifikation 1.0.

4.27 Testmodi

Zusätzlich zu den zuvor beschriebenen 55 PDUs verfügt LMP noch über PDUs zur Unterstützung verschiedener Bluetooth-Testmodi, die für Zertifizierungs- und Übereinstimmungstests des Bluetooth-Funks und der Basisbandgeräte verwendet werden. Für Endanwender von Bluetooth-Geräten sind diese Funktionen unsichtbar. Zu den Testmodi gehören Tests des Senders/Empfängers (Übertragen von Paketen mit konstanten Bitmustern) und Loopback-Tests. Ein Gerät im Testmodus kann keinen normalen Betrieb ausführen. Falls sich das Bluetooth-Gerät nicht im Testmodus befindet, werden die Steuer- und Konfigurationsbefehle für den Test abgewiesen. In diesem Fall wird LMP_not_accepted zurückgegeben.

Der Testmodus wird durch Senden von LMP_test_activate an das zu testende Gerät (immer der Slave) aktiviert. Der Link Manager muss in der Lage sein, diese Nachricht jederzeit entgegennehmen zu können. Falls die Aktivierung des Testmodus lokal im zu testenden Gerät möglich ist, antwortet es mit LMP_accepted – der Testmodus hat damit begonnen. Anderenfalls antwortet das zu testende Gerät mit LMP_not_accepted und verbleibt im normalen Betrieb. In diesem Fall enthält der Grundcode in LMP_not_accepted »PDU not allowed«.

Der Testmodus kann auf zweierlei Weisen deaktiviert werden: Als Erstes wird durch Senden von LMP_test_control mit auf »exit test mode« eingestellter Testumgebung der Testmodus beendet – der Slave kehrt in diesem Fall zum Normalbetrieb zurück, ist aber immer noch mit dem Master verbunden. Als Zweites wird durch Senden von LMP_detach an das zu testende Gerät sowohl der Testmodus als auch die Verbindung mit dem Master beendet.

Wenn ein Gerät in den Testmodus gegangen ist, kann mit der PDU LMP_test_control ein bestimmter Test gestartet werden. Diese PDU wird über LMP_accepted bestätigt. Falls ein Gerät, das nicht im Testmodus ist, ein LMP_test-control empfängt, antwortet es mit LMP_not_accepted und dem Grundcode »PDU not allowed«.

4.28 Fehlerbearbeitung

Falls der Link Manager eine PDU mit einem nicht erkannten Opcode empfängt, antwortet er mit LMP_not_accepted und dem Grundcode »unknown LMP PDU«. Der zurückgegebene Parameter des Opcodes ist der nicht erkannte Opcode. Wenn der Link Manager eine PDU mit ungültigen Parametern empfängt, antwortet er mit `LMP_not_accepted` und dem Grundcode »invalid LMP parameters«. Falls die maximale Antwortzeit überschritten oder ein Verbindungsabbruch erkannt wurde, kann die Partei, die auf die Antwort wartet, schlussfolgern, dass die Prozedur nicht erfolgreich beendet werden konnte.

Fehlerhafte LMP-Nachrichten können durch Fehler im Kanal oder auf der Senderseite entstehen. Zum Erkennen des zweiten Falles überwacht der LM die Anzahl der fehlerhaften Nachrichten und unterbricht die Verbindung, falls jene einen vordefinierten Schwellenwert überschreitet. Da die LMP-PDUs nicht in Echtzeit interpretiert werden, sind Kollisionen in Situationen möglich, in denen beide LM gemeinsam dieselbe Prozedur initiieren und nicht abschließen können. In einem solchen Fall weist der Master die vom Slave initiierte Prozedur durch Senden von `LMP_not_accepted` mit dem Grundcode »LMP Error Transaction Collision« zurück. Die vom Master initiierte Prozedur gilt dann als abgeschlossen.

4.29 Zusammenfassung

Das Protokoll des Verbindungsmanagements bietet Verfahren zur Implementierung einer Peer-to-Peer-Kommunikation zwischen den Link Managern von zwei Bluetooth-Geräten, die in gegenseitige Reichweite kommen. Es ist die Einheit des Link Managers in einem Gerät, die eine andere Einheit erkennen kann. Die eigentliche Kommunikation zwischen den Link Managern geschieht über verschiedene Nachrichten (Protocol Data Units bzw. PDUs), die über das Link Manager-Protokoll ausgetauscht werden. Es gibt 55 verschiedene Typen von Nachrichten (plus zwei weiteren, die für die Zertifizierungs- und Übereinstimmungstests des Bluetooth-Funks und -Basisbandes verwendet werden), die verschiedene Funktionen wie etwa den Leitungsaufbau, die Sicherheitsmechanismen wie die Authentifizierung und Verschlüsselung, sowie die Steuerung und Verhandlung der Basisband-Paketgrößen kontrollieren. Über diesen Nachrichtenaustausch steuert LMP außerdem sowohl die Energiezustände und Betriebszyklen der Bluetooth-Funkgeräte als auch die Verbindungszustände der Bluetooth-Einheiten in einem Pico-Netz. Ungeachtet der jeweils als Antwort auf eine dieser Nachrichten ausgeführten Funktion wird diese vom Link Manager auf der Empfängerseite immer ausgefiltert und nicht an die höheren Schichten weitergereicht.

Logische Verbindungssteuerung 5

Die Bluetooth-Spezifikation beinhaltet das Protokoll L2CAP[1] (Logical Link Control and Adaptation Protocol), das ein Protokoll-Multiplexing der höheren Ebene sowie Paketsegmentierung und -neuzusammensetzung (SAR; Segmentation and Reassembly) anbietet. L2CAP sorgt auch für QoS-Informationen (QoS; Quality of Service) zwischen den Bluetooth-Endpunkten. Wie das im vorherigen Kapitel erörterte LM-Protokoll (LMP; Link Manager Protocol) ist auch L2CAP über das Basisbandprotokoll geschichtet und im OSI-Referenzmodell in der Sitzungsschicht angesiedelt (siehe dazu Abbildung 5.1).

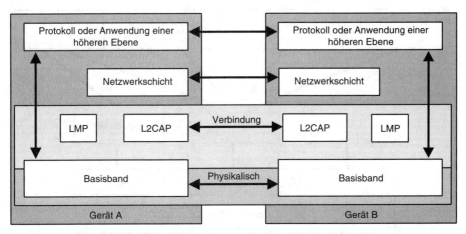

Abbildung 5.1: L2CAP (Logical Link Control and Adaptation Protocol) ist in der Sicherungsschicht angesiedelt und bietet Protokoll-Multiplexing der höheren Ebene, Paketsegmentierung und -neuzusammensetzung (SAR; Segmentation and Reassembly) sowie Informationen zum QoS (Quality of Service).
Quelle: Bluetooth-Spezifikation 1.0.

L2CAP erlaubt Protokollen und Anwendungen höherer Ebenen die Übertragung und den Empfang von L2CAP-Paketen mit bis zu 64 KB Länge. Während die Basisband-Spezifikation von Bluetooth die zwei Verbindungstypen

---

1. Das »L2« in L2CAP bezieht sich auf die Logical Link bzw. OSI-Schicht 2, also die Sicherungsschicht. Die Sicherungsschicht besteht aus den Unterschichten für die logische Verbindungssteuerung und die Kontrolle des Medienzugangs (Medium Access Control).

SCO (Synchronous Connection-Oriented) und ACL (Asynchronous Connection-Less) definiert, ist die L2CAP-Spezifikation nur für ACL-Verbindungen definiert. Außerdem kann nicht mehr als eine ACL-Verbindung zwischen zwei Geräten existieren. L2CAP stützt sich zum Schutz der über die ACL-Verbindung übertragenen Informationen auf Integritätsüberprüfungen der Basisbandschicht. Eine Unterstützung für SCO-Verbindungen ist nicht eingeplant.

L2CAP verfügt über eine Schnittstelle zu anderen Kommunikationsprotokollen (siehe Abbildung 5.2), wie etwa SDP (Service Discovery Protcol), RFCOMM und TCS (Telephony Control Spezification). Während Kanäle mit Sprachqualität für Audio- und Telefonieanwendungen normalerweise über Basisband-SCO-Verbindungen abgewickelt werden, können in Pakete verpackte Audiodaten, wie etwa die IP-Telefonie, unter Verwendung der über L2CAP laufenden Kommunikationsprotokolle gesendet werden. In diesem Fall wird Audio wie jede andere Datenanwendung behandelt.

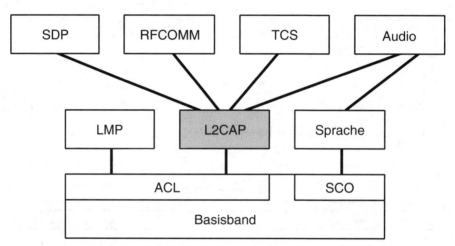

Abbildung 5.2: L2CAP in Relation zu anderen Protokollen in der Bluetooth-Architektur. Quelle: Bluetooth-Spezifikation 1.0.

Zu den Eigenschaften von L2CAP gehören seine Unkompliziertheit und sein niedriger Overhead, was es zur Implementierung in Geräten mit begrenzten Rechner- und Speicherressourcen geeignet macht, wie etwa Handheld-Computer, PDAs, Mobilfunktelefone, drahtlose Headsets und andere Geräte, die die drahtlose Bluetooth-Technologie unterstützen. Der niedrige Overhead des Protokolls erlaubt eine große Bandbreiteneffizienz bei niedriger Energieaufnahme, was dem Energieverwaltungskonzept des Bluetooth-Funks entspricht.

5.1 Funktionen von L2CAP

Unter den von der L2CAP-Schicht ausgeführten Funktionen befindet sich auch das Protokoll-Multiplexing. L2CAP muss das Protokoll-Multiplexing deshalb unterstützen, weil das Basisbandprotokoll kein »Typ«-Feld zur Identifizierung des gemultiplexten Protokolls der höheren Schicht unterstützt. L2CAP muss aus diesem Grund in der Lage sein, zwischen den Protokollen höherer Schichten wie SDP, RFCOMM und TCS unterscheiden zu können.

Eine weitere in der L2CAP-Schicht ausgeführte Funktion ist die Segmentierung und Neuzusammensetzung zur Unterstützung von Protokollen, die mit Paketen umgehen, die größer als die vom Basisband verarbeiteten Pakete sind. Verglichen mit den physikalischen Medien in einer verkabelten Umgebung sind die in Verbindung mit dem Bluetooth-Basisbandprotokoll verwendeten Pakete größenmäßig beschränkt. Der Transport einer mit der maximalen Anzahl von Basisband-Nutzdaten (341 Bytes für Pakete mit hoher Datenrate) verbundenen MTU (Maximum Transmission Unit) stellt eine Beschränkung der effizienten Nutzung der Bandbreite für Protokolle der höheren Schichten dar, die für die Verwendung größerer Pakete entwickelt wurden. Große L2CAP-Pakete müssen vor der drahtlosen Übertragung in mehrere kleinere Basisbandpakete aufgeteilt werden. Beim Empfänger werden die Basisbandpakete dann nach einer einfachen Integritätsüberprüfung zu einem einzigen großen L2CAP-Paket zusammengesetzt.

Der Prozess des L2CAP-Verbindungsaufbaus erlaubt den Austausch von Informationen, die sich auf den von zwei Bluetooth-Geräten erwarteten QoS-Dienst beziehen. Die L2CAP-Implementierung auf beiden Seiten überwacht die vom Protokoll genutzten Ressourcen und stellt sicher, dass die QoS-Vereinbarungen durchgesetzt werden.

Viele Protokolle kennen das Konzept der Adressgruppen. Das Basisbandprotokoll unterstützt das Konzept des Pico-Netzes, einer Gruppe von bis zu acht Geräten, die mit demselben Takt zusammenarbeiten. Die L2CAP-Gruppenabstraktion erlaubt Implementierungen für die effiziente Zuordnung von Protokollgruppen zu Pico-Netzen. In Abwesenheit einer Gruppenabstraktionsfunktion benötigen Protokolle der höheren Schichten zur effizienten Verwaltung von Adressgruppen das Basisbandprotokoll und den LM (Link Manager).

5.2 Grundsätzliche Funktionsweise

Die ACL-Verbindung zwischen zwei Bluetooth-Einheiten wird unter Verwendung des LMP (Link Manager Protocol) aufgebaut. Das Basisband sorgt dafür, dass die Datenpakete trotz gelegentlicher Beschädigung und Doppelung ordentlich angeliefert werden. Das Basisband bietet auch Vollduplex-Kommunikationskanäle an. Jedoch muss nicht jede L2CAP-Kommunikation bidirektional verlaufen – Multicast- und unidirektionaler Verkehr (beispielsweise Video) benötigen keine Duplex-Kanäle, sondern arbeiten mit Simplex-Kanälen.

L2CAP stellt unter Verwendung der Mechanismen, die die Basisbandschicht bietet, einen stabilen Kanal zur Verfügung. Die Stabilität wird durch auf Anfrage stattfindende Überprüfungen der Datenintegrität und Neuübertragungen von Daten bis zu deren erfolgreicher Bestätigung bzw. bis zum Timeout erzielt. Da Bestätigungen jedoch auch verloren gehen können, können Timeouts auch nach der erfolgreichen Übertragung von Daten noch auftreten. Das Basisbandprotokoll verwendet eine Sequenznummer mit 1 Bit, mit deren Hilfe doppelte Pakete entfernt werden. Die Verwendung von Broadcast-Paketen ist nicht erlaubt, sofern die Zuverlässigkeit erforderlich ist. Dies wird durchgesetzt, indem bei allen Broadcasts das erste Segment eines L2CAP-Pakets mit demselben Sequenzbit beginnt.

Die folgenden Funktionen fallen nicht in den Bereich der L2CAP-Verantwortlichkeit:

- Kein Transport von Audiodaten, die für SCO-Verbindungen bestimmt sind
- Keine Durchsetzung eines stabilen Kanals oder Gewährleistung der Datenintegrität. Das heißt, L2CAP führt keinerlei Neuübertragungen oder Prüfsummenberechnungen durch.
- Keine Unterstützung eines stabilen Multicast-Kanals
- Keine Unterstützung des Konzepts eines globalen Gruppennamens

5.2.1   Kanal-ID

L2CAP gründet auf dem Konzept der *Kanäle*. Jeder Endpunkt eines L2CAP-Kanals wird durch eine Kanal-ID (CID; Channel Identifier) gekennzeichnet. Manche IDs sind für spezielle L2CAP-Funktionen, wie beispielsweise die Signalisierung, reserviert, die zum Erstellen und Aufbau von verbindungsorientierten Datenkanälen und zum Verhandeln von Änderungen der Charakteristika dieser Kanäle verwendet wird. Eine weitere CID ist für sämtlichen ankommenden, verbindungslosen Datenverkehr reserviert.

Außer bei reservierten Kanälen können die anderen CIDs so gehandhabt werden, wie es am besten zu einer bestimmten Implementierung passt. Die Bedingung dafür ist, dass ein und dieselbe CID nicht erneut als lokaler L2CAP-Endpunkt für mehrere simultane L2CAP-Kanäle zwischen einem lokalen und entfernten Gerät (local bzw. remote device) verwendet werden darf.

Die Abbildung 5.3 illustriert die Verwendung von CIDs zwischen L2CAP-Peer-Einheiten in getrennten Geräten. Die verbindungsorientierten Datenkanäle repräsentieren eine Verbindung zwischen zwei Kanälen, wobei eine CID jeweils einen Endpunkt des Kanals identifiziert. Die verbindungslosen Kanäle beschränken den Datenfluss auf eine einzige Richtung. Diese Kanäle werden zur Unterstützung einer so genannten Kanal-»Gruppe« verwendet, wobei die CID der Ausgangsquelle ein oder mehrere entfernte Geräte repräsentiert.

Innerhalb einer L2CAP-Einheit ist die Unterstützung eines Signalkanals vorgeschrieben. Eine weitere CID ist für sämtlichen ankommenden, verbindungslosen Datenverkehr reserviert. In der Abbildung repräsentiert eine CID eine Gruppe aus den Geräten C und D. Der von dieser Kanal-ID gesendete Verkehr wird in den für verbindungslosen Datenverkehr reservierten Kanal geleitet.

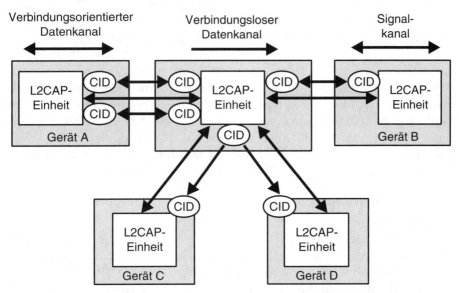

Abbildung 5.3: Kanäle zwischen Geräten, die mit L2CAP eingerichtet werden.
Quelle: Bluetooth-Spezifikation 1.0.

5.2.2 Segmentierung und Neuzusammensetzung

Die Funktionen zum Segmentieren und Neuzusammensetzen (SAR; Segmentation and Reassembly) werden zur Steigerung der Effizienz beim Transport einer MTU (Maximum Transmission Unit) eingesetzt, deren Größe das größte Basisbandpaket übersteigt. Dies reduziert Overhead, indem die von Protokollen höherer Schichten verwendeten Netzwerk- und Transportpakete auf mehrere Basisbandpakete verteilt werden. Alle L2CAP-Pakete können zum Transfer über Basisbandpakete segmentiert werden. Das Protokoll führt keine Funktionen zur Segmentierung und Neuzusammensetzung aus. Das Paketformat unterstützt jedoch die Adaption kleinerer physikalischer Rahmengrößen. Eine L2CAP-Implementierung bearbeitet die abgehende MTU und segmentiert die Pakete höherer Schichten in kleinere Stücke, die über die Host Controller-Schnittstelle (HCI; Host Controller Interface), sofern vorhanden, an den Link Manager weitergereicht werden können. Auf der Empfängerseite empfängt die L2CAP-Implementierung segmentierte Pakete von dem HCI und setzt sie neu in L2CAP-Pakete zusammen, wobei sie Informationen verwendet, die von dem HCI und vom Paket-Header stammen.

Segmentierung

Die L2CAP-MTU wird unter Verwendung einer implementierungsspezifischen Diensteschnittstelle exportiert. Es liegt in der Verantwortlichkeit der Protokolle der höheren Schichten, die Größe der an die L2CAP-Schicht gesendeten Pakete auf einen Wert unterhalb der MTU-Grenze zu beschränken. Eine L2CAP-Implementierung segmentiert das Paket zum Senden an die niedrigere Schicht in PDUs (Packet Data Units). Falls L2CAP direkt über das Basisbandprotokoll läuft, kann die Implementierung das Paket zur drahtlosen Übertragung in Basisbandpakete segmentieren. Falls L2CAP oberhalb des HCI läuft (was typisch ist), kann eine Implementierung Pakete in Blockgröße an den Hostcontroller senden, wo sie dann in Basisbandpakete umgewandelt werden. Alle mit einem L2CAP-Paket verknüpften Basisbandpakete müssen als erste durch das Basisband gehen, bevor andere L2CAP-Pakete für dieselbe Bluetooth-Einheit gesendet werden können.

Neuzusammensetzung

Das Basisbandprotokoll liefert die ACL-Pakete in geordneter Reihenfolge an und schützt die Integrität der Daten durch die Verwendung eines CRC-Codes (CRC; Cyclic Redundancy Check) mit 16 Bits. Das Basisband unterstützt außerdem über die Verwendung eines ARQ-Verfahrens (ARQ; Automatic Repeat Request) stabile Verbindungen. Sobald der Basisbandcontroller ACL-Pakete empfängt, gibt es drei Möglichkeiten: Entweder informiert er die L2CAP-Schicht über die Ankunft jedes Basisbandpakets oder er akkumuliert eine Anzahl von Paketen, bis der Empfangspuffer voll ist, oder ein Timer läuft ab, bevor die Information der L2CAP-Schicht stattfinden kann.

Die L2CAP-Implementierungen verwenden das Längenfeld im Header der L2CAP-Pakete für die Konsistenzüberprüfung – sie löschen alle Pakete, die nicht mit dem Längenfeld übereinstimmen. Sofern keine Kanalstabilität erforderlich ist, können Pakete mit falschen Längenangaben gelöscht werden. Ist dagegen eine Kanalstabilität erforderlich, müssen L2CAP-Implementierungen, sofern der Kanal nicht mehr stabil ist, die obere Schicht darüber informieren. Stabile Kanäle werden in der Bluetooth-Spezifikation als Kanäle definiert, die über einen Flush-Timeout verfügen. Diese Option wird dazu verwendet, den Empfänger über den Zeitraum zu informieren, über den der Link Controller/Link Manager des Senders versucht, ein L2CAP-Segment zu senden, bevor er aufgibt und das Paket entfernt (flush).

5.3   Zustandsmaschine

Der verbindungsorientierte L2CAP-Kanal geht während der Interaktionen zwischen den verschiedenen Schichten von verschiedenen Zuständen aus. Entsprechend der Bluetooth-Spezifikation ist diese so genannte Zustandsmaschine nur auf bidirektionale CIDs anwendbar und nicht repräsentativ für den Signalisier- oder den unidirektionalen Kanal. Die Abbildung 5.4 illustriert die Ereignisse und Aktionen, die von einer Implementierung der L2CAP-Schicht ausgeführt werden können.

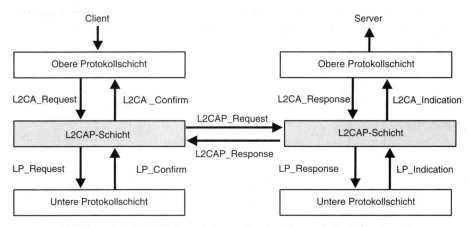

Abbildung 5.4: L2CAP-Interaktionen. Quelle: Bluetooth-Spezifikation 1.0.

Clients initiieren Anfragen, während Server Anfragen bearbeiten. Ein Client auf der Anwendungsebene kann Anfragen sowohl initiieren als auch bearbeiten. Die Namenskonvention bezieht sich auf die Schnittstelle zwischen zwei Schichten (vertikale Schnittstelle) und bedient sich des Präfix der niedrigeren Schicht, die der höheren Schicht einen Dienst anbietet (wie etwa L2CA). Die Schnittstelle zwischen zwei Einheiten derselben Schicht (horizontale Schnittstelle) verwendet das Präfix des Protokolls, wobei sie der Schichtenidentifizierung den Buchstaben »P« hinzufügt (aus L2CA wird also L2CAP). Ereignisse von oberhalb werden Requests (Req) und korrespondierende Antworten Confirms (Cfm) genannt. Ereignisse von unterhalb werden Indications (Ind) und korrespondierende Antworten Responses (Rsp) genannt.

Responses, die weiterbearbeitet werden müssen, heißen Pending (Pnd). Die No-
tation für Confirms und Responses geht von positiven Antworten aus. Negative
Antworten verfügen über ein Suffix »Neg« (wie etwa in `L2CAP_ConnectCfmNeg`).
Während Anfragen einer Aktion immer eine korrespondierende Confirmation
ergeben, verfügen Indications nicht immer über korrespondierende Responses.
Das Letztere gilt insbesondere dann, wenn die Indications lediglich Informationen über lokal ausgelöste Ereignisse liefern.

Der in der Abbildung 5.5 illustrierte Nachrichtenverlauf veranschaulicht den
normalen Verlauf von Ereignissen. Die zwei äußeren vertikalen Linien repräsentieren die L2CA-Schnittstelle des Initiators (das Gerät, welches einen
Request startet) und des Akzeptors (des Geräts, welches auf den Request des
Initiators antwortet). Request-Befehle an der L2CA-Schnittstelle ergeben
Requests, die vom Protokoll definiert sind. Wenn das Protokoll den Request
an den Akzeptor weiterleitet, zeigt die entfernte L2CA-Einheit dem oberen
Protokoll eine Indication an. Wenn das höhere Protokoll des Akzeptors
antwortet, wird die Antwort vom Protokoll verpackt und zurück an den
Initiator geleitet. Das Ergebnis wird unter Verwendung einer Confirm-
Nachricht zurück an das niedrigere Protokoll des Initiators geleitet.

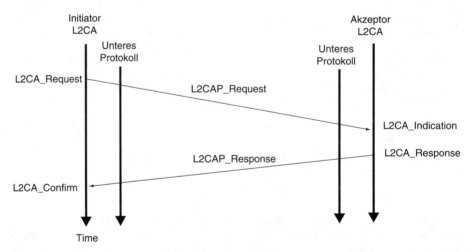

Abbildung 5.5: Nachrichtenverlauf, der die Interaktion der verschiedenen Schichten aufzeigt.
Quelle: Bluetooth-Spezifikation 1.0.

5.3.1 Ereignisse

Ereignisse sind in der L2CA-Schicht ankommende Nachrichten und Time-
outs. Ereignisse werden als Indications und Confirms von niedrigeren
Schichten, Requests und Responses von höheren Schichten, Daten von Peers,
Signal-Requests und -Responses von Peers und als von Timern verursachte
Ereignisse kategorisiert.

Ereignisse von niedrigerer Schicht zu L2CAP

Die Bluetooth-Spezifikation beschreibt die folgenden Nachrichten, die zwischen dem Protokoll der niedrigeren Schicht (das heißt dem Basisband) und L2CAP während des Prozesses des Verbindungsaufbaus ausgetauscht werden:

- **LP_ConnectCfm**. Bestätigt den Request zum Aufbau einer Verbindung einer niedrigeren Schicht. Dies beinhaltet die Weitergabe der Authentifizierungsabfrage, falls zum Aufbau der physikalischen Verbindung eine Authentifizierung erforderlich ist.

- **LP_ConnectCfmNeg**. Bestätigt den Fehlschlag des Request zum Aufbau einer Verbindung der niedrigeren Schicht. Dies kann geschehen, falls kein Kontakt mit dem Gerät möglich war, es den Request abgewiesen hat oder die LMP-Authentifizierungsanfrage fehlgeschlagen ist.

- **LP_ConnectInd**. Zeigt an, dass das niedrigere Protokoll die Verbindung erfolgreich hergestellt hat. Im Falle des Basisbandes ist dies eine ACL-Verbindung. Eine L2CAP-Einheit kann diese Information zur Überwachung physikalischer Verbindungen nutzen.

- **LP_DisconnectInd**. Zeigt an, dass das niedrigere Protokoll durch LMP-Befehle beendet wurde oder ein Timeout-Ereignis aufgetreten ist.

- **LP_QoSCfm**. Bestätigt den Request für einen gegebenen Quality of Service.

- **LP_QoSCfmNeg**. Bestätigt den Fehlschlag eines Request für einen gegebenen Quality of Service.

- **LP_QoSViolationInd**. Zeigt an, dass das niedrigere Protokoll eine Verletzung der im vorigen LP_QoSReq festgelegten QoS-Vereinbarung festgestellt hat.

Signalisierereignisse von L2CAP zu L2CAP

Signalisierereignisse von L2CAP zu L2CAP werden von allen L2CAP-Einheiten generiert – sie sind mit dem Austausch der dazugehörigen L2CAP-Signalisier-PDUs verbunden. L2CAP-Signalisier-PDUs werden auch wie andere L2CAP-PDUs über ein Protokoll-Indication-Ereignis von der unteren Schicht empfangen. Zwischen L2CAP-Einheiten werden laut Bluetooth-Spezifikation die folgenden Signalisiernachrichten ausgetauscht:

- **L2CAP_ConnectReq**. Es wurde ein Verbindungs-Request-Paket empfangen.

- **L2CAP_ConnectRsp**. Es wurde ein Verbindungs-Response-Paket mit positivem Ergebnis empfangen. Es zeigt an, dass die Verbindung aufgebaut wurde.

- **L2CAP_ConnectRspPnd**. Es wurde ein Verbindungs-Response-Paket empfangen. Es zeigt an, dass der entfernte Endpunkt (remote endpoint) den Request empfangen hat und ihn gerade verarbeitet.

- **L2CAP_ConnectRspNeg**. Es wurde ein Verbindungs-Response-Paket empfangen. Es zeigt an, dass die Verbindung nicht aufgebaut werden konnte.

- **L2CAP_ConfigReq**. Es wurde ein Konfigurations-Request-Paket empfangen. Es zeigt an, dass der entfernte Endpunkt in Verhandlungen über die Kanalparameter treten will.

- **L2CAP_ConfigRsp**. Es wurde ein Konfigurations-Response-Paket empfangen. Es zeigt an, dass der entfernte Endpunkt mit allen verhandelten Parametern einverstanden ist.

- **L2CAP_ConfigRspNeg**. Es wurde ein Konfigurations-Response-Paket empfangen. Es zeigt an, dass der entfernte Endpunkt nicht mit den über das Response-Paket empfangenen Parametern einverstanden ist.

- **L2CAP_DisconnectReq**. Es wurde ein Disconnection-Request-Paket empfangen. Es zeigt an, dass der Kanal den Disconnection-Prozess initiieren soll. Nach Abschluss eines L2CAP-Disconnection-Prozesses gibt eine L2CAP-Einheit die korrespondierende lokale CID an den Pool mit nicht zugewiesenen CIDs zurück.

- **L2CAP_DisconnectRsp**. Es wurde ein Disconnection-Response-Paket empfangen. Nach dem Empfang dieses Signals gibt die empfangende L2CAP-Einheit die korrespondierende lokale CID an den Pool mit nicht zugewiesenen CIDs zurück. Es gibt keine korrespondierende negative Response, weil der Disconnect-Request immer erfolgreich verlaufen muss.

Datenereignisse von L2CAP zu L2CAP

Zwischen L2CAP-Einheiten wird nur eine einzige Nachricht ausgetauscht, die den Empfang eines Datenpakets anzeigt: L2CAP_Data.

Ereignisse von höherer Schicht zu L2CAP

Die Bluetooth-Spezifikation sieht die folgenden Nachrichten vor, die zwischen dem Protokoll der oberen Schicht und L2CAP während des Prozesses des Verbindungsaufbaus ausgetauscht werden:

- **L2CA_ConnectReq**. Ein Request einer oberen Schicht an ein entferntes Gerät (remote device) zum Erstellen eines Kanals.

- **L2CA_ConnectRsp**. Eine Response einer höheren Schicht als Antwort auf einen Verbindungs-Request von einem entfernten Gerät.

- **L2CA_ConnectRspNeg**. Eine negative Response (Zurückweisung) einer oberen Schicht als Antwort auf einen Verbindungs-Request von einem entfernten Gerät.

- **L2CA_ConfigReq**. Ein Request von einer oberen Schicht zur (Re)Konfiguration des Kanals.

● **L2CA_ConfigRsp**. Eine Response von einer oberen Schicht als Antwort auf einen Request zur (Re)Konfiguration des Kanals.

● **L2CA_ConfigRspNeg**. Eine negative Response von einer oberen Schicht als Antwort auf einen (Re)Konfigurations-Request.

● **L2CA_DisconnectReq**. Ein Request von einer oberen Schicht zur unverzüglichen Unterbrechung eines Kanals.

● **L2CA_DisconnectRsp**. Eine Response von einer oberen Schicht als Antwort auf einen Disconnection-Request. Es gibt keine korrespondierende negative Response, da ein Disconnect stets akzeptiert werden muss.

● **L2CA_DataRead**. Ein Request von einer oberen Schicht zum Transfer empfangener Daten von der L2CAP-Einheit zur oberen Schicht.

● **L2CA_DataWrite**. Ein Request von einer oberen Schicht zum Transfer empfangener Daten von der oberen Schicht zur L2CAP-Einheit für die Übertragung über einen offenen Kanal.

Timer-Ereignisse

Die Bluetooth-Spezifikation sieht die folgenden Timer-Nachrichten vor, die zwischen den Endpunkten während des Prozesses der Kanalbeendigung ausgetauscht werden:

● **Response Timeout eXpired (RTX)**. Wird zum Beenden des Kanals verwendet, sobald der entfernte Endpunkt nicht mehr auf Signalisier-Requests antwortet. Dieser Timer wird gestartet, sobald ein Signalisier-Request an das entfernte Gerät (remote device) gesendet wurde, und abgeschaltet, sobald die Nachricht empfangen wurde. Falls der ursprüngliche Timer ausgelaufen ist, wird eine identische Request-Nachricht gesendet oder der im Request bezeichnete Kanal beendet. Falls eine identische Nachricht gesendet wird, wird der RTX-Timeout-Wert auf einen neuen Wert eingestellt, der mindestens doppelt so groß wie der alte Wert ist. Die Verantwortlichkeit für die maximale Anzahl von Neuübertragungs-Requests, die auf der L2CAP-Ebene vor der Beendigung des Kanals ausgeführt werden, liegt bei der jeweiligen Implementierung. Die Entscheidung gründet auf dem Flush-Timeout der Signalisierverbindung. Je länger der Flush-Timeout ist, umso mehr Neuübertragungen können über die physikalische Schicht durchgeführt werden, und je größer die Stabilität des Kanals ist, umso weniger Neuübertragungen sind auf der L2CAP-Ebene erforderlich.

● **Extended Response Timeout eXpired (ERTX)**. Wird anstelle des RTX-Timers verwendet, wenn davon ausgegangen werden muss, dass der entfernte Endpunkt zusätzliche Verarbeitungen eines Request-Signals durchführt. Dieser Timer wird gestartet, wenn der entfernte Endpunkt geantwortet hat, dass ein Request ansteht (pending), und wenn ein

`L2CAP_ConnectRspPnd` empfangen worden ist. Dieser Timer wird wieder abgeschaltet, wenn entweder eine formelle Response empfangen oder die physikalische Verbindung verloren gegangen ist. Falls der ursprüngliche Timer ausläuft, kann ein identischer Request gesendet oder der Kanal beendet werden. Falls ein identischer Request gesendet wird, verschwindet der jeweilige ERTX-Timer und wird durch einen neuen RTX-Timer ersetzt. Die Timing-Prozedur wird dann erneut aufgenommen, wie schon weiter oben für den RTX-Timer beschrieben.

5.3.2 Aktionen

Aktionen werden gegenüber höheren Schichten als Confirms und Indications, gegenüber niedrigeren Schichten als Requests und Responses, als Requests und Responses gegenüber Peers, als Datenübertragungen an Peers und als Timereinstellungen kategorisiert.

Aktionen von L2CAP zu niedrigerer Schicht

Die Bluetooth-Spezifikation sieht die folgenden Nachrichten vor, die zwischen dem Protokoll der niedrigeren Schicht (das heißt dem Basisband) und L2CAP während des Prozesses des Verbindungsaufbaus ausgetauscht werden:

- **LP_ConnectReq**. L2CAP fordert das niedrigere Protokoll zum Erstellen eines Kanals auf. Wenn keine physikalische Verbindung zum entfernten Gerät existiert, wird diese Nachricht zum Aufbau einer physikalischen Verbindung an das niedrigere Protokoll gesendet. Da von nicht mehr als einer ACL-Verbindung zwischen zwei Geräten ausgegangen wird, müssen zusätzliche L2CAP-Kanäle zwischen diesen beiden Geräten dieselbe ACL-Basisbandverbindung gemeinsam nutzen. Entsprechend der Verarbeitung der Anfrage gibt die niedrigere Schicht `LP_ConnectCfm` oder `LP_ConnectCfmNeg` zurück und zeigt damit an, ob die Anfrage erfüllt werden konnte.

- **LP_QoSReq**. L2CAP fordert das niedrigere Protokoll zur Einstellung auf einen bestimmten QoS-Parameter auf. Nach der Verarbeitung der Anfrage gibt die niedrigere Schicht `LP_QoSCfm` oder `LP_QoSCfmNeg` zurück und zeigt damit an, ob die Anfrage erfüllt werden konnte.

- **LP_ConnectRsp**. Diese positive Antwort zeigt an, dass der vorherige Verbindungs-Request akzeptiert worden ist.

- **LP_ConnectRspNeg**. Eine negative Antwort, die den vorherigen Verbindungs-Request zurückweist.

Signalisieraktionen von L2CAP zu L2CAP

Diese Aktionen sind identisch mit denen unter »L2CAP zu niedrigerer Schicht« beschriebenen Aktionen mit der Ausnahme, dass sie sich nicht auf den Empfang, sondern auf die Übertragung von Nachrichten beziehen.

Datenaktionen von L2CAP zu L2CAP

Dies ist das Gegenstück von »Datenereignisse L2CAP-zu-L2CAP«, wobei sich dieser Fall nicht auf den Datenempfang, sondern die Datenübertragung bezieht.

Aktionen von L2CAP zu oberer Schicht

Die Bluetooth-Spezifikation sieht die folgenden Nachrichten vor, die zwischen L2CAP und dem Protokoll der oberen Schicht während des Prozesses des Verbindungsaufbaus ausgetauscht werden:

- **L2CA_ConnectInd**. Zeigt an, dass ein Verbindungs-Request von einem entfernten Gerät empfangen worden ist.
- **L2CA_ConnectCfm**. Bestätigt, dass nach dem Empfang einer Verbindungsnachricht vom entfernten Gerät (remote device) ein Verbindungs-Request akzeptiert wurde.
- **L2CA_ConnectCfmNeg**. Negative Bestätigung (Fehlschlag) eines Verbindungs-Request (an die Stelle einer negativen Verbindungs-Response kann bei dieser Aktion auch ein wegen eines unbeantworteten Verbindungs-Request abgelaufener RTX-Timer treten).
- **L2CA_ConnectPdn**. Bestätigt, dass ein anstehender Verbindungs-Request (pending) vom entfernten Gerät empfangen worden ist.
- **L2CA_ConfigInd**. Zeigt an, dass vom entfernten Gerät ein Konfigurations-Request empfangen worden ist.
- **L2CA_ConfigCmd**. Bestätigt, dass nach dem Empfang einer Konfigurations-Response vom entfernten Gerät ein Konfigurations-Request akzeptiert wurde.
- **L2CA_ConfigCmdNeg**. Negative Bestätigung (Fehlschlag) eines Konfigurations-Request (an die Stelle einer negativen Verbindungs-Response kann bei dieser Aktion auch ein wegen eines unbeantworteten Verbindungs-Request abgelaufener RTX-Timer treten).
- **L2CA_DisconnectInd**. Zeigt an, dass vom entfernten Gerät ein Disconnection-Request empfangen wurde oder dass das entfernte Gerät getrennt wurde, weil es nicht auf einen Signalisier-Request geantwortet hat.
- **L2CA_DisconnectCfm**. Bestätigt, dass nach dem Empfang einer Disconnection-Response vom entfernten Gerät von diesem ein Disconnect-Request verarbeitet worden ist. An die Stelle einer Disconnect-Response

kann bei dieser Aktion auch ein wegen eines unbeantworteten Disconnect-Request abgelaufener RTX-Timer treten. Nach dem Empfang dieses Ereignisses weiß die obere Schicht, dass der L2CAP-Kanal beendet worden ist. Konsequenterweise gibt es auch keinen negativen Confirm.

- **L2CA_TimeOutInd**. Zeigt an, dass ein RTX- oder ERTX-Timer abgelaufen ist. Diese Anzeige tritt in einer implementierungsabhängigen Anzahl auf, bis die L2CAP-Implementierung aufgibt und die Nachricht `L2CA-DisconnectInd` sendet.

- **L2CA_QosViolationInd**. Zeigt an, dass eine Vereinbarung des Quality of Service verletzt worden ist.

5.3.3 Kanalbetriebszustände

Während der Einrichtung des Kanals befindet sich dieser in verschiedenen Betriebszuständen, die in der Bluetooth-Spezifikation folgendermaßen beschrieben werden:

- **CLOSED**. In diesem Zustand gibt es keinen mit einer Kanal-ID (CID; Channel Identifier) verknüpften Kanal. Dies ist der einzige Zustand, in dem keine Verbindung auf der Verbindungsebene (das heißt Basisband) existiert. Die Trennung der Verbindung erzwingt für alle anderen Zustände den Zustand CLOSED.

- **W4_L2CAP_CONNECT_RSP**. In diesem Zustand repräsentiert die CID einen lokalen Endpunkt. Es wurde die Nachricht `L2CAP_ConnectReq` gesendet, die diesen Endpunkt referenziert und nun auf die korrespondierende Nachricht `L2CAP_ConnectRsp` wartet.

- **W4_L2CA_CONNECT_RSP**. In diesem Zustand existiert der lokale Endpunkt. Es wurde von der lokalen L2CAP-Einheit `L2CAP_ConnectReq` empfangen. Es wurde an die höhere Schicht `L2CA_ConnectInd` gesendet, während der Teil der lokalen L2CAP-Einheit, der das empfangene `L2CAP_ConnectReq` verarbeitet, auf die korrespondierende Antwort wartet. Die Antwort kann eine Sicherheitsüberprüfung beinhalten.

- **CONFIG**. In diesem Zustand gilt die Verbindung als aufgebaut, während beide Seiten aber noch über die Kanalparameter verhandeln. Dieser Zustand kann auch dann eintreten, falls die Kanalparameter erneut ausgehandelt werden. Vor dem Eintritt in den Zustand CONFIG wird sämtlicher abgehender Datenverkehr ausgesetzt, weil die Verkehrsparameter des Datenverkehrs neu ausgehandelt werden müssen. Der ankommende Datenverkehr muss akzeptiert werden, bis der entfernte Kanal-Endpunkt in den Zustand CONFIG eingetreten ist. Im Zustand CONFIG müssen beide Seiten `L2CAP_ConfigReq`-Nachrichten senden. Falls viele Parameter verhandelt werden müssen, kann der Prozess inkrementell mit mehrmals gesendeten

Nachrichten weitergehen, um MTU-Beschränkungen zu vermeiden. Der Übergang vom Zustand CONFIG in den Zustand OPEN setzt voraus, dass beide Seiten in Bereitschaft sind. Eine L2CAP-Einheit ist dann in Bereitschaft, wenn sie auf ihren letzten Request eine positive Antwort erhalten und positiv auf den letzten Request des entfernten Geräts geantwortet hat.

- **OPEN.** In diesem Zustand gilt die Verbindung als aufgebaut und konfiguriert – der Datenverkehr kann stattfinden.

- **W4_L2CAP_DISCONNECT_RSP.** In diesem Zustand wird die Verbindung beendet – es wurde die Nachricht L2CAP_DisconnectReq gesendet. Dieser Status erwartet nun die korrespondierende Response.

- **W4_L2CAP_DISCONNECT_RSP.** In diesem Zustand wird die Verbindung auf der Seite des entfernten Endpunkts beendet – es wurde die Nachricht L2CAP_DisconnectReq empfangen. An die höhere Schicht wurde die Nachricht L2CA_DisconnectReq gesendet, um den Besitzer der CID darüber zu informieren, dass der entfernte Endpunkt geschlossen wird. Dieser Zustand erwartet nun vor der Antwort an den entfernten Endpunkt die korrespondierende Response von der oberen Schicht.

5.3.4 Zuordnung von Ereignissen und Aktionen

Die Tabelle 5.1 fasst die vorherigen Erörterungen zusammen und zeigt auf, welche Ereignisse Zustandsübergänge verursachen und welche Aktionen während dieser Übergänge stattfinden. Wenn der Initiator beispielsweise den ersten L2CAP-Kanal zwischen zwei Geräten erstellt, beginnen beide Seiten mit dem Zustand CLOSED. Nach dem Empfang des Request von der höheren Schicht fordert die Einheit die niedrigere Schicht dazu auf, eine physikalische Verbindung aufzubauen. Falls keine physikalische Verbindung existiert, wird sie mit LMP-Befehlen zwischen den Geräten aufgebaut. Sobald diese Verbindung steht, werden über sie L2CAP-Signale gesendet.

Ereignisse, die nicht in Tabelle 5.1 enthalten oder mit k.Ä.-Aktionen (k.Ä.; keine Änderung) verbunden sind, werden als Fehler behandelt und ignoriert. Ereignisse, die sich auf Dateneingänge und -ausgänge beziehen, sind nur für die Open- und Konfigurationszustände definiert. Während des anfänglichen Konfigurationszustands können keine Daten empfangen werden – sie können aber empfangen werden, sobald wegen eines Neukonfigurationsvorgangs ein weiterer Konfigurationszustand eintritt. Daten, die während eines beliebigen anderen Zustands empfangen werden, werden ignoriert.

Ereignis	Aktueller Zustand	Aktion	Neuer Zustand
LP_ConnectCfm	CLOSED	Physikalische Verbindung als aktiv markieren und L2CAP-Verbindung initiieren	CLOSED
LP_ConnectCfmNeg	CLOSED	Physikalische Verbindung als inaktiv markieren und alle anstehenden Diensteverbindungs-Requests durch Senden von L2CA_ConnectCfmNeg abweisen	CLOSED
LP_ConnectInd	CLOSED	Verbindung als aktiv markieren	CLOSED
LP_DisconnectInd	CLOSED	Verbindung als inaktiv markieren	CLOSED
LP_DisconnectInd	Alles außer CLOSED	Höherer Schicht die Nachricht L2CA_DisconnectInd senden	CLOSED
LP_QoSViolationInd	Alles außer CLOSED	Ignorieren	k.Ä.
LP_QoSViolationInd	OPEN	Höherer Schicht die Nachricht L2CA_QoSViolationInd senden. Falls die Diensteebene garantiert werden kann, Kanal beenden.	W4_L2CA_DISCONNECT_RSP
L2CAP_ConnectReq	CLOSED (CID wird dynamisch aus dem freien Pool zugewiesen)	Oberer Schicht die Nachricht L2CA_ConnectCfm senden. Optional dem Peer L2CAP_ConnectRspPnd senden.	W4_L2CA_CONNECT_RSP

Tabelle 5.1: Zusammenfassung der Ereignisse bei Aktionen, die in einem bestimmten Kanalzustand auftreten.
Quelle: Bluetooth-Spezifikation 1.0.

Ereignis	Aktueller Zustand	Aktion	Neuer Zustand
L2CAP_ConnectRsp	W4_L2CAP_ CONNECT_ RSP	Höherer Schicht die Nachricht L2CA_ConnectCfm senden. RTX-Timer deaktivieren.	CONFIG
L2CAP_ConnectRspPnd	W4_L2CAP_ CONNECT_ RSP	Oberer Schicht die Nachricht L2CA_ConnectPnd senden. RTX-Timer deaktivieren und ERTX-Timer starten.	k.Ä.
L2CAP_ConnectRspNeg	W4_L2CAP_ CONNECT_ RSP	Höherer Schicht die Nachricht L2CA_ ConnectCfmNeg senden. CID an freien Pool zurückgeben. RTX- und ERTX- Timer deaktivieren.	CLOSED
L2CAP_ConfigReq	CLOSED	Peer die Nachricht L2CAP_ConfigRspNeg senden	k.Ä.
L2CAP_ConfigReq	CONFIG	Oberer Schicht die Nachricht L2CA_ConfigInd senden	k.Ä.
L2CAP_ConfigReq	OPEN	Datenübertragung an geeignetem Punkt anhalten. Oberer Schicht die Nachricht L2CA_ConfigInd senden.	CONFIG

Tabelle 5.1: Zusammenfassung der Ereignisse bei Aktionen, die in einem bestimmten Kanalzustand auftreten. (Forts.)
Quelle: Bluetooth-Spezifikation 1.0.

Ereignis	Aktueller Zustand	Aktion	Neuer Zustand
`L2CAP_ConfigRsp`	CONFIG	Höherer Schicht die Nachricht `L2CA_ConfigCfm` senden. RTX-Timer abschalten. Falls die Nachricht `L2CAP_ConfigReq` empfangen und beantwortet worden ist, in den Zustand OPEN eintreten, anderenfalls im Zustand CONFIG bleiben.	k.Ä. oder OPEN
`L2CAP_ConfigRspNeg`	CONFIG	Höherer Schicht die Nachricht `L2CA_ConfigCfmNeg` senden. RTX-Timer abschalten.	k.Ä.
`L2CAP_DisconnectReq`	CLOSED	Peer die Nachricht `L2CA_DisconnectRsp` senden	`W4_L2CA_DISCONNECT_RSP`
`L2CAP_DisconnectReq`	Alles außer CLOSED	Höherer Schicht die Nachricht `L2CAP_DisconnectInd` senden	`W4_L2CA_DISCONNECT_RSP`
`L2CAP_DisconnectRsp`	`W4_L2CAP_DISCONNECT_RSP`	Höherer Schicht die Nachricht `L2CA_DisconnectCfm` senden. RTX-Timer abschalten.	CLOSED
`L2CAP_Data`	OPEN oder CONFIG	Falls komplettes L2CAP-Paket empfangen wurde, höherer Schicht zur Bestätigung die Nachricht `L2CA_Read` senden.	k.Ä.

Tabelle 5.1: Zusammenfassung der Ereignisse bei Aktionen, die in einem bestimmten Kanalzustand auftreten. (Forts.)
Quelle: Bluetooth-Spezifikation 1.0.

Ereignis	Aktueller Zustand	Aktion	Neuer Zustand
`L2CA_ConnectReq`	CLOSED (CID wird dynamisch aus dem freien Pool zugewiesen)	Peer die Nachricht `L2CAP_ConnectReq` senden. RTX-Timer starten.	`W4_L2CAP_CONNECT_RSP`
`L2CA_ConnectRsp`	`W4_L2CA_CONNECT_RSP`	Peer die Nachricht `L2CAP_ConnectRsp` senden	CONFIG
`L2CA_ConnectRspNeg`	`W4_L2CA_CONNECT_RSP`	Peer die Nachricht `L2CAP_ConnectRspNeg` senden. CID an den freien Pool zurückgeben.	CLOSED
`L2CA_ConfigReq`	CLOSED	Oberer Schicht die Nachricht `L2CA_ConfigCfmNeg` senden	k.Ä.
`L2CA_ConfigReq`	CONFIG	Peer die Nachricht `L2CAP_ConfigReq` senden. RTX-Timer starten.	k.Ä.
`L2CA_ConfigReq`	OPEN	Datenübertragung an geeignetem Punkt anhalten. Peer die Nachricht `L2CAP_ConfigReq` senden.	CONFIG
`L2CA_ConfigRsp`	CONFIG	Peer die Nachricht `L2CAP_ConfigRsp` senden. Falls alle ausstehenden `L2CAP_ConfigReq`-Nachrichten positiv beantwortet worden sind, in den Zustand OPEN eintreten, anderenfalls im Zustand CONFIG bleiben.	k.Ä. oder OPEN

Tabelle 5.1: Zusammenfassung der Ereignisse bei Aktionen, die in einem bestimmten Kanalzustand auftreten. (Forts.)
Quelle: Bluetooth-Spezifikation 1.0.

Ereignis	Aktueller Zustand	Aktion	Neuer Zustand
L2CA_ConfigRspNeg	CONFIG	Peer die Nachricht L2CAP_ConfigRspNeg senden	k.Ä.
L2CA_DisconnectReq	OPEN oder CONFIG	Peer die Nachricht L2CAP_DisconnectReq senden	W4_L2CAP_DISCONNECT_RSP
L2CA_DisconnectRsp	W4_L2CA_DISCONNECT_RSP	Peer die Nachricht L2CAP_DisconnectRsp senden. CID an den freien Pool zurückgeben.	CLOSED
L2CA_DataRead	OPEN	Sobald die Nutzdaten vollständig sind, an InBuffer übertragen.	OPEN
L2CA_DataWrite	OPEN	Peer die Nachricht L2CAP_Data senden	OPEN
Timer_RTX	Alle	Höherer Schicht die Nachricht L2CA_TimeOutInd senden. Nach dem endgültigen Ablauf die CID an den freien Pool zurückgeben oder Request erneut senden.	CLOSED
Timer_ERTX	Alle	Höherer Schicht die Nachricht L2CA_TimeOutInd senden. Nach dem endgültigen Ablauf die CID an den freien Pool zurückgeben oder Request erneut senden.	CLOSED

Tabelle 5.1: Zusammenfassung der Ereignisse bei Aktionen, die in einem bestimmten Kanalzustand auftreten. (Forts.)
Quelle: Bluetooth-Spezifikation 1.0.

5.4 Format des Datenpakets

L2CAP ist zwar paketorientiert, folgt aber auch einem auf Kanälen basierenden Kommunikationsmodell, welches einen Datenfluss zwischen L2CAP-Einheiten in entfernten Geräten darstellt. Die Kanäle können verbindungsorientiert oder verbindungslos sein.

5.4.1 Verbindungsorientierter Kanal

Die Abbildung 5.6 illustriert das Format des L2CAP-Pakets (auch L2CAP PDU genannt) innerhalb eines verbindungsorientierten Kanals.

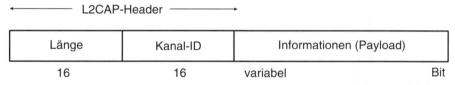

Abbildung 5.6: Das L2CAP-Paketformat. Quelle: Bluetooth-Spezifikation 1.0.

Die gezeigten Felder bedeuten:

- **Länge** (2 Bytes bzw. 16 Bits). Gibt die Länge der Nutzdaten (Payload) exklusive der Länge des L2CAP-Headers an. Dieses Feld bietet der Empfängerseite die Gelegenheit einer einfachen Integritätsüberprüfung des neu zusammengesetzten L2CAP-Pakets.
- **Kanal-ID** (2 Bytes bzw. 16 Bits). Identifiziert den Kanal-Zielendpunkt des Pakets.
- **Informationen** (bis zu 65535 Bytes bzw. 524280 Bits). Enthält die vom Protokoll der höheren Schicht empfangene (abgehendes Paket) bzw. an das Protokoll der höheren Schicht gelieferten Nutzdaten (ankommendes Paket).

5.4.2 Verbindungsloser Datenkanal

Zusätzlich zu verbindungsorientierten Kanälen unterstützt L2CAP auch das Konzept eines gruppenorientierten Kanals, in dem die Daten auf der Grundlage des »best-effort-Prinzips« (das heißt, so gut wie irgend möglich) an alle Mitglieder der Gruppe gesendet werden. Da dieser Kanaltyp keinen Quality of Service anbietet, ist er von Natur aus instabil. Konsequenterweise übernimmt L2CAP keine Garantie dafür, dass die an die Gruppe gesendeten Daten alle Mitglieder erreichen. Falls eine Stabilität gewünscht wird, muss in einer höheren Schicht eine Gruppenübertragung implementiert werden. Da auch andere Empfänger als die Gruppenmitglieder möglicherweise Gruppenübertragungen empfangen, sollte im Falle von Sicherheitsbedenken eine Verschlüsselung auf höherer Ebene (oder auf Verbindungsebene/Sicherungsschicht) verwendet werden. Die Abbildung 5.7 enthält die Felder eines verbindungslosen Pakets.

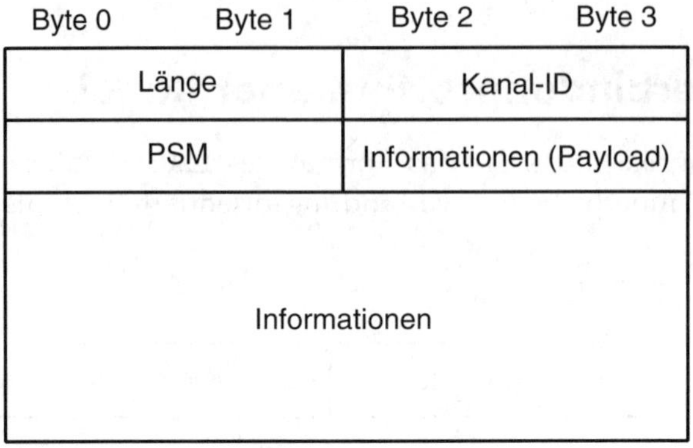

Byte 0	Byte 1	Byte 2	Byte 3
Länge		Kanal-ID	
PSM		Informationen (Payload)	
Informationen			

Abbildung 5.7: Verbindungslose Pakete in der gruppenorientierten Datenkommunikation.
Quelle: Bluetooth-Spezifikation 1.0.

Die Bluetooth-Spezifikation beschreibt die in verbindungslosen Paketen enthaltenen Felder wie folgt:

- **Länge** (2 Bytes bzw. 16 Bits). Gibt die Länge der Nutzdaten plus des PSM-Feldes in Bytes exklusive der Länge des L2CAP-Headers an.
- **Kanal-ID** (2 Bytes bzw. 16 Bits). Identifiziert das Gruppenziel des Pakets.
- **PSM (Protocol/Service Multiplexer)** (mindestens 2 Bytes bzw. 16 Bits). PSM-Werte beziehen sich auf zwei Wertebereiche. Der erste Bereich wird von der Bluetooth SG zugewiesen und verweist auf die Protokolle. Der zweite Bereich wird dynamisch allokiert und in Verbindung mit dem Diensteerkennungsprotokoll (SDP; Service Discovery Protocol) verwendet.
- **Informationen** (bis zu 65533 Bytes bzw. 524264 Bits). Enthält die Nutzdaten, die an alle Mitglieder der Gruppe gesendet werden soll.

Zu den grundlegenden Mechanismen zur Verwaltung von Gruppen, die von der L2CAP-Gruppendiensteschnittstelle zur Verfügung gestellt werden, gehören das Erstellen von Gruppen und das Hinzufügen und Entfernen von Mitgliedern darin. Vordefinierte Gruppen, wie etwa »alle Geräte in Reichweite«, gibt es jedoch nicht.

5.5 Signalisierung

Die drahtlose Bluetooth-Technologie arbeitet mit Signalisierungsbefehlen, die zwischen zwei L2CAP-Einheiten in entfernten Geräten (remote device) ausgetauscht werden. Die Bluetooth-Adresse (BD_ADDR) des Gerätes, das die Befehle sendet, wird von der L2CAP-Implementierung festgelegt. Die Abbildung 5.8 enthält das generelle Format von Signalisierungsbefehlen.

Byte 0	Byte 1	Byte 2	Byte 3
Code	ID	Länge	
Daten			

Abbildung 5.8: Generelles Format der Signalisierungsbefehle, die zwischen L2CAP-Einheiten in entfernten Geräten ausgetauscht werden.
Quelle: Bluetooth-Spezifikation 1.0.

5.5.1 Paketaufbau

Die Bluetooth-Spezifikation sieht in den Paketen von Signalisierungsbefehlen die folgenden Felder vor:

- **Code** (1 Byte bzw. 8 Bits). Identifiziert den Befehlstyp. Wird ein Paket mit einem nicht definierten Feld-Code empfangen, wird als Antwort ein »Command Reject«-Paket zurückgegeben.

- **ID** (1 Byte bzw. 8 Bits). Wird zum Abgleich einer Anfrage mit der Antwort verwendet. Das anfragende Gerät versorgt dieses Feld, während das antwortende Gerät denselben Wert in seiner Antwort verwendet.

- **Länge** (2 Bytes bzw. 16 Bits). Gibt die Größe in Bytes nur für das Datenfeld im Signalisierungsbefehl an. Beinhaltet nicht die Anzahl Bytes in den Feldern Code, ID und Länge.

- **Daten** (0 oder mehr Bytes). Dieses Feld ist in der Länge, die das Feld Länge angibt, variabel. Das Codefeld bestimmt das Format des Feldes Daten.

5.5.2 Signalisierungsbefehle

Die Bluetooth-Spezifikation beschreibt elf Signalisierungsbefehle, die alle ihren eigenen Code besitzen, und die zwischen den L2CAP-Einheiten in entfernten Bluetooth-Geräten (remote device) ausgetauscht werden.

COMMAND REJECT

Dieses Paket wird als Antwort auf ein Befehlspaket mit einem unbekannten Befehlscode oder ungültigen Kanal gesendet. Falls sich ein Befehl beispielsweise auf einen ungültigen Kanal bezieht (normalerweise ein Kanal, der nicht existiert), wird als Antwort Command Reject (zu Deutsch: Befehl zurückgewiesen) zurückgegeben. Wenn weiterhin mehrere Befehle in einem L2CAP-Paket enthalten sind und das Paket größer als der MTU des Empfängers ist, wird ebenfalls Command Reject als Antwort zurückgegeben.

CONNECTION REQUEST

Dieses Paket wird gesendet, um einen Kanal zwischen zwei Bluetooth-Geräten zu erstellen. Die Kanalverbindung muss vor Beginn der Konfiguration eingerichtet werden.

CONNECTION RESPONSE

Eine Bluetooth-Einheit, die dieses Paket empfängt, muss ein »Connection-Response«-Paket senden. Nach dem Eingang einer positiven Rückmeldung wird ein logischer Kanal aufgebaut.

CONFIGURATION REQUEST

Dieses Paket wird gesendet, um eine ursprüngliche Übertragungsvereinbarung für eine logische Verbindung zwischen zwei L2CAP-Einheiten zu erstellen, und um diese Vereinbarung nach Bedarf neu zu verhandeln. Während der Neuverhandlungs-Sitzung wird sämtlicher Datenverkehr auf dem Kanal bis zum Ergebnis ausgesetzt. Die Entscheidung über die Zeitdauer oder die gesendeten Nachrichten, die bis zum Abbruch der Verhandlung zum Verhandeln der Kanalparameter benötigt werden, liegt bei der Implementierung. Auf jeden Fall dauert die Verhandlung nicht mehr als 120 Sekunden.

CONFIGURATION RESPONSE

Dieses Paket wird als Antwort auf »Configuration-Request«-Pakete gesendet. Jeder Konfigurationsparameterwert einer Configuration Response bezieht sich auf die Einstellung eines Konfigurationsparameterwerts, der im korrespondierenden Configuration Request gesendet oder impliziert war. Falls ein Konfigurationsparameter in einem Configuration Request beispielsweise mit dem Verkehrsfluss von Gerät A nach Gerät B zu tun hat, nimmt der Sender der Configuration Response nur für diesen Wert eine Einstellung für diesen von Gerät A nach Gerät B gehenden Verkehr vor.

DISCONNECTION REQUEST

Die Beendigung eines L2CAP-Kanals erfordert, dass ein Disconnection-Request-Paket gesendet und durch ein Disconnection-Response-Paket bestätigt worden ist. Die Beendigung wird unter Verwendung des Signalkanals angefordert, da sämtliche anderen L2CP-Pakete, die an den Zielkanal gesendet werden, automatisch an die nächste Protokollschicht weitergereicht werden. Der Empfänger stellt vor der Initiierung einer Verbindungstrennung sicher, dass sowohl die Quell- als auch die Ziel-CID zusammenpassen. Sobald ein Disconnection Request herausgegangen ist, werden sämtliche ankommenden Daten im L2CAP-Kanal ignoriert – neue abgehende Daten sind nicht mehr zugelassen. Sobald für einen Kanal ein Disconnection Request empfangen worden ist, werden sämtliche Daten, die sich für diesen Kanal in der Warteschlange befinden, gelöscht.

DISCONNECTION RESPONSE

Dieses Paket wird als Antwort auf alle Disconnection Requests gesendet.

ECHO REQUEST

Diese Pakete werden dazu verwendet, eine Response von einer entfernten L2CAP-Einheit zu erlangen. Echo Requests werden typischerweise zum Testen einer Verbindung oder zum Senden herstellerspezifischer Informationen im optionalen Feld »Daten« eingesetzt. L2CAP-Einheiten müssen auf Echo-Request-Pakete mit Echo-Response-Paketen antworten. Das Feld »Daten« ist optional und implementierungsabhängig. L2CAP-Einheiten ignorieren den Inhalt dieses Feldes.

ECHO RESPONSE

Echo-Response-Pakete werden nach dem Empfang von Echo-Request-Paketen gesendet. Die ID in der Response muss mit der im Request gesendeten ID übereinstimmen. Das optionale und implementierungsabhängige Feld »Daten« enthält entweder den Inhalt des Feldes Daten des Request, andere oder gar keine Daten.

INFORMATION REQUEST

Information-Request-Pakete werden dazu verwendet, von einer entfernten L2CAP-Einheit implementierungsspezifische Informationen zu erlangen. Die L2CAP-Einheiten müssen auf Information-Request-Pakete mit Information-Response-Paketen antworten.

INFORMATION RESPONSE

Information-Response-Pakete werden nach dem Empfang von Information-Request-Paketen gesendet. Die ID in der Response muss mit der im Request gesendeten ID übereinstimmen. Das optionale und implementierungsabhängige Feld »Daten« enthält entweder den Inhalt des Feldes Daten des Request, andere oder gar keine Daten.

5.6 Optionen zu Konfigurationsparametern

Die drahtlose Bluetooth-Technologie unterstützt Optionspakete als Mechanismus zum Aushandeln verschiedener Verbindungsanforderungen. Dieser Pakettyp besteht aus den Feldern Optionstyp, Optionslänge und einem oder mehreren Optionsdatenfeldern. Das grundsätzliche Format eines Optionspakets stellt die Abbildung 5.9 dar.

Byte 0	Byte 1	Byte 2	Byte 3
Typ	Länge	Optionsdaten	

Abbildung 5.9: Format eines Konfigurationsoptionspakets.
Quelle: Bluetooth-Spezifikation 1.0.

5.6.1 Paketaufbau

Gemäß der Bluetooth-Spezifikation lauten die Felder in Konfigurationsoptionspaketen wie folgt:

- **Typ** (1 Byte bzw. 8 Bits). Dieses Feld definiert die konfigurierten Parameter.
- **Länge** (1 Byte bzw. 8 Bits). Dieses Feld definiert die Anzahl der Bytes von Options-Nutzdaten. Ein Optionstyp ohne Nutzdaten weist eine Länge von 0 auf.
- **Optionsdaten** (2 Byte bzw. 16 Bits). Der Inhalt dieses Feldes hängt vom Optionstyp ab.

5.6.2 Optionen

Die Bluetooth-Spezifikation erlaubt die Verhandlung mehrerer Optionen zwischen zwei L2CAP-Einheiten:

MAXIMUM TRANSMISSION UNIT

Diese Option legt die Nutzdatengröße in Bytes fest, die der Sender für diesen Kanal zu akzeptieren in der Lage ist. L2CAP-Implementierungen unterstützen eine minimale MTU von 48 Bytes. Der Standardwert beträgt 672 Bytes.

FLUSH TIMEOUT

Diese Option wird zur Information des Empfängers über die Zeitdauer verwendet, in der der Link Controller/Link Manager des Senders ein L2CAP-Segment zu übertragen versucht, bevor er aufgibt und das Paket löscht. Dieser Wert wird in Millisekunden angegeben.

QUALITY OF SERVICE

L2CAP-Implementierungen sind nur zur Unterstützung des best-effort-Dienstes erforderlich; die Unterstützung anderer Dienstetypen ist optional. Der best-effort-Dienst setzt keinerlei Garantien voraus. Falls daher der Configuration Request keine QoS-Option enthält, wird der best-effort-Dienst vorausgesetzt. Falls eine QoS-Garantie notwendig ist, muss ein QoS-Configuration-Request gesendet werden, der die folgenden Parameter spezifiziert:

- **Token-Rate**. Dies ist die Rate in Bytes pro Sekunde, mit der Verkehrs-Credits zur Verfügung stehen. Eine Anwendung kann mit dieser Rate kontinuierlich Daten senden. Bis zur Token-Bucket-Größe können Burst-Daten gesendet werden. So lange der Daten-Burst läuft, muss eine Anwendung sich selbst auf die Token-Rate beschränken. Für den best-effort-Dienst bekommt die Anwendung so viel Bandbreite wie möglich. Für garantierte Dienste bekommt die Anwendung die zum Zeitpunkt des Request zur Verfügung stehende maximale Bandbreite.

- **Token-Bucket-Größe**. Dies ist die Größe des Token-Bucket (das heißt des Puffers) in Bytes. Wenn der Puffer voll ist, muss die Anwendung entweder warten oder die Daten löschen. Für den best-effort-Dienst bekommt die Anwendung ein Bucket, das so groß wie möglich ist. Für garantierte Dienste bekommt die Anwendung die zum Zeitpunkt des Request zur Verfügung stehende maximale Puffergröße.

- **Spitzen-Bandbreite**. Wird in Bytes pro Sekunde ausgedrückt und legt fest, wie schnell Pakete von Anwendungen back-to-back gesendet werden können. Einige Zwischensysteme können diese Informationen nutzen, um eine effizientere Ressourcenallokation zu betreiben.

- **Latenz**. Dies ist die maximal erlaubte Verzögerung zwischen der Bereitstellung der Sendedaten (ready to send) und ihrer erstmaligen Funkübertragung (angegeben in Mikrosekunden).

- **Verzögerungsabweichung**. Dies ist in Mikrosekunden die Differenz zwischen der maximal und minimal möglichen Verzögerung, die ein Paket beim Durchwandern eines Kanals erfährt. Dieser Wert wird von den Anwendungen zur Ermittlung der Puffergröße verwendet, die auf der Empfängerseite zur Wiederherstellung des ursprünglichen Datenübertragungsmusters notwendig ist.

5.6.3 Konfigurationsprozess

Die Bluetooth-Spezifikation beschreibt einen dreiteiligen Prozess für die Kanalparameterverhandlung, der folgende Punkte beinhaltet:

1. Information der entfernten Seite über die nicht-standardmäßigen Parameter, die die lokale Seite akzeptieren kann.

2. Feststellen, ob die entfernte Seite diese Werte einschließlich der Standard-werte akzeptiert oder ablehnt.

3. Wiederholung der Schritte 1 und 2 in umgekehrter Richtung (von der zu-vor entfernten zur zuvor lokalen Seite).

Dieser Prozess kann abstrakt als Request-Verhandlungspfad und Response-Verhandlungspfad dargestellt werden:

REQUEST-PFAD

Der Request-Pfad verhandelt die ankommenden MTUs, den Flush-Timeout und die abgehende Flussspezifikation.

RESPONSE-PFAD

Der Response-Pfad verhandelt die abgehende MTU (bzw. die ankommende MTU der entfernten Seite), den Flush-Timeout der entfernten Seite und die ankommende Flussspezifikation (bzw. die abgehende Flussspezifikation der entfernten Seite).

Vor dem Verlassen des Zustands CONFIG und dem Überwechseln in den Zustand OPEN müssen beide Pfade einen Abschluss erzielen. Der Request-Pfad verlangt, dass das lokale Gerät zum Erzielen des Abschlusses eine positive Antwort empfängt, während der Response-Pfad verlangt, dass das lokale Gerät zum Erzielen des Abschlusses eine positive Antwort sendet.

5.7 Grundelemente und Parameter der Dienste

Die Bluetooth-Spezifikation beschreibt die von L2CAP zur Verfügung gestell-ten Dienste in der Form von Grundelementen (primitives) und Parametern.

5.7.1 Event Indication

Wenn das vorgesehene Ereignis eintritt, wird über dieses Grundelement ein Callback angefordert. Es werden die folgenden Callback-Funktionen eingesetzt:

L2CA_CONNECTIND CALLBACK

Diese Funktion beinhaltet die Parameter für die Adresse des entfernten Gerä-tes, welches die Verbindungsanfrage ausgegeben hat, die lokale CID, die den angeforderten Kanal darstellt, die ID, die in der Anforderung enthalten ist, und den PSM-Wert, auf den die Anforderung abzielt.

L2CA_CONFIGIND CALLBACK

Diese Funktion beinhaltet die Parameter für die lokale CID des Kanals, an den die Anforderung gesendet worden ist, die Größe der abgehenden MTU (das maximal mögliche Paket, das über den Kanal gesendet werden kann) und die Flussspezifikation, die die Merkmale der ankommenden Daten beschreibt.

L2CA_DISCONNECTIND CALLBACK

Diese Funktion beinhaltet die Parameter für die lokale CID, an die die Anforderung gesendet worden ist.

L2CA_QOSVIOLATIONIND CALLBACK

Diese Funktion beinhaltet die Parameter für die Adresse des entfernten Bluetooth-Gerätes, unter der die Vereinbarung zum Quality of Service verletzt worden ist.

5.7.2   Connect

Das Grundelement Connect initiiert die Nachricht `L2CA_ConnectReq` und blockt den Dienst ab, bis eine korrespondierende Nachricht `L2CA_ConnectCfm(Neg)` oder `L2CA_TimeOutInd` empfangen wurde. Dieses Grundelement wird dazu verwendet, die Erstellung eines Kanals anzufordern, der eine logische Verbindung mit einer physikalischen Adresse darstellt.

5.7.3   Connect Response

Dieses Grundelement repräsentiert `L2CA_ConnectRsp`. Es wird dazu verwendet, eine Response auf die Event Indication für eine Verbindungsanforderung auszugeben und wird nicht öfter als ein Mal nach Empfang der Callback-Anzeige aufgerufen. Dieses Grundelement wird zurückgegeben, sobald die lokale L2CAP-Einheit den Request validiert hat. Eine erfolgreiche Rückgabe zeigt an, dass die Response über die Luftschnittstelle gesendet worden ist.

5.7.4   Configure

Dieses Grundelement initiiert die Sendung der Nachricht L2CA_ConfigReq und blockt den Dienst ab, bis eine korrespondierende Nachricht `L2CA_ConnectCfm(Neg)` oder `L2CA_TimeOutInd` empfangen wurde. Dieses Grundelement wird dazu verwendet, um über einen neuen Satz von Kanalparametern die Ausgangskonfiguration bzw. Neukonfiguration eines Kanals anzufordern.

5.7.5   Configuration Response

Dieses Grundelement repräsentiert `L2CAP_ConfigRsp`. Es wird zur Ausgabe einer Antwort auf die Event Indication einer Konfigurationsanforderung verwendet.

5.7.6   Disconnect

Dieses Grundelement repräsentiert `L2CAP_DisconnectReq`. Der zurückgegebene Ausgabeparameter repräsentiert das korrespondierende `L2CAP_DisconnectRsp` oder den Ablauf des RTX-Timers. Es wird zur Anforderung einer Kanaltrennung verwendet. Sobald der Request ausgegeben worden ist, kann kein Prozess mehr über die CID lesen oder schreiben. Gerade stattfindende Schreibvorgänge können jedoch weiterverarbeitet werden.

5.7.7   Write

Dieses Grundelement wird zur Anforderung eines Datentransfers über den Kanal verwendet. Es kann für verbindungsorientierten und verbindungslosen Verkehr benutzt werden.

5.7.8   Read

Dieses Grundelement wird zur Anforderung eines Datenempfangs verwendet. Diese Anforderung wird zurückgegeben, wenn Daten verfügbar sind oder die Verbindung beendet wurde. Die zurückgegebenen Daten stellen einen einzelnen Satz von L2CAP-Nutzdatendar. Falls nicht genug Daten verfügbar sind, blockt der Befehl so lange ab, bis Daten eintreffen oder die Verbindung beendet wurde. Falls die Nutzdaten größer als der Puffer sind, wird nur der Teil der Nutzdaten zurückgegeben, der in den Puffer passt. Der Rest der Nutzdaten wird gelöscht. Wie der Write-Befehl kann auch der Read-Befehl sowohl für verbindungsorientierten als auch verbindungslosen Verkehr verwendet werden.

5.7.9   Group Create

Dieses Grundelement wird dazu verwendet, das Erstellen einer CID anzufordern, die eine logische Verbindung mit mehreren Geräten darstellt.

5.7.10 Group Close

Dieses Grundelement wird zum Schließen einer Gruppe verwendet.

5.7.11 Group Add Member

Dieses Grundelement wird dazu verwendet, die Aufnahme eines Mitglieds in einer Gruppe anzufordern. Der Eingabeparameter beinhaltet die CID, die die Gruppe repräsentiert, und die BD_ADDR des der Gruppe hinzuzufügenden Mitglieds. Der Ausgabeparameter Result bestätigt den Erfolg bzw. Fehlschlag der Anforderung.

5.7.12 Group Remove Member

Dieses Grundelement wird dazu verwendet, die Entfernung eines Mitglieds aus einer Gruppe anzufordern. Der Eingabeparameter beinhaltet die CID, die die Gruppe repräsentiert, und die BD_ADDR des aus der Gruppe zu entfernenden Mitglieds. Der Ausgabeparameter Result bestätigt den Erfolg bzw. Fehlschlag der Anforderung.

5.7.13 Get Group Membership

Dieses Grundelement wird dazu verwendet, einen Bericht über die Mitglieder einer Gruppe anzufordern. Der Eingabeparameter stellt die abgefragte Gruppe dar. Der Ausgabeparameter Result bestätigt den Erfolg bzw. Fehlschlag der Anforderung. Falls das Ergebnis erfolgreich war, wird eine Liste mit Bluetooth-Adressen der Gruppenmitglieder zurückgegeben.

5.7.14 Ping

Dieses Grundelement repräsentiert die Initiierung eines Befehls L2CA _EchoReq und den Empfang des korrespondierenden Befehls L2CA_EchoRsp.

5.7.15 Get Info

Dieses Grundelement repräsentiert die Initiierung eines Befehls L2CA _InfoReq und den Empfang des korrespondierenden Befehls L2CA_InfoRsp.

5.7.16 Disable Connectionless Traffic

Dieses Grundelement wird als generelle Anforderung zum Deaktivieren des Empfangs verbindungsloser Pakete verwendet. Der Eingabeparameter ist der PSM-Wert, der anzeigt, dass der Dienst blockiert werden soll.

5.7.17 Enable Connectionless Traffic

Dieses Grundelement wird als generelle Anforderung zum Aktivieren des Empfangs verbindungsloser Pakete verwendet. Der Eingabeparameter ist der PSM-Wert, der anzeigt, dass der Dienst entblockiert werden soll.

5.8 Zusammenfassung

Wie LMP (Link Management Protocol) ist auch L2CAP (Logical Link Control and Adaptation Protocol) ein Protokoll auf der Verbindungsebene (link-level protocol), das über das Bluetooth-Basisband läuft. L2CAP ist für das Protokoll-Multiplexing der höheren Ebene verantwortlich, das über die Definition von Kanälen unterstützt wird, von denen jeder über eine Beziehung »Viele-zu-Eins« an ein einzelnes Protokoll gebunden ist. Zwar können mehrere Kanäle an dasselbe Protokoll gebunden sein, jedoch kein einzelner Kanal an mehrere Protokolle. Jedes über einen Kanal empfangene L2CAP-Paket wird an das entsprechende Protokoll der höheren Schicht weitergeleitet.

L2CAP unterstützt, unter Einsatz des Verfahrens zur Segmentierung und Neuzusammensetzung mit geringem Overhead, Paketgrößen bis zu 64 Kilobytes. Durch eine Gruppenverwaltung wird die Abstraktion von Einheitengruppen möglich, was eine effizientere Zuordnung von Gruppen und Mitgliedern eines Pico-Netzes erlaubt. Die Gruppenkommunikation ist verbindungslos und nicht stabil. Falls Gruppen aus nur einem Einheitenpaar bestehen, stellen sie eine verbindungslose Kanalalternative zum verbindungsorientierten L2CAP-Kanal dar. Schließlich befördert L2CAP auch noch QoS-Informationen über Kanäle und sorgt gleichzeitig durch eine gewisse Zugangssteuerung dafür, dass existierende QoS-Vereinbarungen nicht durch zusätzliche Kanäle verletzt werden.

Allgemeine Bluetooth-Profile 6

Die Bluetooth-SIG (Special Interests Group) hat eine Reihe von Einsatzmodellen (usage model) festgelegt, die jeweils von einem »Profil« begleitet werden. Die Profile definieren die Protokolle und Eigenschaften, die die bestimmten Einsatzmodelle unterstützen. Von Geräten verschiedener Hersteller, die derselben Bluetooth-SIG-Profilspezifikation entsprechen, kann man eine reibungslose Zusammenarbeit erwarten, wenn diese für diesen spezifischen Dienst und Einsatzzweck genutzt werden.

Ein Profil definiert die zur Implementierung einer Eigenschaft verwendeten spezifischen Meldungen und Prozeduren. Einige dieser Eigenschaften bzw. Merkmale sind verbindlich vorgeschrieben und müssen implementiert sein, während andere optional und andere wiederum unverbindlich sind und je nach Bedarf implementiert sein können. Alle definierten Eigenschaften sind prozessspezifisch verbindlich. Das heißt, wenn Eigenschaften vorhanden sind, müssen diese auf bestimmte Art und Weise implementiert werden. Dadurch wird dafür gesorgt, dass dieselbe Eigenschaft bei allen Geräten unabhängig vom Hersteller auf dieselbe Weise arbeitet.

Es gibt vier allgemeine Profile, die in den verschiedenen Einsatzmodellen häufig verwendet werden: das allgemeine Zugangsprofil (GAP – Generic Access Profile), das Serial-Port-Profil (SPP – Serial Port Profile), das Diensteerkennungsprofil (SDAP – Service Discovery Application Profile) und das allgemeine Objektaustauschprofil (GOEP – Generic Object Exchange Profile). Dabei hat sich die Bluetooth-SIG das Recht vorbehalten, auch nach der Veröffentlichung der Spezifikation neue Profile hinzuzufügen. Zu den in diesem Buch vorgestellten Profilen können also unter Umständen durchaus nachträglich weitere Profile hinzukommen. In diesem Kapitel werden die vier allgemeinen Profile erörtert, während in Kapitel 7 jene Profile vorgestellt werden, die enger mit den spezifischen Einsatzmodellen in Beziehung stehen.

6.1 Allgemeines Zugangsprofil

Das allgemeine Zugangsprofil (GAP – Generic Access Profile) definiert allgemeine Prozeduren zur Erkennung von Bluetooth-Geräten, sowie Prozeduren für das Verbindungsmanagement (link management), die für deren Verbindung untereinander zuständig sind. Der Hauptzweck dieses Profils besteht daher im Einsatz der niedrigeren Schichten des Bluetooth-Protokoll-Stacks, namentlich LC (Link Control – Verbindungssteuerung) und LMP (Link Manager Protocol – Protokoll des Verbindungsmanagers). In diesem Protokoll sind weiterhin Prozeduren definiert, die sich auf Sicherheitsaspekte beziehen. Hier werden die höheren Schichten L2CAP, RFCOMM und OBEX einbezogen.

Darüber hinaus befasst sich das Profil mit allgemein gültigen Formatanforderungen für Parameter, auf die von der Ebene der Benutzerschnittstelle aus zugegriffen werden kann. Mit anderen Worten beschreibt das allgemeine Zugangsprofil (GAP) verbindlich das Verhalten von Geräten, die sich im Standby- und Connecting-Status befinden. Dies sorgt wiederum dafür, dass zwischen Bluetooth-Geräten immer Verbindungen (links) aufgebaut und Kanäle (channels) eingerichtet werden können. Wenn die Geräte gleichzeitig mehreren Profilen entsprechen, beschreibt das GAP auch die für diesen Fall zuständigen Mechanismen.

Das GAP definiert die allgemeinen Prozeduren zur Erkennung der verschiedenen Geräteeinheiten (identities), deren Namen und der grundlegenden Eigenschaften der anderen Bluetooth-Geräte, die erkennbar sind bzw. sich im so genannten »discoverable mode« befinden. Wenn sich Geräte in diesem Modus befinden, können sie Verbindung zum Netz aufnehmen und die Diensteanforderungen anderer Geräte empfangen. Selbst wenn zwei Bluetooth-Geräte keine Anwendungen gemeinsam nutzen, müssen sie untereinander kommunizieren und dies auch feststellen können. Wenn zwei Geräte zwar gemeinsam dieselbe Anwendung nutzen, aber von verschiedenen Herstellern stammen, darf die Fähigkeit zur Verbindungsaufnahme nicht darunter leiden, dass sich einzelne Hersteller dafür entschieden haben, auf der Ebene der Benutzerschnittstelle grundlegende Bluetooth-Merkmale unter unterschiedlichen Namen aufzurufen, oder dass grundlegende Prozeduren für deren Produkte in unterschiedlicher Abfolge implementiert werden.

Auch wenn Bluetooth-Geräte keinem anderen Bluetooth-Profil entsprechen, müssen sie zumindest dem GAP entsprechen. Dadurch wird – unabhängig von der Art der Geräte und der von ihnen unterstützten Anwendungen – für die grundlegende Zusammenarbeit und Koexistenz aller Bluetooth-Geräte gesorgt. Geräte, die anderen Bluetooth-Profilen entsprechen, können angepasste Versionen der allgemeinen Prozeduren benutzen, die von den anderen Profilen spezifiziert werden. Sie müssen auf der Ebene der allgemeinen Prozeduren aber immer mit dem GAP kompatibel bleiben (Abbildung 6.1).

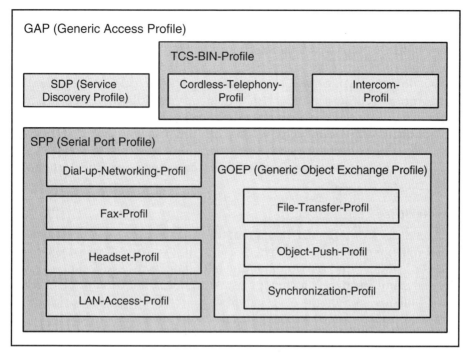

Abbildung 6.1: Die Beziehung des allgemeinen Zugangsprofils (GAP) zu anderen Bluetooth-Profilen und Einsatzmodellen.

6.1.1 Gemeinsame Parameter

Wenn Anbieter behaupten, dass ihre Bluetooth-Produkte dem allgemeinen Zugangsprofil entsprechen, müssen alle verbindlichen Fähigkeiten des Profils auf die festgelegte Weise unterstützt werden. Dies betrifft auch alle optionalen und bedingten Merkmale, die der Anbieter zu unterstützen behauptet, denn auch diese Eigenschaften (verbindlich, optional und bedingt) werden im Rahmen des Bluetooth-Zertifizierungsprogramms geprüft. Nachfolgend werden die gemeinsamen Parameter besprochen, die von Bluetooth-Geräten unterstützt werden müssen, damit sie auf der Ebene der allgemeinen Prozeduren zusammenarbeiten können.

Gerätename (device name)

Das GAP lässt Bluetooth-Gerätenamen zu, die maximal 248 Byte umfassen können. Man kann jedoch nicht davon ausgehen, dass Geräte (remote devices) mehr als die ersten 40 Zeichen des Bluetooth-Gerätenamens auswerten können. Wenn die Geräte zudem nur über beschränkte Anzeigemöglichkeiten verfügen, wie es bei den meisten Mobiltelefonen der Fall ist, können sie unter Umständen auch nur die ersten 20 Zeichen des Gerätenamens anzeigen.

Bluetooth-PIN

Zwei Bluetooth-Geräte nutzen im ersten Schritt der Authentifizierung die Bluetooth-PIN (personal identification number – persönliche Identifizierungsnummer), wenn sie zuvor noch keine Verbindungscodes ausgetauscht haben, um eine vertrauenswürdige (trusted) Beziehung aufzubauen. Die PIN wird in der »Pairing-Prozedur« (nachfolgend beschrieben) zur Erzeugung des anfänglichen Verbindungscodes (link key) genutzt, der bei der weiteren Authentifizierung verwendet wird. Die PIN kann sowohl auf der Ebene der Benutzerschnittstelle eingegeben als auch im Gerät gespeichert sein, falls sich die Benutzerschnittstelle des Gerätes nicht hinreichend zur Eingabe und Anzeige von Ziffern eignet.

Geräteklasse

Während der Prozedur zur Erkennung der Geräte wird ein Parameter vom Gerät (remote device) übermittelt, der über die Art bzw. Klasse des Gerätes (Class of Device) und die von ihm unterstützten Dienste Aufschluss angibt. Entweder initiiert der Teilnehmer bzw. Anwender die Prozedur des Verbindungsaufbaus (bonding) selbst, indem er die PIN mit dem ausdrücklichen Ziel des Verbindungsaufbaus eingibt, oder der Teilnehmer wird im Laufe des Verbindungsaufbaus zur Eingabe der PIN aufgefordert. Letzteres ist dann der Fall, wenn die Geräte zuvor noch über keinen gemeinsamen Verbindungscode verfügten. Im ersten Fall sagt man, dass der Teilnehmer eine Verbindung aufnimmt (bonding) und im zweiten Fall sagt man, dass sich der Teilnehmer authentifiziert (authentication).

Erkennungsmodi

Bluetooth-Geräte befinden sich entweder in einem Modus, in dem sie erkannt werden können (discoverable mode) oder in einem Modus, in dem sie nicht erkannt werden können (non-discoverable mode). Es gibt zwei Modi, in dem Geräte erkannt werden können, nämlich einen beschränkten (limited) und einen allgemeinen (general) Modus. Wenn sich ein Gerät im beschränkt erkennbaren Modus befindet, sorgt es selbst dafür, dass es nur für eine begrenzte Zeitspanne, vorübergehend oder bei spezifischen Ereignissen verfügbar ist. Für seine Verfügbarkeit sorgt das Gerät dadurch, dass es periodisch in einen Abtaststatus (scan state) geht, in dem es nach bestimmten Arten von Anfragecodes sucht. Bei dieser Gelegenheit kann es auf andere Bluetooth-Geräte reagieren, die beschränkte Anfragen stellen und dabei spezielle, so genannte LIAC-Codes (Limited Inquiry Access Code) nutzen.

Geräte, die sich im allgemeinen erkennbaren Modus befinden, sorgen über einen anderen speziellen Code, den so genannten GIAC-Code (General Inquiry Access Code) dafür, dass sie ständig erreichbar sind und auf andere Bluetooth-Geräte reagieren können, die allgemeine Anfragen stellen. Ein Gerät kann sich nur in jeweils einem der beiden erkennbaren Modi (limited oder general) befinden. Selbst wenn Bluetooth-Geräte erkennbar sind, können sie aufgrund anderer Basisband-Aktvitäten dennoch nicht in der Lage sein, auf Anfragen zu reagieren. Wenn sich Bluetooth-Geräte in einem Modus befinden, in dem sie nicht erkannt werden können, sind sie generell nicht in der Lage, auf Anfragen zu reagieren.

Verbindungsmodi

Im Hinblick auf das »Paging« befinden sich Bluetooth-Geräte entweder im verbindungsfähigen (connectable) oder im nicht-verbindungsfähigen Modus. Paging ist ein Verfahren, bei dem eine Folge von Meldungen übertragen werden, mit dem Ziel, eine Kommunikationsverbindung zu einem aktiven Gerät innerhalb des abgedeckten Gebiets aufzubauen. (Der Begriff »Paging« leitet sich von dem Pagen ab, der den potentiellen Empfänger einer Nachricht ausruft.) Wenn sich Bluetooth-Geräte im verbindungsfähigen Modus befinden, werden sie in den »Page-scan«-Status versetzt, so dass sie beim Empfang eines »Ausrufs« reagieren können. Wenn sich Bluetooth-Geräte im nicht-verbindungsfähigen Modus befinden, werden sie nicht in den Page-scan-Status versetzt. Da sie dann auch keine »Ausrufe« empfangen, können sie generell nicht auf das Paging reagieren.

Paarungsmodi (Pairing)

Bei der Paarung (pairing) handelt es sich um ein Initialisierungsverfahren, durch das zwei Geräte, die erstmals miteinander kommunizieren, einen gemeinsamen Verbindungscode erzeugen, der für die nachfolgende Authentifizierung verwendet wird. Bei der erstmaligen Verbindung muss der Teilnehmer beim Pairing einen Bluetooth-Sicherheitscode oder eine PIN eingeben. Bluetooth-Geräte müssen sich entweder im paarbaren oder nicht-paarbaren Modus befinden. Wenn sich Bluetooth-Geräte im paarbaren Modus befinden, lassen sie den vom entfernten Gerät (remote device) eingeleiteten Verbindungsaufbau (pairing) zu, während dies im nicht-paarbaren Modus nicht der Fall ist.

Sicherheitsmodi

Für Bluetooth-Geräte gibt es drei Sicherheitsmodi. Wenn sich Bluetooth-Geräte im Sicherheitsmodus 1 befinden, leiten sie niemals Sicherheitsprozeduren ein. Bluetooth-Geräte im Sicherheitsmodus 2 leiten keine Sicherheitsprozeduren ein, bevor sie nicht die Aufforderung zur Einrichtung eines Kanals empfangen haben oder eine Prozedur zur Einrichtung eines Kanals selbst eingeleitet haben.

Ob überhaupt Sicherheitsprozeduren eingeleitet werden, hängt von den Sicherheitsbedürfnissen des angeforderten Kanals bzw. der angeforderten Dienste ab. Bluetooth-Geräte im Sicherheitsmodus 2 müssen die Sicherheitsbedürfnisse ihrer Dienste zumindest hinsichtlich der Berechtigung, Authentifizierung und Verschlüsselung klassifizieren. (Aus der Sicht der entfernten Geräte ist der Sicherheitsmodus 1 ein Spezialfall des Sicherheitsmodus 2, bei dem keinerlei Dienste Sicherheitsanforderungen registriert haben.)

Wenn sich Bluetooth-Geräte im Sicherheitsmodus 3 befinden, leiten sie Sicherheitsprozeduren ein, bevor sie eine Nachricht versenden, die den Abschluss der Verbindungseinrichtung bestätigt. Bluetooth-Geräte im Sicherheitsmodus 3 können Verbindungsanforderungen aufgrund interner Einstellungen ablehnen. (Dann kann z.B. nur die Kommunikation mit zuvor »gepaarten« Geräten zulässig sein.)

6.1.2 Prozeduren für den Leerlaufmodus (Idle Mode)

Es gibt mehrere Prozeduren für den Idle-Modus, die von Bluetooth-Geräten eingeleitet werden können, die sich an entfernte Bluetooth-Geräte richten.

Allgemeine Anfrage

Der Zweck der Prozedur der allgemeinen Anfrage (general inquiry) besteht darin, das initiierende Gerät mit der Bluetooth-Geräteadresse, der Taktfrequenz, der Geräteklasse und dem Page-scan-Modus allgemein erkennbarer Geräte zu versorgen. Bei den erkennbaren Geräten handelt es sich um jene Geräte, die sich innerhalb der Reichweite des initiierenden Gerätes befinden und so eingerichtet wurden, dass sie in Nachrichten nach Anfragen mit dem GIAC (General Inquiry Access Code) suchen. Bei Verwendung der Prozedur der generellen Anfrage werden alle Geräte im beschränkten erkennbaren Modus erkannt.

Beschränkte Anfrage

Der Zweck der Prozedur der beschränkten Anfrage besteht darin, das initiierende Gerät mit der Bluetooth-Geräteadresse, der Taktfrequenz, der Geräteklasse und dem Page-scan-Modus beschränkt erkennbarer Geräte zu versorgen. Bei beschränkt erkennbaren Geräten handelt es sich um jene, die sich innerhalb des Funkraums des initiierenden Gerätes befinden und so eingerichtet wurden, dass sie in Nachrichten nicht nur nach Anfragen mit dem GIAC (General Inquiry Access Code), sondern auch mit dem LIAC (Limited Inquiry Access Code) suchen. Da es keine Garantie dafür gibt, dass das erkennbare Gerät nach dem LIAC sucht, kann das initiierende Gerät sowohl die Prozedur der generellen als auch die der beschränkten Anfrage verwenden.

Namenserkennung (name discovery)

Der Zweck der Namenserkennung besteht darin, das initiierende Gerät mit den Gerätenamen anderer verbindungsfähiger Geräte bzw. speziell mit den Namen von Bluetooth-Geräten zu versorgen, die sich innerhalb der Paging-Reichweite befinden. Die Prozedur der Namenserkennung beschafft die Gerätenamen von verbindungsfähigen Bluetooth-Geräten dadurch, dass sie Anforderungen an bekannte Bluetooth-Geräte richtet, deren Geräteadressen verfügbar sind.

Eine verwandte Prozedur ist die »Namensanforderung« (name request), die ebenfalls dazu genutzt wird, die Gerätenamen verbindungsfähiger Bluetooth-Geräte zu ermitteln. Verbindungen müssen nicht vollständig eingerichtet werden, nur um den Namen eines anderen Gerätes zu ermitteln. In der Prozedur zur Namensanforderung benutzt das initiierende Gerät den Gerätezugriffscode des entfernten Gerätes, der zuvor über eine Anfrage-Prozedur ermittelt worden ist.

Geräteerkennung (device discovery)

Der Zweck der Geräteerkennung besteht darin, das initiierende Gerät mit der Adresse, der Taktfrequenz, der Geräteklasse und dem benutzten Page-scan-Modus erkennbarer Bluetooth-Geräte zu versorgen. Während der Prozedur zur Geräteerkennung wird entweder eine generelle oder eine beschränkte Anfrage durchgeführt, an die sich bei einigen oder allen auf die Anfrage reagierenden Geräten eine Namenserkennung anschließt.

6.1.3 Verbindungsaufbau

Der Zweck des Verbindungsaufbaus (bonding) besteht im Aufbau einer Beziehung zwischen zwei Bluetooth-Geräten, die auf einem gemeinsamen Verbindungscode (bond) basiert. Der Verbindungsschlüssel wird während der Bonding-Prozedur erzeugt und ausgetauscht (pairing) und typischerweise von beiden Bluetooth-Geräten für zukünftige Authentifizierungen gespeichert. Über das Pairing hinaus kann die Bonding-Prozedur Initialisierungsprozeduren für die höheren Schichten umfassen.

Es gibt zwei Arten des Verbindungsaufbaus: den bestimmten und den allgemeinen. Bestimmtes Bonding findet statt, wenn die Geräte nur einen gemeinsamen Verbindungscode erzeugen und austauschen, während das allgemeine Bonding Teil der üblichen Prozeduren zur Einrichtung des Kanals und der Verbindung ist. Tatsächlich ist das Bonding prinzipiell mit der Verbindungseinrichtung identisch. Dies bedeutet, dass die Paarung erfolgreich durchgeführt werden kann, wenn ein Gerät das Bonding initiiert hat, während sich das Zielgerät in seinen normalen Verbindungs- und Sicherheitsmodi befindet.

Bevor das Bonding beginnen kann, muss das initiierende Gerät den Gerätezugriffscode des Gerätes kennen, mit dem es gepaart werden soll. Dies geschieht normalerweise dadurch, dass zunächst die Geräteerkennung erfolgt.
Bluetooth-Geräte, die das Bonding initiieren können, benutzen beschränkte
Anfragen. Bluetooth-Geräte, die das Bonding akzeptieren, unterstützen den
beschränkt erkennbaren Modus.

6.1.4 Einrichtungsprozeduren

Bluetooth definiert drei Einrichtungsprozeduren: Verbindung auf physikalischer Ebene (link), Verbindung auf logischer Ebene (channel) und Verbindung auf anwendungsspezifischer Ebene (connection). Bevor aber überhaupt
Einrichtungsprozeduren initiiert werden können, muss das initiierende Gerät
über bestimmte Informationen verfügen, die während der Geräteerkennung
ermittelt werden:

- Die Geräteadresse, aus der der Gerätezugriffscode erzeugt wird,
- der Systemtakt des entfernten Gerätes (remote device) und
- der vom entfernten Gerät verwendete Page-scan-Modus.

Weitere Informationen, die während der Geräteerkennung ermittelt werden
und die für die Entscheidung über die Initiierung einer Prozedur zum Verbindungsaufbau nützlich sein können, sind die Geräteklasse und der Gerätename.

Physikalische Verbindungseinrichtung (link establishment)

Mit der Prozedur zur Leitungseinrichtung wird eine physikalische Verbindung (link) eingerichtet, bei der es sich speziell um einen ACL (Asynchronous
Connectionless Link) zwischen zwei Bluetooth-Geräten unter Verwendung
von Prozeduren aus der Bluetooth-IrDA-Interoperabilitätsspezifikation und
dem GOEP (Generic Object Exchange Profile) handelt.

Innerhalb von Bluetooth stimmt die Paging-Prozedur mit der Bluetooth-
IrDA-Interoperabilitätsspezifikation überein. Das Paging-Gerät benutzt den
Gerätezugriffscode und den Page-Mode, der mit einer vorherigen Anfrage
ermittelt wurde. Beim Abschluss des Paging besteht eine »Leitung« bzw.
physikalische Verbindung (link) zwischen den beiden Bluetooth-Geräten.
Wenn eine Vertauschung der Master/Slave-Rollen erforderlich ist (typischerweise hat das angerufene Gerät ein Interesse am Wechsel der Rollen), erfolgt
diese sofort nach der Herstellung der physikalischen Verbindung. Wenn das
angerufene Gerät den Wechsel der Master/Slave-Rollen nicht akzeptiert, bestimmt das angerufene Gerät, ob die physikalische Verbindung aufrechterhalten werden soll. Beide Geräte können die Einrichtung der physikalischen
Verbindung mit Hilfe von LMP-Prozeduren (Link Manager Protocol) durchführen, die keine Interaktion mit dem Host auf der entfernten Seite erfordern.

Optionale LMP-Eigenschaften können eingesetzt werden, bedürfen aber der Bestätigung, da die angeforderten Merkmale vom anderen Gerät unterstützt werden müssen.

Wenn Paging-Geräte über die Phase der Einrichtung der physikalischen Verbindung hinaus weitere Dienste benötigen, setzen sie eine Anfrage zwecks Verbindung mit dem Host des entfernten Gerätes ab. Wenn sich das angerufene Gerät im Sicherheitsmodus 3 befindet, startet damit die Authentifizierung. Das Paging-Gerät sendet dann während der Einrichtung der Verbindung, aber noch vor der Einrichtung des Kanals, eine Anfrage zur Verbindung mit dem Host und kann anschließend die Authentifizierung starten. Wenn die Authentifizierung erfolgt ist, können alle beteiligten Geräte die Verschlüsselung initiieren.

Nach der Anfrage zur Verbindung mit dem Host kann die Verbindung weiter konfiguriert werden. Wenn die Anforderungen der beiden Geräte erfüllt sind, senden diese jeweils Nachrichten an die anderen Geräte, die diese über die erfolgte Einrichtung informieren.

Einrichtung des Kanals (channel establishment)

Diese Prozedur wird zur Einrichtung eines Kanals (einer logischen Verbindung) zwischen zwei Geräten genutzt, die die Bluetooth-Dateitransferprofil-Spezifikation verwenden. Die Einrichtung des Kanals beginnt, wenn die Einrichtung der »Leitung« (Verbindungsaufbau auf physikalischer Ebene) abgeschlossen ist. Zu diesem Zeitpunkt sendet das initiierende Gerät eine Anfrage zur Einrichtung des Kanals (channel establishment request). Nach der Initiierung der Einrichtung des Kanals können Sicherheitsprozeduren ausgeführt werden. Der Kanal ist dann vollständig eingerichtet, wenn das entfernte Gerät (remote device) die Anfrage zur Einrichtung des Kanals positiv beantwortet hat.

Verbindungsaufnahme auf Anwendungsebene (connection establishment)

Diese Prozedur dient der Einrichtung einer Verbindung zwischen Anwendungen auf zwei Bluetooth-Geräten. Die Verbindungsaufnahme beginnt nach Abschluss der Einrichtung des Kanals. Zu diesem Zeitpunkt sendet das initiierende Gerät eine Anfrage zur Verbindungsaufnahme auf der Anwendungsebene. Die jeweils verwendete spezifische Anfrage ist von der Anwendung abhängig. Dabei kann es sich im Fall einer Bluetooth-Telefonie-Anwendung z.B. um eine TCS-SETUP-Meldung oder im Fall einer Anwendung für die serielle Schnittstelle um die Initialisierung von RFCOMM und die Einrichtung einer Datenverbindung handeln. Die Verbindungsaufnahme ist unabhängig von der jeweils eingesetzten Anwendung abgeschlossen, wenn das entfernte Gerät (remote device) die Anfrage zur Verbindungsaufnahme entgegennimmt.

Wenn Bluetooth-Geräte eine Verbindung zu einem anderen Bluetooth-Gerät aufgenommen haben, können sie eine zweite Verbindung (connection) auf demselben Kanal, einen zweiten Kanal über dieselbe »Leitung« (link) oder eine zweite »Leitung« aufnehmen und/oder einrichten. Wenn sich die neue Einrichtungsprozedur an dasselbe entfernte Gerät (remote device) richtet, hängt der Sicherheitsteil der Einrichtungsprozeduren von den bereits benutzten Sicherheitsmodi ab. Wenn sich die neue Einrichtungsprozedur an andere entfernte Geräte richtet, verhält sich das initiierende Gerät, abgesehen von dem Umstand, dass eine physikalische Verbindung bereits hergestellt worden ist, wie bei den aktiven Modi.

6.2 Serial-Port-Profil

Soll die Bluetooth-Technologie Kabelverbindungen ersetzen, kommt für diesen verbindungsorientierten Kanal das Serial-Port-Profil (SPP) zum Einsatz. Dieses Profil baut auf dem allgemeinen Zugangsprofil (GAP) auf und legt fest, wie sich Bluetooth-Geräte so einrichten lassen, dass sie mit Hilfe von RFCOMM serielle Kabelverbindungen nachbilden können. RFCOMM ist ein einfaches Transportprotokoll, das serielle RS-232-Schnittstellen zwischen zwei Endstellen emuliert (Abbildung 6.2). RFCOMM wird zur Übertragung der Teilnehmerdaten, der Modem-Steuersignale und der Konfigurationsbefehle eingesetzt. Die RFCOMM-Sitzung benutzt einen L2CAP-Kanal. Typischerweise handelt es sich bei den Anwendungen auf beiden Geräten um »Vererbungs-Anwendungen« (legacy application), die erwarten, dass die Kommunikation über ein serielles Kabel erfolgt. Eine derartige Kommunikation wird von diesem Profil emuliert.

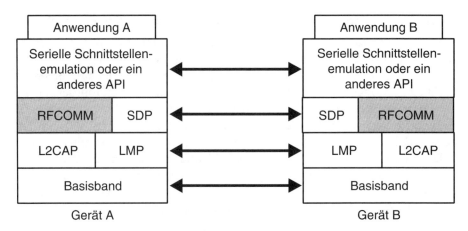

Abbildung 6.2: Das Protokollmodell für eine emulierte serielle Kabelverbindung

Auf den verschiedenen Geräten können »Vererbungs-Anwendungen« gestartet werden, die die virtuelle serielle Schnittstelle so benutzen können, als ob ein real vorhandenes serielles Kabel die beiden, mit RS-232-Steuersignalen arbeitenden, Geräte verbinden würde.

Erblast-Anwendungen können jedoch die Bluetooth-Prozeduren zur Einrichtung einer emulierten seriellen Kabelverbindung nicht kennen. Daher wird auf beiden Seiten der Verbindung die Unterstützung einer Hilfsanwendung benötigt, die die erforderlichen Bluetooth-Befehle kennt. Die Bluetooth-Spezifikationen beschäftigen sich nicht mit den Anforderungen an Hilfsanwendungen, da sich die Bluetooth-SIG vorrangig mit den Aspekten der Gerätezusammenarbeit befasst. Die Spezifikation geht davon aus, dass die Anbieter der Lösungen Hilfsanwendungen zur Verfügung stellen, mit denen sich die beiden Umgebungen miteinander verbinden lassen.

Bei einer einfachen Gerätekonfiguration mit seriellen Schnittstellen, bei der zwei Notebooks über ein emuliertes serielles Kabel verbunden werden (Abbildung 6.3), ergreift ein Gerät die Initiative, um Verbindung zum anderen Gerät aufzunehmen. Dieses Gerät nennt man *Initiator*, während man das Zielgerät der Verbindung Akzeptor (*Acceptor*) nennt. Wenn der Initiator mit der Verbindungseinrichtung beginnt, werden Prozeduren zur Diensterkennung ausgeführt, die der Einrichtung der emulierten seriellen Kabelverbindung dienen.

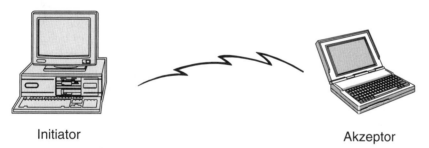

Initiator   Akzeptor

Abbildung 6.3: Bei der Einrichtung einer emulierten seriellen Kabelverbindung und einer Gerätekonfiguration mit zwei Notebooks übernimmt eines die Rolle des Initiators und das andere die des Akzeptors.

Das SPP unterstützt maximale Datenraten von 128 kBit/s. Auch wenn die Bluetooth-Spezifikation nur eine einzelne emulierte Verbindung zwischen zwei Geräten über die serielle Schnittstelle in einer Zwei-Punkte-Konfiguration beschreibt, verhindern keinerlei Vorkehrungen eine mehrfache Ausführung des Serial-Port-Profils. Daher können auch gleichzeitig mehrere Verbindungen auf einzelnen Geräten unterstützt werden. Dann können die Geräte auch parallel die Rollen des Initiators und des Akzeptors übernehmen. Das SPP-Profil legt keine festen Master/Slave-Rollen fest, da es davon ausgeht, dass beide Geräte gleichberechtigt sind.

Die Unterstützung von Sicherheitsmerkmalen (Autorisierung, Authentifizierung und Verschlüsselung) ist optional. Geräte müssen die entsprechenden Sicherheitsprozeduren jedoch unterstützen, wenn sie von einem anderen Gerät angefordert werden. Wenn der Einsatz von Sicherheitsmerkmalen erwünscht ist, werden die beiden Geräte während der Phase der Verbindungseinrichtung einander zugeordnet. Bonding wird im SPP nicht ausdrücklich verwendet, so dass die entsprechende Unterstützung optional ist.

6.2.1 Prozeduren auf der Anwendungsebene

Die Bluetooth-SIG spezifiziert drei Prozeduren auf der Anwendungsebene, die bei der Herstellung einer emulierten seriellen Kabelverbindung zwischen zwei Geräten benötigt werden.

Establish Link/Setup Virtual Serial Connection

Diese Prozedur beschreibt die für die Einrichtung einer Verbindung mit einer emulierten seriellen Schnittstelle eines entfernten Gerätes erforderlichen Schritte.

1. Übermittlung einer Anfrage mit dem Diensteerkennungsprofil (SDP – Service Discovery Protocol), mit der die RFCOMM-Server-Kanalnummer der Anwendung beim entfernten Gerät ermittelt werden soll. Wenn Auswahlmöglichkeiten vorhanden sind, kann der Teilnehmer eine der verfügbaren Schnittstellen (oder einen der verfügbaren Dienste) beim anderen Gerät auswählen. Wenn der Teilnehmer genau weiß, mit welchem Dienst er Verbindung aufnehmen will, muss er dabei nur die Parameter betrachten, die die Service Class ID benutzen, die diesem Dienst entsprechen.

2. Optional muss sich das entfernte Gerät selbst authentifizieren. Eine weitere Option erfordert eine Aktivierung der Verschlüsselung.

3. Anfordern eines neuen L2CAP-Kanals zur entfernten RFCOMM-Geräteeinheit

4. Initiierung einer RFCOMM-Sitzung auf dem L2CAP-Kanal

5. Aufnahme einer neuen Datenverbindung über die RFCOMM-Sitzung, für die (die in Schritt 1 erwähnte) Server-Kanalnummer verwendet wird

Nach Abschluss dieser Prozedur ist die virtuelle serielle Kabelverbindung für die Anwendungen auf beiden Geräten einsatzbereit. Wenn bei der Einrichtung einer neuen Datenverbindung zwischen den beiden Geräten bereits eine RFCOMM-Sitzung besteht, wird die neue Verbindung in der bestehenden RFCOMM-Sitzung eingerichtet. In diesem Fall sind die Schritte 3 und 4 überflüssig.

Accept Link/Establish Virtual Serial Connection

Diese Prozedur erfordert, dass der Acceptor an den folgenden Schritten teilnimmt:

1. Die gegebenenfalls angeforderte Authentifizierung leisten und die Verschlüsselung auf Anforderung aktivieren

2. Die erforderliche Einrichtung eines neuen L2CAP-Kanals zulassen

3. Die Einrichtung einer RFCOMM-Sitzung auf diesem Kanal zulassen

4. Die Datenverbindung über die RFCOMM-Sitzung zulassen

Der letzte Schritt kann eine lokale Anforderung zur Authentifizierung des entfernten Gerätes und der Aktivierung der Verschlüsselung auslösen, wenn der Teilnehmer Sicherheitsmerkmale für die emulierte serielle Schnittstelle anfordert und die entsprechenden Prozeduren nicht bereits ausgeführt worden sind.

Register Service Record in Local SDP Database

Alle über RFCOMM verfügbaren Dienste/Anwendungen müssen über eine SDP-Diensteliste verfügen, die die für die Nutzung der entsprechenden Dienste/Anwendung erforderlichen Parameter umfasst. Dies setzt eine Dienste-Datenbank und die Fähigkeit zur Beantwortung von SDP-Abfragen voraus. Bei Erblast-Anwendungen, die die virtuelle serielle Schnittstelle nutzen, wird die Diensteregistrierung von Hilfsanwendungen übernommen, die den Teilnehmer bei der Einrichtung der Schnittstelle unterstützen.

6.2.2 Strom sparende Betriebsmodi und Verbindungsabriss

Der Stromverbrauch von Geräteeinheiten, die über emulierte serielle Schnittstellen verbunden sind, kann von den üblichen Werten recht stark abweichen, so dass Strom sparende Betriebsmodi beim SPP nicht genutzt werden müssen. Gleichzeitig sollen aber Anforderungen zur Nutzung Strom sparender Modi möglichst nicht abgelehnt werden. Wenn die Sniff-, Park- oder Hold-Modi verwendet werden, werden weder die RFCOMM-Datenverbindung noch der L2CAP-Kanal freigegeben. Wenn eine Geräteeinheit erkennt, dass die physikalische Verbindung verloren gegangen ist, geht RFCOMM davon aus, dass die Gegenstelle abgeschaltet wurde. Bevor die Kommunikation über die höheren Schichten wieder aufgenommen werden kann, muss aber die RFCOMM-Sitzungsinitialisierung stattfinden.

6.2.3   RS-232-Steuersignale

Bei verkabelten Verbindungen über serielle Schnittstellen wird eine Ablaufsteuerung zwischen den Geräten implementiert. Diese erfolgt entweder über Software und verwendet Zeichen, wie z.B. XON/XOFF (Transmitter On/Transmitter Off), oder es werden Signale, wie z.B. RTS/CTS (Request to Send/Clear to Send) oder DTR/DSR (Data Terminal Ready/Data Set Ready), eingesetzt. Diese Methoden können auf beiden Seiten einer Kabelverbindung oder auch nur für eine Richtung eingesetzt werden.

Das RFCOMM-Protokoll bietet zwei Verfahren zur Ablaufsteuerung. MSC (Modem Status Command) übermittelt die RS-232-Steuersignale und das Break-Signal für alle emulierten seriellen Schnittstellen. Dieses Verfahren der Ablaufsteuerung wird für einzelne Datenverbindungen genutzt. Das RFCOMM-Protokoll verwendet auch eigene Befehle zur Ablaufsteuerung, FCON und FCOFF (Flow Control On/Flow Control Off), die sich auf den gesamten Datenfluss zwischen zwei Geräten auswirken.

Wenn das lokale Gerät (local device) Informationen einer herkömmlichen seriellen Schnittstelle überträgt, bei der es zu Überlauf-, Paritäts- oder Rahmenfehlern kommen kann, muss das entfernte Gerät mit dem Befehl »Remote Line Status Indication« über alle Veränderungen des Status der RS-232-Leitung informiert werden.

RS-232-Schnittstelleneinstellungen werden mit dem Befehl Remote Port Negotiation direkt vor der Einrichtung einer Datenverbindung zwischen den Geräten übertragen. Dies ist dann erforderlich, wenn die Schnittstelle vom Anwendungsprogramm zur RFCOMM-Anpassungsschicht z.B. Einstellungen von Baudrate und Parität bietet. Die bei der Aushandlung der Parameter der entfernten Schnittstelle übermittelten Informationen nützen Geräten mit herkömmlichen seriellen Schnittstellen oder in den Fällen, in denen die Daten über emulierte serielle Schnittstellen aus irgendwelchen Gründen beschleunigt übertragen werden. Auf der Grundlage von Einstellungen der Baudrate wird der Datendurchsatz von RFCOMM nicht beschränkt.

6.2.4   Voraussetzungen für die Zusammenarbeit mit L2CAP

Wie bereits erwähnt, wird das SPP (Serial Port Profile) nur für verbindungsorientierte Kanäle benutzt. Obwohl bei der Ausführung dieses Profils keine unzusammenhängenden Kanäle benutzt werden, ist die gleichzeitige Verwendung der beiden Kanaltypen durch andere Profile und Anwendungen zulässig.

Signalgebung

Nur der Initiator kann eine L2CAP-Verbindungsanforderung während der Ausführung dieses Profils stellen. Abgesehen davon beschränkt das SPP die L2CAP-Signalgebung in keiner Weise.

Konfigurationsoptionen

Für L2CAP gibt es im SPP drei Konfigurationsoptionen. Eine betrifft die MTU (Maximum Transmission Unit – maximale Übertragungseinheit), die sich auf die maximal mögliche Dateneinheit bezieht, die über die Datenleitung übertragen werden kann. L2CAP-Implementierungen müssen eine minimale MTU-Größe von 48 Byte unterstützten. Der Vorgabewert ist 672 Byte. Um die Kommunikationsressourcen effizient zu nutzen, wird die MTU jedoch unter Berücksichtigung aller physikalischen Beschränkungen der beteiligten Geräte, ihres Bedarfs und zuvor getroffener QoS-Vereinbarungen (Quality of Service) mit anderen Geräten und/oder Anwendungen möglichst hoch gewählt.

Eine weitere Konfigurationsoption ist »Flush Timeout«. Diese Option wird benutzt, den Empfänger darüber zu informieren, wie lange die Verbindungssteuerung bzw. der Link Manager des Absenders die Übertragung eines L2CAP-Segments versuchen wird, bevor er aufgibt und das Paket löscht (flushing).

Schließlich gibt es die Option Quality of Service (QoS). Da L2CAP-Implementationen nur erforderlich sind, um Dienste möglichst umfassend (best effort) zu unterstützen, ist die Unterstützung aller anderen Dienstearten optional. Diese möglichst umfassende Unterstützung bietet keinerlei Leistungsgarantien. Wenn QoS-Garantien erforderlich sind, dann muss eine QoS-Konfigurationsanforderung übertragen werden, in der Leistungsparameter, wie z.B. Verzögerungsvariationen (Mikrosekunden), Spitzenbandbreiten (Byte/s) und Latenzzeiten (Mikrosekunden) spezifiziert werden. Wenn Anforderungen keine QoS-Option enthalten, wird als Vorgabe eine möglichst umfassende Unterstützung geboten.

6.2.5 Voraussetzungen für die Zusammenarbeit mit SDP

Im lokalen Gerät (local device) gibt es keine SDP Service Records, die sich auf das SPP (Serial Port Profile) beziehen. In der SDP-Datenbank des entfernten Gerätes (remote device) gibt es jedoch Einträge, die sich auf die serielle Schnittstelle beziehen und die die Eigenschaften von Parametern, wie z.B. ServiceClassIDList, ProtocolDescriptorList und ServiceName enthalten. Um diese Datensätze bei der Unterstützung dieses Profils auswerten zu können, muss das SDP-Client-Objekt des lokalen Gerätes über SDP- und L2CAP-Prozeduren mit dem SDP-Server-Objekt des entfernten Gerätes verbunden werden und mit diesem zusammenarbeiten.

6.2.6 Voraussetzungen für die Zusammenarbeit mit dem Link Manager

Neben den in der Spezifikation des Link Managers selbst hinsichtlich der unterstützten Prozeduren angegebenen Anforderungen erfordert das SPP (Serial Port Profile) auch eine Unterstützung der Verschlüsselung in beiden verbundenen Geräten.

Fehlerverhalten

Wenn eine Geräteeinheit ein verpflichtendes (mandatory) Merkmal nutzen will, die andere Geräteeinheit diesem aber mitteilt, dass sie dieses Merkmal nicht unterstützt, dann überträgt der Initiator eine Detach-Nachricht die als Grund »unsupported LMP feature« (nicht unterstütztes LMP-Merkmal) meldet. Eine Geräteeinheit muss immer in der Lage sein, mit der Zurückweisung der Anforderung eines optionalen Merkmals umzugehen.

Verbindungspolitik (link policy)

Wie bereits erwähnt, gibt es für die Implementierung des SPP (Serial Port Profile) keine festen Master/Slave-Rollen. Das Profil enthält auch keine Vorgaben dafür, welche Strom sparenden Betriebsmodi wann eingesetzt werden müssen. Die Link Manager der jeweiligen Geräte entscheiden diese Aspekte und setzen bei Bedarf Anforderungen ab, die die Beschränkungen der Latenzzeiten in den konfigurierbaren QoS-Vereinbarungen betreffen.

Zusammenarbeit der Verbindungssteuerung

Die Ebene der Verbindungssteuerung (LC – Link Control) definiert mehrere Eigenschaften, zu denen Inquiry, Inquiry Scan, Paging und das Fehlerverhalten zählen.

Inquiry

Wenn Anfragen (inquiry) beim lokalen Gerät (local device) auftreten, wendet es die beim bereits besprochenen GAP (Generic Access Profile) spezifizierte General-Inquiry-Prozedur an. Während der Ausführung des SPP (Serial Port Profile) kann nur das lokale Gerät die Inquiry-Prozedur aufrufen.

Inquiry Scan

Wenn es für die Anwendung im entfernten Gerät erforderlich ist, wird der GIAC (General Inquiry Access Code) entsprechend dem im GAP definierten, beschränkt erkennbaren Modus für das Horchen nach Anfragen (inquiry scan) verwendet. Das entfernte Gerät antwortet auf den Inquiry Scan mit Inquiry-Response-Nachrichten.

Paging

Nur das lokale Gerät kann im Rahmen der Implementierung des Serial-Port-Profils Paging verwenden. Der Schritt des Paging wird jedoch übersprungen, wenn bereits eine Basisbandverbindung zwischen dem lokalen und dem entfernten Gerät (remote device) besteht. In diesem Fall kann die Verbindung bereits durch vorheriges Paging eingerichtet worden sein.

Fehlerverhalten

Da die meisten Eigenschaften auf der Ebene der Verbindungssteuerung durch LMP-Prozeduren aktiviert werden müssen, werden Fehler üblicherweise auch auf dieser Schicht abgefangen. Es gibt jedoch einige LC-Prozeduren, wie z.B. Inquiry und Paging, die von der LMP-Schicht unabhängig sind. Werden derartige Eigenschaften unsauber verwendet, lassen sich Fehler häufig nur schwer aufspüren. Zudem definiert das SPP keine Mechanismen, mit denen sich der unsaubere Einsatz dieser Merkmale erkennen oder vermeiden lässt.

6.3 Diensteerkennungsprofil

Das Diensteerkennungsprofil (SDAP – Service Discovery Application Profile) beschreibt die Eigenschaften und Prozeduren, mit denen sich die in anderen Bluetooth-Geräten registrierten Dienste ermitteln lassen und mit denen Informationen über diese Dienste gewonnen werden können. Bei der zu erwartenden steigenden Anzahl der Dienste, die über Bluetooth-Verbindungen zur Verfügung gestellt werden können, unterstützen standardisierte Prozeduren die Teilnehmer dabei, diese aufzuspüren und zu identifizieren.

In diesem Profil werden, wie beim zuvor besprochenen Serial-Port-Profil, nur verbindungsorientierte Kanäle verwendet. Darüber hinaus werden keine L2CAP-Übertragungen genutzt. Bevor zwei Bluetooth-Geräte miteinander kommunizieren können, müssen sie eingeschaltet und initialisiert werden. Bei der Initialisierung kann die Angabe einer PIN zur Erzeugung eines Verbindungscodes, für die Geräteautorisierung und die Datenverschlüsselung erforderlich sein. Dann muss eine Verbindung hergestellt werden, die die Erkennung der Geräteadresse des anderen Bluetooth-Gerätes über eine Anfrage und das Paging des anderen Gerätes erfordern kann.

Der Bluetooth-Protokoll-Stack umfasst das SDP (Service Discovery Protocol), das zur Erkennung von Diensten verwendet wird, die von oder über Geräte innerhalb der Reichweite eines Bluetooth-Gerätes zur Verfügung gestellt werden. Ist die Verbindung erst einmal hergestellt, können Dienste ausfindig gemacht und über die Benutzerschnittstelle ausgewählt werden. Auch wenn SDP nicht direkt am Zugriff auf bestimmte Dienste beteiligt ist, erleichtert es den Zugriff dadurch, dass es den lokalen Bluetooth-Stack zum Zugriff auf den gewünschten Dienst auffordert. Anders als andere Profile, bei denen sich die Interaktionen beim Aufspüren von Diensten aus der Notwendigkeit der Aktivierung eines Transportdienstes wie RFCOMM oder einem Einsatzszenario wie dem Dateitransfer ergeben, erfordert dieses Profil, dass die Erkennung der Dienste spezifisch vom Teilnehmer veranlasst wird.

Das Diensteerkennungsprofil (SDP) unterstützt die folgenden Diensteanfragen:

- Suche nach Diensteklasse
- Suche nach Diensteattributen
- Auswahl aus verfügbaren Diensten

Die ersten beiden Arten von Anfragen werden bei der Suche nach bestimmten Diensten eingesetzt und beantworten Fragen des Teilnehmers wie »Steht der Dienst X zur Verfügung oder ist der Dienst X mit den Eigenschaften Y und Z verfügbar?«. Die Auswahl aus verfügbaren Diensten (browsing) wird bei der allgemeinen Suche nach Diensten eingesetzt und versorgt den Teilnehmer mit Antworten auf Fragen wie: »Welche Dienste sind verfügbar?« oder "Welche Dienste vom Typ X stehen zur Verfügung?«. Die Implementation derartiger Diensteanfragen setzt voraus, dass die Geräte zunächst erkannt und untereinander verbunden werden, bevor die Abfrage der unterstützten Dienste erfolgen kann.

6.3.1 Die Rollen von Client und Server

Das SDP (Service Discovery Profile) definiert die Rollen von Bluetooth-Geräten über die Begriffe lokales Gerät (*LocDev* – local device) und entferntes Gerät (*RemDev* – remote device). Ein LocDev ist das Gerät, das die Prozedur der Diensteerkennung initiiert. Um dies zu erreichen, muss es mindestens den Client-Teil der Bluetooth-SDP-Architektur enthalten. Ein LocDev enthält die Anwendung zur Diensteerkennung (*SrvDscApp* – service discovery application), die es dem Teilnehmer ermöglicht, die Diensteerkennung zu initiieren und die entsprechenden Ergebnisse anzuzeigen.

Ein RemDev ist ein beliebiges Gerät, das am Prozess der Diensteerkennung dadurch teilnimmt, dass es die von einem lokalen Gerät generierte Diensteanfrage beantwortet. Um dies zu erreichen, muss es zumindest den Server-Teil der Bluetooth-SDP-Architektur enthalten. Ein RemDev enthält eine Datenbank mit Dienstdatensätzen (service records database), die der Server-Teil des SDP abfragt, um Antworten auf Anfragen zwecks Erkennung der Dienste zu erhalten.

Die LocDev- oder RemDev-Rollen der Bluetooth-Geräte sind für die einzelnen Geräte weder dauerhaft noch exklusiv vorgegeben. Beispielsweise kann bei einem RemDev neben der SrvDscApp auch ein SDP-Client installiert sein, und das LocDev kann auch über einen SDP-Server verfügen. Daher könnte ein Gerät für eine bestimmte SDP-Transaktion ein LocDev sein, während es bei einer anderen SDP-Transaktion als RemDev fungiert.

Die Master-Slave-Beziehung wird durch die Nutzung des Diensteerkennungsprofils nicht beeinflusst. Mit anderen Worten: lokale Geräte werden nicht automatisch als Bluetooth-Master und entfernte Geräte nicht automatisch als Bluetooth-Slaves betrachtet. Die Diensteerkennung kann sowohl von einem Master- als auch von einem Slave-Gerät initiiert werden, wenn sie Mitglieder desselben Pico-Netzes sind. Gleichzeitig kann ein Slave in einem Pico-Netz auch die Diensteerkennung in einem neuen Pico-Netz initiieren, sofern er den Master des ursprünglichen Pico-Netzes darüber informiert, dass es nicht mehr erreichbar sein wird, wobei es möglicherweise bis zu seiner Rückkehr in den Hold-Betriebsmodus eintritt.

Abbildung 6.4 zeigt die am SDP (Service Discovery Profile) beteiligten Bluetooth-Protokolle und die unterstützenden Elemente.

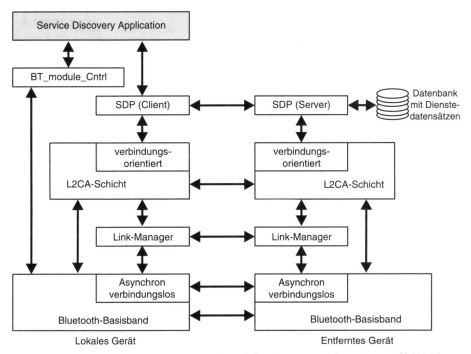

Abbildung 6.4: Der Bluetooth-Protokoll-Stack für das Diensteerkennungsprofil (SDP)

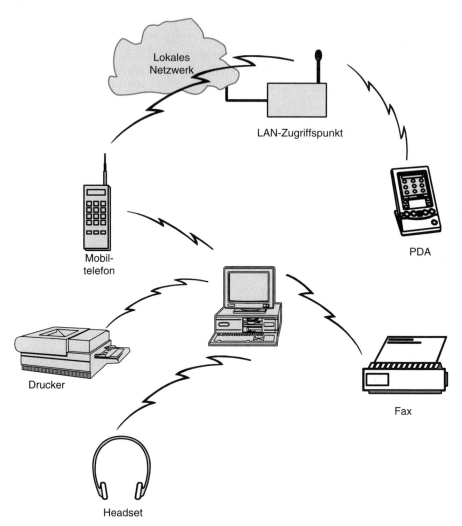

Abbildung 6.5: Ein typisches Szenario der Diensteerkennung, bei dem das Notebook (Mitte) Diensteanfragen an verschiedene entfernte Geräte verschickt. Das Notebook empfängt entsprechende Rückantworten der SDP-Server einer oder mehrerer dieser entfernten Geräte.

Die Anwendung zur Diensteerkennung (service discovery application) wird über die Funktion BT_module_Cntrl (Bluetooth module control) mit der Basisband-Funktion verbunden, die das Bluetooth-Modul zum jeweiligen Zeitpunkt der Operation zum Eintritt in die verschiedenen Suchmodi auffordert. Die Anwendung zur Diensteerkennung in einem lokalen Gerät wird mit dem Bluetooth-SDP-Client verbunden, so dass sie Diensteanfragen senden und die entsprechenden Antworten der SDP-Server eines oder mehrerer entfernter Geräte empfangen kann (Abbildung 6.5). SDP verwendet den verbindungsorientierten (CO – connection-oriented) Transportdienst von L2CAP, der wiederum ACL-Basisbandverbindungen (ACL – asynchronous connectionless links) einsetzt, um die SDP-PDUs (PDU – protocol data units) per Funk zu übertragen.

Das SDP-Profil verlangt für SDP-Transaktionen nicht den Einsatz von Authentifizierung und/oder Verschlüsselung. Wenn eines der beteiligten Geräte derartige Sicherheitsmaßstäbe setzt, findet die Diensteerkennung lediglich für die Untermenge der Geräte statt, die die Sicherheitshürden Authentifizierung und Verschlüsselung überwinden können. Mit anderen Worten werden alle für SDP-Transaktionen geltende Sicherheitsmaßstäbe eigentlich durch jene Maßstäbe bestimmt, die bereits für die Bluetooth-Verbindung gelten.

6.3.2 Pairing

In Hinsicht auf das Pairing stellt das SDP keine bestimmten Anforderungen, so dass Pairing bei Bedarf stattfinden kann. Wie bereits besprochen, handelt es sich beim Pairing um ein Initialisierungsverfahren, bei dem zwei Geräte, die erstmalig miteinander kommunizieren, einen gemeinsamen Verbindungsschlüssel erzeugen, der bei der nachfolgenden Authentifizierung verwendet wird. Immer wenn ein lokales Gerät bei nicht verbundenen entfernten Geräten eine Diensteerkennung durchführen will, liegt es in der Verantwortlichkeit der Anwendung zur Diensteerkennung, ob Pairing vor der Verbindung möglich ist, oder ob alle Geräte übergangen werden, bei denen erst Pairing erforderlich ist. Das SDP betrifft nur die Durchführung der Diensteerkennung, so dass das lokale Gerät eine Basisbandverbindung mit einem oder mehreren entfernten Geräten aufbauen können muss.

6.3.3 Anwendung zur Diensteerkennung

Es wird angenommen, dass das lokale Gerät mit der SrvDscApp (Service Discovery Application – Anwendung zur Diensteerkennung) in den Inquiry- und/oder Page-Status eintreten kann. Weiterhin wird angenommen, dass entfernte Geräte, die Dienste für andere Geräte anbieten wollen (z.B. Drucker, LAN-Zugangspunkte, PSTN-Gateways usw.), in den Inquiry-scan- und/oder Page-scan-Status eintreten können. Wie bereits erwähnt, ist es nicht erforderlich, dass lokale Geräte Master bei Verbindungen mit entfernten Geräten sind oder dass entfernte Geräte immer Slave bei einer Verbindung mit einem lokalen Gerät sind, da sich die SrvDscApp Diensteanfragen auch an bereits verbundene entfernte Geräte richten kann.

Für die Implementierung der Diensteerkennung gibt es mehrere Alternativen. Beispielsweise kann der Benutzer des lokalen Gerätes über die SrvDscApp Informationen für die gewünschte Dienstesuche zur Verfügung stellen. Die SrvDscApp sucht dann mit der Bluetooth-Inquiry-Prozedur nach Geräten. Das lokale Gerät verbindet sich dann mit allen gefundenen Geräten, führt die notwendige Verbindungseinrichtung über das GAP durch und fragt dann nach den gewünschten Diensten. Alternativ kann die Suche nach Geräten auch bereits vor der Auswertung der Benutzereingaben für die Dienstesuche erfolgen.

In beiden Fällen werden die Anfrage, die Verbindungsherstellung und die Diensteerkennung jeweils immer nur für ein Gerät durchgeführt. Das lokale Gerät wendet sich an kein anderes entferntes Gerät, bevor die Dienstesuche beim vorherigen entfernten Gerät beendet ist und es gegebenenfalls die Verbindung zu diesem wieder getrennt hat. Die Diensteerkennung kann jedoch auch so implementiert werden, dass sie für mehrere (maximal sieben) Geräte gleichzeitig erfolgt. In diesem Fall führt das durch die SrvDscApp gesteuerte lokale Gerät das Paging zunächst für alle entfernten Geräte durch, stellt die Leitungen zu ihnen her und fragt dann alle angeschlossenen Geräte gleichzeitig nach den gewünschten Diensten ab.

Die Eigenschaften der SrvDscApp lassen sich wie folgt zusammenfassen:

- Bluetooth-Anfragen werden nach der Teilnehmeranforderung einer Dienstesuche aktiviert.

- Bei allen Geräten, die bei Anfragen gefunden werden, schließt die SrvDscApp zunächst die Diensterkennung ab und trennt die Verbindung zum ersten Gerät, bevor sie versucht, eine Verbindung zum nächsten RemDev herzustellen.

- Bei entfernten Geräten, die bereits verbunden sind, wird die Verbindung nach einer Diensteerkennung durch das lokale Gerät nicht getrennt.

Über eine weitere Eigenschaft der SrvDscApp kann der Teilnehmer einen vertrauenswürdigen (trusted) oder nicht-vertrauenswürdigen (untrusted) Betriebsmodus wählen. Dies bedeutet, dass der Teilnehmer entscheiden kann, ob die SrvDscApp nur Verbindungen mit vertrauenswürdigen oder mit allen neu erkannten Geräten zulässt, die lediglich Pairing erfordern.

Wenn ein lokales Gerät eine Suche zwecks Diensteerkennung durchführt, kann diese bei drei Arten von entfernten Geräten erfolgen:

- **Vertrauenswürdige Geräte (trusted).** Dabei handelt es sich um Geräte, die aktuell nicht mit dem LocDev verbunden sind, für die aber bereits eine vertrauenswürdige Beziehung zu diesem eingerichtet worden ist.

- **Unbekannte (neue) Geräte.** Bei diesen handelt es sich um nicht vertrauenswürdige Geräte, die aktuell nicht mit dem LocDev verbunden sind.

● **Verbundene Geräte (connected)**. Diese Geräte sind bereits mit dem lokalen Gerät verbunden.

Um vertrauenswürdige oder unbekannte (neue) entfernte Geräte zu erkennen, aktiviert die SrvDscApp die Inquiry- und/oder Page-Prozesse von Bluetooth. Bei bereits verbundenen entfernten Geräten ist lediglich Paging erforderlich. Um seine Aufgabe erfüllen zu können, muss die SrvDscApp, unabhängig davon, ob die Geräte über einen Bluetooth-Inquiry-Prozess erkannt wurden oder bereits mit dem lokalen Gerät verbunden sind, Zugriff auf die Bluetooth-Geräteadressen der Einheiten in der Umgebung des lokalen Gerätes besitzen. Daher wartet der Bluetooth-Modul-Controller in einem lokalen Gerät die Liste der Geräte in der Umgebung und stellt sie der SrvDscApp zur Verfügung.

6.3.4 Abfolge der Nachrichten

Das SDP (Service Discovery Profile) spricht drei verschiedene Bluetooth-Prozeduren an: Geräteerkennung (device discovery), Erkennung von Gerätenamen (device name discovery) und Diensteerkennung (service discovery). Bei den ersten beiden Prozeduren ist im Unterschied zur dritten keine Intervention des Hosts erforderlich. Abbildung 6.6 fasst die wesentlichen Phasen des Nachrichtenaustauschs zusammen, die während der Ausführung dieses Profils auftreten. Einige Prozeduren sind nicht immer vorhanden, und einige Geräte müssen nicht immer alle Prozeduren durchlaufen. Wenn die Authentifizierung beispielsweise nicht erforderlich ist, wird diese Phase auch nicht ausgeführt. Wenn die SrvDscApp Dienste eines bestimmten entfernten Gerätes nachfragt, mit dem das lokale Gerät aktuell verbunden ist, werden gegebenenfalls die Inquire- und Page-Phasen nicht ausgeführt. In der Abbildung werden auch die Bedingungen angegeben, unter denen einzelne Phasen ausgeführt bzw. nicht ausgeführt werden.

6.3.5 Diensteerkennung (Service Discovery)

Die SrvDscApp nutzt SDP nicht als Mittel des Zugriffs auf Dienste. Stattdessen dient SDP dem Zweck, den Benutzer des lokalen Gerätes über die verfügbaren Dienste zu unterrichten. Bluetooth-bewusste Anwendungen, die auf einem lokalen Gerät laufen, können auch alle zweckdienlichen Informationen beschaffen, die der Anwendung den Zugriff auf einen gewünschten Dienst in einem entfernten Gerät erleichtern.

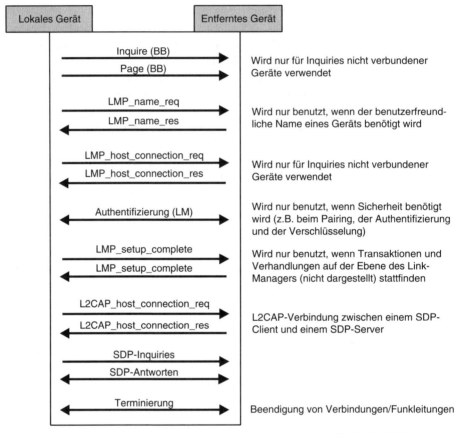

Abbildung 6.6: Eine Zusammenfassung der Bluetooth-Prozesse, die das SDP (Service Discovery Profile) unterstützen.

6.3.6 Signalgebung

Zum Zweck der Beschaffung von Informationen, die sich auf das SDP beziehen, können nur lokale Geräte L2CAP-Verbindungen initiieren. Darüber hinaus beschränkt SDAP die L2CAP-Signalgebung nicht weiter und stellt auch keine anderen Anforderungen.

6.3.7 Konfigurationsoptionen

Wie beim SPP (Serial Port Profile) gibt es im SDP (Service Discovery Profile) drei Konfigurationsoptionen für L2CAP. Eine betrifft die MTU (Maximum Transmission Unit – maximale Übertragungseinheit), die sich auf die maximal mögliche Dateneinheit bezieht, die über die Verbindung übertragen werden kann. Wie bereits bemerkt, müssen L2CAP-Implementierungen eine minimale MTU-Größe von 48 Byte unterstützen. Der Vorgabewert ist 672 Byte. Um die Kommunikationsressourcen effizient zu nutzen, wird die MTU jedoch unter Berücksichtigung aller physikalischen Beschränkungen der beteiligten Geräte, ihres Bedarfs und zuvor getroffener QoS-Vereinbarungen (Quality of Service) mit anderen Geräten und/oder Anwendungen möglichst hoch gewählt.

Es wird erwartet, dass während der Dauer einer L2CAP-Verbindung für SDP-Transaktionen zwischen zwei Geräten (auch SDP-Sitzung genannt) mindestens eines dieser Geräte an einer L2CAP-Verbindung zu anderen Geräten oder Anwendungen beteiligt ist. Wenn eine der neuen Verbindungen QoS-Anforderungen stellt, die von den Vorgaben abweichen, dann kann die MTU während der ursprünglichen SDP-Sitzung neu ausgehandelt werden, so dass eine Anpassung an die QoS-Beschränkungen der neuen L2CAP-Verbindung möglich ist.

Eine weitere Konfigurationsoption ist »Flush Timeout«. Wie bei SPP wird diese Option dazu benutzt, den Empfänger darüber zu informieren, wie lange die Verbindungssteuerung bzw. der Link Manager des Absenders die Übertragung eines L2CAP-Segments versuchen wird, bevor er aufgibt und das Paket löscht (flushing).

Schließlich gibt es wie bei SPP Überlegungen hinsichtlich der Option Quality of Service (QoS). Da L2CAP-Implementierungen nur erforderlich sind, um Dienste möglichst umfassend (best effort) zu unterstützen, ist die Unterstützung aller anderen QoS optional. Die möglichst umfassende Unterstützung bietet keinerlei Leistungsgarantien. Wenn bestimmte Leistungen garantiert werden müssen, dann muss eine QoS-Konfigurationsanforderung übertragen werden, in der Leistungsparameter, wie z.B. Verzögerungsvariationen (Mikrosekunden), Spitzenbandbreiten (Byte/s) und Latenzzeiten (Mikrosekunden) spezifiziert werden. Wenn Anforderungen keine QoS-Option enthalten, wird angenommen, dass der SDP-Datenverkehr möglichst umfassend erfolgt.

6.3.8 SDP-Transaktionen und L2CAP-Verbindungen

SDP-Transaktionen bestehen aus einer Folge wechselseitiger PDUs (Protocol Data Unit) mit Anforderungen und Antworten, aber SDP selbst ist eigentlich ein unzusammenhängender Datagrammdienst. Der Grund besteht darin, dass vor dem Austausch von PDUs keine Verbindungen auf der SDP-Ebene gebildet werden. Stattdessen delegiert SDP die Herstellung von Verbindungen an die L2CAP-Schicht, die eigenverantwortlich handelt. Die SDP-Schicht delegiert auch den Abbau von Verbindungen an die L2CAP-Schicht.

Bei echten unzusammenhängenden Diensten würde die Verbindung nach der Übertragung der PDU abgebaut. Da SDP-Server keinen Status besitzen, würden SDP-Transaktionen abgebrochen werden, wenn L2CAP die Verbindung nach der Übertragung einer PDU mit einer Diensteanforderung abbauen würde. Weiterhin würde die Leistung deutlich leiden, wenn für jede nachfolgende SDP-PDU-Übertragung neue L2CAP-Verbindungen aufgebaut werden müssten. Um diese Probleme zu vermeiden, bleiben die L2CAP-Verbindungen für SDP-Transaktionen länger erhalten als die Übertragung einer einzelnen SDP-PDU. Tatsächlich bleiben SDP-Sitzungen so lange erhalten, wie Interaktionen mit einem bestimmten Gerät erforderlich sind.

Eine SDP-Transaktion repräsentiert zumindest die Anforderung einer einzelnen PDU-Übertragung von einem SDP-Client zu einem SDP-Server und die Rückübertragung einer Antwort-PDU vom SDP-Server zum SDP-Client. SDP-Sitzungen können jedoch für den Fall des Auftretens nicht korrigierbarer Übertragungsfehler in Schichten unterhalb von SDP beim lokalen oder entfernten Gerät oder in der SDP-Schicht und in der Datenbank mit den Dienstedatensätzen im entfernten Gerät länger bestehen bleiben. Darüber hinaus kann der Teilnehmer Sitzungen auch beenden, bevor die Transaktion abgeschlossen worden ist.

Durch die Angabe der Mindestdauer einer SDP-Sitzung wird die reibungslose Ausführung von SDP-Transaktionen sichergestellt. Um eine höhere Leistung zu erreichen, können Bluetooth-Implementierer SDP-Sitzungen zulassen, die länger als die Minimaldauer sind. Es gilt die allgemeine Regel, dass SDP-Sitzungen so lange bestehen bleiben können, wie Interaktionen mit einem bestimmten Gerät erforderlich sind. Da sich dieser Umstand der Vorhersage entzieht, können SDP-Implementierer für spezifische SDP-Sitzungen die verstrichene Zeit ohne Transaktionen mit Hilfe von Timern beobachten. Wenn die angegebene Zeitspanne dann verstrichen ist, wird die L2CAP-Verbindung abgebaut.

Beim Öffnen und Schließen von SDP-Sitzungen können sich SDP-Implementierung auch auf bestimmte Eingaben verlassen, die von einer höheren Schicht empfangen und möglicherweise von der SrvDscApp selbst initiiert werden. Diese Eingaben resultieren aus dem Einsatz von Low-level-Primitives, die den Beginn der Suche (open search) und das Ende der Suche (close search) anzeigen. Schließlich können Implementierung Anwendern jederzeit den Abbruch einer SDP-Sitzung über Service-Primitives erlauben, die eine Abbruchbedingung (terminate) anzeigen.

Der Begriff »Primitives« steht im hier verwendeten Sinne für abstrakte Beschreibungen der von einem Protokoll angebotenen Dienste. Das Format der im letzten Absatz beschriebenen Primitives lautet `openSearch(.)`, `closeSearch(.)` bzw. `terminatePrimitive(.)`. Eine ausführliche Besprechung von Primitives würde den Rahmen dieses Buches sprengen.

Auch wenn dies möglich ist, werden SDP-Sitzungen üblicherweise nicht von entfernten Geräten beendet. Beispielsweise kann das entfernte Gerät eine SDP-Sitzung elegant beenden, dass es die L2CAP-PDU zur Beendigung der Verbindung benutzt. Alternativ kann das entfernte Geräte SDP-Sitzungen auch abnormal beenden, wenn es nicht weiter auf SDP-Anforderungen oder L2CAP-Befehlssignale antwortet. Das Auftreten des letzteren Falles könnte auch auf ein Problem der Implementierung des Herstellers hinweisen.

6.3.9 Link Manager

Wie bereits besprochen, ist der Link Manager für die Einrichtung der Verbindung, die Authentifizierung, die Verbindungskonfiguration und andere Verwaltungsfunktionen zuständig. Er stellt Dienste zur Verschlüsselung, für die Überwachung der Stromversorgung und die Qualität der Dienste (QoS) zur Verfügung. Er ist auch für die Verwaltung der Geräte in den verschiedenen Betriebsmodi (Park-, Hold-, Sniff- und Active-Modus) verantwortlich.

In Tabelle 6.1 werden die Eigenschaften aller Prozeduren des Link Managers aufgeführt. Sie gibt auch darüber Auskunft, ob die Unterstützung dieser Prozeduren hinsichtlich des SDPs verbindlich (V), optional (O) oder nicht vorhanden sind (excluded – X). Der Grund dafür, dass sich gewisse Merkmale in diesem Profil nicht aktivieren lassen, liegt darin, dass diese die Operation der Geräte beeinträchtigen würden. Derartige Merkmale können jedoch von anderen Anwendungen genutzt werden, die parallel zu diesem Protokoll ablaufen. Die Tabelle weist auch auf bedingte (B) Eigenschaften hin, die zwar von diesem Profil nicht benötigt werden, aber auch nicht geändert werden, wenn sie in Erscheinung treten. Alle Abweichungen von den in Tabelle 6.1 angegebenen Regeln sorgen dafür, dass sich Bluetooth-Geräteeinheiten fehlerhaft verhalten.

Fehlerverhalten

Wenn Bluetooth-Geräteeinheiten verbindliche Eigenschaften nutzen wollen und die Gegenstelle darauf antwortet, dass sie diese nicht unterstützt, überträgt die initiierende Einheit ein Detach-PDU mit der Begründung »nicht unterstützte LMP-Eigenschaft« (unsupported LMP feature). Geräteeinheiten müssen immer mit der Abweisung optionaler Eigenschaften umgehen können.

Verbindungspolitik (Link Policy)

Für die Implementierung des SPP (Serial Port Profile) sind keine festen Master/Slave-Rollen spezifiziert. Weiterhin spezifiziert dieses Profil auch nicht, welche Strom sparenden Betriebsmodi wann einzusetzen sind. Die Link Manager der jeweiligen Geräte sind für diese Dinge verantwortlich, entscheiden, welche speziellen Verbindungseigenschaften sich für die Situation eignen und fordern diese an.

	Link-Manager-Prozedur	Unterstützung in LMP	Unterstützung im LocDev	Unterstützung im RemDev
1	Authentifizierung	V	B	B
2	Pairing	V		
3	Änderung des Leitungscodes	V		
4	Änderung des aktuellen Leitungscodes	V		
5	Verschlüsselung	O	B	B
6	Anforderung der Taktanpassung	V		
7	Anforderung von Informationen über die Genauigkeit der Zeitsteuerung	O		
8	LMP-Version	V		
9	Unterstützte Merkmale	V		
10	Wechsel in die Master-/Slave-Rolle	O		
11	Namensanforderung	V		
12	Trennen (Detach)	V		
13	Hold-Modus	V		
14	Sniff-Modus	O		
15	Park-Modus	O		
16	Steuerung des Stromverbrauchs	O		
17	Über die Qualität des Kanals gesteuerte DM/DH (Data-Medium-Rate/Data-High-Rate)	O		
18	Qualität der Dienste (QoS)	V		
19	SCO-Verbindungen	O	X	X
20	Steuerung von Multi-slot-Paketen	V		
21	Abschließende Parameter-Aushandlung	V		
22	Host-Verbindung	V		

Tabelle 6.1: Zusammenfassung der vom SDAP (Service Discovery Application Profile) verwendeten LMP-Prozeduren gemäß Bluetooth-Spezifikation 1.0

6.3.10 Verbindungssteuerung (Link Control)

Die Tabelle 6.2 führt die Eigenschaften der LC-Schicht (Link Control) auf. Sie gibt auch darüber Auskunft, ob die Unterstützung dieser Prozeduren hinsichtlich des Diensteerkennungsprofils verbindlich (V), optional (O) oder nicht vorhanden sind (excluded – X), aber von anderen Anwendungen, die parallel zu diesem Profil ablaufen, eingesetzt werden können. Die Tabelle weist auch auf Eigenschaften hin, die zwar von diesem Profil nicht benötigt werden, aber auch nicht geändert werden, wenn sie in Erscheinung treten. Bei diesen handelt es sich um so genannte bedingte (B) Eigenschaften.

Wenn ein lokales Gerät nicht verbundene, entfernte Geräte in eine Dienstesuche einbezieht, muss es für diese Inquiry- und Page-Prozeduren ausführen.

Inquiry

Wenn es von der SrvDscApp dazu aufgefordert wird, fordert das lokale Gerät sein Basisband zum Wechsel in den Inquiry-Status auf. Wenn bereits Verbindungen mit zu erfüllenden QoS-Anforderungen bestehen, findet der Übergang in diesen Status möglicherweise nicht sofort statt. Der Benutzer der SrvDscApp kann Kriterien für die Dauer von Anfragen festlegen, um diese Möglichkeit zu berücksichtigen. Wenn die Anfrage durch ein lokales Gerät erfolgt, wird typischerweise die GIAC-Prozedur (General Inquiry Access Code) benutzt.

Inquiry-Scan

Inquiry-scans sind geräteabhängige Strategien, die außerhalb des Gültigkeitsbereichs dieses Profils liegen. Geräte, die im erkennbaren Modus betrieben werden, können über Anfragen erkannt werden, die von anderen Geräten gesendet werden. Um von Anfragen erkannt werden zu können, die aus SrvDscApps resultieren, müssen entfernte Geräte unter Verwendung des GIAC in den Inquiry-scans-Modus wechseln.

Paging

Wenn sich die SrvDscApp mit einem bestimmten entfernten Gerät in Verbindung setzen muss, um dessen Dienstedatensätze abzufragen, fordert das lokale Gerät sein Basisband zum Wechsel in den Page-Status auf, wobei die QoS-Anforderungen bestehender Verbindungen übernommen werden. Das Paging des lokalen Gerätes erfolgt entsprechend der vom entfernten Gerät angegebenen Paging-Klasse (R0, R1 oder R2). Beim Paging wird die 48-Bit-Bluetooth-Geräteadresse verwendet.

	Prozedur	Unterstüt-zung im Basisband	Unterstüt-zung im LocDev	Unterstüt-zung im RemDev
1	Inquiry	V	B	
2	Inquiry-scan	V		B
3	Paging	V	B	
4	Page-scan			
a	Typ R0	V		B
b	Typ R1	V		B
c	Typ R2	V		B
5	Paketarten			
a	ID-Paket	V		
b	NULL-Paket	V		
c	POLL-Paket	V		
d	FHS-Paket	V		
e	DM1-Paket	V		
f	DH1-Paket	V		
g	DM3-Paket	O		
h	DH3-Paket	O		
i	DM5-Paket	O		
j	DH5-Paket	O		
k	AUX-Paket	V	X	X
l	HV1-Paket	V	X	X
m	HV2-Paket	O	X	X
n	HV3-Paket	O	X	X
o	DV-Paket	V	X	X
6	Inter-Pico-Netz-Fähigkeiten	O		
7	Voice-Codec			
a	PCM (A-law)	O	X	X
b	PCM (µ-law)	O	X	X
c	CVSD	O	X	X

Tabelle 6.2: Zusammenfassung der vom SDAP (Service Discovery Application Profile) verwendeten LC-Prozeduren gemäß Bluetooth-Spezifikation 1.0

Page-Scan

Wie Inquiry-scans sind Page-scans geräteabhängige Verfahrensweisen, die außerhalb des Gültigkeitsbereichs dieses Profils liegen. Geräte, die sich in einem erkennbaren Modus gemäß GAP (General Access Profile) befinden, können Bluetooth-Verbindungen zu anderen Geräten mit Hilfe der von diesen übertragenen »Suchrufen« aufbauen. Um eine Verbindung zu einem entfernten Gerät aufzubauen, überträgt ein lokales Gerät einen »Suchruf«, der von einer SrvDscApp-Aktion stammt, die die 48-Bit-Bluetooth-Geräteadresse des entfernten Gerätes verwendet.

Fehlerverhalten

Da die meisten Eigenschaften auf der Ebene der Verbindungssteuerung (OSI-Sicherungsschicht – data link layer) durch LMP-Prozeduren aktiviert werden, werden Fehler üblicherweise auf dieser Schicht abgefangen. Werden Inquiry- oder Paging-Eigenschaften, bei denen es sich um LC-Prozeduren handelt, die von der LMP-Schicht unabhängig sind, fehlerhaft eingesetzt, kann dieser Umstand jedoch schwer oder gar nicht aufzuspüren sein. Das SPP definiert keine Mechanismen, mit denen sich der unsaubere Einsatz derartiger Eigenschaften erkennen oder vermeiden lässt.

6.4 Allgemeines Objektaustauschprofil

Das allgemeine Objektaustauschprofil (GOEP – Generic Object Exchange Profile) definiert, wie Bluetooth-Geräte die OBEX-Einsatzmodelle unterstützen, zu denen das Dateitransfer-Profil, das Object-Push-Profil und das Synchronisationsprofil zählen, die im nächsten Kapitel zusammen mit anderen Einsatzmodellen besprochen werden. Zu den verbreitetsten Geräten, die diese Modelle nutzen können, zählen Bluetooth-fähige Notebooks, PDAs, Smartphones und Mobiltelefone.

Die GOEP-Spezifikation sorgt für die allgemeine Zusammenarbeit der Anwendungsprofile, die OBEX-Fähigkeiten (Object Exchange) nutzen, und definiert die Anforderungen der niedrigeren Protokollschichten (d.h. Basisband und LMP) für die Anwendungsprofile in Bezug auf deren Zusammenwirken.

Die von OBEX zur Verfügung gestellten Objektaustauschdienste ähneln dem im World Wide Web eingesetzten HyperText-Übertragungsprotokoll (HTTP). OBEX eignet sich jedoch auch für die vielen Geräte, die nicht über die erheblichen Ressourcen verfügen, die von einem HTTP-Server benötigt werden. Es eignet sich auch für Geräte mit Einsatzmodellen, die nicht dem Web entsprechen. OBEX wird vorwiegend als »Push«- oder »Pull«-Anwendung eingesetzt, die eine schnelle Kommunikation zwischen portablen Geräten in dynamischen Umgebungen ermöglicht.

OBEX eignet sich nicht nur für Situationen, in denen Verbindung, Übertragung und Trennung schnell aufeinander folgen. Es ermöglicht auch Sitzungen, bei denen sich Transfers über einen längeren Zeitraum erstrecken und bei denen die Verbindung auch dann bestehen bleibt, wenn keine Informationen übermittelt werden. Das bedeutet, dass sich OBEX zur Durchführung komplexer Aufgaben, wie z.B. Datenbanktransaktionen und Synchronisation eignet. Es wurde mit den Zielen der Anwendungsfreundlichkeit und der plattformübergreifenden Zusammenarbeit entwickelt. OBEX ist kompakt, flexibel, erweiterbar, minimiert die Ressourcenbelastung bei kleinen Geräten und lässt sich leicht auf die im Internet verwendeten Datentransferprotokolle abbilden.

6.4.1 Profil-Stack

Wie Abbildung 6.7 verdeutlicht, verfügen sowohl Client als auch Server über den GOEP-Profil-Stack, der aus dem Basisband, LMP und L2CAP besteht. Dabei handelt es sich um die Bluetooth-Protokolle, die den OSI-Schichten 1 und 2 entsprechen. RFCOMM ist die Bluetooth-Adaption von GSM TS 07.10, das ein Transportprotokoll für die Emulierung einer seriellen Schnittstelle zur Verfügung stellt. SDP ist das Bluetooth-Diensteerkennungsprotokoll (Service Discovery Protocol). OBEX ist die Bluetooth-Adaptation des von der Infrared Data Association entwickelten IrOBEX. Die Anwendungsschicht des Clients verwendet OBEX-Operationen und sendet und empfängt Datenobjekte vom Anwendungsserver. Der Anwendungsserver dient als Datenspeicher, auf dem Datenobjekte abgelegt bzw. von dem Datenobjekte bezogen werden können.

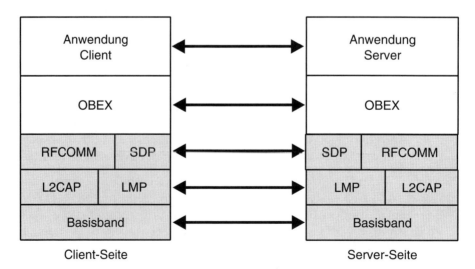

Abbildung 6.7: Protokollmodell für das GOEP (Generic Object Exchange Profile)

6.4.2   Server und Client

Beim GOEP (Generic Object Exchange Profile) senden Clients (push) Datenobjekte zum Server oder empfangen (pull) Datenobjekte von diesem.

Für das Gerät, das den Server enthält, wird angenommen, dass es bei Bedarf vom Teilnehmer in den erkennbaren bzw. verbindungsfähigen Modus versetzt wird, wenn die Anfrage- bzw. Verbindungseinrichtungsprozeduren im Client entsprechend den Anforderungen des GAP (Generic Access Profile) ausgeführt werden.

Das GOEP (Generic Object Exchange Profile) definiert Prozeduren für den Einsatz in Punkt-zu-Punkt-Konfigurationen. Folglich wird angenommen, dass der Server jeweils nur einem Client seine Dienste zur Verfügung stellt, auch wenn dies nicht unbedingt erforderlich ist. Implementierung können über separate Punkt-zu-Punkt-Verbindungen auch mehrere Clients gleichzeitig unterstützen.

6.4.3   Profil-Grundlagen

Bevor ein Server erstmalig für einen Client verwendet werden kann, kann eine Bonding-Prozedur mit Pairing ausgeführt werden. Obwohl diese Prozedur unterstützt werden muss, hängt ihr Absatz von den Anwendungsprofilen ab. Beim Bonding ist es üblicherweise erforderlich, dass der Teilnehmer die Bonding-Unterstützung manuell aktiviert und dabei einen Bluetooth-PIN-Code über die Tastatur der Client- und Server-Geräte eingibt.

Über das Bonding auf der Verbindungsebene (link level) hinaus kann eine Prozedur zur OBEX-Initialisierung ausgeführt werden, bevor der Client den Server erstmals nutzen kann. Anwendungsprofile, die GOEP nutzen, müssen festlegen, ob diese Prozedur unterstützt wird, um das erforderliche Sicherheitsniveau anbieten zu können.

Die Einrichtung von physikalischen Verbindungen (links) und Kanälen muss den im GAP definierten Prozeduren entsprechen. Für Sicherheit können eine Authentifizierung der Gegenseite beim Verbindungsaufbau oder eine Verschlüsselung aller Teilnehmerdaten auf der Sicherungsschicht sorgen. Ob Geräte Authentifizierung und Verschlüsselung unterstützen, hängt von dem Anwendungsprofil ab, das das GOEP verwendet.

Die Benutzerschnittstelle wird nicht im GOEP, sondern bei Bedarf in den Anwendungsprofilen definiert. Weiterhin schreibt das GOEP keine festen Master/Slave-Rollen vor.

6.4.4 Eigenschaften

Das GOEP bietet drei Eigenschaften. Die Nutzung anderer Eigenschaften, wie z.B. das Setzen des aktuellen Verzeichnisses, müssen von den Anwendungsprofilen definiert werden, die sie benötigen.

Einrichtung einer OBEX-Sitzung

Diese Eigenschaft wird zur Einrichtung der OBEX-Sitzung zwischen Client und Server eingesetzt. Bevor eine Sitzung eingerichtet worden ist, können Nutzdaten (Payload) zwischen Client und Server nicht ausgetauscht werden. Der Einsatz von OBEX-Operationen zur Einrichtung von OBEX-Sitzungen wird nachfolgend beschrieben.

Senden von Datenobjekten (Push)

Diese Eigenschaft wird benutzt, wenn Daten vom Client zum Server zu übertragen sind. Das Datenobjekt wird mit der PUT-Operation des OBEX-Protokolls zum Server übertragen. Die Daten können in einem oder mehreren OBEX-Paketen gesendet werden.

Empfangen von Datenobjekten (Pull)

Diese Eigenschaft wird benutzt, wenn Daten vom Server zum Client übertragen werden müssen. Das Datenobjekt wird mit der GET-Operation des OBEX-Protokolls vom Server abgerufen. Die Daten können in einem oder mehreren OBEX-Paketen übertragen werden.

6.4.5 OBEX-Operationen

Die im OBEX-Protokoll definierten Operationen sind Connect, Disconnect, Put, Get, Abort und SetPath. Die Anwendungsprofile, die das GOEP einsetzen, müssen angeben, welche dieser Operationen unterstützt werden müssen, um die in den Anwendungsprofilen definierte Funktionalität zu gewährleisten.

Die IrOBEX-Spezifikation definiert nicht, wie lange Clients auf die Beantwortung einer OBEX-Anforderung warten sollten. Es wird lediglich festgelegt, dass nach einer Anforderung eine angemessene Zeitspanne auf die Antwort gewartet werden sollte, bevor Operationen automatisch abgebrochen werden. Die Bluetooth-Spezifikation schlägt als »angemessene« Zeitspanne mindestens 30 Sekunden vor.

OBEX-Initialisierung

Wenn Server und Client Authentifizierung verwenden, muss die Authentifizierung initialisiert werden, bevor die erste OBEX-Verbindung aufgenommen werden kann. Die Initialisierung kann jederzeit vor der ersten OBEX-Verbindungsaufnahme stattfinden, setzt aber sowohl bei Client- als auch bei Server-Geräten die Mitwirkung der Anwender voraus.

Die Authentifizierung erfolgt mit einem OBEX-Passwort, das mit dem Bluetooth-PIN-Code identisch sein kann. Selbst wenn der Teilnehmer denselben Code für die Verbindungs- und die OBEX-Authentifizierung benutzt, muss er diese getrennt eingeben. Nach der Eingabe der OBEX-Passwörter beim Client und beim Server werden diese dort jeweils für die zukünftige Verwendung gespeichert.

OBEX-Sitzungseinrichtung

Die OBEX-Verbindung kann mit oder ohne Authentifizierung aufgenommen werden. Alle Anwendungsprofile, die GOEP verwenden, müssen aber zumindest eine OBEX-Sitzung ohne Authentifizierung unterstützen. Abbildung 6.8 verdeutlicht, wie OBEX-Sitzungen mit der CONNECT-Operation eingerichtet werden. Die CONNECT-Anforderung zeigt an, dass eine Verbindung benötigt wird und gegebenenfalls auch, welcher Dienst benutzt werden soll.

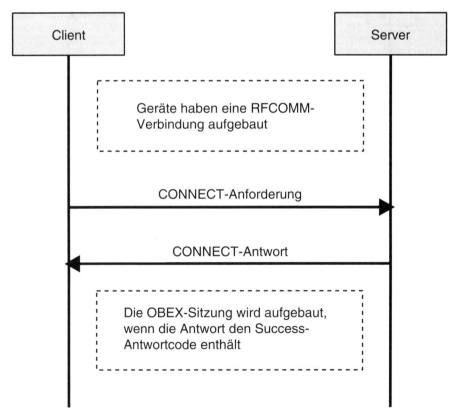

Abbildung 6.8: So lässt sich eine OBEX-Sitzung ohne Authentifizierung mit der CONNECT-Operation einrichten.

Obwohl das auf dem Server und dem Client eingesetzte Verfahren der OBEX-Authentifizierung auf HTTP (HyperText Transfer Protocol) basiert, unterstützt es nicht all dessen Eigenschaften und Optionen. In GOEP wird die OBEX-Authentifizierung bei der Authentifizierung von Client und Server genutzt. Abbildung 6.9 zeigt die Einrichtung einer OBEX-Sitzung mit Authentifizierung.

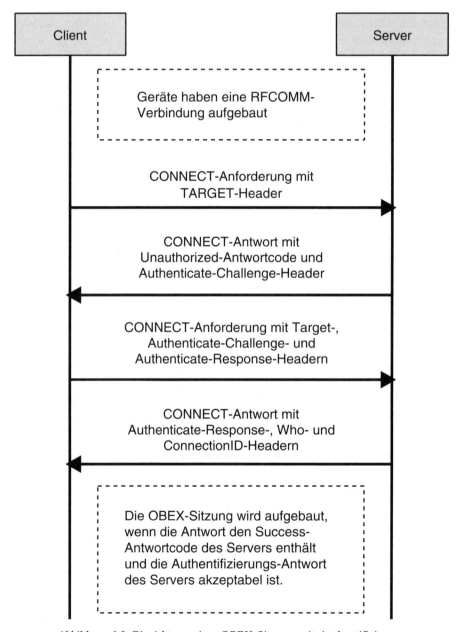

Abbildung 6.9: Einrichtung einer OBEX-Sitzung mit Authentifizierung

6.5　Zusammenfassung

Das GOEP (Generic Object Exchange Profile) definiert die Anforderungen für Bluetooth-Geräte, die für die Unterstützung der OBEX-Einsatzmodelle erforderlich sind, zu denen das Dateitransfer-, das Object-Push- und das Synchronisationsprofil zählen, die vorwiegend von Geräten wie Bluetooth-fähigen Notebooks, PDAs, Smartphones und Mobiltelefonen eingesetzt werden dürften. Digitalkameras, Drucker, ATM, Informationskioskes, Rechengeräte, Datenerfassungsgeräte, Unterhaltungselektronik, medizinische Instrumente, Kraftfahrzeuge, Bürogeräte, Spielzeuge und selbst Uhren sind jedoch ebenfalls Anwärter für den Einsatz von OBEX.

Neben GOEP umfasst die Bluetooth-Spezifikation die folgenden anderen Spezifikationen für OBEX und die OBEX einsetzenden Anwendungen:

- **Bluetooth Synchronization Profile Specification**. Diese definiert die Anforderungen an Anwendungen hinsichtlich deren Zusammenarbeit innerhalb des Synchronizationsanwendungsprofils. Sie definiert jedoch nicht die Anforderungen für das Basisband, LMP, L2CAP oder RFCOMM.

- **Bluetooth File Transfer Profile Specification**. Diese definiert die Anforderungen an Anwendungen hinsichtlich deren Zusammenarbeit innerhalb des Dateitransfer-Anwendungsprofils. Sie definiert jedoch nicht die Anforderungen für das Basisband, LMP, L2CAP oder RFCOMM.

- **Bluetooth Object Push Profile Specification**. Diese definiert die Anforderungen an Anwendungen hinsichtlich deren Zusammenarbeit innerhalb des Object-Push-Anwendungsprofils. Sie definiert jedoch nicht die Anforderungen für das Basisband, LMP, L2CAP oder RFCOMM.

- **Bluetooth IrDA Interoperability Specification**. Diese definiert, wie die Anwendungen sowohl über Bluetooth als auch IrDA funktionieren, spezifiziert, wie OBEX über RFCOMM und TCP abgebildet wird und legt die Anwendungsprofile fest, die OBEX über Bluetooth benutzen.

Die letzte Spezifikation ist interessant, weil sie der ersten Sitzungsschicht entspricht, die sowohl von der Infrarot- als auch der Bluetooth-Umgebung gemeinsam genutzt wird. Durch die Übernahme gemeinsamer Einsatzmodelle und die anschließende Nutzung der Vorteile der einzelnen Technologien bilden Bluetooth und Infrarot gemeinsam die einzigen kabellosen Standards, die alle Anwenderbedürfnisse befriedigen und sich für kurze Reichweiten und unterschiedliche Einsatzzwecke von kabellosen Sprachübertragungen bis hin zur zuverlässigen Hochgeschwindigkeits-Datenübertragung (16 MBit/s) eignen.

Bluetooth-Profile für die Einsatzmodelle

7

Wie schon im Kapitel zuvor erwähnt, hat die Bluetooth SIG verschiedene Einsatzmodelle ermittelt, von denen jedes mit einem entsprechenden »Profil« verknüpft ist, das die zur Implementierung des Einsatzmodells erforderlichen Protokolle und Funktionen definiert. Diese Verknüpfungen, die in der Abbildung 7.1 illustriert sind, zeigen beispielsweise, dass das Profil Intercom die Protokolle und Verfahrensweisen bei Geräten festlegt, die den Intercom-Teil des so genannten Einsatzmodells »3-in-1-Telefon« (auch als »walkie-talkie«-Modell bekannt) der drahtlosen Bluetooth-Technologie implementieren. Wie aus der Abbildung ersichtlich, hängt das Intercom-Profil vom allgemeinen Zugangsprofil (GAP; Generic Access Profile) ab, das im Kapitel zuvor erörtert worden ist.

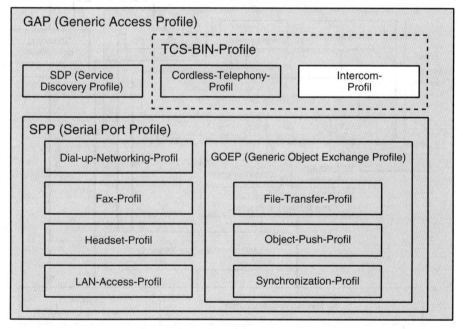

Abbildung 7.1: Das Intercom-Profil hängt vom allgemeinen Zugangsprofil (GAP) ab. (Quelle: Bluetooth-Spezifikation 1.0)

7.1 Das Intercom-Profil

Das Intercom-Profil unterstützt Nutzungsszenarien mit einer direkten Sprechverbindung zwischen zwei Bluetooth-Geräten wie etwa zwei Mobiltelefonnutzer, die miteinander über eine Bluetooth-Verbindung ein Gespräch führen. Obwohl das Gespräch nichts anderes als eine direkte Sprechverbindung zwischen zwei Telefonen unter Verwendung der drahtlosen Bluetooth-Technologie ist, wird die Verbindung über die auf der Telefonie gründenden Signalisierung hergestellt. Der dabei eingesetzte Sprach-Codec (Coder/Decoder) kann sich entweder der PCM-(Pulse Code Modulation)[1] oder CVSD-Modulation (CVSD; Continuously Variable Slope Delta) bedienen. Eine Aushandlung des QoS (Quality of Service) ist optional möglich.

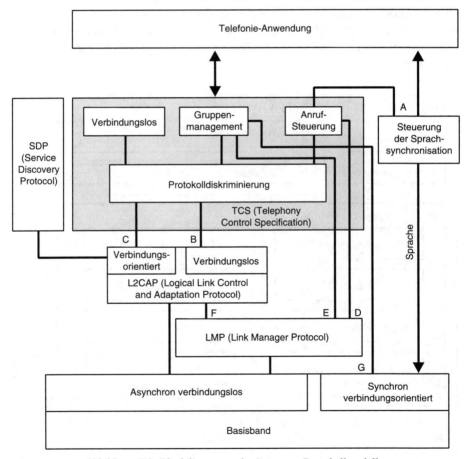

Abbildung 7.2: Blockdiagramm des Intercom-Protokollmodells.
(Quelle: Bluetooth-Spezifikation 1.0)

---

1. Es wird A-law- oder µ-law-PCM unterstützt.

Im Intercom-Protokollmodell werden die mit A, B und C beschrifteten Schnittstellen der Abbildung 7.2 für die folgenden Zwecke verwendet:

Das Element Anrufsteuerung (CC; Call Control) verwendet die Schnittstelle A zur Steuerung der Sprachsynchronisation für die Verbindung und Trennung der Sprechpfade. Die Schnittstelle B liefert TCS-Nachrichten über den verbindungsorientierten (Punkt-zu-Punkt) L2CAP-Kanal. Die Schnittstelle C wird vom Element Anrufsteuerung (CC) direkt zur Kontrolle des Link Manager zu dem Zweck verwendet, SCO-Verbindungen (SCO; Synchronous Connection Oriented) aufzubauen und freizugeben. Für Initialisierungszwecke kontrolliert sie außerdem direkt die Elemente Link Control/Basisband, damit Inquiry, Paging, Inquiry Scan und Page Scan möglich werden.

Die Abbildung 7.3 zeigt eine typische Konfiguration von Geräten, die das Intercom-Profil nutzen. Da das Intercom-Einsatzmodell vollständig symmetrisch ist, erhalten die Geräte keine speziellen Rollen. Ein Gerät, das das Intercom-Profil unterstützt, wird generell als ein Terminal (TL) bezeichnet.

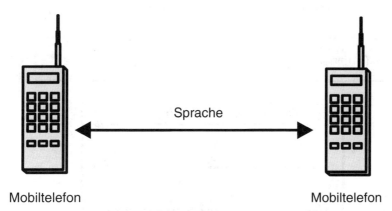

Abbildung 7.3: Systemkonfiguration mit zwei Geräten, die das Intercom-Profil nutzen. (Quelle: Bluetooth-Spezifikation 1.0)

Sobald ein Terminal mit einem anderen eine Intercom-Verbindung herstellen möchte, laufen verschiedene Interaktionen ab. Falls der Initiator des Intercom-Anrufs nicht über die Bluetooth-Adresse des Akzeptors verfügt, muss er diese zunächst unter Verwendung des im allgemeinen Zugangsprofil (GAP) beschriebenen Diensteerkennungsverfahrens ermitteln. Das Intercom-Profil sieht keinen speziellen Sicherheitsmodus vor – falls der Nutzer eines der Geräte (Initiator bzw. Akzeptor) während der Ausführung dieses Profils einen Sicherheitsmechanismus wünscht, muss daher über das Authentifizierungsverfahren des allgemeinen Zugangsprofils eine sichere Verbindung aufgebaut werden.

Der Aufbau von Verbindung und Kanal per allgemeinem Zugangsprofil liegt in der Verantwortlichkeit des Initiators. Je nach den vom einen oder anderen Nutzer durchgesetzten Sicherheitsanforderungen kann eine Authentifizierung und Verschlüsselung stattfinden. Sobald die Intercom-Verbindung aufgebaut ist, ist zwischen beiden Terminalnutzern ein zweiseitiges Sprechen möglich. Sobald einer der beiden Nutzer »auflegt«, ist die Intercom-Verbindung aufgehoben – der Kanal und die Verbindung werden wieder freigegeben.

7.1.1 Rufverfahren

Bevor ein Anruf stattfinden kann, muss zwischen dem Initiator- und dem Akzeptor-Gerät ein verbindungsorientierter L2CAP-Kanal aufgebaut werden. Sobald der L2CAP-Kanal aufgebaut ist, startet der Akzeptor einen Timer. Falls der Akzeptor vor dem Ablauf des Timers keine SETUP-Nachricht empfangen hat, die den Anruf einleitet, beendet er den L2CAP-Kanal. Falls die SETUP-Nachricht innerhalb des Zeitlimits empfangen wird, wird der Timer abgebrochen und der Anruf eingeleitet.

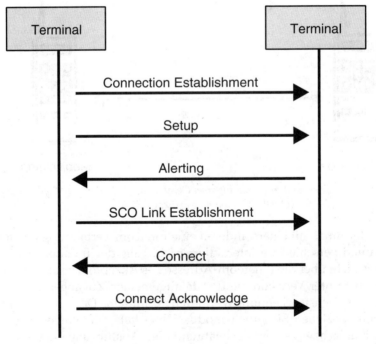

Abbildung 7.4: Signalablauf eines erfolgreichen Rufverfahrens.
(Quelle: Bluetooth-Spezifikation 1.0)

Das im Intercom-Profil verwendete Rufverfahren wird wie die Verfahren zur Anrufbestätigung und Anrufverbindung in TCS Binary definiert. Hinsichtlich der Anrufverbindung wird vor dem Senden einer CONNECT-Nachricht zunächst über das entsprechende Link Management-Protokoll eine SCO-Verbindung aufgebaut. Der Sprechpfad wird von einer Einheit aufgebaut, sobald es die Nachricht CONNECT oder CONNECT ACKNOWLEDGE empfängt.

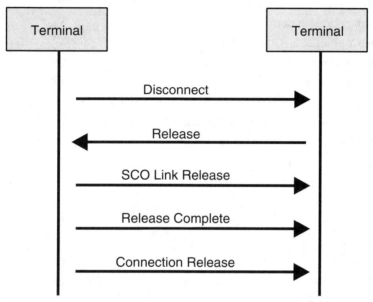

Abbildung 7.5: Signalablauf bei einer Anrufbeendigung.
(Quelle: Bluetooth-Spezifikation 1.0)

Die Abbildung 7.4 fasst den Signalablauf für den Verbindungsaufbau und die Einrichtung der SCO-Verbindung zwischen den Bluetooth-Einheiten zusammen, während die Abbildung 7.5 den Signalablauf bei der Anrufbeendigung veranschaulicht. Das Intercom-Profil kann darüber hinaus noch weitere Signalabläufe beinhalten.

Die Tabelle 7.1 führt in Beziehung auf das Intercom-Profil sämtliche LMP-Funktionen zusammen mit den verbindlichen (V) und optionalen (O) Leistungsmerkmalen auf.

Sämtliche Verfahren zur Anrufbeendigung und Anrufkollision sind in TCS Binary definiert und werden von beiden Terminals unterstützt. Nachdem die letzte Nachricht zur Anrufbeendigung gesendet worden ist, gibt eine Einheit die SCO-Verbindung durch Aufruf des entsprechenden Verfahrens im Link Management-Protokoll frei. Darüber hinaus wird der für die TCS-Anrufsteuerungssignalisierung verwendete L2CAP-Kanal beendet. Sobald die

SCO-Verbindung und der L2CAP-Kanal beendet sind, werden beide Einheiten voneinander getrennt und stehen für neue Verbindungen mit anderen Bluetooth-Geräten erneut zur Verfügung.

Verfahren	Unterstützung
Authentifizierung	V
Paarung	V
Verbindungs-Code ändern	V
Aktuellen Verbindungs-Code ändern	V
Verschlüsselung	O
Takt-offset anfordern	V
Zeitschlitz-Offset-Information	O
Informationen zur Timing-Genauigkeit anfordern	O
LMP-Version	V
unterstützte Leistungsmerkmale	V
Master/Slave-Rolle vertauschen	O
Namen anfordern	V
Trennen (Detach)	V
Hold-Modus	O
Sniff-Modus	O
Park-Modus	O
Energieverwaltung	O
kanalqualitätsabhängiges DM/DH	O
QoS (Quality of Service)	O
SCO-Verbindungen	V
Kontrolle von Multi-Zeitschlitz-Paketen	O
Paging-Schema	O
Verbindungsaufsicht	V
Verbindungsaufbau	V

Tabelle 7.1: Zusammenfassung von LMP-Verfahren.
(Quelle: Bluetooth-Spezifikation 1.0)

7.1.2 Nachrichten – eine Zusammenfassung

Die Tabelle 7.2 fasst die im Intercom-Profil verwendeten TCS Binary-Nachrichten zusammen und zeigt dabei jeweils an, ob sie verbindlich (V) oder optional (O) sind.

Nachricht	Unterstützung
ALERTING	V
CONNECT	V
CONNECT ACKNOWLEDGE	V
DISCONNECT	V
INFORMATION	O
RELEASE	V
RELEASE COMPLETE	V
SETUP	V

Tabelle 7.2: Zusammenfassung der im Intercom-Profil verwendeten TCS Binary-Nachrichten. (Quelle: Bluetooth-Spezifikation 1.0)

7.1.3 Anrufabbruch

Die Bluetooth-Spezifikation sieht Umstände vor, unter denen wegen einer fehlgeschlagenen Anrufanforderung keine Verbindung zwischen Geräten über das Intercom-Profil aufgebaut werden kann. Die Gründe einer fehlgeschlagenen Anrufanforderung lauten wie folgt:

- Normaler Anrufabbruch
- Nutzer besetzt
- Nutzer antwortet nicht
- Keine Antwort vom Nutzer (Nutzer wurde alarmiert)
- Anruf vom Nutzer zurückgewiesen
- Keine Leitung/Kanal frei
- Zeitweiser Ausfall
- Angeforderte Leitung/Kanal nicht verfügbar
- Träger derzeit nicht verfügbar
- Träger nicht implementiert
- Angeforderte Eigenschaft nicht implementiert
- Timer abgelaufen

Die Tabelle 7.3 fasst den Unterstützungsstatus für die im Intercom-Profil verwendeten Modi Erkennbarkeit, Verbindbarkeit und Paarung zusammen und zeigt an, ob diese verbindlich (V), optional (O) oder bedingt (B) sind.

Hinsichtlich der Leerlaufverfahren, die vom Intercom-Profil unterstützt werden, ist nur die allgemeine Inquiry verbindlich. Die begrenzte Inquiry, Namenserkennung, Geräteerkennung und das Bonding werden optional unterstützt.

Verfahren	Unterstützung
1. Erkennbarkeitsmodi (Discoverability)	
Unerkennbarkeitsmodus (Non-Discoverable)	V
Begrenzter Erkennbarkeitsmodus	O
Allgemeiner Erkennbarkeitsmodus	V
2. Verbindbarkeitsmodi (Connectability)	
Unverbindbarkeitsmodus	n/a
Verbindbarkeitsmodus	V
3. Paarungsmodi	
Nicht-paarbarer Modus	O
Paarbarer Modus	B*

* Falls das Bonding-Verfahren unterstützt wird, ist der Paarungsmodus verbindlich, sonst optional

Tabelle 7.3: Unterstützungsstatus für die verschiedenen im Intercom-Profil verwendeten Modi. (Quelle: Bluetooth-Spezifikation 1.0)

7.2 Das Schnurlostelefon-Profil

Zusätzlich zur Intercom-Anwendung unterstützt das Einsatzmodell 3-in-1-Telefon schnurlose oder schnurgebundene über einen Multimedia-PC bereitgestellte Telefoniedienste und kann auf diese Weise den Nutzen der drahtlosen Bluetooth-Technologie in kleinen Wohn- bzw. Büroumgebungen steigern. Das Schnurlostelefon-Profil definiert die Verfahren und Leistungsmerkmale, die bei Anrufen über eine Basisstation und bei direkten Intercom-Verbindungen zwischen zwei Terminals zur Verfügung stehen. Außerdem ist es für den Zugang zu unterstützenden Diensten des öffentlichen Telefonnetzes hilfreich, da diese Betriebsart es erlaubt, bei Mobiltelefonen die drahtlose Bluetooth-Technologie als Träger mit kleiner Reichweite zum Zugang auf Dienste des öffentlichen Telefonnetzes über eine schnurlose Telefonbasisstation (eines unter verschiedenen Geräten, die als »Gateway« zum öffentlichen Telefonnetz eingesetzt werden können) zu nutzen.

Das Schnurlostelefon-Profil macht außerdem noch Gebrauch vom Bluetooth-Basisband, dem Link-Manager-Protokoll (LMP), L2CAP, dem Diensteerkennungsprotokoll (SDP) und TCS Binary (Telephony Control Protocol Spezification). Wie aus der Abbildung 7.6 ersichtlich ist, hängt das Schnurlostelefon-Profil vom allgemeinen Zugangsprofil (GAP) ab.

Im Schnurlostelefon-Profil werden die von A bis G beschrifteten Schnittstellen (siehe auch Abbildung 7.2) für die folgenden Zwecke verwendet:

Wie im Intercom-Profil verwendet das Element Anrufsteuerung (CC; Call Control) die Schnittstelle A zur Steuerung der Sprachsynchronisation für die Verbindung und Trennung der internen Sprechpfade. Die Schnittstelle B wird vom Gateway zum Senden und vom Terminal zum Empfangen von TCS Binary-Broadcast-Nachrichten benutzt. Die Schnittstelle B dient zum Liefern von TCS-Nachrichten über einen synchronen verbindungsorientierten (SCO) L2CAP-Kanal (Punkt-zu-Punkt). Die Schnittstelle D wird vom Element Anrufsteuerung (CC) direkt zur Kontrolle des Link Manager zu dem Zweck verwendet, SCO-Verbindungen (SCO; Synchronous Connection Oriented) aufzubauen und freizugeben. Die Schnittstelle E wird vom Gruppenmanagement zur Steuerung der Funktionen des Link Managers während der Initialisierung und für die Tastenbehandlung genutzt. Die Schnittstelle F wird vom Schnurlostelefon-Profil nicht angesprochen. Die Schnittstelle G wird vom Gruppenmanagement zur direkten Kontrolle von Link Control/Basisband genutzt und ermöglicht Inquiry, Paging, Inquiry Scan und Page Scan.

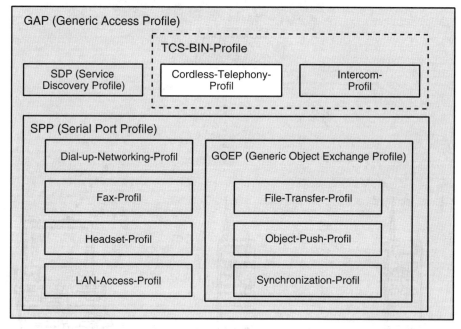

Abbildung 7.6: Die Abhängigkeit des Schnurlostelefon-Profils
vom allgemeinen Zugangsprofil (GAP).
(Quelle: Bluetooth-Spezifikation 1.0)

7.2.1 Geräterollen

Wie weiter oben erwähnt, sind zwei Rollen für Geräte definiert, die entsprechend der im Schnurlostelefon-Profil beschriebenen Rollen interagieren: Gateways und Terminals. In diesem Profil werden sowohl verbindungsorientierte als auch verbindungslose Kanäle verwendet. Verbindungslose Kanäle werden zum Rundsenden von Informationen vom Gateway zu den Terminals genutzt. Nur das Gateway kann zum Senden verbindungslose Kanäle einsetzen.

Das Gateway (GW) arbeitet aus der Sicht des externen Netzwerks als ein Terminal-Endpunkt – es bearbeitet sämtliche Kommunikationsabläufe in Bezug auf dieses Netzwerk. Das Gateway stellt in Bezug auf externe Anrufe den zentralen Punkt dar, das heißt, es bearbeitet sämtliche Anforderungen für die Anrufeinrichtung zum und vom externen Netzwerk. Zu den Gerätetypen, die als Gateways arbeiten können, gehören eine Heimbasisstation des analogen oder ISDN-basierenden öffentlichen Telefonnetzes, ein GSM-Gateway, ein Satelliten-Gateway oder ein H323-Gateway[2].

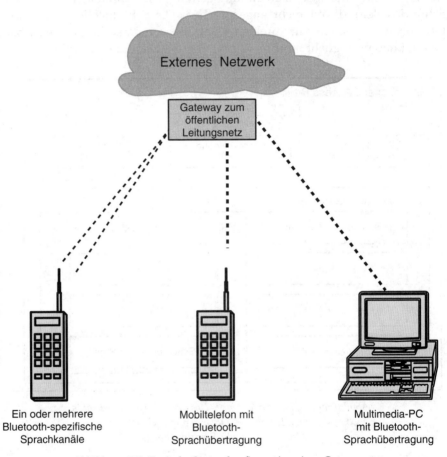

Abbildung 7.7: Typische Systemkonfiguration eines Gateways und zweiter Terminalgeräte im Schnurlostelefon-Profil. Quelle Bluetooth-Spezifikation 1.0.

---

2. H323 ist ein Dachstandard von ITU (International Telecommunication Union), der eine Reihe von Video- und Audio-Codierstandards für die Kommunikation in Netzwerken mit nicht garantierter Bandbreite umfasst. Solche Netzwerke sind LANs mit Ethernet und Token Ring und ggfs. auch das Internet.

Gateways treten in zwei Typen auf. Es gibt solche, die gleichzeitig mehrere aktive Terminals unterstützen, und solche, die nur ein einziges aktives Terminal unterstützen. Der letztere Gateway-Typ unterstützt keine gleichzeitig klingelnden Terminals und auch nicht mehrere aktive Gespräche oder Dienste, die mit mehr als einem Terminal auf einmal zu tun haben.

Der Terminal (TL) ist das drahtlose Nutzerterminal und kann ein schnurloses Telefon, ein Mobil- oder schnurloses Telefon mit Dual-Mode oder ein Multimedia-PC sein. Das Schnurlostelefon-Profil unterstützt die Topologie eines Gateways und einer kleinen Anzahl von Terminals (siehe Abbildung 7.7).

7.2.2 Typische Anrufszenarios

Das folgende typische Anrufszenario ist im Schnurlostelefon-Profil beschrieben:

- Verbindung mit dem Gateway, damit ankommende Anrufe zum Terminal geroutet und abgehende Gespräche gestartet werden können
- Anruf vom Terminal zu einem Nutzer im Netzwerk, an welches das Gateway angeschlossen ist
- Empfangen eines Anrufs vom Netzwerk, an welches das Gateway angeschlossen ist
- Direkte Anrufe zwischen zwei Terminals (in diesem Fall ein Intercom-Anruf)
- Verwendung unterstützender Dienste, die vom externen Netzwerk über Techniken wie DTMF-Signale (DTMF; Dual Tone Multi-Frequency) und Register Recalls (Flash-Hook) angeboten werden[3]

Das Gateway ist im Schnurlostelefon-Profil normalerweise der Master des Pico-Netzes. Als solcher kontrolliert er den Energiemodus der Terminals und sendet ihnen per Broadcast Informationen. Das Gateway handhabt die Entscheidung, in welchen Energiemodus die Terminals zu versetzen sind, so konservativ wie möglich. Ein Terminal, das keine Signalisierung mehr durchführt, wird vom Gateway in einen Energiesparmodus versetzt. Laut Bluetooth-Spezifikation wird der hierfür empfohlene Energiesparmodus als »Park-Modus« bezeichnet – er ist energieeffizient und erlaubt akzeptable Anrufaufbauzeiten und ein Broadcasting an angeschlossene Terminals. Die vom Gateway für den Energiesparmodus gewählten Parameter ermöglichen eine Rückkehr des Terminals in den aktiven Zustand innerhalb von 300 Millisekunden (ms). Falls das Gateway während eines Gesprächs Energie sparen will, kann es dazu den Sniff-Modus verwenden. Auch ein Terminal kann seine eigene Umschaltung in den Sniff-Modus anfordern.

---

3. Der jeweilige Satz von unterstützenden Diensten wird im Schnurlostelefon-Profil nicht definiert und hängt vom Netzwerk ab, an welches das Gateway angeschlossen ist. Das Schnurlostelefon-Profil stellt Möglichkeiten zum Zugriff darauf über den Einsatz der DTMF-Signale und Register Recalls zur Verfügung.

Ein Terminal, das sich außerhalb der Reichweite eines Gateways befindet, sucht danach, indem es das Gateway in periodischen Abständen ruft (paging). Ein Gateway widmet einen großen Teil seiner freien Kapazitäten dem Page Scanning, damit wandernde Terminals, die in seine Reichweite kommen, es so schnell wie möglich finden können. Sobald ein Terminal ein Gateway erfolgreich gefunden hat, fordert das Gateway bei der Verbindung mit dem Terminal einen Wechsel der Master/Slave-Rolle an. Falls das Terminal die Anforderung abweist, kann das Gateway die Verbindung mit ihm trennen. Ein Terminal, das keine Anforderungen eines Rollentauschs Master/Slave akzeptiert, kann keine garantierten Dienste in Anspruch nehmen.

Das Gateway tritt immer dann in den aktiven Modus ein, wenn ein Anruf eingeht oder ein Terminal einen abgehenden Anruf durchführen will. Für die gesamte TCS-Steuersignalisierung wird der L2CAP-Kanal verwendet. Sprache wird unter Verwendung von SCO-Verbindungen transportiert. Die Aushandlung des Quality of Service ist optional. Die Terminals und das Gateway verwenden aus Sicherheitsgründen Authentifizierungsverfahren – sämtliche Nutzerdaten werden für die Übertragung verschlüsselt. Zur Herstellung einer sicheren Kommunikation zwischen schnurlosen Einheiten wird die Kommunikation auf die Mitglieder der WUG (Wireless User Group) beschränkt. Das Gateway übt immer die Funktion des WUG-Master aus.

7.2.3 Leistungsmerkmale

Die Bluetooth-Spezifikation beschreibt die folgenden Leistungsmerkmale, die Geräten zur Verfügung stehen, die das Schnurlostelefon-Profil implementieren:

- **Rufnummernanzeige – CLIP (Calling Line Identification Presentation)**. Bezieht sich auf die Möglichkeit, die Rufnummer des Gesprächsteilnehmers anzuzeigen und zu entscheiden, ob das Gespräch angenommen werden soll oder nicht.

- **Rufinformation**. Bezieht sich auf die Möglichkeit, zusätzliche Informationen während der aktiven Gesprächsphase anzubieten.

- **Verbindungsmanagement**. Bezieht sich auf die Möglichkeit, Verbindungen zu akzeptieren bzw. im Falle von Terminals zur Implementierung von TCS BIN-Verfahren anzufordern.

- **DTMF-Signalisierung**. Bezieht sich auf die Möglichkeit, bei externen Anrufen ein DTMF-Signal über das externe Netzwerk zu senden, um einen anderen Teilnehmer anzurufen.

- **Ankommender externer Anruf**. Bezieht sich auf einen Anruf aus dem externen Netzwerk, das mit dem lokalen Gateway verbunden ist.

- **Initialisierung**. Bezieht sich auf den Prozess, über den ein Terminal Zugangsrechte zu einem Gateway erhält.

- **Intercom-Anruf**. Bezieht sich auf einen Anruf, der von einem Terminal an ein anderes Terminal gerichtet wird. In diesem Fall wird das Intercom-Profil verwendet.

- **Multiterminal-Unterstützung**. Dies bezieht sich die Fähigkeit eines Gateways, mehrere aktive Terminals bedienen zu können, die zur selben Zeit registriert sind. Die Terminals bilden eine WUG (Wireless User Group).

- **Auflegen**. Dies meint die Fähigkeit eines Terminals, einen Anruf (durch Auflegen) zu beenden und sämtliche Funkressourcen freigeben zu können, die durch den Anruf belegt waren.

- **Abgehender externer Anruf**. Bezieht sich auf einen Anruf vom Terminal in das externe Netzwerk, welches mit dem lokalen Gateway verbunden ist.

- **Post-Dialing**. Dies meint die Fähigkeit eines Terminals nach der Setup-Nachricht für eine abgehende Anrufanforderung Wählinformationen zu senden.

- **Register Recall**. Dies meint die Fähigkeit eines Terminals, Register Recalls anzufordern, und die Fähigkeit des Gateways, die Anforderung zum lokalen Netzwerk zu übertragen. Mit Register Recall wird eine Einrichtung bezeichnet, mit der über ein Register (mit Wählton) die Eingabe weiterer Ziffern oder die Ausführung weiterer Funktionen möglich wird (auch unter der Bezeichnung »Flash Hook« bekannt).

Die Tabelle 7.4 fasst die vom Schnurlostelefon-Profil unterstützten Funktionen zusammen und zeigt an, ob die Unterstützung für eine bestimmte Funktion im Terminal oder Gateway verbindlich (V) oder optional (O) ist.

7.2.4 Verbindung Terminal-zu-Gateway

Nur zugelassenen Terminals wird die Verbindung mit einem Gateway erlaubt. Bei der Verbindung eines Terminals mit einem Gateway wird die Verbindung konfiguriert und die L2CAP-Verbindung für die weitere Signalisierung während der TCS-BIN-Sitzung aufgebaut und eingerichtet. Das verbindende Terminal ist für den Aufbau des verbindungsorientierten L2CAP-Kanals zuständig.

Das Terminal baut, sobald es in Reichweite kommt, zur Vermeidung einer Paging-Verzögerung beim Anrufaufbau und zur Erleichterung von Nachrichten-Broadcasts eine L2CAP-Verbindung mit dem Gateway auf (aber nicht bei jedem einzelnen Anruf). Diese L2CAP-Verbindung bleibt so lange bestehen, bis die Funkverbindung abbricht oder das Terminal seine Aktivität einstellt. Aus diesem Grund kann die L2CAP-Verbindung für längere Zeit untätig sein.

Ein Gateway, das mehrere Terminals unterstützt, verwendet für TCS-BIN-Broadcast-Nachrichten einen verbindungslosen L2CAP-Kanal. Ein Terminal wird der verbindungslosen Gruppe hinzugefügt, sobald es sich mit dem Gateway verbindet.

Funktion	Unterstützung im Terminal	Unterstützung im Gateway
Verbindungsmanagement	V	V
Abgehender externer Anruf	V	V
Ankommender externer Anruf	V	n/a
Auflegen	V	V
Post-Dialing	O	O
Multiterminal-Unterstützung	O	O
Rufinformation	O	O
Rufnummernerkennung – CLIP (Calling Line Identification Presentation)	V	O
DTMF-Signalisierung	V	V
Register Recall	V	V

Tabelle 7.4: Zusammenfassung der Funktionen der Anwendungsschicht, die über das Schnurlostelefon-Profil zur Verfügung stehen. (Quelle: Bluetooth-Spezifikation 1.0)

7.2.5 Verbindung Terminal-zu-Terminal

Wie schon oben erwähnt, stellt eine Verbindung Terminal-zu-Terminal eigentlich ein Intercom-Gespräch dar. Wenn ein Terminal einen Anruf initiiert und eine direkte Verbindung mit einem anderen Terminal aufbaut, werden die dafür verwendeten Verfahren dem Intercom-Profil entnommen.

Falls das Terminal über die Fähigkeit zur gleichzeitigen Teilnahme an zwei Pico-Netzen verfügt, kann es ein Mitglied des Pico-Netzes des Gateways bleiben und während des Intercom-Gesprächs an der Signalisierung gegenüber dem anderen Gateway teilnehmen. Falls das Terminal jedoch nicht in der Lage sein sollte, gleichzeitig an zwei Pico-Netzen teilzunehmen, muss es sich während des aktiven Intercom-Gesprächs zuerst vom ersten Gateway trennen. Nachdem das Intercom-Gespräch mit dem anderen Gateway beendet ist, kann die Verbindung mit dem ersten Gateway wieder aufgenommen werden.

7.2.6 Anrufsteuerung (Call Control)

Bei einem abgehenden externen Anruf wird das Terminal als »abgehende Seite« (outgoing side) und das Gateway als »ankommende Seite« (incoming side) bezeichnet. Bei einem ankommenden externen Anruf ist die ankommende Seite das Terminal, welches das Gespräch beendet, und die abgehende Seite das Gateway. Die im Schnurlostelefon-Profil verwendeten Verfahren zur Anrufsteuerung finden in Übereinstimmung mit den in TCS Binary definierten Verfahren statt. Entsprechend der Beschreibung in der Bluetooth-Spezifikation handelt es sich um die folgenden Verfahren zur Anrufsteuerung:

- **Call Request.** Initiiert den Gesprächsaufbau über eine SETUP-Nachricht.

- **Overlap-Sending.** Falls unvollständige Informationen zur angerufenen Nummer empfangen wurden oder die Vollständigkeit dieser Informationen nicht bestätigt werden konnte, werden die Timer zurückgesetzt, um auf die SETUP-Nachricht angemessen mit Nachrichten wie CALL PROCEEDING oder CONNECT antworten zu können.

- **Call Proceeding.** Hiermit wird die SETUP-Nachricht bestätigt und angezeigt, dass der Anruf in Bearbeitung ist.

- **Call Confirmation.** Nach dem Empfang einer Information, dass auf der Seite der gerufenen Adresse eine Nutzeralarmierung initiiert wurde, sendet die ankommende Seite die Nachricht ALERTING und nimmt den Status Anruf empfangen (Call Received) ein. Sobald die abgehende Seite die Nachricht ALERTING empfangen hat, startet sie eine intern generierte Alarmierungsanzeige und nimmt den Status Anruf bearbeitet (Call Delivered) ein.

- **Call Connection.** Durch Senden der Nachricht CONNECT an die abgehende Seite und Stoppen der Nutzeralarmierung zeigt die ankommende Seite an, dass sie einen ankommenden Anruf akzeptiert. Nach dem Senden der Nachricht CONNECT startet die ankommende Seite einen Timer. Nach dem Empfang der Nachricht CONNECT stoppt die abgehende Seite alle intern generierten Alarmierungsanzeigen und laufenden Timer, fertigt den angeforderten Kanal zur ankommenden Seite ab, sendet eine Nachricht CONNECT ACKNOWLEDGE und nimmt den Status Aktiv (Active) ein. Die Nachricht CONNECT ACKNOWLEDGE weist auf die Abfertigung des angeforderten Kanals hin. Nach Erhalt dieser Nachricht verbindet die ankommende Seite mit dem Kanal, stoppt den Timer und nimmt den Status Aktiv (Active) ein. Wenn der Timer vor dem Empfang einer Nachricht CONNECT ACKNOWLEDGE abläuft, führt die ankommende Seite eine Beendigung des Anrufs durch.

- **Non-Selected User Clearing.** Sobald, wie im Fall einer Multipunkt-Konfiguration, ein Gespräch über einen verbindungslosen Kanal transportiert worden ist, sendet die abgehende Seite (zusätzlich zur Nachricht CONNECT ACKNOWLEDGE an die für den Anruf ausgewählte ankommende Seite) an sämtliche anderen ankommenden Seiten (die als Antwort auf die SETUP-Nachricht die Nachrichten SETUP ACKNOWLEDGE, CALL PROCEEDING, ALERTING oder CONNECT geschickt haben) die Nachricht RELEASE. Die RELEASE-Nachrichten sollen die ankommenden Seiten darüber informieren, dass der Anruf ihnen nicht länger angeboten wird.

- **Inband-Töne und -Ankündigungen.** Falls der angeforderte Kanal einen Sprachanruf transportiert, wird gleichzeitig mit der Anwendung der Inband-Töne und -Ankündigungen eine Fortschrittsanzeige mitgesendet. Diese Fortschrittsanzeige kann in alle Anrufsteuerungsnachrichten eingebunden werden. Nach dem Empfang dieser Nachricht kann sich die abgehende Seite, sofern sie noch nicht verbunden ist, mit dem Kanal verbinden, um die Inband-Töne und -Ankündigungen zu empfangen.

- **Fehlschlag des Verbindungsaufbaus.** Die ankommende Seite kann aus einer Reihe von Gründen einen Abbruch des Anrufs vornehmen:

  - Nicht zugewiesene (nicht allokierte) Nummer

  - Keine Route zum Ziel vorhanden

  - Nutzer besetzt

  - Nummer wurde geändert

  - Ungültiges Nummernformat (unvollständige Nummer)

  - Keine Leitung/Kanal verfügbar

  - Angeforderte Leitung/Kanal nicht verfügbar

  - Träger gegenwärtig nicht verfügbar

  - Träger nicht implementiert

  - Keine Antwort vom Nutzer (Nutzer alarmiert)

  - Anruf vom Nutzer abgewiesen

- **Call Clearing.** Der Anrufabbruch kann von der abgehenden oder ankommenden Seite initiiert werden. Im Falle der abgehenden Seite wird eine DISCONNECT-Nachricht gesendet. Dann beginnt die Trennung des Kanals und das Gerät nimmt den Status Disconnect Request ein. Die ankommende Seite nimmt nach dem Empfang einer DISCONNECT-Nachricht (die die ankommende Seite zur Trennung des Trägerkanals auffordert) den Status Disconnect Indication ein. Sobald der für den Anruf verwendete Kanal getrennt ist, sendet die ankommende Seite die Nachricht RELEASE an die abgehende Seite und nimmt den Status Release Request ein. Nach Empfang der Nachricht RELEASE gibt die abgehende Seite den Kanal frei und sendet die Nachricht RELEASE COMPLETE.

- **Rufinformation**. Im aktiven Status können sowohl die ankommende als auch abgehende Seite unter Verwendung der INFORMATION-Nachricht Informationen zum aktuellen Anruf austauschen.

- **Anruferkennung**. Zur Information der ankommenden Seite über die Identität des Anrufers kann die abgehende Seite in die als Teil der Anrufanforderung übertragene SETUP-Nachricht das Informationselement Anrufernummer mitliefern. Die Anrufernummer kann aus bis zu 24 Ziffern bestehen.

7.2.7 Gruppenmanagement

Das Gruppenmanagement ist ein weiterer Satz von Verfahren, die entsprechend der Definition in TCS Binary ausgeführt werden. Terminals, die Mitglieder einer WUG (Wireless User Group) werden wollen, können eine entsprechende Anforderung an das Gateway richten, welches für das Gruppenmanagement verantwortlich ist. Das Gateway kann diese Anforderung nach Kriterien annehmen oder zurückweisen, die von der Konfiguration oder davon abhängen, ob der Nutzer bereits den physikalischen Zugang zur Basisstation hat. Ein Gateway, dass die Anforderung der Zugangsrechte akzeptiert, nimmt das Terminal in die WUG auf und initiiert das Verfahren Configuration Procedure, welches ebenfalls in Übereinstimmung mit TCS Binary ausgeführt wird.

Configuration Distribution

Ein Terminal ist aufgrund der Sicherheitsimplikationen des Verfahrens Configuration Distribution nicht dazu gezwungen, die im Rahmen dieses Verfahrens empfangenen Sicherheitsinformationen zu speichern. Darüber hinaus kann das Gateway die Anforderung ACCESS RIGHTS REQUEST von einem Terminal aus implementierungsabhängigen Gründen jederzeit abweisen. Es ist möglich, dass ein Nutzer zur Gewährung des Zugangs zur Gruppe eine Taste am Gateway drücken muss.

Ein Terminal, dass während des Verfahrens Configuration Distribution Verbindungscodes speichert, überschreibt damit nicht die vorhandenen Verbindungscodes anderer WUG-Mitglieder. Während des Verfahrens Configuration Distribution wird nur dann ein Code ausgegeben, falls zuvor kein Verbindungscode für ein bestimmtes Gerät vorgelegen hat. Auch für dieses Verfahren ist eine Behandlung des Verbindungsabbruchs anwendbar.

Verbindungsabbrucherkennung durch das Gateway

Falls das Gateway vor dem Empfang der Nachricht INFO ACCEPT einen Verbindungsabbruch erkennt, betrachtet es die Aktualisierung der WUG als fehlgeschlagen und das Terminal als getrennt. Falls das Gateway nach dem Empfang der Nachricht INFO ACCEPT einen Verbindungsabbruch erkennt, betrachtet es die Aktualisierung der WUG als erfolgreich.

Fast Inter-Member Access

Das Verfahren Fast Inter-Member Access wird verwendet, wenn zwei Terminals, die Mitglieder derselben WUG sind, ihr eigenes Pico-Netz aufbauen wollen. Dies kann beispielsweise dann erforderlich werden, wenn ein Intercom-Gespräch aufgebaut werden soll. Das Terminal X kann sich nach Senden der Nachricht LISTEN ACCEPT über die Beendigung des L2CAP-Kanals zum Gateway und Senden einer LMP-Detach-Nachricht von diesem trennen. Das Terminal Y kann sich vom Gateway trennen, indem es nach Empfang der Nachricht LISTEN ACCEPT den L2CAP-Kanal zu diesem beendet und eine LMP-Detach-Nachricht sendet.

7.2.8 Periodische Schlüsselaktualisierung

Während einer Verbindung zwischen Gateway und Terminal wird ein Master-Code generiert. Dieser Schlüssel wird an das Terminal ausgegeben, sobald es sich mit dem Gateway verbindet, und ist nur für eine einzige Sitzung gültig. Da das Gateway-Pico-Netz die ganze Zeit über in Betrieb ist, bedeutet dies, dass immer nur derselbe Master Code verwendet wird. Zur Steigerung der Sicherheit wird der Master Code daher in periodischen Zeitabständen unter der Kontrolle eines Timers gewechselt.

Der Timer legt das Intervall zwischen den Schlüsselwechseln fest. Sobald der Timer abläuft, versucht das Gateway auf allen Terminals einen Schlüsselwechsel durchzuführen. Allerdings können manche Terminals zu diesem Zeitpunkt außerhalb der Reichweite oder abgeschaltet sein. In solchen Fällen wird der neue Schlüssel dem Terminal beim nächsten Verbindungsversuch übergeben. Falls der Versuch zur Aktualisierung aller Terminals erfolgreich verlaufen ist, wird der Timer zurückgesetzt.

Der Prozess der Schlüsselaktualisierung wird vom Gateway reihum bei jedem Terminal durchgeführt. Falls ein Terminal geparkt sein sollte, wird es »entparkt«. Dann wird der neue Verbindungscode übergeben. Die Aktivierung des Verbindungscodes wird durch Abschalten und Wiedereinschalten der Verschlüsselung erzielt. Das Terminal kann auch erneut geparkt werden. Falls eines dieser Unterverfahren fehlschlägt, finden für dieses Terminal keine weiteren Unterverfahren mehr statt. Das Gateway probiert stattdessen eine Aktualisierung des nächsten Terminals.

7.2.9 Inter-Pico-Netz

Mit Inter-Pico-Netz ist die Fähigkeit eines Mastergerätes gemeint, die Synchronisation eines Pico-Netzes während des Page Scanning in freien Zeitschlitzen und während der Zulassung neuer Teilnehmer zum Pico-Netz aufrechtzuerhalten. Während des Prozesses der Verbindungsaufnahme einer neuen Einheit mit dem Pico-Netz und bis zum Wechsel der Master/Slave-Rolle kann die Betriebsbereitschaft für die übrigen Mitglieder zeitweise verringert werden. Über die Fähigkeit eines Inter-Pico-Netzes verfügt ein Gateway, das mehrere Terminals unterstützt. Auch Terminals können diese Fähigkeit besitzen.

Element	Wert	Status
Service Class ID		V
Service Class Nr. 0	Allgemeine Telefonie	O
Service Class Nr. 1	Schnurlose Telefonie	V
Protokoll-Deskriptorliste		V
Protokoll Nr. 0	L2CAP	V
Protokoll Nr. 1	TCS-BIN Schnurlos	V
Service-Name (anzeigbarer Text)	Vom Service-Provider definiert (Standardwert »Cordless Telephony«)	O
Externes Netzwerk	öffentl. Telefonnetz, ISDN, GSM, CDMA, analog Mobilfunk, paketvermittelt u.a.	O
Bluetooth-Profildeskriptoren		V
Profil Nr. 1	schnurlose Telefonie	V
Parameter für Profil Nr. 0 (Version)		O

Tabelle 7.5: Einträge in der Diensteerkennungsdatenbank des Gateways. (Quelle: Bluetooth-Spezifikation 1.0)

7.2.10 Diensteerkennungsverfahren

Die Tabelle 7.5 enthält sämtliche Einträge in der SDP-Datenbank des Gateways, wie sie im Schnurlostelefon-Profil definiert sind. Es wird angegeben, ob das jeweilige Feld verbindlich (V) oder optional (O) ist.

7.2.11 LMP-Verfahren

Die Tabelle 7.6 enthält alle LMP-Funktionen und zeigt an, welche von ihnen verbindlich (V) im Hinblick auf das Schnurlostelefon-Profil und optional (O) bzw. bedingt (B) sind.

7.2.12 Funktionen zur Verbindungssteuerung

Die Tabelle 7.7 enthält alle Funktionen, die auf der Ebene der Verbindungssteuerung (Link Control) zur Verfügung stehen. Sie gibt an, welche von ihnen im Hinblick auf das Schnurlostelefon-Profil verbindlich (V), optional (O), bedingt (C) oder ausdrücklich ausgeschlossen (A) sind.

Verfahren	Unterstüt-zung in LMP	Unterstüt-zung vom Terminal	Unterstüt-zung vom Gateway
Authentifizierung	V		
Paarung	V		
Verbindungscode ändern	V		
Aktuellen Verbindungscode ändern	V		
Verschlüsselung	O	V	V
Takt-offset-Anforderung	V		
Zeitschlitz-Offset-Information	O		
Timinggenauigkeits-Anforderung	O		
LMP-Version	V		
Unterstützte Funktionen	V		
Wechsel der Master/Slave-Rolle	O	V	B
Namensanforderung	V		
Detach (Trennen)	V		
Hold-Modus	O		
Sniff-Modus	O		
Park-Modus	O	V	V
Energieverwaltung	O		
Kanalqualitätsabhängiges DM/DH*	O		
QoS (Quality of Service)	V		
SCO-Verbindungen	O	V	V
Kontrolle von Multi-Zeitschlitz-Paketen	O		
Paging-Schema	O		
Verbindungsaufsicht	V		
Verbindungsaufbau	V		

* DM/DH = Data, Medium-rate/Data, High-rate

Tabelle 7.6: Vom Schnurlostelefon-Profil unterstützte LMP-Funktionen.
(Quelle: Bluetooth-Spezifikation 1.0)

7.2.13 Übereinstimmung mit GAP

Das Schnurlostelefon-Profil verlangt im Hinblick auf die Betriebsmodi, Sicherheit, Leerlaufverfahren und das Bonding eine Übereinstimmung mit dem allgemeinen Zugangsprofil (GAP; Generic Access Profile).

Verfahren	Unterstützung vom Terminal	Unterstützung vom Gateway
1 Inquiry		A
2 Inquiry Scan	A	
3 Paging		A
4 Page Scan		
a Typ R0		
b Typ R1		
c Typ R2		
5 Pakettypen		
a ID-Paket		
b NULL-Paket		
c POLL-Paket		
d FHS-Paket		
e DM1-Paket		
f DH1-Paket		
g DM3-Paket		
h DH3-Paket		
i DM5-Paket		
j DH5-Paket		
k AUX-Paket	A	A
l HV1-Paket		
m HV2-Paket		
n HV3-Paket	V	V
o DV-Paket	A	A
6 Inter-Pico-Netz	O	B
7 Sprach-Codec		
a PCM (A-law)		
b PCM (µ-law)		
c CVSD	V	V

Tabelle 7.7: Zusammenfassung der Funktionen zur Verbindungssteuerung (Link Control).
(Quelle: Bluetooth-Spezifikation 1.0)

Modi

Die Tabelle 7.8 enthält den Unterstützungsstatus für die Modi im Schnurlostelefon-Profil:

Sicherheit

Das allgemeine Zugangsprofil spezifiziert die Authentifizierung und drei Sicherheitsmodi für ein Gerät. Die Unterstützung der Authentifizierung ist sowohl für das Gateway als auch die Terminals, die mit dem Schnurlostelefon-Profil arbeiten, verbindlich. Die Sicherheitsmodi lauten wie folgt:

- **Sicherheitsmodus 1 (nicht sicher).** Das Gerät kann keinerlei Sicherheitsverfahren initiieren.

- **Sicherheitsmodus 2 (auf Ebene des Dienstes durchgesetzte Sicherheit).** Das Gerät kann vor dem Aufbau des Kanals auf L2CAP-Ebene keine Sicherheitsverfahren initiieren. Dieser Modus erlaubt verschiedene flexible Zugangsrichtlinien für Anwendungen, insbesondere für solche, die parallel ablaufen und verschiedene Sicherheitsstufen verlangen.

- **Sicherheitsmodus 3 (auf Ebene der Verbindung durchgesetzte Sicherheit).** Das Gerät kann noch vor dem Abschluss des Verbindungsaufbaus auf LMP-Ebene Sicherheitsverfahren initiieren.

Verfahren	Unterstützung vom Terminal	Unterstützung vom Gateway
1. Erkennbarkeitsmodi (Discoverability)		
Unerkennbarkeitsmodus (Non-Discoverable)	n/a	V
Begrenzter Erkennbarkeitsmodus		
Allgemeiner Erkennbarkeitsmodus	n/a	O
	n/a	V
2. Verbindbarkeitsmodi (Connectability)		
Unverbindbarkeitsmodus	n/a	A
Verbindbarkeitsmodus	n/a	V
3. Paarungsmodi		
Nicht-paarbarer Modus	V	V
Paarbarer Modus	O	V

Tabelle 7.8: Unterstützungsstatus für die Modi innerhalb des Schnurlostelefon-Profils. (Quelle: Bluetooth-Spezifikation 1.0)

Die Tabelle 7.9 fasst den Unterstützungsstatus für die Sicherheitsaspekte des Schnurlostelefon-Profils zusammen:

Verfahren	Unterstützung vom Terminal	Unterstützung vom Gateway
1. Authentifizierung	V	V
2. Sicherheitsmodi		
Sicherheitsmodus 1	A	A
Sicherheitsmodus 2	B	B
Sicherheitsmodus 3	B	B

Tabelle 7.9: Sicherheitsaspekte des Schnurlostelefon-Profils. (Quelle: Bluetooth-Spezifikation 1.0)

Leerlaufmodus (Idle Mode)

Das allgemeine Zugangsprofil spezifiziert die Leerlaufverfahren, die vom Schnurlostelefon-Profil verwendet werden. Für ein Terminal ist die Unterstützung für die Initiierung des Bonding und für das Gateway das Akzeptieren des Bonding verbindlich. Die Tabelle 7.10 enthält den Unterstützungsstatus für die im Schnurlostelefon-Profil verwendeten Leerlaufverfahren:

Verfahren	Unterstützung vom Terminal	Unterstützung vom Gateway
Allgemeine Inquiry	V	n/a
Begrenzte Inquiry	O	n/a
Namenserkennung	O	n/a
Geräteerkennung	O	n/a
Bonding	V	V

Tabelle 7.10: Zusammenfassung der Leerlaufverfahren im Schnurlostelefon-Profil.
(Quelle: Bluetooth-Spezifikation 1.0)

7.3 Das Headset-Profil

Das Headset-Profil definiert die Protokolle und Verfahren für das Einsatzmodell, welches unter der Bezeichnung »Ultimate Headset« bekannt ist und von Geräten wie Mobiltelefonen und PCs implementiert werden kann. Ein Headset kann als Audioeingabe- und Ausgabeschnittstelle eines Gerätes zu dem Zweck verwendet werden, die Bewegungsfreiheit des Nutzers zu vergrößern, ohne die Privatsphäre seines Gesprächs zu beeinträchtigen. Das Headset muss in der Lage sein, AT-Befehle senden und Ergebniscodes empfangen zu können. Mit dieser Fähigkeit ist das Headset in der Lage, ankommende Gespräche zu beantworten und zu beenden, ohne zu diesem Zweck manuell vom Nutzer bedient werden zu müssen.

Die Abbildung 7.8 zeigt die Abhängigkeit des Headset-Profils von dem Profil für den seriellen Anschluss und dem allgemeinen Zugangsprofil auf. Die Abbildung 7.9 zeigt die vom Headset-Profil verwendeten Protokolle und Komponenten.

Im Hinblick auf die Abbildung 7.9 korrespondiert das Basisband mit der OSI-Schicht 1, während LMP und L2CAP der OSI-Schicht 2 entsprechen. RF-COMM ist die Bluetooth-spezifische Adaption von GSM TS 07.10 für die Emulation des seriellen Anschlusses, während SDP das Bluetooth-Diensteerkennungsprotokoll darstellt. Für alle diese Protokolle und Komponenten gilt das Profil für den seriellen Anschluss als Basisstandard – alle im Profil für den seriellen Anschluss festgelegten Voraussetzungen gelten an dieser Stelle, sofern das Headset-Profil keine expliziten Ausnahmen feststellt.

Die Headset-Steuerung ist die Komponente, die für die headset-spezifische Signalisierung verantwortlich ist – sie basiert auf AT-Befehlen. In diesem Profil wird vorausgesetzt, dass die Headset-Steuerung über den Zugang zu einigen der Verfahren niedrigerer Schichten, wie etwa dem SCO-Verbindungsaufbau (SCO; Synchronous Connection-Oriented), verfügt. Die Schicht zur Emulation des Audioanschlusses ist die Komponente, die den Audioanschluss eines Mobiltelefons oder PCs emuliert – der Audiotreiber ist die Treibersoftware im Headset.

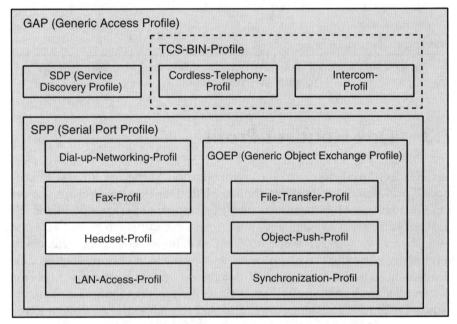

Abbildung 7.8: Das Headset-Profil hängt sowohl vom Profil für den seriellen Anschluss als auch vom allgemeinen Zugangsprofil (GAP) ab.
(Quelle: Bluetooth-Spezifikation 1.0)

Im Headset-Profil sind zwei Geräterollen definiert. Das Audio-Gateway (AG) stellt das Gateway für die Ein- und Ausgabe dar. Typische Geräte, die als Audio-Gateways fungieren, sind beispielsweise Mobiltelefone und PCs. Das Headset (HS) arbeitet als der entfernte Audioeingabe- und Ausgabemechanismus des Gateways. Das Headset-Profil verlangt, dass beide Geräte SCO-Verbindungen unterstützen.

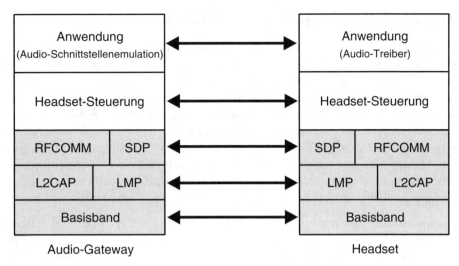

Abbildung 7.9: Im Headset-Profil verwendete Protokolle und Komponenten.
(Quelle: Bluetooth-Spezifikation 1.0)

7.3.1   Profilbeschränkungen

Die Bluetooth-Spezifikation beschreibt hinsichtlich des Headset-Profils die folgenden Restriktionen:

- Es wird vorausgesetzt, dass das Ultimate Headset der einzige aktive Nutzungsfall zwischen zwei Geräten ist.

- Die Audioübertragung basiert auf der CVSD-Modulation (CVSD; Continuously Variable Slope Delta). Das Ergebnis besteht in einkanaligem Audio mit einer Qualität, die normalerweise keiner Beeinträchtigung unterliegt.

- Zwischen dem Headset und dem Gateway darf zu einer Zeit nur eine Audioverbindung bestehen.

- Das Audio-Gateway kontrolliert den Aufbau und Abbau der SCO-Verbindung. Das Headset verbindet und trennt während des SCO-Verbindungsaufbaus und -abbaus direkt die internen Audioströme. Sobald die SCO-Verbindung aufgebaut ist, sind normale Sprechverbindungen in beide Richtungen möglich.

- Das Headset-Profil bietet lediglich eine elementare Interoperabilität an. Beispielsweise wird eine Bearbeitung mehrerer Anrufe am Audio-Gateway nicht unterstützt.

- Es wird vorausgesetzt, dass die Nutzerschnittstelle des Headset Aktionen erkennen kann, die der Nutzer ausgelöst hat (wie etwa das Drücken einer Taste).

7.3.2 Grundlegende Funktionen

Ein Headset kann die Dienste eines Audio-Gateway auch ohne eine sichere Verbindung nutzen. Ob die Sicherheit für Geräte, die eine Authentifizierung und Verschlüsselung unterstützen, durchgesetzt wird, liegt beim Nutzer. Falls eine Basisband-Authentifizierung und/oder -verschlüsselung verwendet werden soll, müssen beide Geräte unter Verwendung des GAP-Authentifizierungsverfahrens eine sichere Verbindung aufbauen. Dieses Verfahren kann die Eingabe eines PIN-Codes und das Erstellen von Verbindungscodes beinhalten. Da das Headset normalerweise ein Gerät mit einer nur eingeschränkten Nutzerschnittstelle darstellt, wird während des GAP-Authentifizierungsverfahrens sehr wahrscheinlich eine feste PIN des Headset benutzt werden.

Die Verbindung gilt als aufgebaut, sobald ein Anruf initiiert oder empfangen worden ist. Voraussetzung dafür ist ein Paging des anderen Gerätes (und optional auch ein Entparken). Für das Headset oder Audio-Gateway gelten keine festgeschriebenen Master/Slave-Rollen. Eine Emulation des seriellen Anschlusses wird vom Audio-Gateway und dem Headset über RFCOMM angeboten. Die Emulation des seriellen Anschlusses wird zum Transport der Nutzerdaten, Modemsteuersignale und AT-Befehle vom Headset zum Audio-Gateway verwendet. Die AT-Befehle werden vom Gateway analysiert und die Antworten zurück an das Headset gesendet.

7.3.3 Leistungsmerkmale

Die Tabelle 7.11 fasst die in Bluetooth-Einheiten zur Verfügung stehenden Leistungsmerkmale, welche dem Headset-Profil entsprechen, zusammen. Sie gibt an, welche von ihnen verbindlich (V) oder optional (O) sind. Die Begriffe »ankommend« oder »abgehend« beziehen sich auf die Perspektive des Headset (HS).

Leistungsmerkmal	Unterstützung im Headset	Unterstützung im Audio-Gateway
Ankommende Audioverbindung	V	V
Abgehende Audioverbindung	V	O
Audioverbindungstransfer	V	V
Entfernte Lautstärkekontrolle	O	O

Tabelle 7.11: Zusammenfassung der in Bluetooth-Einheiten zur Verfügung stehenden Leistungsmerkmale, welche dem Headset-Profil entsprechen.
(Quelle: Bluetooth-Spezifikation 1.0)

Ankommende Audioverbindung

Das Audio-Gateway initiiert den Verbindungsaufbau, indem es auf ein internes Ereignis oder eine entfernte Nutzeranforderung antwortet. Sobald die Verbindung aufgebaut ist, sendet das Audio-Gateway zur Alarmierung des lokalen Nutzers ein oder mehrere AT-basierende RING-Anzeigen. Optional kann das Audio-Gateway einen Inband-Signalton anbieten – in diesem Fall wird zuerst die SCO-Verbindung aufgebaut. Der Ton im Ohrhörer des Headset alarmiert den Nutzer. Diesen Vorgang illustriert die Abbildung 7.10.

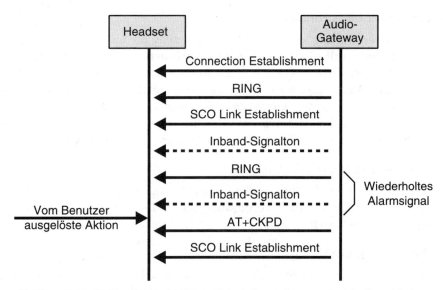

Abbildung 7.10: Abfolge der Ereignisse während einer ankommenden Audioverbindung.
(Quelle: Bluetooth-Spezifikation 1.0)

Zur Übernahme der ankommenden Audioverbindung drückt der Nutzer eine Taste am Headset. Das Headset sendet daraufhin einen AT-basierenden Tastatursteuerbefehl (AT+CPKD) an das Audio-Gateway. Das Gateway baut anschließend die SCO-Verbindung auf, sofern diese nicht bereits besteht.

Abgehende Audioverbindung

Zur Initiierung einer abgehenden Audioverbindung drückt der Nutzer eine Taste am Headset. Das Headset initiiert den Verbindungsaufbau und sendet an das Audio-Gateway den Befehl AT+CKPD. Am Audio-Gateway können zum Aufbau und/oder Routen eines Audiostreams ans Headset verschiedene weitere interne Vorgänge erforderlich werden. Bei einem Mobiltelefon beispielsweise muss unter Umständen unter Verwendung der zuletzt gewählten oder einer gespeicherten Nummer ein Mobilfunkruf zum externen Netzwerk getätigt werden. Bei einem PC muss unter Umständen eine

Audiodatei aufgerufen oder eine Audiospur auf einer CD zum Abspielen selektiert werden. Das Audio-Gateway ist für den Aufbau der SCO-Verbindung für die abgehende Audioverbindung zuständig.

Hinsichtlich des Abbaus der Audioverbindung kann ein Gespräch entweder durch Drücken einer Taste am Headset oder durch eine interne bzw. Nutzeraktion am Audio-Gateway beendet werden. Unabhängig von der Seite, die den Verbindungsabbau initiiert hat, ist immer das Gateway für den eigentlichen Abbau der Verbindung zuständig.

Audioverbindungstransfer

Eine Audioverbindung kann vom Audio-Gateway an das Headset oder vom Headset an das Audio-Gateway transferiert werden. Die Verbindung wird zu dem Gerät transferiert, das den Transfer initiiert hat. Der Audioverbindungstransfer vom Audio-Gateway zum Headset wird durch eine Nutzeraktion am Headset initiiert, die das Senden des Befehls AT+CKPD zum Audio-Gateway bewirkt. Der Audioverbindungstransfer vom Headset zum Audio-Gateway wird durch eine Nutzeraktion am Audio-Gateway bewirkt.

Ferngesteuerte Lautstärkekontrolle

Optional kann das Audio-Gateway durch Senden spezieller AT-Befehle während einer aktiven Audioverbindung die Lautstärke von Mikrofon und Lautsprecher am Headset steuern.

Verbindungsbearbeitung

Die Bluetooth-Schichten unterhalb der Komponente Headset-Steuerung (siehe Abbildung 7.9) werden zum Aufbau und Abbau einer Verbindung verwendet. Wenn der Park-Modus nicht unterstützt wird, können entweder das Headset oder das Audio-Gateway einen Verbindungsaufbau initiieren. Falls es jedoch keine RFCOMM-Sitzung zwischen den beiden Geräten gibt, muss das initiierende Gerät RFCOMM zuvor initialisieren. Der Verbindungsaufbau wird über das allgemeine Zugangsprofil (GAP; General Access Profile) und das Profil für den seriellen Anschluss (SPP; Serial Port Profile) durchgeführt. Nach dem Abbau der Audioverbindung kann auch die Verbindung selbst abgebaut werden. Der Verbindungsabbau wird in jedem Fall vom Audio-Gateway initiiert.

Falls der Park-Modus unterstützt wird, wird die Verbindung bei der ersten Anforderung einer Audioverbindung aufgebaut. Wenn später eine Audioverbindung erforderlich wird, wird das geparkte Geräte entparkt (in diesem Profil wird der Verbindungsaufbau als ursprünglicher Verbindungsaufbau und das Entparken als Verbindungsaufbau bezeichnet). Der ursprüngliche Verbindungsaufbau findet entsprechend dem GAP und SPP statt. Beide Seiten können den ursprünglichen Verbindungsaufbau initiieren – danach ist der Park-Modus aktiviert.

7.3.4 Funktionen zur Verbindungssteuerung

Die Tabelle 7.12 enthält die für die Verebindungssteuerungsebene (LC; Link Control) zur Verfügung stehenden Leistungsmerkmale. Es wird angegeben, welche von ihnen im Hinblick auf das Headset-Profil verbindlich (V), optional (O) und ausdrücklich ausgeschlossen (A) sind.

Verfahren	Unterstützung durch das Basisband	Unterstützung vom Audio-Gateway	Unterstützung vom Headset
1 Inquiry	V		A
2 Inquiry Scan	V	A	
3 Paging	V		
4 Page Scan			
a Typ R0	V		
b Typ R1	V		
c Typ R2	V		
7 Sprach-Codec			
c CVSD	O	V	V

Tabelle 7.12: Zusammenfassung der vom Headset-Profil unterstützten Funktionen zur Verbindungssteuerung (Link Control). (Quelle: Bluetooth-Spezifikation 1.0)

7.3.5 Übereinstimmung mit GAP

Das Headset-Profil verlangt im Hinblick auf die Betriebsmodi, Sicherheit, Leerlaufmodusverfahren und das Bonding eine Übereinstimmung mit dem allgemeinen Zugangsprofil (GAP; Generic Access Profile).

Modi

Die Tabelle 7.13 enthält den Unterstützungsstatus für die Modi im Headset-Profil. Es wird angegeben, welche von diesen im Hinblick auf das Headset-Profil verbindlich (V) und optional (O) sind.

Leerlaufmodus (Idle Mode)

Das allgemeine Zugangsprofil spezifiziert die im Headset-Profil verwendeten Leerlaufmodi. Das Audio-Gateway muss die Initiierung des Bonding verbindlich unterstützen. Das Headset muss desgleichen das Akzeptieren des Bonding verbindlich unterstützen. Die Tabelle 7.14 fasst den Unterstützungsstatus für die im Headset-Profil verwendeten Leerlaufmodi zusammen:

Verfahren	Unterstützung vom Headset	Unterstützung vom Audio-Gateway
1. Erkennbarkeitsmodi (Discoverability)		
Unerkennbarkeitsmodus (Non-Discoverable)	V	n/a
Begrenzter Erkennbarkeitsmodus	O	n/a
Allgemeiner Erkennbarkeitsmodus	V	n/a
2. Verbindbarkeitsmodi (Connectability)		
Unverbindbarkeitsmodus	n/a	n/a
Verbindbarkeitsmodus	V	V
3. Paarungsmodi		
Nicht-paarbarer Modus	O	O
Paarbarer Modus	O	O

Tabelle 7.13: Unterstützungsstatus für die Betriebsmodi innerhalb des Headset-Profils. (Quelle: Bluetooth-Spezifikation 1.0)

Verfahren	Unterstützung vom Headset	Unterstützung vom Audio-Gateway
Allgemeine Inquiry	n/a	V
Begrenzte Inquiry	n/a	O
Namenserkennung	n/a	O
Geräteerkennung	n/a	O
Bonding	V	V

Tabelle 7.14: Zusammenfassung der Leerlaufmodusverfahren im Headset-Profil. (Quelle: Bluetooth-Spezifikation 1.0)

7.4 Das DFÜ-Netzwerk-Profil

Das DFÜ-Netzwerk-Profil definiert die Protokolle und Verfahren, die von Geräten wie Modems und Mobiltelefonen zur Implementierung des Einsatzmodells namens »Internet Bridge« verwendet werden. Unter den möglichen Szenarios dieses Modells befindet sich die Verwendung eines Mobiltelefons als drahtloses Modem zur Verbindung eines Computers mit einem DFÜ-Internet-Server bzw. die Verwendung eines Mobiltelefons oder Modems durch einen Computer zum Empfang von Daten.

Die Abbildung 7.11 zeigt die Abhängigkeit des DFÜ-Netzwerk-Profils sowohl vom Serial-Port-Profil als auch vom allgemeinen Zugangsprofil auf. Die Abbildung 7.12 zeigt die im DFÜ-Netzwerk-Profil eingesetzten Protokolle und Komponenten.

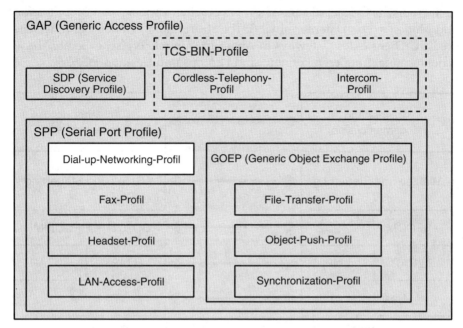

Abbildung 7.11: Das DFÜ-Netzwerk-Profil hängt sowohl vom Serial-Port-Profil
als auch vom allgemeinen Zugangsprofil (GAP) ab.
(Quelle: Bluetooth-Spezifikation 1.0)

Im Hinblick auf die Abbildung 7.12 korrespondiert das Basisband mit der OSI-Schicht 1, während LMP und L2CAP der OSI-Schicht 2 entsprechen. RF-COMM ist die Bluetooth-spezifische Adaption von GSM TS 07.10 für die Emulation des seriellen Anschlusses, während SDP das Bluetooth-Diensteerkennungsprotokoll darstellt. Mit Wählen und Steuern sind die Befehle und Verfahren gemeint, die für automatisches Wählen und Steuern über die von niedrigeren Schichten bereitgestellten asynchronen seriellen Verbindungen verwendet werden.

Die Schicht zur Modememulation ist die Komponente, die das Modem emuliert. Der Modemtreiber stellt die Treibersoftware im Datenterminal dar. Für alle diese Protokolle und Komponenten gilt das Profil für den seriellen Anschluss als Basisstandard – alle im Profil für den seriellen Anschluss festgelegten Voraussetzungen gelten an dieser Stelle, sofern das DFÜ-Netzwerk-Profil keine expliziten Ausnahmen feststellt. In diesem Profil wird vorausgesetzt, dass die Anwendungsschicht über den Zugang zu einigen der Verfahren niedrigerer Schichten wie etwa dem SCO-Verbindungsaufbau (SCO; Synchronous Connection-Oriented) verfügt.

Für das DFÜ-Netzwerk-Profil sind zwei Geräterollen definiert: Das Gateway (GW) ist das Gerät, welches den Zugang zum öffentlichen Netzwerk bereitstellt. Typische Geräte, die als Gateways arbeiten können, sind Mobiltelefone und Modems. Das Datenterminal (DT; Data Terminal) ist das Gerät, welches die DFÜ-Dienste des Gateways in Anspruch nimmt. Typische Geräte, die als Datenterminal fungieren können, sind Laptops und Desktop-PCs.

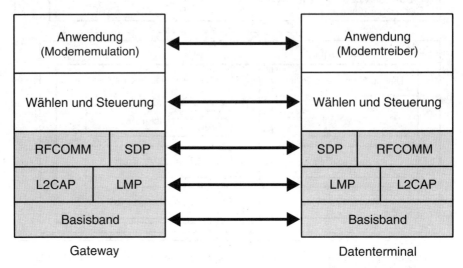

Abbildung 7.12: Im DFÜ-Netzwerk-Profil verwendete Protokolle und Komponenten. (Quelle: Bluetooth-Spezifikation 1.0)

7.4.1   Profilbeschränkungen

Die Bluetooth-Spezifikation beschreibt hinsichtlich des DFÜ-Netzwerk-Profils die folgenden Restriktionen:

- Vom Modem wird hinsichtlich ankommender Anrufe nicht erwartet, dass es über die Fähigkeit verfügt, verschiedene Anruftypen zu melden und zwischen ihnen zu unterscheiden.

- Es steht nur eine Unterstützung für Ein-Zeitschlitz-Pakete zur Verfügung, was die Verwendung von Datenraten bis zu 128 Kbps sicherstellt. Die Unterstützung höherer Datenraten ist optional.

- Es wird nur ein Anruf auf einmal unterstützt.

- Es werden nur Punkt-zu-Punkt-Konfigurationen unterstützt.

- Es gibt keine Möglichkeit zur Unterscheidung zwischen zwei SCO-Kanälen, die von ein und demselben Gerät stammen (wie mit dieser Situation umgegangen wird, wird vom Hersteller festgelegt).

- Bevor ein Mobiltelefon oder Modem zusammen mit einem PC/Notebook zum ersten Mal verwendet werden kann, muss ein Initialisierungsverfahren durchgeführt werden. Hierzu gehört typischerweise die manuelle Aktivierung der Initialisierungsunterstützung und die Eingabe eines PIN-Codes von Seiten des PC/Laptop.

- Es gibt keine Unterstützung für mehrere Instanzen der Implementierung in ein und demselben Gerät.

7.4.2   Grundlegende Funktionen

Bevor ein Datenterminal zum ersten Mal die Dienste eines Gateways in Anspruch nehmen kann, müssen die beiden Geräte initialisiert werden. Dies umfasst den Austausch eines PIN-Codes, das Erstellen von Verbindungs-Codes und die Implementierung der Diensteerkennung. Bevor Anrufe initiiert oder empfangen werden können, muss erst eine Verbindung aufgebaut werden. Dies setzt das Paging eines anderes Gerätes voraus. Die Verantwortlichkeit zur Initiierung des Verbindungsaufbaus liegt beim Datenterminal. Zwischen dem Gateway und den Datenterminals gibt es keine festgeschriebenen Master/Slave-Rollen.

Das Gateway und das Datenterminal sorgen unter Verwendung des Serial-Port-Profils für eine Emulation dieses Anschlusses. Die Emulation des seriellen Anschlusses wird zum Transport der Nutzerdaten, der Modemsteuersignale und der AT-Befehle zwischen dem Gateway und dem Datenterminal verwendet. Die AT-Befehle werden vom Gateway analysiert und die Antworten zurück an das Datenterminal gesendet. Eine SCO-Verbindung wird sowohl für den Datentransport als auch für das optionale Audio-Feedback während des Gesprächsaufbaus verwendet.

Für die Authentifizierung und Verschlüsselung werden entsprechend dem allgemeinen Zugangsprofil Basisband- und LMP-Mechanismen verwendet. Die Sicherheit ist über die Authentifizierung der Gegenseite während des Verbindungsaufbaus und durch Verschlüsselung sämtlicher Nutzerdaten beim Transport gegeben.

7.4.3   Dienste

Die Tabelle 7.15 fasst die in Bluetooth-Einheiten zur Verfügung stehenden Dienste zusammen, die mit dem DFÜ-Netzwerk-Profil übereinstimmen. Sie gibt jeweils an, welche von ihnen verbindlich (V) oder optional (O) sind.

Die Unterstützung für Datenanrufe ist sowohl für Gateways als auch Terminals verbindlich. Optional steht auch ein Audio-Feedback zur Verfügung. Das Gateway emuliert ein über den seriellen Anschluss angeschlossenes Modem. Das Serial-Port-Profil wird für die RS-232-Emulation verwendet. Die Modememulation wird von einer Modememulationskomponente durchgeführt, die

oberhalb des Serial-Port-Profils angesiedelt ist. Die Unterstützung für Faxüber-
tragungen ist nicht im DFÜ-Netzwerk-Profil, jedoch im Faxprofil vorgesehen,
das weiter unten erörtert wird. Die Unterstützung für Sprachanrufe wird nicht
im DFÜ-Netzwerk-Profil, sondern im Schnurlostelefon-Profil behandelt.

Verfahren	Unterstützung vom Datenterminal	Unterstützung vom Gateway
Datenanruf ohne Audio-Feedback	V	V
Datenanruf mit Audio-Feedback	O	O
Faxdienste ohne Audio-Feedback	n/a	n/a
Faxdienste mit Audio-Feedback	n/a	n/a
Sprachanruf	n/a	n/a

*Tabelle 7.15: Zusammenfassung der in Bluetooth-Einheiten zur Verfügung stehenden
und mit dem DFÜ-Netzwerk-Profil übereinstimmenden Dienste.
(Quelle: Bluetooth-Spezifikation 1.0)*

7.4.4 Gateway-Befehle

Zur Gewährleistung einiger jederzeit zur Verfügung stehenden Basisfunktionen muss das Gateway-Gerät die in der Tabelle 7.17 aufgeführten Befehle
unterstützen.

Weiterhin muss das Gateway-Gerät zur Gewährleistung der Basisfunktionen
die in der Tabelle 7.17 enthaltenen Antworten unterstützen:

7.4.5 Audio-Feedback

Das Gateway oder das Datenterminal können optional während des Verbindungsaufbaus ein Audio-Feedback anbieten. Für den Transport von digitali-
sierten Audiodaten über die Bluetooth-Verbindung werden SCO-Verbindungen
eingesetzt. Die Initiative zum Aufbau der SCO-Verbindung geht vom Gateway
aus. Der jeweilige Wert des M-Parameters (siehe Tabelle 7.16) steuert, ob ein
Audio-Feedback über das Gateway zur Verfügung steht oder nicht. Falls das
Gateway ein Audio-Feedback für eine Verbindung zur Verfügung stellt, initiiert
es zum Aufbau der Audioverbindung per Link Manager-Protokoll das SCO-
Link-Verfahren, sobald über DCE die Verbindung angenommen wurde.

Das Gateway gibt die Audioverbindung wieder frei, wenn DCE ein Trägersignal erkannt oder aufgelegt hat. Zum Entfernen der Audioverbindung
wird das Verfahren Remove SCO Link (SCO-Verbindung entfernen) im Link
Manager-Protokoll verwendet. Falls der SCO-Verbindungsaufbau erfolglos
verläuft, wird der Gesprächsaufbau ohne Audio-Feedback fortgeführt.

Befehl	Funktion
&C	Meldeleitungserkennung
&D	DTR
&F	Auf Werkseinstellungen zurücksetzen
+GCAP	Vollständige Funktionenliste anfordern
+GMI	Herstelleridentifikation anfordern
+GMM	Modellidentifikation anfordern
+GMR	Versionsidentifikation anfordern
A	Antworten
D	Wählen
E	Echo
H	Auflegen
L	Lautstärke des Lautsprechers steuern
M	Lautsprecher steuern
O	Wechsel zur Übertragungsphase
P	Pulswählverfahren
Q	Ergebniscodeunterdrückung
S0	Automatische Antwort
S10	Automatische Trennverzögerung
S3	Befehlszeile-Endezeichen
S4	Formatierzeichen für Antwort
S5	Bearbeitungszeichen für Befehlszeile
S6	Pause vor dem Blindwählen
S7	Timeout für Verbindungsabschluss
S8	Kommazeichen für Wählzeit
T	Tonwahlverfahren
V	DCE-Antwortformat
X	Steuerung der Ergebniscodeauswahl und der Anruffortschrittsanzeige
Z	Zurücksetzen auf Standardeinstellung

Tabelle 7.16: Befehle, die das Gateway im DFÜ-Netzwerk-Profil unterstützen muss.
(Quelle: Bluetooth-Spezifikation 1.0)

Das Datenterminal darf, solange es im DFÜ-Netzwerk-Profil arbeitet, in keinem anderen Profil aktiv sein, das SCO-Verbindungen enthält. Aus diesem Grund lässt die Bluetooth-Spezifikation eine Situation, in der mehrere SCO-Verbindungen gleichzeitig aufgebaut worden sind, offen. Wie schon erwähnt, überlässt es das DFÜ-Netzwerk-Profil dem Hersteller, wie mit einer solchen Situation zu verfahren ist.

Antwort	Beschreibung
OK	Bestätigt eine Befehlsausführung
CONNECT	Verbindung wurde aufgebaut
RING	DCE hat ein ankommendes Rufsignal aus dem Netzwerk erkannt.
NO CARRIER	Die Verbindung wurde beendet oder der Versuch eines Verbindungsaufbaus war erfolglos.
ERROR	Fehler
NO DIALTONE	Kein Wählton
BUSY	Besetztzeichen erkannt

Tabelle 7.17: Antworten, die das Gateway im DFÜ-Netzwerk-Profil unterstützen muss. (Quelle: Bluetooth-Spezifikation 1.0)

Element	Wert	Status
Service Class ID		V
Service Class Nr. 0	Allgemeine Vernetzung	O
Service Class Nr. 1	DFÜ-Vernetzung	V
Protokoll-Deskriptorliste		V
Protokoll Nr. 0	L2CAP	V
Protokoll Nr. 1	RFCOMM	V

Tabelle 7.18: Einträge in der Diensteerkennungsdatenbank des Gateways zum DFÜ-Netzwerk-Profil. (Quelle: Bluetooth-Spezifikation 1.0)

7.4.6 Diensteerkennungsverfahren (Service Discovery)

Die Tabelle 7.18 enthält sämtliche Einträge in der SDP-Datenbank des Gateways, wie sie über das DFÜ-Netzwerk-Profil definiert sind. Es wird jeweils angegeben, ob das Vorhandensein des Feldes verbindlich (V) oder optional (O) ist.

7.4.7 Funktionen zur Verbindungssteuerung

Die Tabelle 7.19 enthält alle Funktionen, die auf der Ebene der Verbindungssteuerung (Link Control) zur Verfügung stehen. Sie gibt an, welche von ihnen im Hinblick auf das DFÜ-Netzwerk-Profil optional (O) und bedingt (C) sind.

7.4.8 Übereinstimmung mit GAP

Das DFÜ-Netzwerk-Profil verlangt im Hinblick auf die Betriebsmodi, Sicherheit, Leerlaufmodusverfahren und das Bonding eine Übereinstimmung mit dem allgemeinen Zugangsprofil (GAP; Generic Access Profile).

Verfahren	Unterstützung durch das Basisband	Unterstützung vom Gateway	Unterstützung vom Daten-terminal
5 Pakettypen			
n HV3-Paket	O	B	B
7 Sprach-Codec			
c CVSD	O	B	B

Tabelle 7.19: Zusammenfassung der vom DFÜ-Netzwerk-Profil unterstützten Funktionen zur Verbindungssteuerung (Link Control). (Quelle: Bluetooth-Spezifikation 1.0)

Modi

Die Tabelle 7.20 enthält den Unterstützungsstatus für die Modi im DFÜ-Netzwerk-Profil. Es wird angegeben, welche von diesen im Hinblick auf das DFÜ-Netzwerk-Profil verbindlich (V), optional (O) und ausdrücklich ausgeschlossen (A) sind.

Verfahren	Unterstützung vom Datenterminal	Unterstützung vom Gateway
1. Erkennbarkeitsmodi (Discoverability)		
Unerkennbarkeitsmodus (Non-Discoverable)	n/a	V
Begrenzter Erkennbarkeitsmodus	n/a	O
Allgemeiner Erkennbarkeitsmodus	n/a	V
2. Verbindbarkeitsmodi (Connectability)		
Unverbindbarkeitsmodus	n/a	A
Verbindbarkeitsmodus	n/a	V
3. Paarungsmodi		
Nicht-paarbarer Modus	V	V
Paarbarer Modus	O	V

Tabelle 7.20: Unterstützungsstatus für die Betriebsmodi innerhalb des DFÜ-Netzwerk-Profils. (Quelle: Bluetooth-Spezifikation 1.0)

Sicherheit

Das allgemeine Zugangsprofil spezifiziert die Authentifizierung und drei Sicherheitsmodi für ein Gerät. Die Unterstützung der Authentifizierung ist sowohl für das Gateway als auch für die Terminals, die mit dem DFÜ-Netzwerk-Profil arbeiten, verbindlich. Die Tabelle 7.21 fasst den Unterstützungsstatus für die Sicherheitsaspekte des DFÜ-Netzwerk-Profils zusammen. Eine Erläuterung der Sicherheitsmodi findet sich in der Beschreibung des Schnurlostelefon-Profils.

Das allgemeine Zugangsprofil spezifiziert die im DFÜ-Netzwerk-Profil verwendeten Leerlaufmodusverfahren. Das Terminal muss die Initiierung des Bonding verbindlich unterstützen. Das Gateway muss desgleichen das Akzeptieren des Bonding verbindlich unterstützen. Der Unterstützungsstatus für die im DFÜ-Netzwerk-Profil verwendeten Leerlaufmodusverfahren entsprechen denjenigen des Schnurlostelefon-Profils.

Verfahren	Unterstützung vom Terminal	Unterstützung vom Gateway
1 Authentifizierung	V	V
2 Sicherheitsmodi		
Sicherheitsmodus 1	n/a	A
Sicherheitsmodus 2	B	B
Sicherheitsmodus 3	B	B

Hinweis: Die Unterstützung mindestens eines Sicherheitsmodus (2 oder 3) ist verbindlich.

Tabelle 7.21: Sicherheitsaspekte des DFÜ-Netzwerk-Profils.
(Quelle: Bluetooth-Spezifikation 1.0)

7.5 Faxprofil

Das Faxprofil definiert die von Geräten verwendeten Protokolle und Verfahren, die den Faxteil des Einsatzmodells namens »Data Access Points, Wide Area Networks« (Datenzugriffspunkte und Weitverkehrsnetzwerke) implementieren. Ein Computer kann ein Mobiltelefon oder Modem mit der drahtlosen Bluetooth-Technologie als drahtloses Faxmodem zum Senden und Empfangen von Faxnachrichten verwenden. Wie die Abbildung 7.13 zeigt, ist das Faxprofil sowohl vom Profil für den seriellen Anschluss als auch vom allgemeinen Zugangsprofil abhängig. Die Abbildung 7.14 zeigt die vom Faxprofil verwendeten Protokolle und Komponenten:

Im Hinblick auf die Abbildung 7.14 korrespondiert das Basisband mit der OSI-Schicht 1, während LMP und L2CAP der OSI-Schicht 2 entsprechen. RF-COMM ist die Bluetooth-spezifische Adaption von GSM TS 07.10 für die Emulation des seriellen Anschlusses, während SDP das Bluetooth-Diensterkennungsprotokoll darstellt. Für alle diese Protokolle und Komponenten gilt das Profil für den seriellen Anschluss als Basisstandard – alle im Profil für den seriellen Anschluss festgelegten Voraussetzungen gelten an dieser Stelle, sofern das Faxprofil keine expliziten Ausnahmen feststellt.

Die Wähl- und Steuerschicht definiert die Befehle und Verfahren für automatisches Wählen und die Steuerung der von den niedrigeren Schichten bereitgestellten asynchronen seriellen Verbindung. Die Modememulationsschicht ist die Komponente, die für die Modememulation zuständig ist, während der

Modemtreiber die Modemsoftware im Datenterminal darstellt. In diesem Profil wird vorausgesetzt, dass die Anwendungsschicht über den Zugang zu einigen der Verfahren niedrigerer Schichten, wie etwa dem SCO-Verbindungsaufbau (SCO; Synchronous Connection-Oriented), verfügt.

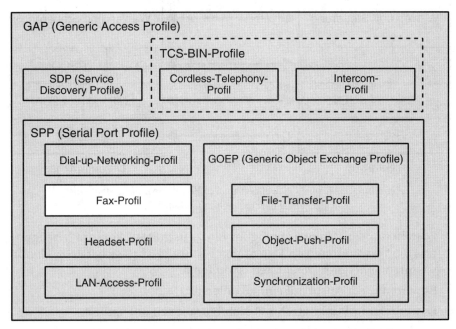

Abbildung 7.13: Das Faxprofil hängt sowohl vom Serial-Port-Profil als auch vom allgemeinen Zugangsprofil (GAP) ab. (Quelle: Bluetooth-Spezifikation 1.0)

Die zwei für das Faxprofil definierten Geräterollen sind dieselben wie für das DFÜ-Netzwerk-Profil. Das Gateway (GW) ist das Gerät, welches Faxdienste anbietet. Typische Geräte, die als Gateways arbeiten können, sind Mobiltelefone und Modems. Das Datenterminal (DT) ist das Gerät, welches den Faxdienst des Gateways nutzt. Typische Geräte, die als Datenterminals fungieren können, sind Laptops und PCs.

7.5.1 Profilbeschränkungen

Die Bluetooth-Spezifikation beschreibt hinsichtlich des Faxprofils die folgenden Restriktionen:

● Vom Gateway (Mobiltelefon oder Modem) wird hinsichtlich ankommender Anrufe nicht erwartet, dass es über die Fähigkeit verfügt, verschiedene Anruftypen zu melden und zwischen ihnen zu unterscheiden.

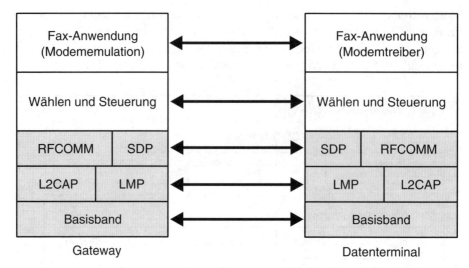

Abbildung 7.14: *Im Faxprofil verwendete Protokolle und Komponenten.*
(Quelle: Bluetooth-Spezifikation 1.0)

- Es steht nur eine Unterstützung für Ein-Zeitschlitz-Pakete zur Verfügung, was die Verwendung von Datenraten bis zu 128 Kbps sicherstellt. Die Unterstützung höherer Datenraten ist optional.

- Es wird nur ein Anruf auf einmal unterstützt.

- Es werden nur Punkt-zu-Punkt-Konfigurationen unterstützt.

- Es gibt keine Möglichkeit zur Unterscheidung zwischen zwei SCO-Kanälen, die von ein und demselben Gerät stammen (wie mit dieser Situation umgegangen wird, wird vom Hersteller festgelegt).

- Es gibt keine Unterstützung für mehrere Instanzen der Implementierung in ein und demselben Gerät.

In diesem Profil ist die Unterstützung von Datenanrufen nicht vorgesehen. Jedoch ist im DFÜ-Netzwerk-Profil die Unterstützung von Datenanrufen für das Gateway und die Datenterminals verbindlich. Die Unterstützung von Sprachanrufen ist im Profil ebenfalls nicht vorgesehen – die Unterstützung von Sprachanrufen ist aber im Schnurlostelefon-Profil für Gateway und Terminals verbindlich.

7.5.2 Grundlegende Funktionen

Für Geräte des Faxprofils ist zwar keine feste Master/Slave-Rolle vorgesehen, jedoch wird der Verbindungsaufbau grundsätzlich vom Datenterminal initiiert. Wenn das Datenterminal den Faxdienst eines Gateways in Anspruch nehmen will, ohne über die Bluetooth-Adresse des Gateways zu verfügen, muss es diese über das im allgemeinen Zugangsprofil beschriebene Dienste-erkennungsverfahren ermitteln.

Das Faxprofil legt die Verwendung einer sicheren Verbindung sämtlicher Nutzerdaten mittels Authentifizierung und Verschlüsselung über den im all-gemeinen Zugangsprofil beschriebenen Mechanismus der Basisband/LMP-Verschlüsselung fest.

Sobald der Faxanruf aufgebaut ist, stellen das Gateway und das Datentermi-nal über das Profil für den seriellen Anschluss eine Emulation des seriellen Anschlusses bereit. Das Gateway emuliert ein am seriellen Anschluss ange-schlossenes Modem. Die RS-232-Emulation wird vom Profil für den seriellen Anschluss besorgt, während RFCOMM an der Spitze des Profils für den seri-ellen Anschluss die Mememulation ermöglicht. Die Emulation des seriel-len Anschlusses wird zum Transport der Nutzerdaten, Modemsteuersignale und AT-Befehle verwendet, die zwischen dem Gateway und dem Terminal ausgetauscht werden. Die AT-Befehle werden vom Gateway analysiert und die Antworten zurück an das Datenterminal gesendet. Optional kann eine SCO-Verbindung zum Transport des Audio-Feedback eingesetzt werden. Nach dem Senden des Fax werden der Kanal und die Verbindung wieder freigegeben.

7.5.3   Dienste

Die Tabelle 7.22 fasst die in Bluetooth-Einheiten zur Verfügung stehenden Dienste zusammen, die mit dem Faxprofil übereinstimmen. Sie gibt jeweils an, welche von ihnen verbindlich (V) oder optional (O) sind.

7.5.4   Gateway-Befehle

Obwohl das Faxprofil keine bestimmte Faxklasse voraussetzt, muss das Gateway in der Lage sein, die in den folgenden unterstützten Faxklassen de-finierten Befehle und Antworten unterstützen zu können:

- Faxklasse 1 TIA-578-A und ITU T.31
- Faxklasse 2.0 TIA-592 und ITU T.32
- Faxdiensteklasse 2 (herstellerspezifisch)

Bluetooth-Geräte, die dieses Profil implementieren, müssen mindestens eine Faxklasse unterstützen können. Es steht ihnen frei, mehr als nur eine Klasse zu unterstützen. Über das Diensteerkennungsprotokoll (SDP; Service Dis-covery Protocol) oder den Befehl AT+FCLASS ermittelt das Datenterminal beim Gateway, welche Faxklasse dieses unterstützen kann. Die dafür erforder-lichen Befehle, Protokolle und Ergebniscodes sind dieselben, die auch in den Dokumenten zu den TIA/ITU-Standards jeder Faxklasse beschrieben werden.

Verfahren	Unterstützung vom Datenterminal	Unterstützung vom Gateway
Datenanruf ohne Audio-Feedback	n/a	n/a
Datenanruf mit Audio-Feedback	n/a	n/a
Faxdienste ohne Audio-Feedback	V	V
Faxdienste mit Audio-Feedback	O	O
Sprachanruf	n/a	n/a

Tabelle 7.22: Zusammenfassung der in Bluetooth-Einheiten zur Verfügung stehenden und mit dem Faxprofil übereinstimmenden Dienste. (Quelle: Bluetooth-Spezifikation 1.0)

7.5.5 Audio-Feedback

Das Gateway bzw. Datenterminal kann während des Verbindungsaufbaus optional ein Audio-Feedback anbieten. Das Verfahren zur Bearbeitung des Audio-Feedback im Faxprofil entspricht exakt dem zuvor erörterten Verfahren im DFÜ-Netzwerk-Profil.

7.5.6 Diensteerkennungsverfahren (Service Discovery)

Die Tabelle 7.23 enthält sämtliche Einträge in der SDP-Datenbank des Gateways, wie sie über das Faxprofil definiert sind. Es wird jeweils angegeben, ob das Vorhandensein des Feldes verbindlich (V) oder optional (O) ist.

7.5.7 Funktionen zur Verbindungssteuerung

Im Hinblick auf das Faxprofil entsprechen sämtliche auf der Ebene der Verbindungssteuerung (Link Control) zur Verfügung stehenden Funktionen den im DFÜ-Netzwerk-Profil vermerkten Funktionen (siehe Tabelle 7.19). Es wird jeweils angegeben, welche von ihnen für das Basisband, das Gateway und das Datenterminal optional (O) und bedingt (B) sind.

7.5.8 Übereinstimmung mit GAP

Das Faxprofil verlangt im Hinblick auf die Betriebsmodi, Sicherheit, Leerlaufverfahren und das Bonding eine Übereinstimmung mit dem allgemeinen Zugangsprofil (GAP; Generic Access Profile).

Element	Wert	Status
Service Class ID		V
Service Class Nr. 0	Allgemeine Telefonie	O
Service Class Nr. 1	Fax	V
Protokoll-Deskriptorliste		V
Protokoll Nr. 0	L2CAP	V
Protokoll Nr. 1	RFCOMM	V
Parameter für Protokoll Nr. 1	Server-Kanalnummer	V

Tabelle 7.23: Einträge in der Diensteerkennungsdatenbank des Gateways zum Faxprofil. (Quelle: Bluetooth-Spezifikation 1.0)

Modi

Der Unterstützungsstatus der Modi im Faxprofil entspricht exakt demjenigen im DFÜ-Netzwerk-Profil (siehe Tabelle 7.20) einschließlich der Hinweise darauf, welche von ihnen verbindlich (V), optional (O) und ausdrücklich ausgeschlossen (A) sind.

Sicherheit

Wie das DFÜ-Netzwerk-Profil hängt das Faxprofil hinsichtlich der vom Gateway und den Terminals verwendeten Authentifizierung und der drei Sicherheitsmodi (siehe Tabelle 7.21) vom allgemeinen Zugangsprofil ab.

Leerlaufmodus

Das allgemeine Zugangsprofil spezifiziert die Leerlaufverfahren (Idle Mode), die vom Faxprofil verwendet werden. Für ein Datenterminal ist die Unterstützung für die Initiierung des Bonding, und für das Gateway das Akzeptieren des Bonding verbindlich. Der Unterstützungsstatus für die im Faxprofil verwendeten Leerlaufverfahren ist identisch mit denjenigen im Schnurlostelefon-Profil (siehe Tabelle 7.10).

7.6   LAN-Zugangsprofil

Das LAN-Zugangsprofil definiert, wie Bluetooth-Geräte auf die Dienste eines LANs über RFCOMM mit dem Punkt-zu-Punkt-Protokoll (Point-to-Point Protocol) zugreifen können. Dabei werden dieselben PPP-Mechanismen eingesetzt, mit denen auch zwei Bluetooth-fähige Geräte vernetzt werden. In diesem Einsatzmodell benutzen mehrere Datenterminals (DTs) einen LAN-Zugangspunkt (LAP – LAN Access Point) als drahtlose Verbindung mit einem LAN (Local Area Network). Wenn die Datenterminals erst einmal verbunden sind, lassen sie sich so benutzen, als ob sie über ein DFÜ-Netz mit dem LAN verbunden wären und können daher auf alle vom LAN zur Verfügung gestellten Dienste zugreifen.

Das Punkt-zu-Punkt-Protokoll ist ein Standard der IETF (Internet Engineering Task Force), bei dem es sich um ein weit verbreitetes Verfahren zum Netzwerkzugriff handelt. Er bietet Authentifizierung, Verschlüsselung, Datenkompression und unterstützt mehrere Protokolle. Obwohl PPP verschiedene Netzwerkprotokolle unterstützt (z.B. IP, IPX usw.), erfordert das LAN-Zugangsprofil nicht den Einsatz eines bestimmten Protokolls. Das LAN-Zugangsprofil definiert lediglich, wie das PPP unterstützt wird, um einem einzelnen oder mehreren Bluetooth-Geräten LAN-Zugriff zu bieten und wie PCs mittels PPP über emulierte serielle Kabel miteinander kommunizieren lassen zu können.

Abbildung 7.15 verdeutlicht die Abhängigkeit des LAN-Zugangsprofils vom Serial-Port-Profil (SPP) und vom GAP (Generic Access Profile). Abbildung 7.16 zeigt die vom DFÜ-Netzwerk-Profil verwendeten Protokolle und Elemente.

In Abbildung 7.16 entspricht das Basisband der OSI-Schicht 1, während LMP und L2CAP der OSI-Schicht 2 zuzuordnen sind. RFCOMM ist die Bluetooth-Adaption von GSM TS 07.10 (die eine serielle Schnittstelle emuliert) und SDP ist das Bluetooth-Diensteerkennungsprotokoll (Service Discovery Protocol). In diesem Profil gibt es eine Management-Einheit (ME), von der die Prozeduren während der Initialisierung, der Konfiguration und des Verbindungsmanagements koordiniert werden. Das PPP-Networking fungiert als Mittel, mit dem IP-Pakete von und zur PPP-Schicht und ins LAN übertragen werden. Das dafür verantwortliche spezifische Verfahren wird nicht im LAN-Zugangsprofil definiert, ist aber ein Merkmal von RAS-Produkten (RAS – Remote Access Server).

Das LAN-Zugangsprofil definiert zwei Geräterollen: LAP (LAN-Zugriffspunkt) und Datenterminal (DT). Der LAP bietet Zugriff auf unterschiedliche Netzwerke, wie z.B. Ethernet, Token Ring und Fibre Channel, aber auch auf Kabelmodems, Firewire, USB und Home-Networking-Produkte. Der LAP stellt die Dienste eines PPP-Servers zur Verfügung. Die PPP-Verbindung kommt über RFCOMM zustande, das den Transport der PPP-Pakete übernimmt und für die Ablaufsteuerung des PPP-Datenstroms sorgt.

Das Datenterminal ist das Gerät, das die Dienste des LAP nutzt. Typische Geräte, die als Datenterminals eingesetzt werden, sind Laptop-, Notebook-, Desktop-PCs und PDAs. Das Datenterminal ist ein PPP-Client, der eine PPP-Verbindung zu einem LAP aufbaut, um Zugang zu einem LAN zu erhalten. Dieses Profil geht davon aus, dass der LAP und das DT jeweils über eine einzelne Bluetooth-Funkverbindung verfügen.

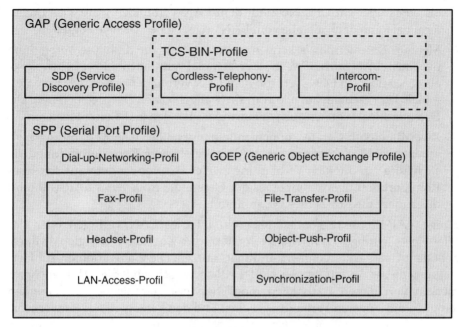

Abbildung 7.15: Das LAN-Zugangsprofil ist sowohl vom Serial-Port-Profil (SPP) als auch vom GAP (Generic Access Profile) abhängig (Quelle: Bluetooth-Spezifikation 1.0)

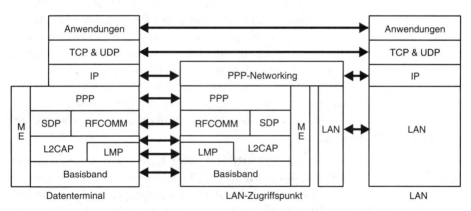

Abbildung 7.16: Vom LAN-Zugangsprofil verwendete Protokolle und Elemente (Quelle: Bluetooth-Spezifikation 1.0)

7.6.1 Profilbeschränkungen

Die folgenden Einschränkungen gelten für das LAN-Zugangsprofil:

● Ein einzelnes Datenterminal kann einen LAP für eine drahtlose Verbindung mit einem LAN nutzen. Wenn es erst einmal verbunden ist, arbeitet es so, als ob es über ein DFÜ-Netz mit dem LAN verbunden wäre. Das Datenterminal kann dann auf alle vom LAN angebotenen Dienste zugreifen.

● Mehrere Datenterminals können einen LAP für die drahtlose Verbindung mit einem LAN nutzen. Wenn sie erst einmal verbunden sind, arbeiten sie so, als ob sie über ein DFÜ-Netz mit dem LAN verbunden wären. Die Datenterminals können dann auf alle vom LAN angebotenen Dienste zugreifen. Die Datenterminals können auch miteinander über den LAP kommunizieren.

● Zwei Bluetooth-Geräte können miteinander über eine Verbindung zwischen zwei PCs kommunizieren. Dies ähnelt einer Kabelverbindung, wie sie häufig zur direkten Verbindung zweier PCs verwendet wird. In dieser Konfiguration übernimmt eines der Geräte die Rolle eines LAP, während das andere die Rolle eines DT annimmt.

Einige LAP-Produkte können über ein internes LAN verfügen oder das öffentliche, leitungsvermittelte Telefonnetz zum Zugriff auf das globale Internet oder private Unternehmens-Intranets nutzen. Die Wählverfahren zur Herstellung dieser Verbindungen sind LAP-spezifisch und die DT-Teilnehmer merken von diesen Aktivitäten möglicherweise gar nichts. Sie bemerken lediglich die längeren Verbindungszeiten und den verzögerten Datenverkehr.

7.6.2 Grundlegende Arbeitsweise

Ein Datenterminal muss einen LAN-Zugriffspunkt (LAP) finden, der sich innerhalb seines Funkbereichs befindet, und der den PPP/RFCOMM/L2CAP-Dienst anbietet[4]. Der Teilnehmer kann eine Anwendung benutzen, um einen passenden LAP ausfindig zu machen. Wenn keine physikalische Basisband-Verbindung besteht, fordert das Datenterminal einen solchen beim ausgewählten LAP an. Irgendwann nach der Einrichtung der physikalischen Leitung führen die Geräte eine gegenseitige Authentifizierung durch, wobei die Geräte jeweils auf einer Verschlüsselung der über diese Verbindung gesendeten Daten bestehen.

Wenn das Datenterminal eine PPP/RFCOMM/L2CAP-Verbindung einrichtet, kann der LAP optional ein passendes PPP-Authentifizierungsverfahren, wie z.B. CHAP (Challenge Handshake Authentication Protocol), einsetzen. Der LAP kann z.B. den Benutzer des Datenterminals auffordern, sich selbst zu authentifizieren, woraufhin das Datenterminal einen Benutzernamen und ein Passwort übermitteln muss. Wenn diese Mechanismen eingesetzt werden

---

4. Die Geschwindigkeit von RFCOMM-Verbindungen lässt sich nicht vom Teilnehmer konfigurieren. RFCOMM überträgt Daten mit größtmöglicher Geschwindigkeit. Die tatsächliche Transferrate variiert in Abhängigkeit vom Bluetooth-Datenverkehr auf der Basisband-Verbindung. Die Verbindungsgeschwindigkeit wird nicht künstlich auf dem Niveau der Geschwindigkeit einer typischen Verbindung über die serielle Schnittstelle gehalten.

und sich das Datenterminal nicht selbst authentifizieren kann, wird die PPP-Verbindung getrennt.

Wenn die entsprechenden PPP-Mechanismen eingesetzt werden, wird zwischen dem LAP (LAN access point) und dem Datenterminal eine IP-Adresse vereinbart. IP-Datenverkehr kann dann über die PPP-Verbindung abgewickelt werden. Sowohl das Datenterminal als auch der LAP können die PPP-Verbindung jederzeit trennen.

7.6.3 Sicherheit

In allen drahtlosen Umgebungen (und damit auch bei Bluetooth) ist die Datensicherheit von höchster Bedeutung. Sowohl der LAP als auch das Datenterminal erzwingen eine Verschlüsselung auf physikalischer Ebene, während PPP-Datenverkehr gesendet oder empfangen wird. Bluetooth-Pairing muss als Mittel zur Authentifizierung der Teilnehmer stattfinden. Dabei müssen PINs oder Verbindungscodes angegeben werden. Wird der Pairing-Prozess nicht ordnungsgemäß abgeschlossen, kann der LAN-Zugriffsdienst nicht genutzt werden. Je nach Hersteller erfordern die Produkte eventuell weitere Authentifizierungen, Verschlüsselungen und/oder Autorisierungen.

7.6.4 Übereinstimmung mit GAP

Das LAN-Zugangsprofil erfordert hinsichtlich der Betriebsmodi die Verträglichkeit mit dem GAP (Generic Access Profile). Tabelle 7.24 gibt an, welche Modi vom LAN-Zugangsprofil unterstützt werden und welche verbindlich (V), optional (O) bzw. spezifisch ausgeschlossen (X) sind.

Prozedur	Unterstützung im LAN-Zugriffspunkt	Unterstützung im Datenterminal
1 Erkennbarkeitsmodi		
Unerkennbarkeitsmodus	O	X
Begrenzter Erkennbarkeitsmodus	X	X
Allgemeiner Erkennbarkeitsmodus	V	X
2 Verbindbarkeitsmodi		
Unverbindbarkeitsmodus	O	X
Verbindbarkeitsmodus	V	X
3 Paarungsmodi		
Nicht-paarbarer Modus	O	X
Paarbarer Modus	V	X

Tabelle 7.24: Vom LAN-Zugangsprofil unterstützte Betriebsmodi
(Quelle: Bluetooth-Spezifikation 1.0)

Eine Einsatzmöglichkeit für den Unerkennbarkeitsmodus sind LAN-Zugriffspunkte (LAP), die nur für die persönliche Nutzung gedacht sind. In diesem Fall würde sich das Datenterminal die Identität des LAP merken und bräuchte das Bluetooth-Inquiry-Verfahren nicht zu benutzen. Eine Einsatzmöglichkeit des allgemeinen Erkennbarkeitsmodus sind LAPs, die allgemein genutzt werden. Dabei wird nicht erwartet, dass das Datenterminal die Identität aller von ihm benutzten LAPs speichert. Vom Datenterminal wird erwartet, dass es den Bluetooth-Inquiry-Mechanismus zur Erkennung der LAPs innerhalb seiner Reichweite benutzt.

Weiterhin gibt es einen Parameter für die maximale Anzahl der Teilnehmer, der für den LAP verbindlich ist, der aber optional vom LAP-Administrator konfiguriert werden kann.

Verschiedene Produkte besitzen unterschiedliche Fähigkeiten und Ressourcenbeschränkungen, die die Anzahl der von ihnen gleichzeitig unterstützten Teilnehmer beschränken. Der LAP-Administrator kann die Anzahl der gleichzeitigen Nutzer weiter beschränken. Je weniger gleichzeitige Benutzer den Bluetooth-Funk nutzen, desto mehr Bandbreite steht dem Einzelnen zur Verfügung.

Ein LAP lässt sich auch auf einen einzelnen Nutzer beschränken. In diesem Einzelbenutzer-Modus kann entweder das Datenterminal oder der LAP (LAN Access Point) der Master des Pico-Netzes sein. Es gibt Situationen, in denen sich Datenterminals mit einem LAP verbinden aber gleichzeitig Master eines bestehenden Pico-Netzes bleiben wollen. Wenn z.B. ein PC der Master eines Pico-Netzes mit Verbindungen zu einer Bluetooth-Maus und einem Bluetooth-Videoprojektor ist und dann eine Verbindung zum LAP benötigt, muss er der Master des bestehenden Pico-Netzes bleiben. Wenn der PC aus irgendeinem Grund nur Mitglied eines Pico-Netzes sein kann, dann muss der LAP ein Pico-Netz-Slave sein. Diese Situation ist nur möglich, wenn der Parameter »maximale Anzahl der Benutzer« auf den Einzelbenutzer-Modus konfiguriert worden ist.

Wenn der Parameter »maximale Anzahl der Benutzer« so gesetzt worden ist, dass er mehr als einem Benutzer den Zugriff auf den LAP erlaubt, ist der LAP immer der Master des Pico-Netzes. Wenn ein Datenterminal einem LAP nicht die Übernahme der Master-Rolle erlaubt, kann das Datenterminal nicht auf das LAN zugreifen.

7.6.5 Diensteerkennungsverfahren

Ein LAP (LAN Access Point) kann einen oder mehrere Dienste für die Verbindung mit einem LAN anbieten. Beispielsweise könnten verschiedene Dienste Zugriff auf unterschiedliche IP-Subnetze des LANs bieten. Der Benutzer des

Datenterminals kann dann den gewünschten LAN-Zugriffsdienst wählen. Wenn der LAP mehr als einen PPP/RFCOMM-Dienst anbietet, findet die Auswahl auf der Grundlage der über das SDP (Service Discovery Protocol) veröffentlichten Diensteattribute statt.

Tabelle 7.25 führt alle Einträge in der SDP-Datenbank des Gateways auf, die vom LAN-Zugriffs-Profil definiert werden und gibt an, ob das Feld verbindlich (V) oder optional (O) ist:

Eintrag	Wert	Status
Service Class ID		V
Service Class Nr. 0	LAN-Zugriff über PPP	V
Protokoll-Deskriptorliste		V
Protokoll Nr. 0	L2CAP	V
Protokoll Nr. 1	RFCOMM	V
Protokoll-Parameter Nr. 0	Server-Kanalnummer	V
Profil-Deskriptorliste		O
Profil Nr. 0	LAN-Zugriff über PPP	
Parameter 0	Version	
Service-Name	Anzeigbarer Name	O
Service-Beschreibung	Anzeigbare Information	O
Service-Verfügbarkeit	Auslastungsfaktor	O
IP Subnet	Anzeigbare Information	O

Tabelle 7.25: Einträge in der Diensteerkennungsdatenbank
des Gateways für das LAN-Zugangsprofil
(Quelle: Bluetooth-Spezifikation 1.0)

7.6.6   Verbindungssteuerung

Das LAN-Zugangsprofil baut auf dem Serial-Port-Profil (SPP) auf, das in Kapitel 4 beschrieben wird. Um die LAPs zu erkennen, die sich innerhalb der Reichweite befinden, müssen Datenterminals die im GAP (Generic Access Profile) definierte Prozedur für eine allgemeine Anfrage benutzen, die ebenfalls in Kapitel 4 beschrieben wird.

7.6.7   Prozeduren der Managementeinheit

Für die Kommunikation zwischen einem LAP (LAN Access Point) und einem Datenterminal (DT) ist ein Verbindungsaufbau erforderlich. Das DT führt erst eine allgemeine Anfrage (General Inquiry) durch, mit der es erkennt, welche LAPs sich für das GAP (Generic Access Profile) innerhalb der Funkreichweite befinden. Nach Ausführung der Anfrage hat das Datenterminal eine Antwortliste der LAPs in seiner Nähe vorliegen. Das DT sortiert die Liste entsprechend bestimmter produktspezifischer Kriterien. Das DT beginnt mit dem LAP an der Spitze der Liste und versucht zu diesem eine Verbindung aufzubauen. Jeder Fehler beim Einrichten des Links sorgt dafür, dass das DT diesen LAP übergeht. Das DT wird dann versuchen, einen Link zum nächsten LAP in der Liste aufzubauen.

Wenn es keine weiteren LAPs mehr in der Liste gibt, versucht das DT nicht mehr, Links einzurichten. Dann muss der Verbindungsaufbau neu initiiert werden.

7.7　Dateitransferprofil

Das Dateitransferprofil (File Transfer Profile) unterstützt das Einsatzmodell »File Transfer«, das Möglichkeiten zur Übertragung von Datenobjekten von einem Bluetooth-Gerät zu einem anderen zur Verfügung stellt. Bei diesen Geräten handelt es sich typischerweise um PCs, Smartphones oder PDAs. Zu den Objekttypen zählen u.a. Excel-Tabellen (.xls), PowerPoint-Präsentationen (.ppt), Audiodateien (.wav), Bilddateien (.jpg oder .gif) und Microsoft-Word-Dokumente (.doc). Dieses Einsatzmodell bietet Teilnehmern auch die Möglichkeit, den Inhalt von Verzeichnissen (auch Ordner bzw. »folder« genannt) einzusehen, die sich auf dem entfernten Gerät befinden. Neue Ordner können angelegt und vorhandene gelöscht werden. Komplette Ordner (Verzeichnisse) oder Streaming-Media-Formate können zwischen Geräten übertragen werden.

Wie Abbildung 7.17 verdeutlicht, ist das Dateitransferprofil sowohl vom Serial-Port-Profil (SPP) als auch vom allgemeinen Zugangsprofil (GAP) abhängig, benutzt aber das GOEP (Generic Object Exchange Profile) als Basisprofil zur Festlegung der Anforderungen hinsichtlich der Zusammenarbeit der von den Anwendungen benötigten Protokolle. Abbildung 7.18 zeigt die Protokolle und Elemente, die vom Dateitransferprofil verwendet werden.

In Abbildung 7.18 entspricht das Basisband der OSI-Schicht 1, während LMP und L2CAP der OSI-Schicht 2 zuzuordnen sind. RFCOMM ist die Bluetooth-Adaption von GSM TS 07.10 und SDP ist das Bluetooth-SDP (Diensterkennungsprotokoll). OBEX ist die Bluetooth-Adaption des von der IrDA (Infrared Data Association) standardisierten IrOBEX-Protokolls (Infrared Object Exchange).

Das Dateitransferprofil legt die beiden Rollen Client und Server fest. Das Client-Gerät initiiert die Operationen, mit denen Datenobjekte zum Server gesendet (push) oder von diesem empfangen (pull) werden. Das Server-

Gerät ist das entfernte Bluetooth-Zielgerät, dass einen OBEX-Server und Verzeichnisfunktionen (im so genannten OBEX-Folder-Listing-Format) zur Verfügung stellt. Server können Ordner unterstützen, die nur gelesen werden dürfen, können also die Rechte zum Löschen und Erstellen von Ordnern und Dateien beschränken.

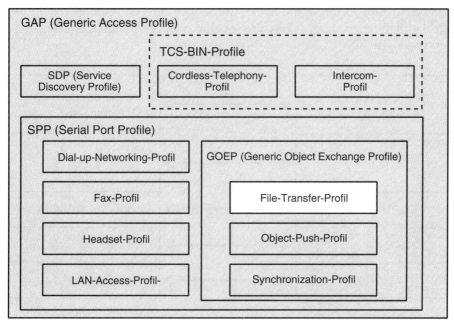

Abbildung 7.17: Das Dateitransferprofil ist vom Serial-Port-Profil (SPP)
und vom GAP (Generic Access Profile) abhängig, benutzt aber das
GOEP (Generic Object Exchange Profile) als Basisprofil
(Quelle: Bluetooth-Spezifikation 1.0)

Die Authentifizierung auf der Verbindungsebene und die Verschlüsselung müssen unterstützt werden, deren Einsatz ist jedoch optional. Ähnlich muss die OBEX-Authentifizierung zwar unterstützt, aber nicht unbedingt eingesetzt werden. Das Dateitransferprofil schreibt selbst dann nicht verbindlich vor, dass Server oder Client automatisch in einen erkennbaren oder verbindungsfähigen Modus eintreten, wenn sie dazu in der Lage sind. Auf der Client-Seite ist das Eingreifen des Benutzers bei der Initiierung des Dateitransfers immer erforderlich. Bonding muss unterstützt werden, aber auch dessen Einsatz erfolgt optional.

7.7.1 Grundlegende Arbeitsweise

Wenn der Client einen Server auswählen soll, wird er von seinem Benutzer in den Dateitransfer-Modus versetzt. Dann wird dem Benutzer eine Liste der

Server angezeigt, die den File-Transfer-Dienst unterstützen. Zur Verbindung mit einem Server kann es erforderlich sein, dass der Benutzer ein Passwort zur Authentifizierung eingibt. Wenn sowohl eine Authentifizierung auf der Verbindungsebene als auch eine OBEX-Authentifizierung erforderlich ist, wird der Benutzer zur Eingabe von zwei Passwörtern aufgefordert. Wenn der Client die Authentifizierung des Servers benötigt, fordert der Server den Benutzer zur Eingabe eines Passworts auf. Wenn der Verbindungsaufbau und alle Authentifizierungen abgeschlossen sind, wird das Stammverzeichnis des Servers angezeigt.

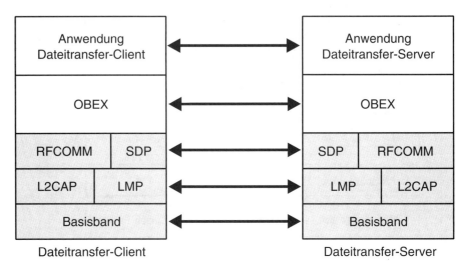

Dateitransfer-Client   Dateitransfer-Server

Abbildung 7.18: Die vom Dateitransferprofil verwendeten Protokolle und Elemente (Quelle: Bluetooth-Spezifikation 1.0)

In der ersten Darstellung ist das Stammverzeichnis als aktueller Ordner ausgewählt. Wenn der Benutzer einen anderen Ordner als aktuellen Ordner auswählt, wird dieser zum aktuellen Ordner und sein Inhalt wird angezeigt. Um eine Datei vom Client zum Server zu übertragen, wählt der Benutzer eine Datei aus und aktiviert dann die Funktion »Push Object«. Das Datenobjekt wird dann in das aktuelle Verzeichnis auf dem Server übertragen. Um eine Datei vom Server herunterzuladen, wählt der Benutzer diese im aktuellen Ordner des Servers aus und aktiviert dann die Funktion »Pull Object«. Der Anwender wird über das Ergebnis der Operation benachrichtigt. Um eine Datei auf dem Server zu löschen, wählt der Benutzer diese im aktuellen Ordner des Servers aus und aktiviert dann die Funktion »Delete Object«. Der Benutzer wird über das Ergebnis der Operation benachrichtigt. Um einen neuen Ordner auf dem Server anzulegen, aktiviert der Benutzer die Funktion »Create Folder«. Diese Funktion fordert den Benutzer zur Eingabe eines Namens für den Ordner auf. Nach Abschluss der Eingabe wird ein neuer Ordner im aktuellen Ordner des Servers angelegt.

7.7.2 Funktionen

Clients stellen dem Benutzer Dateitransferfunktionen über eine Benutzerschnittstelle zur Verfügung. Ein Beispiel für die Benutzerschnittstelle eines Dateiübertragungsprogramms ist die Ansicht der Ordnerstruktur im Explorer von Microsoft Windows, über die sich der Benutzer die Namen von Ordnern und Dateien anzeigen lassen kann. Mit einem derartigen Anzeigeprogramm kann der Benutzer den Inhalt der Ordner eines anderen PCs einsehen und auf diesem jene Dateien manipulieren, die in der Netzwerkansicht angezeigt werden. Die folgenden Funktionen werden von der Benutzerschnittstelle zur Verfügung gestellt:

Select Server

Ermöglicht dem Benutzer die Auswahl eines Servers aus einer Liste möglicher Server und lässt ihn eine Verbindung zu diesem herstellen.

Navigate Folders

Bietet eine Anzeige der Ordnerhierarchie des Servers zusammen mit den in den Ordnern enthaltenen Dateien. Der Benutzer kann innerhalb der Ordnerhierarchie navigieren, so dass er den aktuellen Ordner wechseln kann. In bzw. aus dem aktuellen Ordner werden Ordner- oder Dateiobjekte übertragen.

Pull Object

Ermöglicht es dem Benutzer, eine Datei oder einen Ordner vom Server zum Client zu kopieren.

Push Object

Ermöglicht es dem Benutzer, eine Datei oder einen Ordner vom Client zum Server zu kopieren.

Delete Object

Ermöglicht dem Benutzer das Löschen von Dateien oder Ordnern auf dem Server.

Create Folder

Ermöglicht dem Benutzer das Anlegen eines neuen Ordners auf dem Server.

7.7.3 Eigenschaften

Die File-Transfer-Anwendung gliedert sich in drei Hauptmerkmale: Einsehen von Ordnern, Übertragung von Objekten und Manipulation von Objekten. Das Einsehen gespeicherter Objekte umfasst die Anzeige von Ordnerinhalten und die Auswahl des aktuellen Ordners. Bei der Übertragung von Ordnern ist der Transfer aller in einem Ordner gespeicherter Objekte erforderlich, zu der auch andere untergeordnete Ordner zählen. Bei der Übertragung eines Ordners kann das Anlegen neuer Ordner erforderlich sein. Die Manipulation von Objekten umfasst das Löschen von Ordnern und Dateien sowie das Anlegen neuer Ordner auf einem Server. Diese Eigenschaften der Anwendungsschicht werden in Tabelle 7.26 zusammengefasst, in der auch angegeben wird, ob die Unterstützung bei Client und Server verbindlich (V) oder optional (O) ist.

Eigenschaft	Unterstützung beim Client	Unterstützung beim Server
Einsehen von Ordnern	V	V
Objekttransfer:		
Dateitransfer	V	V
Übertragung von Ordnern	O	O*
Objektmanipulation	O	O*

Auch wenn diese Eigenschaft optional ist, muss der Server mit einem entsprechenden Fehlercode antworten können, wenn er sie nicht unterstützt.

Tabelle 7.26: Eigenschaften der Anwendungsschicht beim Dateitransferprofil (Quelle: Bluetooth-Spezifikation 1.0)

7.7.4 OBEX-Operationen

Es gibt eine Reihe von OBEX-Operationen, die sowohl vom Client als auch vom Server unterstützt und mit ihrem eigenen Befehl implementiert werden müssen. Der CONNECT-Befehl wird zur Einrichtung der anfänglichen Verbindung zwischen Client und Server benutzt, während der DISCONNECT-Befehl diese Verbindung trennt, wenn die Dateitransfer-Anwendung nicht länger benötigt wird. Der PUT-Befehl wird zur Übertragung von Objekten vom Client zum Server (push) benutzt, während der GET-Befehl der Übertragung von Objekten vom Server zum Client dient. Der ABORT-Befehl wird zur Beendigung der Anforderung eingesetzt, während mit SETPATH der aktuelle Ordner gesetzt oder ein neuer Ordner angelegt wird. Tabelle 7.27 fasst die im Dateitransferprofil erforderlichen OBEX-Operationen zusammen:

7.7.5 Diensteerkennungsverfahren

Der dem Dateitransferprofil zugeordnete Dienst ist ein Server, der allgemeine bidirektionale Dateiübertragungen ermöglicht. OBEX wird für diesen Dienst als Sitzungsprotokoll eingesetzt. Die folgenden Dienstdatensätze müssen in der Diensteerkennungsdatenbank (SDDB – Service Discovery Database) vorhanden sein. Tabelle 7.28 fasst die Informationen in der SDDB zusammen und gibt an, ob die Felder verbindlich (V) oder optional (O) sind.

Operation	Client	Server
Connect	V	V
Disconnect	V	V
Put	V	V
Get	V	V
Abort	V	V
SetPath	V	V

Tabelle 7.27: Im Dateitransferprofil erforderliche OBEX-Operationen (Quelle: Bluetooth-Spezifikation 1.0)

Eintrag	Wert	Status
Service Class ID		V
Service Class Nr. 0	OBEX-Dateitransfer	V
Protokoll-Deskriptorliste		V
Protokoll Nr. 0	L2CAP	V
Protokoll Nr. 1	RFCOMM	V
Protokoll-Parameter Nr. 0	Kanalnummer des Servers (variabel)	V
Protokoll Nr. 2	OBEX	V
Service-Name	Anzeigbarer Text	O
Bluetooth-Profil-Deskriptorliste		O
Profil Nr. 0	OBEX-Dateitransfer	
Protokoll-Parameter Nr. 0	Profilversion	

Tabelle 7.28: Einträge in der Diensteerkennungsdatenbank (SDDB) für das Dateitransferprofil (Quelle: Bluetooth-Spezifikation 1.0)

7.8 Object-Push-Profil

Das Object-Push-Profil definiert die Anforderungen an Anwendungen zur Unterstützung des Object-Push-Einsatzmodells zwischen Bluetooth-Geräten. Das Profil nutzt das GOEP (Generic Object Exchange Profile) zur Definition der Anforderungen hinsichtlich der Zusammenarbeit der von den Anwendungen benötigten Protokolle. Zu den verbreitetsten Geräten, die das Object-Push-Einsatzmodell nutzen könnten, zählen Notebooks, PDAs und Mobiltelefone.

Das Object-Push-Profil erlaubt es Bluetooth-Geräten, Objekte im Daten-eingang eines anderen Bluetooth-Gerätes abzulegen. Bei den Objekten kann es sich um Visitenkarten oder Terminankündigungen handeln. Das Gerät kann auch Visitenkarten von anderen Bluetooth-Geräten übernehmen. Zwei Blue-tooth-Geräte können Visitenkarten austauschen, so dass in diesem Fall das Senden (push) und Empfangen (pull) von Visitenkarten aufeinander folgen.

Wie Abbildung 7.19 verdeutlicht, ist das Object-Push-Profil sowohl vom Serial-Port-Profil (SPP) als auch vom GAP (Generic Access Profile) abhängig, benutzt aber das GOEP (Generic Object Exchange Profile) als Basisprofil zur Festlegung der Anforderungen hinsichtlich der Zusammenarbeit der von den Anwendungen benötigten Protokolle. Abbildung 7.20 zeigt die Proto-kolle und Elemente, die vom Object-Push-Profil verwendet werden.

In Abbildung 7.21 entspricht das Basisband der OSI-Schicht 1, während LMP und L2CAP der OSI-Schicht 2 zuzuordnen sind. RFCOMM ist die Bluetooth-Adaption von GSM TS 07.10 und SDP ist das Bluetooth-SDP (Service Dis-covery Protocol). OBEX ist die Bluetooth-Adaption des von der IrDA (Infra-red Data Association) standardisierten IrOBEX-Protokolls (Infrared Object Exchange).

Das Object-Push-Profil spezifiziert zwei Geräterollen: Push-Server und Push-Client. Der Push-Server ist das Gerät, das einen OBEX-Server zur Verfügung stellt. Der Push-Client ist das Gerät, das Objekte zum Push-Server sendet und von diesem empfängt.

In diesem Profil müssen Authentifizierung und Verschlüsselung auf der Lei-tungsebene zwar unterstützt werden, ihr Einsatz ist jedoch optional. OBEX-Authentifizierung wird nicht verwendet. Das Object-Push-Profil schreibt nicht verbindlich vor, dass Server oder Clients, selbst wenn sie dazu in der Lage sind, automatisch in einen bestimmten erkennbaren oder verbindungs-fähigen Modus übergehen. Auf der Seite des Push-Clients muss der Benutzer immer eingreifen, um das Senden von Objekten, das Empfangen und den Austausch von Visitenkarten einzuleiten. Bonding muss zwar unterstützt werden, sein Einsatz ist aber optional.

7.8.1   Funktionen

Mit Object-Push-Profil sind drei verschiedene Funktionen assoziiert: Object Push, Business Card Pull und Business Card Exchange. Die Funktion Object Push initiiert den Prozess, der ein oder mehrere Objekte zu einem Push-Server überträgt. Die Funktion Business Card Pull initiiert den Prozess, der Visiten-karten bei einem Push-Server abruft. Die Funktion Business Card Exchange initiiert den Prozess, der Visitenkarten mit einem Push-Server austauscht.

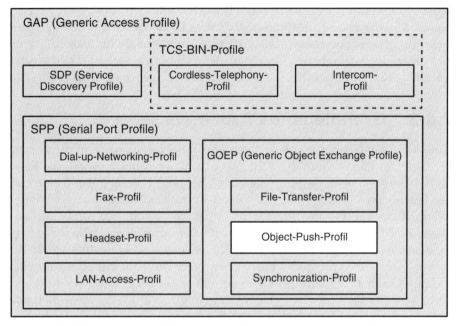

Abbildung 7.19: Das Object-Push-Profil ist vom Serial-Port-Profil (SPP)
und vom GAP (Generic Access Profile) abhängig, benutzt aber
das GOEP (Generic Object Exchange Profile) als Basisprofil
(Quelle: Bluetooth-Spezifikation 1.0)

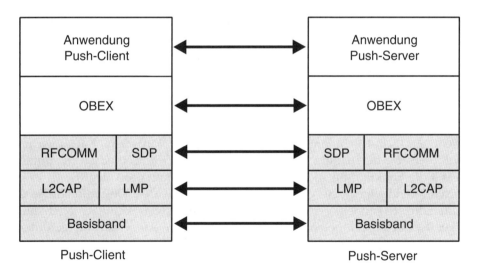

Abbildung 7.20: Die vom Object-Push-Profil verwendeten Protokolle und Elemente
(Quelle: Bluetooth-Spezifikation 1.0)

Die drei Funktionen werden vom Benutzer aktiviert und werden ohne dessen Mitwirkung nicht automatisch ausgeführt. Wenn der Benutzer eine dieser drei Funktionen auswählt, wird eine Anfrageprozedur ausgeführt, um eine Liste der verfügbaren Geräte in der Nähe zu erstellen. Die benutzte Anfrageprozedur fällt unter das GOEP (Generic Object Exchange Profile).

7.8.2 Grundlegende Arbeitsweise

Wenn ein Push-Client Objekte zu einem Push-Server übertragen soll, versetzt der Benutzer das Gerät in den OBEX-Modus[5]. Der Benutzer wählt die Funktion Object Push beim Gerät, so dass das Client-Gerät anschließend eine Liste der Push-Server anzeigt, die den Object-Push-Dienst unterstützen können. (Wenn Autorisierung gefordert wird, muss der Benutzer irgendwann eine Bluetooth-PIN eingeben.) Dann wählt der Benutzer einen Push-Server aus, zu dem er ein Objekt übertragen will. Wenn das ausgewählte Gerät den Object-Push-Dienst nicht unterstützt, wird der Benutzer zur Auswahl eines anderen Gerätes aufgefordert. Wenn vom Push-Server ein Objekt empfangen wird, wird der Benutzer typischerweise gefragt, ob er dieses annehmen oder zurückweisen will.

Wenn ein Push-Client eine Visitenkarte von einem Push-Server empfangen will, versetzt der Benutzer das Gerät in den OBEX-Modus. Der Benutzer wählt die Funktion Business Card Pull aus, und das Client-Gerät zeigt anschließend eine Liste der Push-Server an, die den Object-Push-Dienst unterstützen können. (Wie im letzten Fall muss der Benutzer auch hier irgendwann eine Bluetooth-PIN eingeben, wenn Autorisierung gefordert wird.) Dann wählt der Benutzer einen Push-Server aus, von dem er ein Objekt empfangen will. Wenn das ausgewählte Gerät den Object-Push-Dienst nicht unterstützt, wird der Benutzer zur Auswahl eines anderen Gerätes aufgefordert. Einige Geräte fragen ihren Benutzer möglicherweise, ob die abgerufenen Visitenkarten übertragen werden sollen.

Wenn ein Push-Client eine Visitenkarte mit einem Push-Server austauschen will, versetzt der Benutzer das Gerät in den OBEX-Modus. Der Benutzer wählt die Funktion Business Card Exchange aus, und das Client-Gerät zeigt anschließend eine Liste der Push-Server an, die den Object-Push-Dienst unterstützen können. (Wie im letzten Fall muss der Benutzer auch hier irgendwann eine Bluetooth-PIN eingeben, wenn Autorisierung gefordert

---

5. Beim Eintreten in den OBEX-Modus versetzt das GAP das Gerät in den begrenzt erkennbaren Modus. Öffentliche Geräte, die immer erkennbar sein sollen oder Geräte, die keine Benutzerschnittstelle zur Aktivierung des OBEX-besitzen benutzen den allgemeinen Erkennbarkeitsmodus anstelle des begrenzten Erkennbarkeitsmodus. Der Modus wird üblicherweise vom Benutzer aktiviert und deaktiviert.

wird.) Dann wählt der Benutzer einen Push-Server aus, mit dem er Visitenkarten austauschen will. Wenn das ausgewählte Gerät den Object-Push-Dienst nicht unterstützt, wird der Benutzer zur Auswahl eines anderen Gerätes aufgefordert. Einige Geräte fragen ihren Benutzer möglicherweise, ob der Austausch der Visitenkarten stattfinden soll.

7.8.3 Eigenschaften

Das Object-Push-Profil bietet drei Haupteigenschaften: Object Push, Business Card Pull, und Business Card Exchange. Diese Merkmale der Anwendungsschicht werden in Tabelle 7.29 zusammengefasst, in der auch angegeben wird, ob die Unterstützung bei Push-Client und Push-Server verbindlich (V) oder optional (O) ist:

Eigenschaft	Unterstützung im Push-Client	Unterstützung im Push-Server
Object Push	V	V
Business Card Pull	O	O*
Business Card Exchange	O	O*

Optional, der Server muss aber selbst dann mit einem Fehlercode auf einen Pull-Request antworten können, wenn er diese Eigenschaft nicht unterstützt.

Tabelle 7.29: Eigenschaften der Anwendungsschicht des Object-Push-Profils (Quelle: Bluetooth-Spezifikation 1.0)

7.8.4 Inhaltsformate

Um auf der Anwendungsebene innerhalb des Object-Push-Profils für Interoperabilität zu sorgen, werden standardisierte Inhaltsformate für Anwendungen mit Telefonbüchern, Terminkalendern, Mitteilungen und Notizen verwendet:

- **Telefonbuch-Anwendungen**. Unterstützt den Datenaustausch im Inhaltsformat vCard. Selbst wenn eine Telefonbuch-Anwendung andere Inhaltsformate unterstützt, muss es immer das vCard-Format unterstützen. Wenn das Gerät über keine Telefonbuch-Anwendung verfügt, braucht es vCard nicht zu unterstützen.

- **Terminkalender-Anwendungen**. Unterstützt den Datenaustausch im Inhaltsformat vCalendar. Selbst wenn eine Terminkalender-Anwendung andere Inhaltsformate unterstützt, muss es immer das vCalendar-Format unterstützen. Wenn das Gerät über keine Terminkalender-Anwendung verfügt, braucht es vCalendar nicht zu unterstützen.

● **Mitteilungs-Anwendungen.** Unterstützt den Datenaustausch im Inhalts-format vMessage. Selbst wenn eine Mitteilungs-Anwendung andere Inhaltsformate unterstützt, muss es immer das vMessage-Format unter-stützen. Wenn das Gerät über keine Mitteilungs-Anwendung verfügt, braucht es vMessage nicht zu unterstützen.

● **Notiz-Anwendungen.** Unterstützt den Datenaustausch im Inhaltsformat vNote. Selbst wenn eine Notiz-Anwendung andere Inhaltsformate unter-stützt, muss es immer das vNote-Format unterstützen. Wenn das Gerät über keine Notiz-Anwendung verfügt, braucht es vNote nicht zu unter-stützen.

Ein Push-Client sollte keine Objekte in einem Format versenden, das der Push-Server nicht unterstützt. Die vom Push-Server unterstützten Inhalts-formate werden in der Diensteerkennungsdatenbank (SDDB) beschrieben.

7.8.5   OBEX-Operationen

Es gibt eine Reihe von OBEX-Operationen, die sowohl vom Push-Client als auch vom Push-Server im Object-Push-Profil unterstützt werden müssen. Der CONNECT-Befehl wird zur Einrichtung der anfänglichen Verbindung zwischen Push-Client und Push-Server benutzt, während der DISCON-NECT-Befehl diese Verbindung trennt, wenn die Object-Push-Anwendung nicht länger benötigt wird. Der PUT-Befehl wird zur Übertragung von Objek-ten vom Client zum Server (push) benutzt, während der GET-Befehl der Übertragung von Objekten vom Server zum Client dient. Der ABORT-Befehl wird zur Beendigung der Anforderung eingesetzt. Tabelle 7.30 fasst die im Object-Push-Profil erforderlichen OBEX-Operationen zusammen:

Operation	Push-Client	Push-Server
Connect	M	M
Disconnect	M	M
Put	M	M
Get	O	M
Abort	M	M

*Tabelle 7.30: Im Object-Push-Profil erforderliche OBEX-Operationen
(Quelle: Bluetooth-Spezifikation 1.0)*

7.8.6   Diensteerkennungsprozeduren

Zur Unterstützung des Object-Push-Dienstes müssen die folgenden Daten-sätze in der Diensteerkennungsdatenbank (SDDB) vorhanden sein. Tabelle 7.31 fasst die Informationen in der Datenbank zusammen und gibt an, ob die Felder verbindlich (V) oder optional (O) sind:

Eintrag	Wert	Status
Service Class ID		V
Service Class Nr. 0	OBEX-Object-Push	V
Protokoll-Deskriptorliste		V
Protokoll Nr. 0	L2CAP	V
Protokoll Nr. 1	RFCOMM	V
Protokoll-Parameter Nr. 0	Server-Kanalnummer (variabel)	V
Protokoll Nr. 2	OBEX	V
Service-Name	Anzeigbarer Textname	O
Bluetooth-Profil-Deskriptorliste		O
Profil Nr. 0	OBEX-Object-Push	
Version Nr. 0	Profilversion (variabel)	
Unterstützte Listenformate	vCard 2.1	V
	vCard 3.0	
	vCalendar 1.0	
	vCalendar 2.0	
	vNote	
	vMessage	
	Andere Objekttypen	

Tabelle 7.31: Einträge in der SDDB für das Object-Push-Profil
(Quelle: Bluetooth-Spezifikation 1.0)

7.9   Synchronisationsprofil

Das Synchronisationsprofil (Synchronization Profile) definiert die Anforderungen an die Protokolle und Prozeduren, die von Anwendungen verwendet werden, die das Einsatzmodell »Synchronization« unterstützen. Zu den verbreitetsten Geräten, die dieses Einsatzmodell nutzen könnten, zählen Notebooks, PDAs und Mobiltelefone. Das Modell sorgt für eine Synchronisation der PIM-Informationen (Personal Information Management) zwischen zwei Geräten. PIM-Informationen umfassen typischerweise Telefonverzeichnisse, Terminkalender, Mitteilungen und Notizen, die von Geräten über ein gemeinsames Protokoll und in einem einheitlichen Format übertragen und verarbeitet werden. Das Einsatzmodell umfasst auch Mobiltelefone oder PDAs, für die PCs automatisch die Synchronisation starten, wenn eines der Geräte in den Funkbereich des Rechners gelangt.

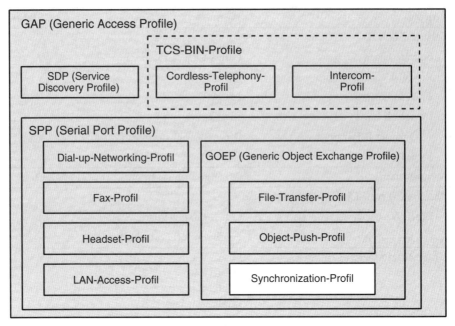

Abbildung 7.21: Das Synchronisationsprofil ist vom Serial-Port-Profil (SPP)
und vom GAP (Generic Access Profile) abhängig, benutzt aber
das GOEP (Generic Object Exchange Profile) als Basisprofil
(Quelle: Bluetooth-Spezifikation 1.0)

Wie Abbildung 7.21 verdeutlicht, ist das Synchronisationsprofil sowohl vom Serial-Port-Profil (SPP) als auch vom GAP (Generic Access Profile) abhängig, benutzt aber das GOEP (Generic Object Exchange Profile) als Basisprofil zur Festlegung der Anforderungen hinsichtlich der Zusammenarbeit der von den Anwendungen benötigten Protokolle. Abbildung 7.22 zeigt die Protokolle und Elemente, die vom Synchronisationsprofil verwendet werden.

In Abbildung 7.22 entspricht das Basisband der OSI-Schicht 1, während LMP und L2CAP der OSI-Schicht 2 zuzuordnen sind. RFCOMM ist die Bluetooth-Adaption von GSM TS 07.10 und SDP ist das Bluetooth-SDP (Service Discovery Protocol). OBEX ist die Bluetooth-Adaption des IrOBEX-Protokolls (Infrared Object Exchange), das von der IrDA (Infrared Data Association) standardisiert worden ist.

Das Synchronisationsprofil legt zwei Geräterollen fest: IrMC-Client und IrMC-Server (IrMC – Infrared Mobile Communication). Das IrMC-Client-Gerät enthält die für die Synchronisation zuständigen Funktionen und sendet bzw. empfängt auch die PIM-Daten zum bzw. vom IrMC-Server. Üblicherweise handelt es sich beim IrMC-Client um einen Desktop- oder Notebook-PC. Da der IrMC-Client aber auch über Funktionen für den Empfang des Startbefehls der Synchronisation verfügen muss, muss er temporär als Server fungieren können. Das IrMC-Server-Gerät stellt einen OBEX-Server zur Verfügung. Typischerweise handelt es sich bei diesem Gerät um ein Mobiltelefon oder eine PDA. Wenn der IrMC-Server auch Funktionen zur Initiierung des Synchronisationsprozesses zur Verfügung stellt, muss er temporär als Client fungieren können.

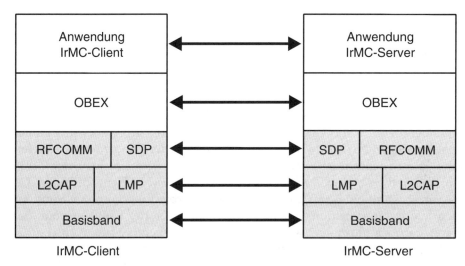

Abbildung 7.22: Protokolle und Elemente im Synchronisationsprofil (Quelle: Bluetooth-Spezifikation 1.0)

Da sowohl IrMC-Client als auch IrMC-Server im Synchronisationsprofil temporär die jeweils andere Rolle übernehmen können, können beide die Verbindungs- und Kanaleinrichtung initiieren und damit eine physikalische Verbindung zueinander aufbauen. Dieses Profil schreibt, selbst dann, wenn sie dazu in der Lage sind, nicht verbindlich vor, dass IrMC-Server oder IrMC-Client automatisch in einen erkennbaren oder verbindungsfähigen Modus übergehen. Das bedeutet, dass bei beiden Geräten Benutzereingriffe erforderlich sein können, wenn z.B. die Synchronisation vom IrMC-Client-Gerät aus gestartet wird.

7.9.1 Grundlegende Arbeitsweise

Die zwei mit dem Synchronisationsprofil assoziierten Modi sind »Initialization Sync« und »General Sync«. Im Modus »Initialization Sync« befindet sich der IrMC-Server im begrenzt oder allgemein erkennbaren Modus und im verbindungsfähigen und paarbaren Modus. In diesem Profil tritt der IrMC-Client nicht in den Initialization-Sync-Modus ein. Die Bluetooth-SIG empfiehlt, dass die Limited-Inquiry-Prozedur bei der Erkennung des IrMC-Servers vom IrMC-Client benutzt wird.

Sowohl der IrMC-Client als auch der IrMC-Server können in den General-Sync-Modus übergehen. In diesem Modus befindet sich das Gerät im Verbindbarkeitsmodus. Für den IrMC-Server wird dieser Modus verwendet, wenn sich der IrMC-Client mit dem Server verbindet und die Synchronisation nach dem Pairing startet. Für den IrMC-Client wird dieser Modus verwendet, wenn die Synchronisation vom IrMC-Server initiiert wird. Die Geräte müssen, selbst wenn sie dazu in der Lage sind, nicht automatisch ohne Benutzereingriffe in diese Modi übergehen.

Wenn ein IrMC-Client erstmals mit einem IrMC-Server synchronisiert werden soll, muss sich das IrMC-Server-Gerät im General-Sync-Modus befinden. Wenn sich das Gerät nicht in diesem Modus befindet, muss dieser vom Benutzer für das Gerät aktiviert werden. Wenn sich das Gerät erst einmal im General-Sync-Modus befindet, aktiviert der Benutzer eine Anwendung zur Synchronisierung der Daten. Daraufhin wird eine Liste der Geräte angezeigt, die sich innerhalb der Reichweite des IrMC-Clients befinden. Der Benutzer wählt ein Gerät aus, zu dem eine Verbindung hergestellt und mit dem die Daten synchronisiert werden sollen. Wenn der Benutzer vom Zielgerät darüber informiert wird, dass es keine Synchronisation unterstützt, muss ein anderes Gerät ausgewählt werden. Dann wird der Bluetooth-PIN-Code vom Benutzer abgefragt und muss auf beiden Geräten eingegeben werden. Wenn OBEX-Authentifizierung eingesetzt wird, muss der Benutzer das Passwort für die OBEX-Authentifizierung auf beiden Geräten eingeben. Nach Abschluss dieser Schritte erfolgt die erste Synchronisation, über deren Ergebnisse der Benutzer üblicherweise informiert wird.

Wenn das Bonding erfolgt ist, werden später die folgenden Schritte durchgeführt: Es wird davon ausgegangen, dass sich das IrMC-Server-Gerät im General-Sync-Modus befindet. Wenn das nicht der Fall ist, muss der Benutzer diesen Modus für das Gerät aktivieren. Entweder wählt der Benutzer des IrMC-Clients die Synchronisation auf seinem Gerät aus oder sie wird von einem anderen Ereignis ausgelöst. Die Synchronisation erfolgt und der Benutzer wird über deren Ergebnis informiert.

Wenn ein IrMC-Server die Synchronisation initiieren soll und das Bonding und gegebenenfalls auch die OBEX-Initialisierung erfolgt sind, werden die folgenden Schritte durchgeführt: Der IrMC-Client muss sich ohne Benutzereingriffe im General-Sync-Modus befinden, da die Operation ansonsten nicht durchführbar ist. Der Benutzer ruft den Synchronisationsbefehl beim IrMC-Server auf und die Synchronisation mit dem IrMC-Client wird initiiert. Auf dem IrMC-Server-Gerät hat der Benutzer bereits vorher den IrMC-Client konfiguriert, zu dem der Sync-Befehl gesendet wird. Die Synchronisation erfolgt und der Benutzer wird über deren Ergebnisse informiert.

Wenn die automatische Synchronisierung eines IrMC-Servers und -Clients gewünscht wird und das Bonding und gegebenenfalls die OBEX-Initialisierung erfolgt sind, werden die folgenden Schritte ergriffen: Der IrMC-Server dringt in den Bereich des IrMC-Clients ein. Der Client bemerkt dies und startet die Synchronisation, ohne den Anwender darüber in irgendeiner Weise zu informieren. Der IrMC-Server muss sich laufend im General-Sync-Modus befinden, so dass der IrMC-Client die Anwesenheit des Servers in der Umgebung seiner Funkfrequenz bemerken kann. Die Synchronisierung erfolgt und der Benutzer wird über deren Ergebnisse unterrichtet.

7.9.2 Eigenschaften

Die bei der Synchronisation aktiven Geräte müssen die folgenden drei Eigenschaften unterstützen: »Synchronization«, »Sync Command« und »Automatic Synchronization«.

Die Bluetooth-Synchronisation muss mindestens in eine der folgenden Anwendungsklassen fallen:

- Synchronisation von Telefonbüchern
- Synchronisation von Terminkalendern
- Synchronisation von Mitteilungen
- Synchronisation von Notizen

Um für die Interoperabilität auf der Anwendungsebene zu sorgen, werden die in Abhängigkeit von den jeweiligen Anwendungsklassen spezifischen Inhaltsformate definiert (vCard, vCalendar, vMessage und vNote). Die unterstützten Anwendungsklassen müssen sich über die in der Diensteerkennungsdatenbank (SDDB) des IrMC-Servers gespeicherten Daten identifizieren lassen.

Die Eigenschaft »Sync Command« ermöglicht es dem IrMC-Client-Gerät, temporär als Server zu arbeiten und den Befehl »Sync Command« vom IrMC-Server zu empfangen, der in diesem Fall vorübergehend als Client fungiert. Dieser Synchronisierungsbefehl fordert den IrMC-Client auf, die Synchronisation mit dem IrMC-Server zu starten. Nach dem Absetzen des Synchronisationsbefehls und dem Eintreffen der entsprechenden Antwort beendet der IrMC-Server die OBEX-Sitzung und die RFCOMM-Datenverbindung. Diese Eigenschaft muss vom IrMC-Client unterstützt werden, kann aber optional auch vom IrMC-Server unterstützt werden.

Bei der automatischen Synchronisation (Automatic Synchronization) kann der IrMC-Client die Synchronisation starten, wenn der IrMC-Server in die Reichweite des IrMC-Clients kommt. Auf der Basisband-Ebene bedeutet dies, dass der IrMC-Client den IrMC-Server in gewissen Intervallen durch

Paging zu erreichen versucht und, wenn sich dieser innerhalb der Reichweite befindet, mit der Synchronisation beginnen kann. Die Unterstützung dieses Merkmals ist beim IrMC-Client optional, beim IrMC-Server jedoch verbindlich vorgeschrieben. Das heißt, dass sich der IrMC-Server selbst in den General-Sync-Modus versetzen können muss, so dass er diesen Modus nicht automatisch verlässt.

Diese Eigenschaften der Anwendungsschicht werden in Tabelle 7.32 zusammengefasst, in der auch angegeben wird, ob die Unterstützung beim IrMC-Client und IrMC-Server verbindlich (V) oder optional (O) ist:

Eigenschaft	Unterstützung im Push-Client	Unterstützung im Push-Server
Synchronisation in mindestens einem der folgenden Fälle: Telefonbücher, Terminkalender, Mitteilungen, Notizen	V	V
Sync Command	V	O
Automatic Synchronization	O	V

Tabelle 7.32: Eigenschaften der Anwendungsschicht des Synchronisationsprofils (Quelle: Bluetooth-Spezifikation 1.0)

Operation	Sendefähigkeit	Antwortfähigkeit
	IrMC-Client	IrMC-Server*
Connect	V	O
Disconnect	V	O
Put	V	O
Get	V	X
Abort	V	O
Set Path	X	X

* Die Unterstützung der Sync-Command-Eigenschaft ist beim IrMC-Server optional.

Tabelle 7.33: Im Synchronisationsprofil erforderliche OBEX-Operationen (Quelle: Bluetooth-Spezifikation 1.0)

7.9.3   OBEX-Operationen

Es gibt eine Reihe von OBEX-Operationen, die sowohl vom IrMC-Client als auch vom IrMC-Server im Synchronisationsprofil unterstützt werden müssen. Der CONNECT-Befehl wird zur Einrichtung der anfänglichen Verbindung zwischen IrMC-Client und IrMC-Server benutzt, während der DIS-CONNECT-Befehl diese Verbindung trennt, wenn sie nicht länger benötigt wird. Der PUT-Befehl wird zur Übertragung von Objekten vom Client zum Server (push) benutzt, während der GET-Befehl der Übertragung von Objekten vom Server zum Client dient. Der ABORT-Befehl wird zur Beendigung der Anforderung eingesetzt. Tabelle 7.33 fasst die im Synchronisationsprofil erforderlichen OBEX-Operationen zusammen:

7.9.4 Diensteerkennungsverfahren

Zur Unterstützung des Synchronisationsprofils müssen die folgenden Datensätze in der SDDB vorhanden sein. Da zwei separate Dienste zu diesem Profil zählen, müssen jedoch sowohl der eigentliche Synchronization-Server (d.h. der IrMC-Server) als auch der Sync-Command-Server (d.h. der IrMC-Client) über die entsprechenden Dienstedatensätze in der Diensteerkennungsdatenbank (SDDB) verfügen. Tabelle 7.34 fasst die Informationen in der Datenbank des IrMC-Servers zusammen und gibt an, ob die Felder verbindlich (V) oder optional (O) sind:

Eintrag	Wert	Status
Service Class ID		V
Service Class Nr. 0	IrMC Sync	V
Protokoll-Deskriptorliste		V
Protokoll Nr. 0	L2CAP	V
Protokoll Nr. 1	RFCOMM	V
Protokoll-Parameter Nr. 0	Server-Kanalnummer (variabel)	V
Protokoll Nr. 2	OBEX	V
Service-Name	Anzeigbarer Textname	O
Bluetooth-Profil-Deskriptorliste		O
Profil Nr. 0	IrMC Sync	
Version Nr. 0	Profilversion (variabel)	
Unterstützte Datenbestand-Listen	Telefonbuch Kalender Notizen Mitteilungen	V

Tabelle 7.34: Einträge in der Diensteerkennungsdatenbank (SDDB) für den IrMC-Server, der den Synchronisierungsdienst implementiert (Quelle: Bluetooth-Spezifikation 1.0)

Der Sync-Command-Dienst wird zur Initiierung der Synchronisation vom IrMC-Server-Gerät verwendet. Die folgenden Datensätze müssen von der Anwendung, die diesen Dienst zur Verfügung stellt, in die Diensteerkennungsdatenbank (SDDB) eingetragen werden. Tabelle 7.35 fasst die Informationen in der Datenbank für den IrMC-Client zusammen:

Eintrag	Wert	Status
Service Class ID		M
Service Class Nr. 0	IrMC-Sync-Befehl	M
Protokoll-Deskriptorliste		M
Protokoll Nr. 0	L2CAP	M
Protokoll Nr. 1	RFCOMM	M
Protokoll-Parameter Nr. 0	Server-Kanalnummer (variabel)	M
Protokoll Nr. 2	OBEX	M
Service-Name	Anzeigbarer Textname	O
Bluetooth-Profil-Deskriptorliste		O
Profil Nr. 0	IrMC Sync	
Version Nr. 0	Profilversion (variabel)	

Tabelle 7.35: Einträge in der Diensteerkennungsdatenbank (SDDB) für den IrMC-Client, der den Sync-Command-Dienst implementiert (Quelle: Bluetooth-Spezifikation 1.0)

7.10 Zusammenfassung

Die in diesem Kapitel beschriebenen Profile definieren die Protokolle und Eigenschaften, die ein bestimmtes Einsatzmodell unterstützen. Daher nutzen diese Profile die in dem letzten Kapitel beschriebenen Prozesse der vier allgemeinen Profile GAP (Generic Access Profile), SPP (Serial Port Profile), SDAP (Service Discovery Application Profile) und GOEP (Generic Object Exchange Profile). Der Zweck dieser Profile und Einsatzmodelle ist die Definition der spezifischen Meldungen und Prozeduren, die zur Implementierung der verschiedenen Eigenschaften verwendet werden. Einige dieser Eigenschaften sind verbindlich, andere optional bzw. bedingt. Wenn eine Eigenschaft implementiert ist, muss sie auf die im entsprechenden Profil spezifizierte Weise implementiert werden, so dass sichergestellt ist, dass sie – unabhängig vom Hersteller – bei allen Geräten auf dieselbe Weise arbeitet. Wenn Geräte von verschiedenen Herstellern demselben Profil entsprechen, können sie so miteinander kommunizieren, wenn sie für diesen speziellen Einsatzzweck genutzt werden. Angesichts der mehr als 1600 Unternehmen, die mittlerweile der Bluetooth-SIG angehören und entsprechend vielen, die Bluetooth-verträgliche Produkte herstellen, scheint so ein hoher Grad der Kompatibilität zwischen den Produkten der verschiedenen Hersteller gewährleistet zu sein.

Bluetooth-Sicherheit

8

Bluetooth-Signale lassen sich wie andere Funksignale leicht abhören. Daher sind bei der Bluetooth-Spezifikation integrierte Sicherheitsmechanismen erforderlich, die Lauschangriffen entgegenwirken und Absenderangaben von Mitteilungen verfälschen (spoofing). Insbesondere stellt die Sicherungsschicht Merkmale zur Verfügung, mit der eine Authentifizierung und Verschlüsselung von Daten möglich ist.

Durch Authentifizierung lässt sich das Spoofing und der unerwünschte Zugriff auf kritische Daten und Funktionen verhindern, während die Verschlüsselung für die Geheimhaltung sorgt. (Das drahtlose Signal lässt sich zwar mit speziellen Geräten abfangen, wird aber durch die Verschlüsselung unverständlich.) Über diese Funktionen der Sicherungsschicht hinaus werden Lauschangriffe durch das beim Spread-Spectrum-Signal verwendete Frequenzhüpfen und auch durch die beschränkte Reichweite der Übertragungen Bluetooth-fähiger Geräte erschwert.

Die angebotene Authentifizierung und Verschlüsselung innerhalb der Sicherungsschicht, die nur auf dieser Ebene für Sicherheit sorgt, verhindert jedoch den benutzerfreundlichen Zugriff auf Einsatzmodelle, die stärker öffentlich orientiert sind, wie z.B. das Auffinden von Diensten und den Austausch virtueller Visitenkarten. Da es unterschiedliche Anforderungen an die Datensicherheit gibt, müssen Anwendungen und Geräte über größere Flexibilität beim Einsatz der Sicherheitsvorkehrungen der Sicherungsschicht verfügen. Um diese Anforderungen zu erfüllen, definiert die Bluetooth-Spezifikation drei Sicherheitsmodelle, die sich für verschiedene Funktionalitäten und Anwendungen der Geräte eignen.

8.1   Sicherheitsmodi

Der Modus 1 bezieht sich auf fehlende Sicherheitsvorkehrungen und wird eingesetzt, wenn die Geräte keine kritischen Anwendungen ausführen. In diesem Modus ignorieren die Geräte die Sicherheitsfunktionen der Sicherungsschicht, so dass sie sich für den Zugriff auf Datenbanken eignen, die keine sensitiven Informationen enthalten. Der automatische Austausch von Visitenkarten und von Terminkalendern (d.h. vCard und vCalendar) sind typische Beispiele für die Datenübertragung ohne Sicherheitsvorkehrungen.

Der Modus 2 bietet Sicherheit auf der Diensteebene und ermöglicht speziell bei parallel ablaufenden Anwendungen mit unterschiedlichen Sicherheitsanforderungen vielseitige Zugriffsverfahren. Modus 3 bietet Sicherheit auf der Sicherungsebene, durch die der LM (Link Manager – Verbindungsmanager) für alle Anwendungen bei der Verbindungseinrichtung für Sicherheitsvorkehrungen auf einem gemeinsamen Niveau sorgt. Obwohl dieser Modus weniger flexibel ist, sorgt er für ein gemeinsames Sicherheitsniveau und lässt sich leichter als Modus 2 implementieren.

8.2 Sicherheitsfunktionen auf Verbindungsebene

Alle Sicherheitsfunktionen auf Verbindungsebene basieren auf dem Konzept der Verbindungscodes. Bei diesen Zugriffsschlüsseln handelt es sich um zufällige 128-Bit-Zahlen, die einzeln für verschiedene Gerätepaare gespeichert werden. Bei der Authentifizierung sind keine Benutzereingaben erforderlich. Sie besteht aus der jeweils für zwei Geräte spezifischen Aufforderung des einen Gerätes und der Antwort des anderen Gerätes, wobei ein gemeinsamer, geheimer 128-Bit-Leitungscode, eine 128-Bit-Aufforderung und eine 32-Bit-Antwort ausgetauscht werden. Entsprechend dient dieses Verfahren der Authentifizierung von Geräten und nicht der von Benutzern.

Unabhängig von der jeweiligen Pico-Netz-Topologie wird der Leitungscode immer für die Authentifizierung und die Verschlüsselung verwendet, wenn dieselben zwei Geräte über Bluetooth-Transceiver miteinander kommunizieren. Die sicherste Variante des Verbindugnscodes ist ein kombinierter Schlüssel, der aus Eingaben beider Geräte abgeleitet wird. Bei Geräten mit geringer Datenspeicherkapazität besteht auch die Option der Wahl eines Gerätecodes, den mehrere entfernte Geräte gemeinsam benutzen können. Für Funkübertragungen wird zudem ein temporärer Code benötigt, der zwar nicht für die Authentifizierung benutzt wird, der aber Lauschangriffe außerhalb des Pico-Netzes verhindert. Diesen temporären Code nutzen nur die Mitglieder eines Pico-Netzes.

Wenn zwei Geräte erstmals miteinander zu kommunizieren versuchen, wird eine Initialisierungsprozedur (das so genannte Pairing) dazu benutzt, um mit einem sicheren Verfahren einen gemeinsamen Verbindungscode zu erzeugen. Das Standardverfahren dazu geht davon aus, dass der Benutzer gleichzeitig Zugang zu beiden Geräten hat. Bei der erstmaligen Verbindung muss der Benutzer beim Pairing in die beiden gepaarten Geräte einen Bluetooth-Sicherheitscode eingeben, der aus maximal 16 Byte (128 Bit) besteht. Wenn die Eingabe manuell vorgenommen wird, sind diese Codes üblicherweise jedoch deutlich kürzer.

Auch wenn der Bluetooth-Sicherheitscode häufig PIN (Personal Identification Number) genannt wird, handelt es sich bei ihm nicht um einen Code, den sich der Benutzer zwecks Geheimhaltung merken muss, da er nur ein Mal benutzt wird. Wenn der Verbindungscode aus irgendwelchen Gründen gelöscht wird und das erstmalige Pairing erneut erfolgen muss, kann der Benutzer alle Bluetooth-Sicherheitscodes erneut eingeben. Bei niedrigen Sicherheitsanforderungen können die Geräte ohne Benutzerschnittstelle feste Codes enthalten, so dass auch bei ihnen das Pairing möglich ist. Die Pairing-Prozedur sieht wie folgt aus:

- Aus dem vom Benutzer in die gepaarten Geräte eingegebenen Bluetooth-Sicherheitscode wird eine Zufallszahl als Initialisierungscode erzeugt, der ein Mal benutzt und dann nie wieder benötigt wird.

- Der Bluetooth-Sicherheitscode wird durch Authentifizierung geprüft, um festzustellen, ob er bei den beiden gepaarten Geräten übereinstimmt.

- Es wird ein gemeinsamer Verbindungscode erzeugt, der aus einer 128-Bit-Zufallszahl besteht und der temporär in den »gepaarten« Geräten gespeichert wird. Solange dieser aktuelle Verbindungscodes in beiden Geräten gespeichert bleibt, ist die erneute Durchführung der Pairing-Prozedur nicht erforderlich, so dass die normale Authentifizierungsprozedur implementiert wird.

- Die Verschlüsselung der Basisband-Verbindung erfordert keine Benutzereingaben. Nach der erfolgreichen Authentifizierung und der Bestätigung des aktuellen Verbindungscodes wird für jede Kommunikationssitzung ein neuer Verschlüsselungscode aus dem Verbindungscode erzeugt. Die Länge des Verschlüsselungscodes kann je nach gewünschter Sicherheitsstufe zwischen 8 und 128 Bit liegen. Die Maximallänge der Verschlüsselung wird nur von der Kapazität der Hardware beschränkt.

8.3   Eine Frage des Vertrauens

Beim Sicherheitsmodus 2 lassen sich Sicherheitsstufen für Geräte und Dienste festlegen. Für Geräte gibt es zwei Stufen des Vertrauens (trust), die die Zugriffsrechte auf Dienste bestimmen. Vertrauenswürdige (trusted) Geräte stehen in einer festen Beziehung (gepaart) und haben unbeschränkten Zugriff auf alle Dienste.

Nicht-vertrauenswürdige (untrusted) Geräte stehen in keiner permanenten festen Beziehung, weshalb ihnen auch nicht vertraut wird. Es kann Fälle geben, in denen Geräte zwar in einer festen Beziehung zueinander stehen, aber dennoch nicht vertrauenswürdig sind. In diesen Fällen wird der Zugriff auf Dienste beschränkt. Bei einer möglichen Variation dieser Sachlage lässt sich das Trust-Level eines Gerätes so setzen, dass es nur Zugriff zu einem bestimmten Dienst oder einer Gruppe von Diensten hat.

Die Anforderungen für Autorisierung, Authentifizierung und Verschlüsselungen werden, je nach dem benötigten Dienstezugriff der Geräte, unabhängig voneinander festgelegt:

- Bei Diensten, die eine Autorisierung und Authentifizierung erfordern, wird nur vertrauenswürdigen Geräten der automatische Zugriff gewährt, während für alle anderen Geräte eine manuelle Autorisierung erfolgen muss.
- Dienste, die nur eine Authentifizierung erfordern
- Dienste, die allen Geräten offen stehen

Ein Sicherheitsansatz ist der Einsatz eines Sicherheitsmanagers, der während der Verbindungseinrichtung abgefragt wird. Der Sicherheitsmanager gewährt den Geräten auf der Basis des Trust-Levels der Geräte und der Sicherheitsstufe der Dienste, die jeweils einer internen Datenbank entnommen werden, den Zugriff.

Für die Bedürfnisse von »Vererbungs-Anwendungen« (legacy applications) steht eine Vorgabe-Sicherheitsstufe zur Verfügung. Diese Anwendungen können den Sicherheitsmanager nicht selbst aufrufen. Stattdessen wird eine Bluetooth-fähige Anpassungsanwendung benötigt, die sich bei Aufrufen, die die Sicherheit betreffen, stellvertretend und vermittelnd im Namen der Vererbungs-Anwendung an den Bluetooth-Sicherheitsmanager wendet. In derartigen Fällen wird die Standardstrategie verwendet, sofern sich hinsichtlich des Dienstes keine anderen Einstellungen in der Sicherheitsdatenbank befinden. Die Einstellungen in der Datenbank haben Vorrang vor der Standardstrategie.

Die Bluetooth-Sicherheit soll keine vorhandenen Netzwerk-Sicherheitsvorkehrungen ersetzen. Bei extrem strengen Anforderungen, wie z.B. bei E-Commerce oder speziellen Anforderungen, wie der persönlichen an Stelle der geräteorientierten Autorisierung, lassen sich zusätzliche Sicherheitsmechanismen auf der Anwendungsschicht implementieren. In den Bluetooth-Profilen wird dieser Ansatz z.B. zur Synchronisierung genutzt, wenn die OBEX-Authentifizierung implementiert ist.

8.4 Flexibler Zugriff

Die Bluetooth-Sicherheitsarchitektur ermöglicht den selektiven Zugriff auf Dienste, so dass der Zugriff auf einige Dienste gewährt und auf andere unterbunden werden kann. Die Architektur unterstützt bei Anwendungen, wie der Datenübertragung und dem Austausch von Visitenkarten, Sicherheitsstrategien für Geräte mit bestimmten Diensten, die mit wechselnden entfernten Geräte kommunizieren. Bei diesen Geräten sind zwar bestimmte Dienste zugänglich, der Zugriff auf andere Dienste wird jedoch unterbunden. Und auch der zukünftige Zugriff auf Dienste dieser Geräte wird nicht automatisch oder auf unkontrollierte Weise gewährt.

Ein charakterisierendes Merkmal der Bluetooth-Sicherheitsarchitektur ist, dass Anwendereingriffe beim Zugriff auf Dienste möglichst weitgehend vermieden werden. Anwendereingriffe sind nur erforderlich, wenn Geräten die beschränkte Nutzung von Diensten eingeräumt werden soll, oder wenn vertrauenswürdige (trusted) Beziehungen zu Geräten eingerichtet werden sollen, die unbeschränkte Dienstezugriffe erlauben.

8.5 Implementierung

Die Sicherheitsarchitektur berücksichtigt die Multiplex-Protokolle von Bluetooth ab der L2CAP-Ebene und insbesondere RFCOMM. Alle anderen Protokolle sind nicht Bluetooth-spezifisch und können teilweise über ihre eigenen Sicherheitsmerkmale verfügen.

Die Sicherheitsarchitektur ermöglicht verschiedenen Protokollen die Durchführung von Sicherheitsverfahren. L2CAP erzwingt z.B. die Bluetooth-Sicherheitsstrategie für drahtlose Telefonie, RFCOMM erzwingt die Bluetooth-Sicherheitsstrategie für Wählnetze und OBEX benutzt seine eigene Sicherheitsstrategie beim Dateitransfer und der Synchronisation.

Die Architektur kann komplett über den Sicherheitsmodus 2 des GAP (Generic Access Profile) arbeiten, besonders da keine Änderungen an den Basisband- und LMP-Funktionen für Authentifizierung und Verschlüsselung vorgenommen werden. Authentifizierung und Verschlüsselung werden auf der Ebene des Basisbandes festgelegt. Niedrigere Schichten besitzen keinerlei Kenntnisse der Sicherheit der Dienste-/Anwendungsschicht, und das Durchsetzungsverfahren für Authentifizierung, Autorisierung oder Verschlüsselung kann für die Client- und Server-Rollen unterschiedlich sein.

8.6 Architekturübersicht

Die Sicherheitsarchitektur stellt einen sehr flexiblen Sicherheitsrahmen zur Verfügung. Dieser Rahmen schreibt vor, wann der Benutzer einbezogen wird (d.h. eine PIN eingeben muss) und welche Aktionen die zugrunde liegenden Bluetooth-Protokollschichten zur Unterstützung der gewünschten Sicherheitsprüfungen ausführen müssen. Die Bluetooth-Sicherheitsarchitektur baut auf den Bluetooth-Sicherheitsmerkmalen der Sicherungsschicht auf. Abbildung 8.1 zeigt die allgemeine Architektur.

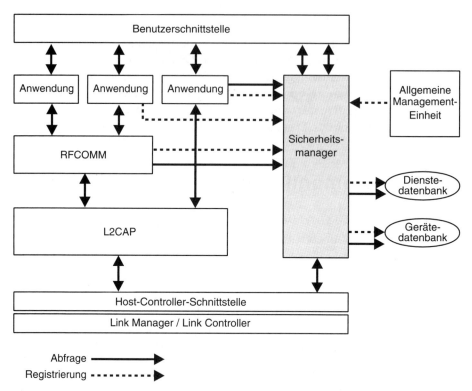

Abbildung 8.1: Bluetooth-Sicherheitsarchitektur

Die Schlüsselkomponente der Bluetooth-Sicherheitsarchitektur ist der Sicherheitsmanager, der für die Ausführung der folgenden Aufgaben zuständig ist:

● Speicherung von Informationen über Dienste, die im Zusammenhang mit der Sicherheit stehen

● Speicherung von Informationen über Geräte, die im Zusammenhang mit der Sicherheit stehen

● Beantwortung von Zugriffsanforderungen durch Protokollimplementierungen oder Anwendungen

● Erzwingen der Autorisierung und/oder Verschlüsselung vor der Verbindung mit der Anwendung

● Initiieren oder Verarbeiten von Eingaben einer ESCE (External Security Control Entity) des Gerätebenutzers, um vertrauenswürdige Beziehungen auf der Geräteebene einzurichten

● Initiieren des Pairings und Aufforderung des Benutzers zur PIN-Eingabe. Die PIN-Eingabe kann auch durch eine Anwendung erfolgen.

Typischerweise ist die ESCE eine Person, die über die Autorität und das Wissen verfügt, um Entscheidungen über das weitere und mit der Bluetooth-Sicherheitsarchitektur konforme Vorgehen treffen zu können. Bei dieser »Person« kann es sich um einen Gerätebenutzer oder eine Hilfsanwendung handeln, die im Namen des Benutzers ausgeführt wird und auf vorprogrammierten Sicherheitsstrategien basiert. Im letzteren Fall kann sich das Hilfsprogramm innerhalb aber auch außerhalb des jeweiligen Bluetooth-fähigen Gerätes befinden.

Mit einem zentralen Sicherheitsmanager lassen sich flexible Zugriffsverfahren leicht implementieren, da die Schnittstellen zu Protokollen und anderen »Personen« einfach bleiben und sich auf Frage-, Antwort- und Registrierungsprozeduren beschränken. Die Methoden der Zugriffssteuerung werden derart im Sicherheitsmanager gekapselt, dass sich die Implementierung komplexerer Verfahren nicht auf die Implementierung anderer Verfahren auswirkt. Die Implementierung kann festlegen, wo die Registrierung stattfindet und damit, ob diese Aufgabe von der Anwendung selbst übernommen oder einem allgemeinen Verwaltungsobjekt überlassen wird, das für das Setzen des Pfades im Protokoll-Stack und/oder die Registrierung der Dienste bei der Diensteerkennung verantwortlich ist.

8.7 Sicherheitslevel der Dienste

Das Sicherheitsniveau eines Dienstes wird von drei Attributen bestimmt:

- **Erforderliche Autorisierung**. Der Zugriff wird nur vertrauenswürdigen Geräten (d.h. jenen Geräten, die in der Gerätedatenbank entsprechend gekennzeichnet sind) automatisch oder nicht-vertrauenswürdigen Geräten nach einer Autorisierungsprozedur gewährt. Die Autorisierung erfordert immer eine Authentifizierung, bei der geprüft wird, ob es sich beim entfernten Gerät auch um das richtige handelt.

- **Erforderliche Authentifizierung**. Vor der Verbindung mit einer Anwendung muss das entfernte Gerät authentifiziert werden.

- **Erforderliche Verschlüsselung**. Die Verbindung muss in den verschlüsselten Modus umgeschaltet werden, bevor der Zugriff auf den Dienst gewährt wird.

Diese Attributinformationen werden in der Dienstedatenbank des Sicherheitsmanagers gespeichert. Wenn keine Registrierung stattgefunden hat, wird eine Vorgabe-Sicherheitsstufe verwendet. Bei ankommenden Verbindungen sind laut Vorgabe Autorisierung und Authentifizierung erforderlich. Bei ausgehenden Verbindungen ist laut Vorgabe eine Authentifizierung erforderlich.

8.8 Verbindungseinrichtung

Um ohne Benutzereingriffe unterschiedliche Anforderungen hinsichtlich der Verfügbarkeit von Diensten erfüllen zu können, muss die Authentifizierung nach der Festlegung der Sicherheitsstufe des angeforderten Dienstes stattfinden. Daher kann die Authentifizierung nicht erfolgen, wenn eine ACL-Verbindung (Asynchronous Connection-Less) besteht. Die Authentifizierung erfolgt, wenn eine Verbindungsanforderung für einen Dienst übertragen wird. Abbildung 8.2 verdeutlicht den Informationsfluss für den Zugriff auf einen vertrauenswürdigen Dienst.

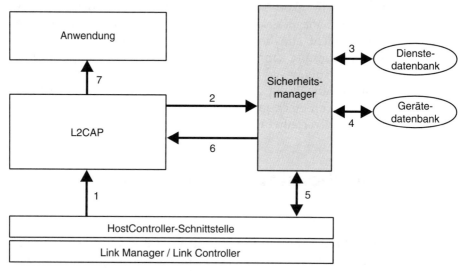

Abbildung 8.2: Informationsfluss beim Zugriff auf einen vertrauenswürdigen Dienst

Die folgenden Ereignisse treten nacheinander beim Zugriff auf ein vertrauenswürdiges Gerät ein:

1. Die Verbindungsanforderung erfolgt über L2CAP.
2. L2CAP fordert beim Sicherheitsmanager den Zugriff an.
3. Der Sicherheitsmanager fragt die Dienstedatenbank ab.
4. Der Sicherheitsmanager fragt die Gerätedatenbank ab.
5. Falls erforderlich erzwingt der Sicherheitsmanager die Authentifizierung und Verschlüsselung.
6. Der Sicherheitsmanager gewährt den Zugriff.
7. L2CAP fährt mit der Einrichtung der Verbindung fort.

Die Authentifizierung kann in beiden Richtungen erfolgen, so dass sich der Client beim Server oder der Server beim Client authentifizieren kann.

8.8.1 Authentifizierung bei der Einrichtung einer Basisbandverbindung

Auch wenn die Bluetooth-Sicherheitsarchitektur nicht auf den Modus 3 (Sicherheit auf der Verbindungsebene) abzielt, kann sie diesen Modus ebenfalls unterstützen. Der Sicherheitsmanager kann dem Link Manager befehlen, dass die Authentifizierung erzwungen wird, bevor eine Basisband-Verbindung durch das HCI (Host Controller Interface) hergestellt wird. Vor dem Übergang vom Modus 2 auf den Modus 3 sind jedoch einige Schritte erforderlich, die dafür sorgen, dass nicht-vertrauenswürdige Geräte keinen unerwünschten Zugang erhalten. Um dies zu vermeiden, entfernt der Sicherheitsmanager alle Verbindungscodes für nicht-vertrauenswürdige Geräte, die im Funkmodul gespeichert sind. Dazu kann der Sicherheitsmanager das HCI einsetzen.

8.8.2 Umgang mit dem Protokoll-Stack

Für ankommende Verbindungen wird die Zugriffssteuerungsprozedur in Abbildung 8.3 zusammengefasst. Die Zugriffssteuerung ist auf der L2CAP-Ebene und in einigen Fällen auch bei den darüber liegenden Multiplex-Protokollen (z.B. RFCOMM) erforderlich. Beim Empfang einer Verbindungsanforderung stellt das Protokollobjekt beim Sicherheitsmanager eine Anfrage, bei der es ihm die bei der Verbindungsanforderung empfangenen Multiplex-Informationen übermittelt. Der Sicherheitsmanager stellt fest, ob der Zugang gewährt oder verhindert werden soll und antwortet dann dem Protokollobjekt. Wenn Zugang gewährt wird, wird die Prozedur zur Einrichtung der Verbindung fortgesetzt. Wenn der Zugang abgelehnt wird, wird die Verbindung beendet. Wenn auf einer Protokollebene keine Zugangssteuerung stattfindet, kommt es zu keiner Interaktion mit dem Sicherheitsmanager oder anderen Objekten.

Der Sicherheitsmanager speichert Informationen über bestehende Authentifizierungen. Dadurch werden multiple Authentifizierungsprozeduren innerhalb derselben Sitzung auf der LMP-Ebene (d.h. über Funk) vermieden. Daher prüft RFCOMM die bestehende Strategie beim Sicherheitsmanager. Dazu ist zwar ein weiterer Funktionsaufruf aber nicht notwendigerweise eine zusätzliche Authentifizierung erforderlich. Bei ausgehenden Verbindungen können auch Sicherheitsprüfungen erforderlich sein, um eine beiderseitige Authentifizierung zu erreichen, für die eine ähnliche Prozedur ausgeführt wird. Anwendungen können Anforderungen an den Sicherheitsmanager am effizientesten direkt stellen. Wenn dies, wie z.B. bei Vererbungs-Anwendungen, nicht möglich ist, können Abfragen über beliebige Multiplex-Protokolle zum Sicherheitsmanager übertragen werden (Abbildung 8.4).

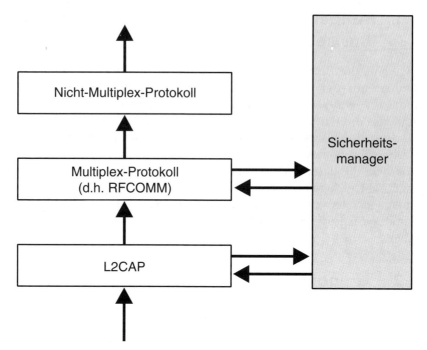

Abbildung 8.3: Protokollverhalten bei ankommenden Verbindungen

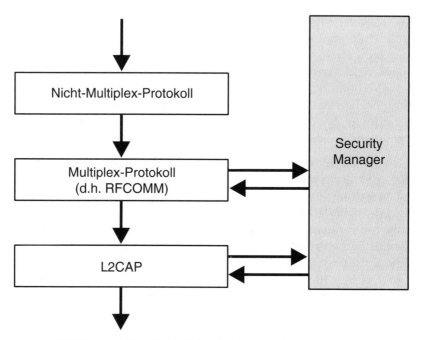

Abbildung 8.4: Protokollverhalten bei ausgehenden Verbindungen

8.8.3   Registrierungsverfahren

Wie bereits erwähnt, wartet der Sicherheitsmanager die Sicherheitsinformationen für Dienste in Sicherheitsdatenbanken. Anwendungen müssen sich beim Sicherheitsmanager registrieren, bevor sie darauf zugreifen können (Abbildung 8.5).

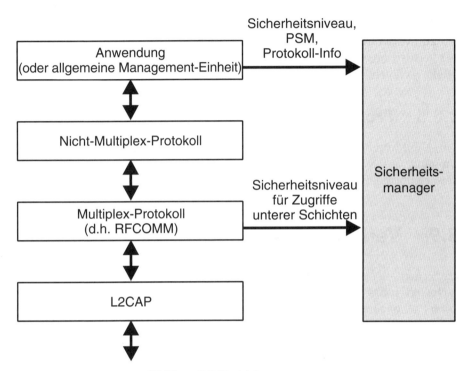

Abbildung 8.5: Registrierungsprozesse

Anwendungen oder deren Sicherheitsstellvertreter müssen dem Sicherheitsmanager ihre Sicherheitsstufe und Multiplex-Informationen mitteilen. Dies ähnelt den für die Diensteerkennung registrierten Informationen. Der Sicherheitsmanager benötigt diese Informationen, um bei Zugangsanforderungen von Protokollobjekten entscheiden zu können, ob der Zugang gewährt oder verhindert werden soll, da diese nicht immer Kenntnisse über die Endanwendung besitzen.

Multiplex-Protokoll-Implementierung, die Datenbankabfragen an den Sicherheitsmanager richten, registrieren die Zugriffsmethode für die zugrunde liegende Anwendung. Beide Registrierungen können auch von dem Objekt durchgeführt werden, das für das Setzen des Pfades im Bluetooth-Protokoll-Stack zuständig ist. Welches Objekt die Registrierungsprozeduren tatsächlich initiiert, ist implementierungsabhängig.

Wenn keine Registrierung stattgefunden hat, verwendet der Sicherheitsmanager bei Zugangsentscheidungen die Vorgabe-Sicherheitsstufe. In diesem Fall erfordert L2CAP keine Registrierung. Beim ersten Multiplex-Protokoll im Bluetooth-Stack erfolgt eine Abfrage für jede Verbindungsanforderung.

8.8.4 Externe Verwaltung von Zugangscodes

Die Bluetooth-Sicherheitsarchitektur schließt den Einsatz externer Prozeduren zur Verwaltung von Zugangscodes nicht aus. Derartige Anwendungen zur Verwaltung von Zugangscodes können z.B. PINs oder Verbindungscodes direkt verteilen.

8.8.5 Prozeduren der Zugriffssteuerung

Die Abbildungen 8.6 bis 8.8 sind Ablaufdiagramme mit Beispielen für den Umgang des Sicherheitsmanagers mit der Zugriffssteuerung. Variationen dieser Entscheidungsbäume sind möglich.

8.9 Verbindungsloses L2CAP

Da Sicherheitsprüfungen bei allen verbindungslosen Datenpaketen unpraktisch sind, muss es ein allgemeines Verfahren zum Umgang mit verbindungslosen Paketen auf der L2CAP-Ebene geben. Mit L2CAP kann verbindungsloser Datenverkehr auch blockiert werden. Die Blockade kann für einzelne, mehrere oder alle Protokolle gelten, die auf L2CAP aufsetzen. Dieselben Optionen sind bei der Aktivierung des verbindungslosen Datenverkehrs möglich.

Der Sicherheitsmanager prüft, ob es in der Dienstedatenbank Dienste gibt, die keine verbindungslosen Datenpakete erlauben. Dementsprechend aktiviert oder deaktiviert der Sicherheitsmanager dann die Verwendung verbindungsloser Datenpakete. Wenn verbindungslose Pakete zugelassen sind, finden keine Sicherheitsprüfungen statt. Dann liegt es beim Protokoll oberhalb von L2CAP, dafür zu sorgen, dass es zu keinen inakzeptablen Sicherheitsproblemen kommt. Es ist immer bekannt, ob die Daten im verbindungslosen oder im verbindungsorientierten Modus eingetroffen sind; bei verbindungslosen Paketen kann die Herkunft jedoch unbekannt oder nicht überprüfbar sein.

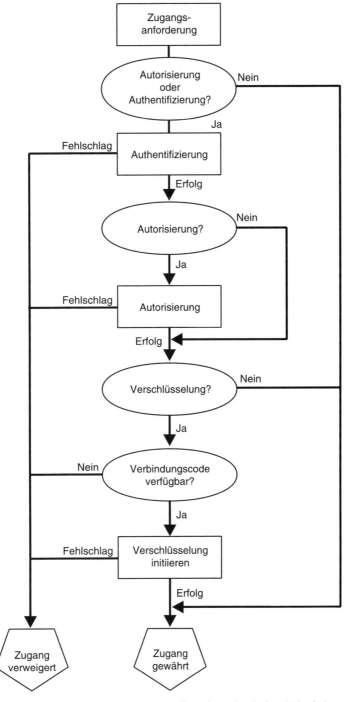

Abbildung 8.6: Flussdiagramm für die Zugriffsprüfung durch den Sicherheitsmanager

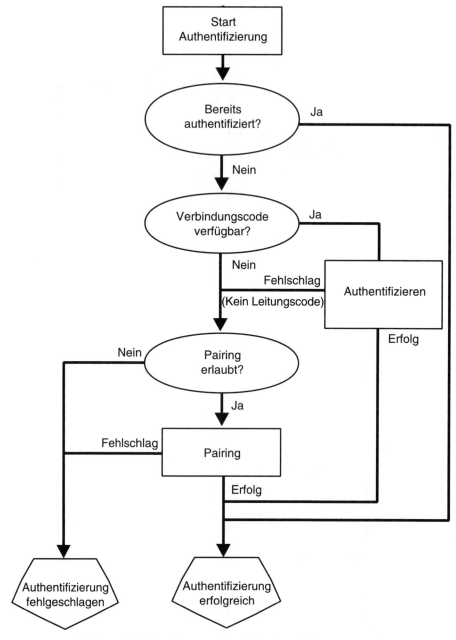

Abbildung 8.7: Flussdiagramm für die Authentifizierungsprozedur

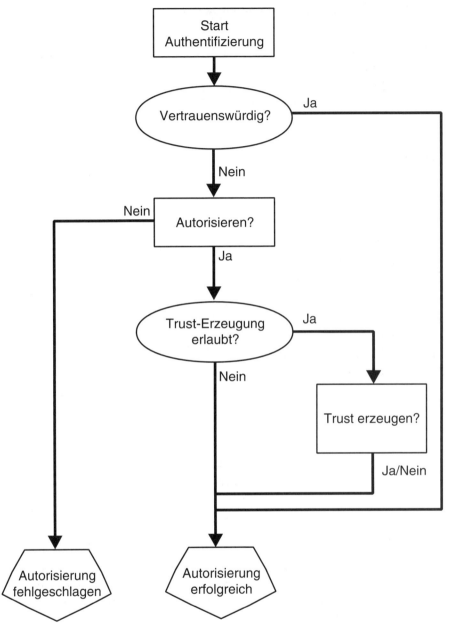

Abbildung 8.8: Flussdiagramm für die Autorisierungsprozedur

8.10 Sicherheitsmanager

Der Sicherheitsmanager, der die Sicherheitsarchitektur implementiert, muss mehrere Datenbanken warten. Die Dienstedatenbank enthält für alle Dienste Einträge, die im Zusammenhang mit der Sicherheit stehen, die entweder verbindlich (V) oder optional (O) sind (vgl. Tabelle 8.1).

Eintrag	Status
Authorization required	V
Authentication required	V
Encryption required	V
PSM Value	V
Broadcasting allowed	O

Tabelle 8.1: Einträge in der Dienstedatenbank im Zusammenhang mit der Sicherheit.

Die Informationen über die Vertrauenswürdigkeit der Geräte muss im nichtflüchtigen Speicher der Bluetooth-Gerräte gespeichert werden. Wenn Einträge aus irgendwelchen Gründen gelöscht werden, ist das entsprechende Gerät wieder unbekannt und wird auch so behandelt, so dass es auf die Vorgabe-Zugriffsstufe zurückgesetzt wird. Die verbindlichen (V) und optionalen (O) Einträge in der Gerätedatenbank werden in Tabelle 8.2. aufgeführt.

Eintrag	Status	Inhalt
BD_ADDR	V	48-Bit-MAC-Adresse
Trust level	V	Trusted/untrusted
Link key	V	Bitfeld (max. 128 Bit)
Device name	O	Zeichenkette (lässt sich nutzen, um Namensanforderungen zu vermeiden)

Hinweis: Die Speicherung der Codeinformationen ist auch in anderer Form möglich.

Tabelle 8.2: Einträge in der Gerätedatenbank im Zusammenhang mit der Sicherheit.

Einige Daten sollten zur Verringerung des Verwaltungsüberhangs in der Funkschnittstelle gespeichert werden. Entsprechend sollten für alle Basisband-Verbindungen der Authentifizierungs- und der Verschlüsselungsstatus gespeichert werden.

8.11 Schnittstelle zu L2CAP

L2CAP fragt bei ankommenden und ausgehenden Verbindungsanforderungen die Zugriffsrechte beim Sicherheitsmanager ab. Da L2CAP in den Bluetooth-Protokoll-Stacks obligatorisch ist, gibt es keine entsprechende Registrierungsprozedur.

8.12 Schnittstelle zu anderen Multiplex-Protokollen

Andere Multiplex-Protokolle (inklusive RFCOMM), die Entscheidungen hinsichtlich des Zugriffs auf Dienste treffen müssen, richten in ähnlicher Weise wie L2CAP Abfragen an den Sicherheitsmanager. Es gibt eine zusätzliche Registrierungsprozedur, über die die Zugriffsstrategie für die Verbindung mit dem Multiplex-Protokoll selbst festgelegt wird.

8.13 Schnittstelle zu ESCE

Die Bluetooth-Sicherheitsarchitektur umfasst Interaktionen des Benutzers für Autorisierungszwecke. Dazu zählt die Zugriffsgewährung auf Dienste und die Einrichtung vertrauenswürdiger Beziehungen zu entfernten Geräten. Der Sicherheitsmanager ruft die ESCE (d.h. die Benutzerschnittstelle) auf. Bei den eingehenden Parametern handelt es sich um die zusammen mit der Anforderung übermittelten Informationen, während die ausgehenden Parameter die Antwort enthalten.

Wenn der Sicherheitsmanager eine PIN anfordert, kann ein Aufruf der ESCE erfolgen. Der PIN-Eintrag kann auch direkt beim Link-Manager angefordert werden. Der Sicherheitsmanager fordert dann die Authentifizierung an, und der Link-Manager führt die notwendigen Aktionen durch, wenn keine gültige Verbindung verfügbar ist.

8.14 Registrierungsverfahren

Wie bereits bemerkt, müssen Anwendungen beim Sicherheitsmanager registriert werden, bevor sich auf sie zugreifen lässt. Zu den Parametern, die bei der Registrierung von Anwendungen und des Multiplex-Protokolls verwendet werden, zählen:

- Benutzerfreundlicher Name der Anwendung, der sich bei Benutzerabfragen einsetzen lässt

- Sicherheitsniveau

- PSM (Protocol/Service Multiplexer), ein Wert, der auf der L2CAP-Ebene verwendet wird

- Protokollidentifikation

- Kanalidentifikation

Die Registrierung kann durch das Objekt erfolgen, das für das Setzten des Pfades im Bluetooth-Protokoll-Stack verantwortlich ist. Welches Objekt die eigentliche Registrierung vornimmt, hängt von der jeweiligen Implementierung ab. Ohne Registrierung werden Vorgabeeinstellungen verwendet.

8.15 Schnittstelle zum HCI/Link-Manager

Das HCI (Host Controller Interface) stellt eine Befehlsschnittstelle zum Baseband-Controller und zum Link Manager und für den Zugriff auf den Hardware-Status und die Steuerregister zur Verfügung. Diese Schnittstelle bietet ein einheitliches Verfahren für den Zugriff auf Bluetooth-Basisband-Fähigkeiten. Unter anderem kann der Sicherheitsmanager dem Link Manager befehlen, die Authentifizierung zu erzwingen, bevor er eine Basisband-Verbindung über die HCI zulässt.

Authentifizierungsanforderung

Zur Anforderung der Authentifizierung eines entfernten Gerätes wird der Befehl `HCI_Authentication_Requested` verwendet. Als Antwort wird das Ereignis »Authentifizierung Complete« zurückgegeben.

Verschlüsselungssteuerung

Zur Steuerung der Verschlüsselung wird der Befehl `HCI_Set_Connection_Encryption` verwendet. Als Antwort wird das Ereignis »Encryption Change« zurückgegeben, das die Verschlüsselung auf der Sicherungsschicht aktiviert bzw. deaktiviert.

Anforderung des Namens eines entfernten Gerätes

Soll der Name eines entfernten Gerätes angefordert werden, wird der Befehl `HCI_Remote_Name_Request` eingesetzt, mit dem sich der benutzerfreundliche Name anderer Bluetooth-Geräte ermitteln lässt. Der benutzerfreundliche Name wird dazu verwendet, um Bluetooth-Geräte voneinander zu unterscheiden. Der Befehlsparameter `BD_ADDR` wird zur Identifizierung des Gerätes, für das der benutzerfreundliche Name ermittelt werden soll, genutzt. Als Antort auf den Befehl `HCI_Remote_Name_Request` wird `Remote_Name_Request_Complete` zurückgegeben.

Verschlüsselungsstrategie auf der Verbindungsebene festlegen

Die allgemeine Verschlüsselungsstrategie der Verbindungsebene lässt sich mit dem Befehl `HCI_Write_Encryption_Mode` setzen, der mit dem Ereignis Command Complete beantwortet wird. Der Parameter Encryption Mode steuert, ob der Bluetooth-Funk bei allen Verbindungen mit anderen Bluetooth-Funknetzen eine Verschlüsselung auf der Leitungsebene erfordert.

Authentifizierungsstrategie auf der Leitungsschicht festlegen

Die allgemeine Authentifizierungsstrategie der Leitungsebene lässt sich mit dem Befehl `HCI_Write_Authentication_Enable` setzen. Der Parameter `Authentication_Enable` steuert, ob der Bluetooth-Funk bei allen Verbindungen mit anderen Bluetooth-Funknetzen eine Authentifizierung auf der Verbindungsebene erforderlich ist. Bei der Einrichtung der Verbindung versuchen nur jene Geräte, bei denen der Parameter `Authentication_Enable` aktiviert ist, das andere Gerät zu authentifizieren. Der Befehl `Read_Authentication_Enable` liest den Wert des Parameters `Authentication_Enable`. Nach Abschluss des Befehls `Read_Authentication_Enable` wird ein Command-Complete-Ereignis generiert.

8.16 Zusammenfassung

Die Bluetooth-Sicherheitsarchitektur weist auch einige Beschränkungen auf. Erstens gibt es keine Vorkehrungen für direkte Aufrufe des Sicherheitsmanagers durch Vererbungs-Anwendungen. In derartigen Fällen sind Anpassungsanwendungen erforderlich, die im Namen der Vererbungs-Anwendung aktiv werden. Zweitens lassen sich nur Geräte und nicht deren Anwender authentifizieren. Sofern keine Schutzmaßnahmen auf der Anwendungsschicht ergriffen werden, sind unautorisierte Zugriffe immer möglich. Drittens sind keine Mechanismen für Autorisierungsvorgaben definiert, die ohne Änderung des Sicherheitsmanagers und der Registrierungsprozesse realisierbar wären. Viertens erlaubt der Sicherheitsansatz nur Zugriffssteuerungen bei der Verbindungseinrichtung. Schließlich wird die Sicherheit zwischen Endgeräten von der Sicherheitsarchitektur nicht speziell berücksichtigt. Es wird davon ausgegangen, dass es Lösungen auf höherer Ebene gibt, die bei der Zugriffssteuerung auf Geräte und Dienste auf beiden Seiten einer Bluetooth-Verbindung auf die Sicherheitsarchitektur zurückgreifen können.

Bluetooth im globalen Umfeld der drahtlosen Kommunikation der dritten Generation 9

Die nächste Generation der zellularen Funksysteme für die Mobiltelefonie wird dritte Generation (3G) genannt. Entsprechende Geräte sollen ab 2001 auf den Markt kommen. 3G wird die erste zellulare Funktechnologie sein, bei deren Entwicklung von Anfang an Breitband-Datenkommunikation wie auch Sprachkommunikation unterstützt werden soll. Eines der wichtigsten Merkmale von IMT-2000 ist die Möglichkeit des globalen Roamings mit einem einzigen, preiswerten Endgerät, das zur Grundlage für eine drahtlose Informationsgesellschaft werden soll, in der der Zugriff auf Informationen und Informationsdienste, wie z.B. E-Commerce, jedem, jederzeit und überall möglich ist. Der technische Rahmen für 3G wurde von der ITU (International Telecommunication Union) mit ihrem IMT-2000-Programm (International Mobile Telecommunications 2000) festgelegt. Bluetooth wird 3G-Systeme unterstützen und eine große Vielfalt von Diensten zur Verfügung stellen und seine Einsatzgebiete auf lokale Geräte, wie z.B. Handheld-Rechner und PDAs, unabhängig von ihrem Standort und ihrer Entwicklung, ausdehnen (Abbildung 9.1).

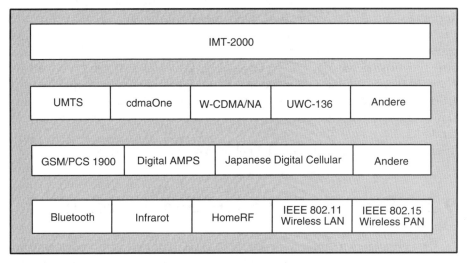

Abbildung 9.1: Die Rolle von Bluetooth in der globalen, drahtlosen 3G-Infrastruktur

9.1 Die IMT-2000-Vision

IMT-2000 wurde von der ITU als globale Familie mobiler Kommunikationssysteme der dritten Generation beschrieben, die einem weltweiten Massenmarkt auf der Grundlage einer Reihe standardisierter Schnittstellen qualitativ hochwertige, mobile Multimedia-Telekommunikation zur Verfügung stellt. Das IMT-2000-Gerüst umfasst eine geringe Anzahl weltweit verfügbarer Frequenzbänder, die bereits vorhandene Frequenzzuordnungen für den Mobilfunk und die Verbindung zwischen Mobilfunk und Satelliten nutzen. Dies sorgt für ein hohes Maß an Flexibilität, so dass die Betreiber bzw. Anbieter in den jeweiligen Ländern je nach vorhandener Marktsituation und unter Berücksichtigung anderer Aspekte auf IMT-2000 übergehen können.

IMT-2000 ist das größte Telekommunikationsprojekt, das jemals in Angriff genommen wurde. Es bezieht Normierungsgremien, Betreiber, Hersteller, Medien und IT-Unternehmen aus allen Regionen der Welt mit ein, die sich so zu positionieren suchen, dass sie weltweit bis 2010 den Bedarf von geschätzten 2 Mrd. Mobilfunkteilnehmern befriedigen können. Das in den frühen 90er Jahren, als die mobile Telekommunikation lediglich Sprachübertragungen und leitungsvermittelten langsamen Datenverkehr zuließ, vorgestellte IMT-2000-Konzept wurde mit der fortschreitenden Entwicklung an das sich wandelnde Telekommunikationsumfeld angepasst. Insbesondere sind die Erwartungen der Teilnehmer hinsichtlich der Reaktionszeiten der Netzwerke und der Terminals durch die Verbreitung von Internet, Intranet, E-Mail, E-Business und Video-Diensten deutlich gestiegen, so dass Mobilfunkkanäle wesentlich größere Bandbreiten zur Verfügung stellen müssen. Einige Berichte der Industrie prognostizieren, dass 3G-Netzwerke bis 2010 weltweit den Datenverkehr einer Milliarde Mobilfunkteilnehmer übertragen müssen und für 548 Mrd. US-$ oder 66% der Gesamteinnahmen aus zellularen Diensten verantwortlich sein werden. Analysten erwarten auch, dass sinkende Gerätepreise und fallende Mobilfunkgebühren für Dienste der dritten Generation die wichtigste Triebkraft für die Zunahme der Teilnehmerzahlen sein werden.

9.2 Die verschiedenen Generationen

In den vergangenen Jahren wurden mobile Telekommunikationssysteme mit großem Erfolg auf der ganzen Welt implementiert. Bei vielen handelt es sich immer noch um Systeme der ersten Generation, analoge zellulare Systeme, wie z.B. AMPS (Advanced Mobile Phone System), NMT (Nordic Mobile Telephone) und TACS (Total Access Communication System). Die meisten Systeme befinden sich mittlerweile jedoch in der zweiten Generation, die ihrem Wesen nach digital ist. Zu den Beispielen für digitale zellulare Systeme zählen GSM (Global System for Mobile communications), DAMPS (Digital AMPS) und JDC (Japanese Digital Cellular). Obwohl die beiden Systeme der ersten und zweiten Generation vorwiegend für die Sprachübertragung entwickelt worden sind, stellen sie auch Datendienste bei niedrigen Bitraten zur Verfügung. Die verschiedenen Systeme sind jedoch selbst innerhalb derselben Generation untereinander wenig oder überhaupt nicht kompatibel.

Die Beschränkungen des Spektrums und verschiedene technische Defizite der Systeme der zweiten Generation haben zur Entwicklung der Systeme der dritten Generation (3G) geführt. Die Verbreitung der Standards und die potentiellen Fragmentierungsprobleme, die sie zukünftig führen könnten, führten zu Untersuchungen über die Entwicklung und Standardisierung einer globalen 3G-Plattform. Die ITU und regionale Standardisierungsgremien schlugen ein Konzept der »Systemfamilien« vor, bei dem sich die verschiedenen Technologien auf einer höheren Schicht vereinbaren lassen sollten, um den Teilnehmern Möglichkeiten zum globalen Roaming und zum vereinheitlichten Sprach-/Datenaustausch zu bieten. Dies sollte zu leistungsfähigeren Diensten und einer Unterstützung innovativer Multimedia-Anwendungen führen.

Das Ergebnis dieser Aktivität ist IMT-2000, ein modulares Konzept, das die Trends hinsichtlich des Zusammenwachsens der Fest- und Mobilfunknetze und der Sprach- und Datenübertragung in vollem Umfang berücksichtigt. Die 3G-Plattform stellt eine Evolution und eine Erweiterung der heute verfügbaren GSM-Systeme und -Dienste dar, die für Anwendungen mit hohen Datenraten und auf die Übertragung von Datenpaketen hin optimiert wurde. Dazu zählen drahtlose Hochgeschwindigkeits-Internet-Dienste, Videokonferenzen und eine Fülle anderer datenorientierter Anwendungen.

Wenn sich die Hersteller an IMT-2000 halten, lassen sich viele anspruchsvolle Anwendungen entwickeln. Beispielsweise können Mobiltelefone mit Farbbildschirmen und integriertem 3G-Kommunikationsmodul zu Allzweckgeräten für die Kommunikation werden und herkömmliche Computer beim Breitband-Internet-Zugriff, bei der Sprachübertragung, der Bildtelefonie und Videokonferenzen ersetzen (Abbildung 9.2). Diese Anwendungen lassen sich professionell unterwegs, im Büro oder zu Hause nutzen. Die Zahl der IP-Netzwerke und -Anwendungen nimmt schnell zu. Am deutlichsten ersichtlich ist dies beim Internet, aber auch private IP-Netzwerke (Intranets und Extranets) weisen ähnliche oder sogar noch höhere Wachstums- und Nutzungsraten auf. Angesichts der weltweit für 2010 erwarteten einen Milliarde von Internet-Teilnehmern gibt es eine enorme Gesamtnachfrage nach 3G-Fähigkeiten.

Abbildung 9.2: Dieser Prototyp eines 3G-Mobiltelefons von Nokia unterstützt die digitale mobile Multimedia-Kommunikation inklusive Bildtelefonie. Nutzt man die Kameralinse in der oberen rechten Ecke des Telefons zusammen mit dem Kleinbildschirm darunter, kann der lokale Teilnehmer sein/ihr Bild so ausrichten, dass es auf dem Telefon des anderen Teilnehmers sauber ausgerichtet angezeigt wird.

3G-Netzwerke werden zum flexibelsten Mittel für den Breitbandzugriff, weil sie sich unterwegs, im Büro und von der eigenen Wohnung aus in vielen öffentlichen und nicht-öffentlichen Netzen nutzen lassen. Derartige Netzwerke können sowohl IP- als auch anderen Datenverkehr in vielen unterschiedlichen Übertragungsmodi unterstützen, zu denen IP (Paketvermitlung), PSTN (Leitungsvermittlung) und ATM (virtuelle Leitungsvermittlung) zählen.

3G-Netzwerke werden von den Standardisierungsanstrengungen der IETF (Internet Engineering Task Force) profitieren, die den grundlegenden Satz der IP-Standards so erweitert haben, dass sie QoS-Fähigkeiten (Quality of Service) umfassen, die für den mobilen Einsatz ein wesentliches Element sind[1]. Es finden auch Entwicklungen hinsichtlich neuer Domain-Name-Strukturen statt. Diese neuen Strukturen werden die Bedienungsfreundlichkeit und die Flexibilität des Systems erhöhen und allen Teilnehmern eindeutige Adressen bieten, die vom benutzten Terminal, der benutzten Anwendung und dem Standort unabhängig sind.

Es wäre leicht möglich gewesen, dass die Versprechungen der 3G-Netzwerke nie eingelöst worden wären. Das Ziel einer 3G-Plattform ist die Harmonisie-

---

1. Die Arbeit der IETF an QoS-fähigen IP-Netzwerken hat zu zwei unterschiedlichen Ansätzen geführt. Einerseits handelt es sich dabei um die Integrated-Services-Architektur (int-serv) und deren Signalprotokoll RSVP, andererseits um die Differentiated-Services-Architektur (diff-serv).

rung dieser und anderer Technologien, um Teilnehmern nahtlose globale Verbindungsmöglichkeiten und verbesserte Dienste und Eigenschaften zu erschwinglichen Preisen zu bieten. Dies wird deswegen kompliziert, weil die verschiedenen Technologien untereinander nicht wirklich kompatibel sind, so dass die Harmonisierung notwendigerweise zu Kompromissen führen muss. Anfangs wurde das Voranschreiten der 3G-Anstrengungen durch eine Reihe von Umständen behindert. Regulierungsbehörden wollten die Märkte ihrer eigenen Länder schützen, Betreiber wollten ihre Kapitalinvestitionen in die eine oder andere Technologie erhalten wissen und einige Anbieter wollten ihre Patente schützen.

Die letzten dieser Hindernisse konnten im März 1999 mit der Übereinkunft zwischen Ericsson and Qualcomm zwecks Beendigung ihrer Patentierungs- und Lizenzierungsstreitigkeiten aus dem Weg geräumt werden. Anschließend konnten sich alle Mitwirkenden aus der Industrie und die Standardisierungsinstitutionen allein auf die Entwicklung und Implementierung von 3G-Netzwerken konzentrieren. Obwohl sich die 3G-Netzwerke weltweit (insbesondere in den USA, Europa und Japan) in unterschiedlichen Phasen der Planung, Entwicklung und Installation befinden, wird IMT-2000 im Laufe des nächsten Jahrzehnts weltweit zumindest in seine erste Phase gehen. Es wird erwartet, dass die ersten kommerziellen IMT-2000-konformen 3G-Netzwerke 2002 verfügbar sein werden, und dass durch Verbesserungen bzw. Erweiterungen kontinuierlich neue Technologien für zukünftige Anwendungen eingebunden werden, um der Marktnachfrage gerecht zu werden.

9.3 Aktuelle Netze der zweiten Generation

Die erste Generation der Normen für den analogen Mobilfunk arbeitet im 800- (AMPS-Standard, der auf dem amerikanischen Kontinent sowie im asiatisch-pazifischen Raum verbreitet ist) bzw. im 900-MHz-Frequenzband (GSM-900-Standard, der in Europa, Asien und Australien verbreitet ist).

Zellulare Systeme, die dem AMPS-Standard (Advanced Mobile Phone System) entsprechen, unterteilen die 12,5 MHz der verfügbaren Bandbreite in 30-kHz-Kanäle, wobei den einzelnen Kanälen jeweils ein Teilnehmer zugeordnet wird. Neuere Technologien, wie z.B. TDMA (Time Division Multiple Access – Mehrfachzugriff im Zeitmultiplex-Verfahren) und das in zahlreichen Mobilfunknetzen Nordamerikas und Japans eingesetzte CDMA (Code Division Multiple Access) unterstützen mehr Teilnehmer im gleichen Frequenzband und bieten darüber hinaus eine Reihe fortschrittlicher Merkmale. Tatsächlich sind TDMA, CDMA und GSM die bedeutendsten Technologien, die weltweit um Akzeptanz bei den meisten Mobilfunk- und

PCS-Anbietern (Personal Communications Service – allgemeine Bezeichnung für Mobilfunkdienste im amerikanischen 1900-MHz-Frequenzband) ringen. Dabei hat sich GSM inzwischen weltweit mit Ausnahmen (z.B. Japan) zur vorherrschenden Norm für digitale Mobiltelefonie entwickelt und wird zur Zeit in den 900-MHz- und 1.800-MHz- (Europa, Asien, Australien) und 1.900-MHz-Frequenzbändern (Nordamerika, Lateinamerika) verwendet.

9.3.1 TDMA (Time Division Multiple Access)

Das Mehrfachzugriffsverfahren TDMA verbessert die Kapazität von AMPS hinsichtlich der Anzahl der Anrufe dadurch, dass es die verfügbaren 30-kHz-Kanäle in drei Zeitschlitze unterteilt, so dass jeder Teilnehmer in regelmäßigen Zeitabständen wie beim Zeitscheibenverfahren (round-robin) Zugriff auf einen Zeitschlitz hat. Durch diese Zeitschlitzverfahren können mehrere Anrufe gemeinsam einen einzelnen Kanal nutzen, ohne sich gegenseitig zu stören. Nutzt man die Zeitschlitze für kurzzeitige hohe Datenraten (burst), lassen sich drei Anrufe über denselben 30-kHz-Kanal abwickeln, der bei AMPS-Systemen nur für einen Anruf ausreicht.

Die aktuelle, nordamerikanische Norm für den digitalen Mobilfunk ist *ANSI-136* (frühere Bezeichnung *IS-136*). ANSI-136 (bzw. IS-136) ist eine Revision der ursprünglichen Version von TDMA, IS-54, das auf einer Technologie basiert, die in den 70er Jahren verfügbar war und nur eine beschränkte Systemleistung bot. Der revidierte IS-136-Standard wurde 1994 veröffentlicht und berücksichtigte bereits spätere Entwicklungen, wie z.B. digitale Steuerkanäle.

ANSI-136-TDMA wird in Nordamerika sowohl für das 800- als auch das 1900-MHz-Band angeboten. ANSI-136-TDMA kann normalerweise mit analogen Kanälen im selben Netzwerk koexistieren. Ein Vorteil dieser dualen Technologie besteht darin, dass die Teilnehmer von der hohen Flächendeckung vorhandener analoger Netzwerke profitieren können, während die ANSI-136-TDMA-Flächendeckung langsam zunimmt, und gleichzeitig die Vorteile der fortschrittlicheren Technologie von ANSI-136-TDMA dort nutzen können, wo sie verfügbar ist.

ANSI-136-TDMA, das auch unter der früheren Bezeichnung D-AMPS (Digital AMPS) bekannt ist, spezifiziert neben dem von AMPS und IS-54B (Dual-Modus zellular) bereits verwendeten FSK-basierten (FSK – Frequency Shift Keying) Steuerkanal zusätzlich einen digitalen Steuerkanal (DCCH – Digital Control Channel) mit DQPSK (Differential Quadrature Phase-Shift Keying). Der FSK-Steuerkanal wird nun analoger Steuerkanal (ACC – Analog Control Channel) und der frequenzmodulierte (FM) Sprachkanal analoger Sprachkanal (ACV – Analog Voice Channel) genannt. Die Signale der AMPS-Kanäle wurden erweitert und ermöglichen nun mobile Terminals mit einem Dual-

Modus, die zwischen digitalen und analogen Kanälen wechseln können, um denjenigen zu finden, der die besten Dienste bietet.

Auf der physikalischen Schicht ähnelt der DTC (Digital Traffic Channel) insofern stark dem DCCH, da es sich um einen 48-kBit/s-DQPSK-Kanal mit Zeitschlitzen handelt. Der DTC wurde mit IS-54B eingeführt und wurde dann mit ANSI-136 durch eine neue Sprachcodierung und erweiterte Signaleigenschaften verbessert. Wie gehabt, ermöglicht der unterteilte 30-kHz-TDMA-Kanal für den Datenverkehr drei gleichzeitige Gespräche. Mit ANSI-136 kamen auch neue und erweiterte Steuersignale auf dem DTC hinzu, die neue Dienste zur Verfügung stellen und die transparente Ausweitung der zellularen Dienste auf das 1900-MHz-Band ermöglichen.

Weiterhin kann das mobile Terminal bei ANSI-136 in Strom sparende Betriebsmodi übergehen (»Schlafmodus«), durch die sich die Lebensdauer der Batterien erhöhen lässt. Und auch die Sprechdauer verlängert sich, weil das mobile Terminal verglichen mit AMPS bei Gesprächen nur während 33% der Zeit sendet.

Aus der Sicht der Betreiber bieten die digitalen TDMA-Kanäle verglichen mit AMPS eine dreifache Kapazitätssteigerung. Folgende Faktoren tragen unter anderem dazu bei:

- Drei digitale TDMA-Kanäle für den Datenverkehr nutzen dasselbe Frequenzspektrum wie ein AMPS-Sprachkanal.
- TDMA unterstützt mehr Betriebsmodi.
- Bei der Auswahl der Dienste werden neben der Signalstärke auch Informationen über die Diensteeigenschaften ausgewertet.
- Die digitale Kommunikation ermöglicht die effizientere Wiederverwendung des zellularen Spektrums.

Weiterhin werden auch die Dienste selbst verbessert, da das mobile Terminal die Signalstärke laufend überwachen und auf Anforderung an die Basisstation übermitteln kann.

9.3.2 CDMA (Code Division Multiple Access)

Statt das verfügbare Frequenzspektrum durch Zeitschlitze in separate Teilnehmerkanäle zu unterteilen, nutzt das Mehrfachzugriffsverfahren CDMA die Spread-Spectrum-Technologie, um Teilnehmer dadurch zu trennen, dass es ihnen digitale Kennungen innerhalb eines wesentlich breiter »gespreizten« Spektrums zuordnet. Dies führt zu einer höheren Kapazität der Kanäle und schützt die einzelnen Kanäle gegen Störungen durch andere Signale. Wie ANSI-136-TDMA lässt sich CDMA sowohl im 1900- als auch im 800-MHz-Band einsetzen.

Bei der Spread-Spectrum-Technologie wird die in einem bestimmten Signal enthaltene Information über eine wesentlich größere Bandbreite als das ursprüngliche Signal »gespreizt«. CDMA weist den einzelnen Teilnehmern eindeutige Kennungen zu und verteilt die Übertragungen aller Teilnehmer parallel über ein breites Frequenzband. Einzelne Gespräche werden vom jeweiligen Mobilterminal auf der Grundlage der zugewiesenen Kennungen wieder zusammengesetzt. Andere Gespräche erscheinen als zufälliges Rauschen und werden ignoriert. In der IS-95-Implementierung von CDMA beträgt die Bandbreite eines einzelnen Kanals 1,25 MHz und soll die 10- bis 20fache Teilnehmerzahl wie das vergleichbare Spektrum bei analogen zellularen Systemen unterstützen.

Seit seiner Einführung bei kommerziellen Kommunikationssystemen Mitte der 80er Jahre bestand die große Attraktivität der CDMA-Technologie in der versprochenen außerordentlichen Kapazitätssteigerung im Vergleich zu zellularen Schmalband-Technologien. Frühe Modelle schienen auf Kapazitätssteigerungen bis zum 40-fachen der bestehenden zellularen Schmalband-Standards (z.B. AMPS in Nordamerika, NMT in Skandinavien oder TACS in Großbritannien) hinzuweisen. Derartige Behauptungen basierten aber auf der Annahme des Betriebs unter Idealbedingungen und nicht auf tatsächlichen Installationen. Unter realen Bedingungen sind die von Funkzellen abgedeckten Gebiete höchst unterschiedlich und je nach Tageszeit unterschiedlich stark ausgelastet. Zudem unterliegen die Systeme häufig unkontrollierbaren Einflüssen (z.B. Geländeform und natürlichen Hindernissen), die schließlich bei der Installation zu suboptimaler Leistung führen.

Aber auch wenn sich die idealisierten Leistungsangaben für CDMA in der Realität nicht bestätigen ließen (Betreiber erreichen nur selten mehr als die 12fache Leistung der analogen Systeme der ersten Generation), bietet die Technologie andere Vorteile. Beispielsweise verbessert das Übergabeverfahren (handover) des CDMA-Standards die Zuverlässigkeit dadurch, dass sie die Wahrscheinlichkeit abgebrochener Anrufe minimiert.

In allen zellularen Systemen wird die Kommunikation zwischen Basisstationen und Mobilstationen für die jeweiligen Anrufe ausgehandelt und aufgebaut. Wenn die Verbindung erst einmal aufgebaut wurde, werden bei Systemen der ersten Generation Bewegungen der Mobilstation während der Dauer des Anrufs erkannt und die Dienste von einer Basisstation an die nächste weitergereicht. Beim CDMA-Standard wird das Übergabekonzept auf eine mehrwegige, simultane »weiche« Übergabe erweitert, während diejenige Basisstation den Anruf übernimmt, die das stärkste Signal empfängt.

9.3.3 Vergleich von CDMA und TDMA

Im Laufe ihrer Entwicklungsgeschichte gab es widersprüchliche Leistungs-
versprechungen für TDMA und CDMA. Befürworter von CDMA glauben,
dass es sich um eine stark überlegene Technologie handelt, die die zellulare
Industrie im neuen Jahrhundert vorwärts treibt. Die Vorteile von CDMA lassen sich so zusammenfassen:

- **Gesprächsqualität.** Die digitale Codierung von CDMA verbessert die Gesprächsqualität dadurch, dass statische Störungen eliminiert und Hinter-
  grundgeräusche reduziert werden.

- **Netzwerkkapazität.** CDMA bietet einen anfänglichen Kapazitätsvorteil
  bis zum 10fachen der Analogtechnologie, verringert dadurch die Notwendigkeit der Einrichtung zusätzlicher Funkzellen und minimiert so Ein-
  richtungs- und Wartungskosten.

- **Dienstevorkehrungen.** CDMA bietet hinsichtlich wirtschaftlicher,
  persönlicher Kommunikationsdienste bessere Möglichkeiten, die mit fortschrittlichen digitalen Merkmalen (z.B. Sprachnachrichten-Signalisierung
  und digitale Nachrichten) sowie einer Vielzahl drahtloser Datenanwendungen einhergehen.

- **Abhörsicherheit.** Die individuelle Codierung der einzelnen Telefon-
  gespräche bei CDMA macht das nicht autorisierte Abhören von Anrufen
  äußerst schwierig, so dass die Privatsphäre der Teilnehmer besser als bei
  den Systemen der ersten Generation geschützt wird.

- **Zuverlässigkeit.** Durch seine »weiche« Übergabetechnik verspricht
  CDMA weniger Anrufabbrüche als bei Systemen der ersten Generation.
  CDMA-Handgeräte sind »Smartphones«.

- **Umwelt.** Da sich die vorhandenen Funkzellen so aufrüsten lassen, dass
  sie 10-mal so viele Teilnehmer wie bisher bedienen können, verringert
  sich der Bedarf neuer Türme für Funkzellen deutlich.

Es kann kaum überraschen, wenn die Befürworter von TDMA behaupten,
dass CDMA gegenüber TDMA-basierter Technologie keine Vorteile bietet.
Insbesondere soll sich die von TDMA gebotene Gesprächsqualität nicht von
CDMA unterscheiden lassen, und die für CDMA behauptete größere Kapazität der Kanäle soll irreführend sein. Die wesentlichen Argumente für TDMA
lassen sich so zusammenfassen:

- **Bewährte Technologie.** TDMA hat sich in der Praxis bewährt, steht bereit
  und wird den geäußerten Zielen der Industrie hinsichtlich des zukünftigen Wachstums gerecht.

- **Wirtschaftlichkeit.** Während die analogen Netzwerke durch weitere
  Funkzellen und zusätzliche Einrichtungen wachsen, ermöglicht TDMA
  die gemeinsame Nutzung derselben Einrichtungen durch mehrere Teil-

nehmer. Dies führt zu der Art von Effizienz, die für die Durchdringung des Massenmarkts benötigt wird.

● **Evolutionärer Ansatz**. TDMA bietet einen evolutionären Wachstumspfad, der die Vorteile der behaupteten Kapazität von CDMA zumindest teilweise wieder wett macht.

Anfangs boten TDMA- und CDMA-Systeme nur grundlegende Sprachdienste. Zukünftig sollen beide Systeme erweiterte Datendienste umfassen und in die globale IMT-2000-Systemfamilie eingegliedert werden.

9.3.4   GSM

GSM (Global System for Mobile Communications; früher nach der Gruppe der Entwickler unter dem Namen »Groupe Spéciale Mobile« bekannt) wurde von Anfang an als internationaler digitaler, zellularer Dienst entwickelt. Die Funkschnittstelle von GSM basiert auf der TDMA-Technologie. GSM-Teilnehmer sollten sich von Anfang an »über nationale Grenzen hinweg herumtreiben« (»international roaming« im Wortsinne) und dabei ihre mobilen Dienste und die gewohnten Merkmale nutzen können.

Die europäische GSM-Version nutzt die Frequenzbänder 900 und 1800 MHz. In Nordamerika wird GSM für den PCS-1900-Dienst eingesetzt, der aktuell vorwiegend im Nordosten der USA, in Kalifornien und Nevada zur Verfügung steht. Da PCS 1900 die 1900-MHz-Frequenz nutzt, arbeiten sie nicht mit GSM-Mobiltelelefonen zusammen, die für die europäischen 900- oder 1800-MHz-Netzwerke entwickelt wurden. Aufgrund der unterschiedlichen in Amerika und Europa eingesetzten Standards ist es daher auch *nicht* möglich, einfache europäische Mobiltelefone oder Dual-Band-Handys in Amerika zu nutzen. Dieses Problem lässt sich jedoch durch den Einsatz von Triple-Band-GSM-Mobiltelefonen überwinden, die in drei verschiedenen Frequenzbändern operieren, nämlich den GSM-Frequenzen 900 und 1800 MHz, sowie dem amerikanischen 1900-MHz-Frequenzband. Wenn man ein derartiges Triple-Band-GSM-Mobiltelefon besitzt, braucht man sich bei Reisen in unterschiedliche Länder keine Mobiltelefone mehr zu leihen.

Entwicklung von GSM

Zu Beginn der 80er Jahre wuchs der europäische Markt für analoge zellulare Telefonsysteme schnell. Die verschiedenen Länder entwickelten unabhängig voneinander ihre eigenen zellularen Systeme. Die unkoordinierte Entwicklung nationaler Mobilkommunikationssysteme sorgte dafür, dass Teilnehmer bei Reisen innerhalb Europas nicht dasselbe portable Endgerät benutzen konnten. Aber der Einsatz der mobilen Ausrüstung war nicht nur auf die nationalen Grenzen beschränkt, sondern es gab zudem nur sehr beschränkte

Märkte für die jeweiligen Geräte, so dass sich keine Kostensenkungen durch Skaleneffekte verwirklichen ließen. Ohne hinreichend große Heimatmärkte mit gemeinsamen Standards wäre es aber den einzelnen Herstellern nicht möglich, wettbewerbsfähige Produkte auf dem Weltmarkt anzubieten. Weiterhin erkannten Regierungsmitglieder, dass inkompatible Kommunikationssysteme ihrer Vision vom wirtschaftlich vereinigten Europa im Wege stehen würden.

Vor diesem Hintergrund bildete die damals aus 26 Nationen bestehende CEPT (Conference of European Posts and Telegraphs) 1982 unter dem Namen »Groupe Spéciale Mobile« eine Studiengruppe, deren Ziel die Entwicklung eines zukünftigen paneuropäischen mobilen Kommunikationssystems war. 1986 war klar, dass die Kapazität einiger der aktuellen zellularen Netzwerke Anfang der 90er Jahre ausgelastet sein würde. Die CEPT empfahl, zwei Frequenzblöcke im 900-MHz-Band für das neue System zu reservieren. Der GSM-Standard spezifiziert die Frequenzbänder 890 bis 915 MHz für das Aufwärtsband (Uplink) und 935 bis 960 MHz für das Abwärtsband (Downlink), wobei diese Bänder jeweils in 200-kHz-Kanäle aufgeteilt werden.

Das mobile Kommunikationssystem, das sich die CEPT vorstellte, musste die folgenden Leistungskriterien erfüllen:

- Qualitativ hochwertige Sprachübertragung
- Unterstützung von internationalem Roaming
- Unterstützung von Handheld-Endgeräten
- Unterstützung einer Vielzahl neuer Dienste und Möglichkeiten
- Effizienz im Frequenzspektrum
- Kompatibilität zu ISDN
- Niedrige Preise der Endgeräte und der Dienste

1989 wurde die Verantwortung für Aufsicht über die Entwicklung der GSM-Spezifikationen von der CEPT auf das ETSI (European Telecommunication Standards Institute) übertragen. ETSI war 1988 mit dem Zweck gegründet worden, in Zusammenarbeit mit anderen Organisationen Standards für die Telekommunikation und andere verwandte Gebiete der Funkübertragung und der Bürotechnologie für Europa zu entwickeln.

1990 veröffentlichte ETSI die GSM-Phase-I-Spezifikationen. Erste kommerzielle Dienste wurden Mitte 1991 angeboten. 1993 gab es 36 GSM-Netzwerke in 22 Ländern und 25 weitere Länder hatten sich bereits für GSM entschieden oder begannen es in ihre Entscheidungen einzubeziehen. Seither ist GSM in Südafrika, Australien und in vielen Ländern im mittleren und fernen Osten übernommen worden. In Nordamerika wurde GSM zur Implementierung von PCS eingesetzt. Im Januar 2000 bedienten 359 GSM-Netzwerke in 132 Ländern 303,5 Millionen Teilnehmer.

Netzwerkarchitektur

Die Architektur von GSM-Netzwerken besteht aus den folgenden Elementen (Abbildung 9.3):

● **Mobilstation**. Dabei handelt es sich um das Hand-held-Endgerät, das Teilnehmer mit sich führen, und das für Sprach- oder Datenanrufe eingesetzt wird. Es umfasst das auswechselbare SIM (Subscriber Identity Module) mit den Informationen zum Teilnehmer und zur Authentifizierung.

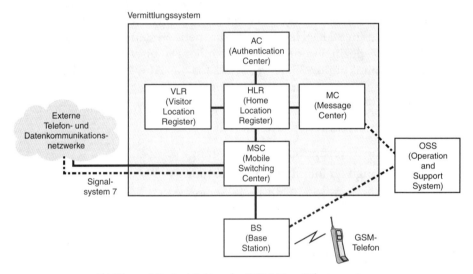

Abbildung 9.3: Architektur des GSM-Vermittlungssystems

● **Basisstation-Subsystem**. Dieses Subsystem steuert die Funkverbindung zur Mobilstation und überwacht den Anrufstatus für Zwecke der Übergabe.

● **Netzwerksubsystem**. Der wesentliche Bestandteil dieses Subsystems ist das MSC (Mobile services Switching Center), das für das Zustandekommen von Verbindungen zwischen dem mobilen Endgerät und anderen Festnetz- oder Mobilfunkteilnehmern und für Verwaltungsdienste, wie z.B. die Authentifizierung zuständig ist.

● **Funkschnittstellen**. Bei diesen Schnittstellen handelt es sich um Funkverbindungen, über die Mobil- und Basisstationen bzw. Basisstations-Subsysteme mit dem MSC kommunizieren.

Alle GSM-Netzwerke verfügen zudem über ein Betriebs- und Wartungs-zentrum, das den ordnungsgemäßen Betrieb und die Einrichtung des Netz-werks beaufsichtigt.

Varianten der Festlegung der Kanäle

Da es sich beim Funkspektrum um eine beschränkte Ressource handelt, die von allen Teilnehmern gemeinsam genutzt wird, muss ein Verfahren ent-wickelt werden, mit dem sich die Bandbreite auf möglichst viele Teilnehmer aufteilen lässt. Das von GSM benutzte Verfahren ist eine Kombination von TDMA und FDMA (Time- bzw. Frequency Division Multiple Access).

Zum FDMA-Teil gehört die Aufteilung der Frequenzen des gesamten 25-MHz-Bandes in 124 Trägerfrequenzen mit jeweils 200 kHz Bandbreite. Eine oder mehrere der Trägerfrequenzen werden dann den einzelnen Basis-stationen zugeordnet. Jede dieser Trägerfrequenzen wird in acht Zeitschlitze unterteilt, wobei das TDMA-Verfahren eingesetzt wird. Ein Zeitschlitz wird für übertragene Daten des mobilen Endgerätes und einer für den Empfang von Daten verwendet. Diese beiden Zeitschlitze sind zeitlich getrennt, so dass das mobile Endgerät nicht gleichzeitig senden und empfangen kann.

Das TDMA-Gerüst stellt zwei Arten von Kanälen zur Verfügung: Kanäle für den Datenverkehr und Kanäle für Steuerungszwecke. Über die Kanäle für den Datenverkehr werden Sprache und Daten zwischen den Teilnehmern übertragen, während die Steuerkanäle Informationen übertragen, die das Netzwerk für Überwachung und Verwaltung benötigt. Zu den Steuerkanälen zählen unter anderem die folgenden:

- **FACCH (Fast Associated Control Channel)**. Dieser Kanal wird dadurch erzeugt, dass Zeitschlitze eines Datenverkehrskanals zur Übertragung der Feldstärke und Übergabenachrichten abgezweigt werden.

- **BCCH (Broadcast Control Channel)**. Dieser Kanal überträgt laufend (auf dem Downlink) Informationen, zu denen die Identität der Basisstation, Frequenzzuordnungen und die Abfolge des Frequenzhüpfens (frequency-hopping) zählen.

- **SDCCH (Standalone Dedicated Control Channel)**. Dieser Kanal wird zur Anmeldung, zur Authentifizierung, zur Einrichtung der Anrufe und zur Aktualisierung des Standorts genutzt.

- **CCCH (Common Control Channel)**. Besteht aus drei Steuerkanälen, die während des Gesprächsaufbaus und des Pagings von Anrufen genutzt werden.

- **RACH (Random Access Channel)**. Dieser Kanal wird bei der Anmeldung des Zugriffs auf das Netzwerk genutzt.

● **PCH (Paging Channel)**. Dieser Kanal wird dazu benutzt, um die Mobilstation über ankommende Anrufe zu benachrichtigen.

Folgephasen

Die GSM-Phase II ist von den meisten Betreibern implementiert worden. Diese Phase bietet zusätzliche Dienste, wie z.B. Gesprächsgebührenübermittlung, Rufnummernübermittlung (CLI – Calling Line Identification), Anklopffunktion, Anruf-Haltefunktion, Telefonkonferenzen und geschlossene Benutzergruppen. Die Phase II+ bietet Unterstützung für mehrere Diensteprofile, so dass der Teilnehmer mit einem einzelnen Endgerät verschiedene Rollen annehmen kann, wie z.B. als Privatperson und als Geschäftsmann. Bei Einführung privater Rufnummernpläne können Teilnehmer Gespräche mit anderen Mitarbeitern ihrer Organisation über interne Netze führen, als ob sie an dieselbe Telekommunikationsanlage angeschlossen wären. Geschäftliche Teilnehmer können über das GSM-Netzwerk auch gegebenenfalls verfügbare zusätzliche Dienste nutzen, durch die sie unterwegs über ähnliche Möglichkeiten wie beim direkten Anschluss an die firmeninterne Telekommunikationsanlage verfügen. In Phase II+ kommen weiterhin Spezifikationen für das so genannte Internetworking (netzübergreifende Zusammenarbeit) hinzu, so dass Benutzer z.B. über DECT-, DCS1800- und Mobilfunknetze kommunizieren können.

HSCSD (High Speed Circuit Switched Data)

HSCSD wurde 1998 vorgestellt, steigerte die Datenübertragungskapazität auf 57,6 kBit/s und bot Potential für höhere Geschwindigkeiten. Dies wurde dadurch erreicht, dass der GSM-Standard so geändert wurde, dass die ursprüngliche 9,6-kBit/s-Kanalcodierung zur Unterstützung der Mobiltelefonie durch eine 14,4-kBit/s-Codierung ersetzt wurde. Die vier Kanäle mit jeweils 14,4 kBit/s werden zu einem einzelnen 57,6-kBit/s-Kanal kombiniert, der fast der Leistung eines ISDN-Kanals entspricht. Durch die zusätzliche Bandbreite eignen sich GSM-Telefone und mobile Endgeräte für Multimedia-Anwendungen.

Bei dieser Bandbreite können Teilnehmer auf das Web zugreifen und Seiten mit grafischen Inhalten binnen Sekunden herunterladen. Die höheren Geschwindigkeiten lassen sich auch zum Zugriff auf hausinterne LANs über Unternehmens-Intranets nutzen. Da HSCSD Bandbreiten bei Bedarf zur Verfügung stellen kann, spielt es keine Rolle, welche Geschwindigkeit Teilnehmer für bestimmte Aktivitäten benötigen. Der Dienst stellt die benötigte Geschwindigkeit bis zur maximalen Rate von 57,6 kBit/s zur Verfügung. Bei beiderseitiger Kompression der Daten zwischen Client und Server lassen sich noch höhere Geschwindigkeiten erreichen.

GPRS (General Packet Radio Services)

GPRS für GSM steht seit 1999 zur Verfügung. Wie HSCSD bietet GPRS Mobilfunkteilnehmern Datendienste mit höheren Geschwindigkeiten. Als paketvermittelte Technologie eignet sich GPRS aber besser als HSCSD für die meisten Datenanwendungen mit ihren nur gelegentlichen Spitzendatenraten. GPRS ist z.B. ideal für E-Mail- und Datenbankdienste, bei denen Benutzer keine hohen Anrufgebühren für kurze Übertragungen bezahlen wollen. GPRS ermöglicht den Teilnehmern auch den Parallelempfang von Sprachanrufen während des Sendens oder des Empfangs von Datenanrufen. Nachrichten werden direkt zum Telefon des Teilnehmers zugestellt, wobei die beteiligten Endgeräte nicht einmal wirklich verbunden sein müssen. Wenn der Teilnehmer sein Telefon einschaltet, wird er darüber informiert, dass Nachrichten warten. Dann kann der Teilnehmer wählen, ob er die Nachrichten sofort herunterladen oder für später speichern möchte.

GPRS sorgt auch für schnellere Verbindungen als HSCSD und eine effizientere Zusammenarbeit mit Netzwerken auf Grundlage des IP-Protokolls, zu denen sowohl viele Unternehmens-Intranets und LANs als auch das Internet zählen. Durch verschiedene Kombinationen von TDMA-Zeitschlitzen bewältigt GPRS alle Übertragungsarten vom langsamen SMS bis hin zu den höheren Geschwindigkeiten, die für das Surfen im Web benötigt werden. GPRS bietet mit seinem Paketdienst Spitzendatenraten von über 100 kBit/s. Die Maximalrate liegt bei 171,2 kBit/s über acht 21,4-kBit/s-Kanäle.

Bei leitungsvermittelten Übertragungen wird ein Kanal einem Teilnehmer für die Dauer des Anrufs zugeordnet. Bei paketvermittelten Netzwerken wie GPRS nutzen alle Teilnehmer einer Funkzelle das verfügbare Frequenzspektrum gemeinsam. Das Spektrum wird nur genutzt, wenn der Teilnehmer tatsächlich etwas zu senden hat. Wenn keine Daten zu übertragen sind, bleibt das Spektrum frei, so dass es für andere Gepräche genutzt werden kann. Wenn Daten daher geballt anfallen, wie es bei LAN-Daten der Fall ist, lassen sich die Netzwerkressourcen effizienter aufteilen, da der Betreiber die Übertragungslücken dazu nutzen kann, andere Gespräche abzuwickeln.

Wie HSCSD arbeitet auch GPRS innerhalb der vorhandenen GSM-Infrastruktur, so dass es sich kurzfristig einführen lässt. GPRS bietet den Anbietern und Nutzern von Datendiensten zwei wesentliche Vorteile. Erstens senkt GPRS die Kosten der Verbindungen, da es mit den Funk- und Netzwerkressourcen effizienter umgeht. Mit GPRS beanspruchen Anwendungen das Netzwerk nur dann, wenn tatsächlich Daten übertragen werden. Verglichen mit dem heutigen Verfahren der Leitungsvermittlung werden die Kosten des Verbindungsangebots gesenkt. Zweitens bietet GPRS transparente IP-Unterstützung. Durch die transparente Umleitung des IP-Protokolls vom mobilen Endgerät zum Inter- oder Intranet erhält man mit GPRS (ohne das herkömm-

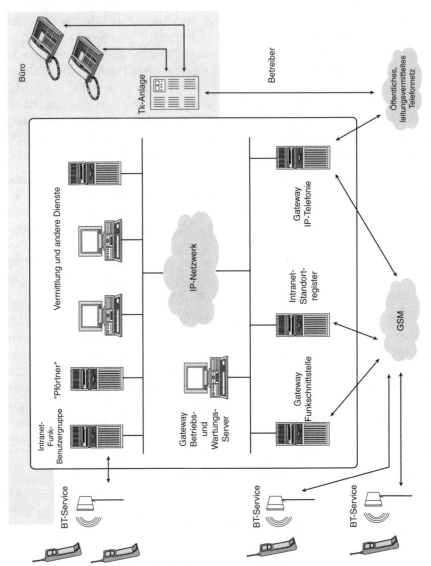

Abbildung 9.4: Die Architektur des »GSM-Intranet-Offices« von Nokia

liche Modem) mobilen Zugriff auf ein Unternehmens-Intranet, wenn man den Endgeräten denselben Status wie IP-Hosts in einem LAN gibt. Bei sich weiter entwickelnder Nachfrage werden zukünftig höhere Datenraten von bis zu 2 MBit/s im Paketmodus durch Einsatz der ATM-Technologie (Asynchronous Transfer Mode) unterstützt.

EDGE (Enhanced Data for Global Evolution)

Die letzte inkrementelle Entwicklung vor der Ankunft der dritten Generation wird die Einführung der EDGE-Technologie (Enhanced Data for Global Evolution) sein, die mit Hilfe eines alternativen Modulationsverfahrens Datenraten von mehr als 300 kBit/s bei Nutzung der GSM-200-kHz-Standardträgerfrequenz bietet. EDGE wird sowohl leitungs- als auch paketvermittelte Daten unterstützen und bietet jenen GSM-Betreibern eine Lösung, welche zwar über keine 3G-Lizenzen verfügen, aber dennoch konkurrenzfähige Breitbanddienste anbieten wollen.

Das verbesserte Modulationsverfahren wird sich automatisch an das aktuelle Funkumfeld anpassen, um Teilnehmern in der Nähe von Basisstationen unter guten Bedingungen für die Signalausbreitung bestmögliche Datenraten zu bieten, während es die weiter entfernten Gebiete mit geringeren Datenraten bedient. EDGE lässt sich auch über ANSI-136-TDMA-Netzwerke implementieren.

GSM und IP

GSM und IP lassen sich leicht kombinieren, dies ermöglicht leistungsfähigere Anwendungen. Das »GSM-Intranet-Office« von Nokia kombiniert beispielsweise GSM- und IP-Telefonie im selben Netzwerk. Diese Lösung kann durch Benutzung des vorhandenen LANs die Gesprächskosten bei größeren Unternehmen deutlich senken (Abbildung 9.4).

Sprachanrufe für unterschiedliche Mobiltelefone, herkömmliche Telefone oder PCs lassen sich mit üblichen GSM-Telefonen über das Intranet von Unternehmen büroweit abwickeln. Zudem lassen sich dieselben Mobiltelefone auch außerhalb des Büros nutzen. Dann werden die Anrufe wie üblich über das GSM-Netzwerk der Betreiber geleitet.

Durch den Anschluss einer dedizierten Basisstation (der Nokia InSite Base Station) an das Unternehmens-LAN lassen sich alle bürointernen Telefonanrufe lokal über das Unternehmens-Intranet routen. Die InSite-Basisstation besteht aus einem einzelnen Transceiver, der für gebäudeinterne picozellulare Anwendungen optimiert ist. Dadurch, dass die Angestellten von Unternehmen sowohl innerhalb als auch außerhalb des Büros vorwiegend Mobiltelefone nutzen, können Unternehmen sowohl ihre Telefonkosten senken als auch ihre Produktivität und Effizienz steigern.

Das »GSM-Intranet-Office« umfasst auch ein Managementsystem zur Überwachung der Leistung der IP- und GSM-Netzwerke. Es speichert Informationen über die Konfiguration aller Netzwerkelemente und Softwareversionen. Die Daten aller Netzwerkelemente lassen sich zur weiteren Verarbeitung und Analyse an andere Managementsysteme (z.B. das Nokia NMS 2000) weiterleiten.

9.4 Globale 3G-Initiative

Wie bereits erwähnt, wird IMT-2000 zum drahtlosen Zugriff auf die globale Telekommunikationsinfrastruktur führen, der sowohl über Satelliten als auch über terrestrische Systeme erfolgt und die Teilnehmer öffentlicher und privater Netzwerke bedient. Mit dieser Initiative wird der Rahmen einer »Systemfamilie« entwickelt, die als ein Systemverbund definiert ist, die Dienste mit fortschrittlichen Fähigkeiten in einem globalen Roaming-Angebot zur Verfügung stellt. Die Initiative soll die Entwicklung der heutigen nationalen und regionalen und untereinander inkompatiblen 2G-Systeme hin zu 3G-Systemen erleichtern, die den Teilnehmern bereits in wenigen Jahren echte globale Dienste bietet und für die Zusammenarbeit der verschiedenen Systeme sorgt. Die ITU soll die vielen verschiedenen technologischen Entwicklungen in diesem Bereich leiten und koordinieren und zur Konvergenz der konkurrierenden nationalen und regionalen drahtlosen Zugriffstechnologien beitragen. Um diese Ziele erreichen zu können, hat die ITU mehr als ein Dutzend nationaler und regionaler Vorschläge begutachtet, um aus diesen die wesentlichen Charakteristiken der Gruppe der IMT-2000-Funkschnittstellen herauszufiltern.

9.4.1 Entwicklung von Standards

1992 wählte die Weltfunkkonferenz (WRC – World Radio Conference) die Frequenzbänder von 1885 bis 2025 MHz und 2110 bis 2200 MHz für zukünftige IMT-2000-Systeme. Gemäß der Spezifikation der ITU (International Telecommunications Union) für Region 1 sind für UMTS/IMT-2000 die Bänder 1900 bis 2025 MHz und 2110 bis 2200 MHz vorgesehen. Dabei werden die Teilbänder 1980 – 2010 MHz (Uplink) und 2170 – 2200 MHz (Downlink) jedoch von Satellitenanwendungen genutzt und bleiben für diese reserviert.

Mit der Übereinkunft über die Frequenzbänder und der Festlegung anderer wichtiger Standards konzentrierte sich die Arbeit der ITU dann auf die Auswahl der überaus wichtigen Technologie der Funkschnittstelle für das System, und damit auf die so genannte RTT (Radio Transmission Technology). Um den zunehmenden Bandbreitenbedarf befriedigen und den zunehmend interaktiven Datenverkehr der 3G-Systeme bewältigen zu können, waren weitere Funkspektren erforderlich. Diesem Thema widmete sich die WRC 2000, die von der ITU veranstaltet wurde, im Mai/Juni 2000 in Istanbul stattfand und an der 2500 Delegierte aus 188 Nationen teilnahmen. Hier wurde das Spektrum von 2500 bis 2690 MHz für Erweiterungsbänder festgelegt, das zukünftig je nach Bandbreite- und Frequenzbedarf zusätzlich genutzt werden kann.

Hinsichtlich der Technologie für die Funkschnittstelle, wertete die ITU 15 Beiträge von Organisationen und regionalen Körperschaften der ganzen Welt aus. Diese Vorschläge wurden von speziellen, unabhängigen Bewertungsgruppen untersucht. Die Berichte mit den Abschlussbewertungen wurden der ITU im September 1998 zugestellt. Die Endauswahl der Schlüsselmerkmale für die IMT-2000-Funkschnittstelle fand im März 1999 statt. Sie wird zur Entwicklung detaillierterer ITU-Spezifikationen für IMT-2000 führen.

Die ITU entschied sich dafür, im Wesentlichen einen einzigen flexiblen Standard mit einer Auswahl von Mehrfachzugriffsverfahren anzubieten, zu denen CDMA, TDMA und eine Kombination von TDMA/CDMA zählten. Diese lassen sich potentiell mit SDMA (Space Division Multiple Access) kombinieren, um den vielen unterschiedlichen Betriebsumfeldern der Welt gerecht zu werden. Mobilsysteme der zweiten Generation verwenden zwar sowohl TDMA- als auch CDMA-Technologien, SDMA wird jedoch bis heute nur äußerst selten eingesetzt. Die ITU erwartet jedoch, dass es adaptive Antennentechnologien und entsprechende Systeme geben wird, die die Leistung zukünftiger Systeme in der räumlichen Dimension deutlich steigern sollen.

Die wesentlichen Merkmale von IMT-2000 gliedern sich sowohl hinsichtlich ihrer terrestrischen als auch ihrer Satellitenkomponenten in den Hochfrequenzteil (Frontend), der vorwiegend die Hardware der Mobilterminals betrifft, und den Basisband-Teil, der vorwiegend die Software betrifft. Über RF und Basisband hinaus decken die wesentlichen Satellitencharakteristika auch die Architektur und die Systemaspekte ab. Laut ITU sollte der Einsatz der gemeinsamen Komponenten für den RF-Teil der Terminals zusammen mit flexiblen Fähigkeiten, die in der Basisband-Verarbeitung vorwiegend von der Software definiert werden, jene Funktionalität der Mobilterminals gewährleisten, die nicht nur die verschiedenen im 21. Jahrhundert benötigten Funkschnittstellen zur Verfügung stellen, sondern auch eine kostengünstige Produktion ermöglichen.

Die ITU hat auch angemerkt, dass heute bereits zunehmend mobile Endgeräte mit Mehrfachfunktionalität angeboten werden, die mehrere Bänder nutzen, um den sich weiter entwickelnden Ansprüchen an die heutigen Systeme gerecht zu werden. Bereits in wenigen Jahren dürfte daher die im IMT-2000-Standard definierte Flexibilität nur noch geringfügige Auswirkungen auf den Stromverbrauch, die Abmessungen und den Preis der Geräte haben.

Die Schlüsselcharakteristika der Funktechnologie selbst stellen keine implementierbare Spezifikation dar, bildeten aber den Rahmen für die Merkmale und Entwicklungsparameter, durch den die Entwicklung der detaillierten Spezifikationen (IMT.RSPC) zwischen Juni und November 1999 möglich wurde.

Aufgrund der zwingenden Beschränkungen der bereits entwickelten und eingesetzten Satellitensysteme und aufgrund dessen, dass die Vorschläge hinsichtlich der Satelliten bereits global harmonisiert waren, wurden mehrere Satelliten-Funkschnittstellen in das Abkommen vom März 1999 aufgenommen. Es wurde jedoch nach Gemeinsamkeiten zwischen den terrestrischen und den Satelliten-Funkschnittstellen gesucht, so dass man erwarten kann, dass diese weiter zunehmen werden, wenn die zweite Phase der IMT-2000-Satellitenkomponenten zu Beginn des 21. Jahrhunderts eingeführt werden.

Der flexible Ansatz der IMT-2000-Implementierung bietet innerhalb eines einzigen Standards die Wahlmöglichkeit zwischen mehreren Zugriffsverfahren, die den Ansprüchen der weltweiten drahtlosen Gemeinschaft gerecht werden. Insbesondere können sich Betreiber für jene Funkschnittstellen entscheiden, die den jeweiligen Regulierungen, der Kaufkraft und den Bedürfnissen ihrer Kunden am besten gerecht werden und dabei gleichzeitig die Folgen dieser Flexibilität für Endverbraucher minimieren.

9.4.2   Ziele von IMT-2000

Beim IMT-2000-Modell basiert die Mobiltelefonie nicht mehr auf marktspezifischen Produkten, sondern auf gemeinsamen, flexiblen und standardisierten Plattformen, die weltweit die Grundbedürfnisse der Märkte für öffentliche, private, feste und mobile Netze befriedigt. Dieser Ansatz sollte zu längeren Produktlebenszyklen bei Basisnetzen und Übertragungskomponenten führen und Netzwerkbetreibern, Diensteanbietern und Herstellern größere Flexibilität und Kosteneffizienz bieten.

Bei der Entwicklung der Systemfamilie, die die Kommunikationsbedürfnisse der Mobilfunkteilnehmer über das Jahr 2000 hinaus befriedigen sollte, identifizierten die IMT-2000-Architekten mehrere Schlüsselanforderungen. Diese mussten erfüllt werden, wenn die dritte Generation der Mobilsysteme zu einem sicheren Erfolg werden sollte.

Hohe Geschwindigkeit

Alle neuen Systeme müssen schnelle Breitbanddienste (z.B. schneller Internet-Zugriff und Multimedia-Anwendungen) unterstützen. Die Nachfrage nach derartigen Geräten nimmt bereits stark zu, und der Markt soll laut verschiedenen Prognosen bis 2010 ein Volumen von 10 Mrd. US-$ erreichen. Teilnehmer werden verlangen, dass sie von ihren mobilen Endgeräten aus ebenso schnell wie von ihren fest installierten Geräten aus auf ihre Lieblingsdienste zugreifen können.

Flexibilität

Die integrierten Systeme der nächsten Generation müssen möglichst flexibel sein, neue Dienstearten (wie z.B. weltweite persönliche Rufnummern und Satellitentelefonie) unterstützen und dabei einen reibungslosen Übergang zu IMT-2000-kompatiblen terrestrischen drahtlosen Netzen ermöglichen. Diese und andere Eigenschaften werden die Möglichkeiten von Mobilsystemen stark erweitern und für Teilnehmer und Betreiber gleichermaßen vorteilhaft sein.

Erschwinglichkeit

Das System darf zumindest nicht teurer als die heutigen Telekommunikationsdienste sein. Die ITU hat erkannt, dass sich mit einem einzelnen globalen Standard Kostendegressionseffekte erzielen lassen, mit denen sich Endverbraucherpreise senken lassen. Preise spielen zwar bei allen Verbrauchern eine wichtige Rolle, sind aber im Hinblick auf die Durchdringung von Entwicklungsländern von ausschlaggebender Bedeutung. Damit 3G-Geräte von Verbrauchern schnell angenommen werden, müssen sie zumindest dieselben Leistungen wie aktuelle Systeme bieten und preiswert sein. Selbst wenn Kostendegressionseffekte bei entsprechenden Stückzahlen unweigerlich Kostensenkungen zur Folge haben, werden die Geräte vom Kunden nicht gekauft, wenn sie anfangs teurer sind und keine größere Funktionalität bieten.

Kompatibilität

Jede neue Systemgeneration muss bestehenden Netzwerken einen effektiven Evolutionspfad bieten. Während der Einsatz digitaler Systeme Anfang der 90er Jahre häufig eine Stilllegung analoger Netzwerke der ersten Generation mit sich brachte, ist ein ähnliches Szenario angesichts der weltweit enormen Investitionen in die Entwicklung der zellularen Netzwerke der zweiten Generation im Laufe des letzten Jahrzehnts beim Übergang auf 3G-Systeme völlig untragbar.

Differenzierung

Bei der Koordinierung der Entwicklungen im Rahmen des IMT-2000-Gerüsts achtet die ITU auch darauf, dass es weiterhin Spielraum für den Wettbewerb unter Herstellern gibt. Nur so bieten sich jene Anreize und Stimuli für Innovationen, die Industrieunternehmen benötigen, um im technologischen Bereich frei konkurrieren zu können. Entsprechend sollen die IMT-2000-

Standards die Entwicklung besserer, evolutionärer Technologien oder innovativer Ansätze nicht behindern, sondern diese integrieren.

9.4.3 UMTS (Universal Mobile Telecommunications System)

Eines der wichtigsten neuen 3G-Mobilsysteme, die im Rahmen von IMT-2000 entwickelt werden, ist UMTS (Universal Mobile Telecommunications System), das vom ETSI (European Telecommunications Standards Institute) standardisiert worden ist. UMTS nutzt UTRA (UMTS Terrestrial Radio Access) als Grundlage für ein globales terrestrisches Funknetzwerk. Europa und Japan implementieren UTRA in den gepaarten Frequenzbändern 1920 bis 1980 MHz und 2110 bis 2170 MHz. Europa hat sich auch dafür entschieden, UTRA in den ungepaarten Bändern 1900 bis 1920 MHz und 2010 bis 2025 MHz zu implementieren.

UMTS kombiniert Schlüsselelemente der TDMA- (ca. 80% des heutigen digitalen Mobilfunkmarkts basiert auf TDMA) und CDMA-Technologien mit einer integrierten Satellitenkomponente, um Breitband-Multimediafähigkeiten über mobile Kommunikationsnetzwerke anzubieten. Die Übertragungsraten betragen mindestens 144 kBit/s für voll mobile Anwendungen in allen Umgebungen, 384 kBit/s für beschränkt mobile Anwendungen in makro- und mikrozellularen Umgebungen und 2 MBit/s für Anwendungen mit geringer Mobilität in mikro- und pico-zellularen Umgebungen. Die Datenrate von 2 MBit/s kann auch für kurze Entfernungen oder Paketanwendungen in makrozellularen Umgebungen verfügbar sein. Die vom Netzbetreiber zu garantierenden 144 kBit/s werden auch in der ersten UMTS-Ausbaustufe angeboten werden.

Da UMTS die besten Bestandteile von TDMA und CDMA nutzt, bietet dieses 3G-System einen Ausblick auf die Umsetzung zukünftiger drahtloser Netzwerke und die von der IMT-2000-Systemfamilie möglicherweise angebotenen Dienste.

UMTS-Zielsetzungen

UMTS ermöglicht eine Vielzahl von Mobilfunkdiensten, von Kurznachrichten über Sprach-, Daten- und Videokommunikation, Internet- und Intranet-Zugriff bis hin zur Kommunikation mit hohen Bitraten bis zu 2 MBit/s. Daher wird erwartet, dass UMTS die Mobilkommunikation über die aktuellen Möglichkeiten der verdrahteten und drahtlosen Telefonie hinaus voranbringen wird und eine Plattform bieten soll, die sich 2002 implementieren und in Betrieb nehmen lässt. Auf der CeBIT 2001 in Hannover wurde der Öffentlichkeit bereits ein UMTS-Netz mit einer Reichweite von 1 km vorgestellt.

UMTS soll global verfügbare, personalisierte und qualitativ hochwertige mobile Kommunikationsdienste bieten. Seine Ziele umfassen:

- Integration der Dienste am Wohnort, im Büro und unterwegs in einem einzigen System, so dass der Teilnehmer nur noch ein einziges Endgerät benötigt.
- Die Sprach- und Dienstequalität soll zumindest mit der aktuell installierter Festnetze vergleichbar sein.
- Das Diensteangebot soll Multimedia umfassen.
- Das Angebot von Diensten und der Netzwerkbetrieb sollen getrennt möglich sein.
- Rufnummern sollen unabhängig vom Netzwerk und vom Diensteanbieter übertragbar sein.
- Mit den Kapazitäten und Möglichkeiten sollen sich 50% der Bevölkerung bedienen lassen.
- Nahtlose, globale Funkabdeckung bei einer Datenrate der Funkträger von zunächst 144 kBit/s und später bis zu 2 MBit/s.
- Flexible Funkressourcen, die Konkurrenz innerhalb eines Frequenzbandes zulassen.

Beschreibung

UMTS trennt die Rollen von Diensteanbieter, Netzwerkbetreiber, Abonnenten und Nutzer. Diese Trennung der Rollen ermöglicht innovative neue Dienste, ohne dass sie Zusatzinvestitionen der Diensteanbieter in das Netzwerk erfordern. Jeder UMTS-Benutzer hat eine netzwerkunabhängige eindeutige Identifikationsnummer, und mehrere Teilnehmer und Endgeräte lassen sich demselben Abonnenten zuordnen. Dadurch kann ein Abonnement und eine Rechnung für einen Haushalt alle Familienmitglieder umfassen, auch wenn sie jeweils eigene Endgeräte benutzen. Dadurch erhalten Kinder über das Konto ihrer Eltern Zugriff auf verschiedene Kommunikationsdienste. Diese Anwendung ist auch für Unternehmen attraktiv, bei denen der kosteneffiziente Betrieb des Systems (von der Verwaltung der Teilnehmer/Nutzer bis hin zum Funksystem) und eine angemessene Kontrolle der Teilnehmer hinsichtlich der genutzten Dienste erforderlich ist.

UMTS unterstützt die Schaffung flexibler Dienste, ohne die Implementierung der Dienste umfassend zu standardisieren. Die Ausgestaltung der Dienste bleibt den Diensteanbietern und Netzwerkbetreibern überlassen, so dass sie sich je nach Marktnachfrage gestalten lassen. Der Abonnent (oder der vom Abonnenten autorisierte Teilnehmer) wählt Dienste aus und stellt sich sein Diensteprofil entweder bei der Anmeldung oder über das Endgerät individuell zusammen.

UMTS unterstützt seine Dienste unter anderem mit Netzwerk-, Sende-, Verzeichnis- und Ortungseinrichtungen, so dass UMTS einen klaren Wettbewerbsvorteil vor den mobilen Sprach- und beschränkten Datendiensten früherer Generationen hat. Durch das Angebot der neuen Dienste ist UMTS auch preislich bei Sprachdiensten und als Plattform für neue Anwendungen konkurrenzfähig.

UMTS bietet qualitativ hochwertige Funkverbindungen, die mehrere alternative Codecs für Sprache mit Datenraten zwischen 2 und 64 kBit/s, Bilder, Video und Daten unterstützen. Weiterhin werden fortschrittliche Datenprotokolle unterstützt, die Großteile der ISDN-Dienste (Integrated Services Digital Network) abdecken. Das Konzept umfasst variable Spitzendatenraten bis zu 2 MBit/s.

Funktioneller Aufbau

Der funktionelle Aufbau von UMTS stützt sich auf verteilte Datenbanken und dezentrale Datenverarbeitung und lässt innovativen Diensten Raum, ohne dass bereits implementierte UMTS-Netzwerke oder vorhandene UMTS-Endgeräte geändert werden müssen. Dieses diensteorientierte Modell bietet drei Hauptfunktionen: Verwaltung und Angebot von Diensten, Mobilität und Verbindungssteuerung und Netzwerkmanagement.

- **Verwaltung und Angebot von Diensten**. Eine SDF (Service Data Function) ist für die Speicherung und den Zugriff auf die für die Dienste benötigten Daten zuständig. Eine SCF (Service Control Function) umfasst die für die Dienste und die Mobilität erforderliche Steuerlogik und verarbeitet die entsprechenden Daten. Eine SSF (Service Switching Function) ist für die Dienstelogik (z.B. die Anforderung von Routing-Informationen) zuständig. Eine CCF (Call Control Function) analysiert und verarbeitet Diensteanforderungen, die über den Aufbau, den Unterhalt und den Abbau von Anrufen hinausgehen.

- **Mobilität und Verbindungssteuerung**. Durch den Rückgriff auf verteilte Datenbanken wird UMTS einen Echtzeitabgleich der Diensteprofile, der verfügbaren Netzwerkdienste, Funkkapazitäten und Endgerätefunktionen bieten. Diese Funktion ist für die mobile Teilnehmerregistrierung, die Authentifizierung, die Aktualisierung des Standorts, die Übergabe und das Routing an einen Roaming-Abonnenten zuständig.

- **Netzwerkmanagement**. Unter UMTS verbleibt die Verwaltung und die Verarbeitung der Teilnehmerdaten, die Gebührenerhebung, die Rechnungserstellung und die Verkehrsstatistiken bei den traditionellen TMN (Telecommunications Management Network).

TMN besteht aus einer Reihe miteinander verwandter nationaler und internationaler Standards und Vereinbarungen, die die Netzwerke der Anbieter von Telekommunikationsdiensten auf weltweiter Basis überwachen. Daraus resultieren Möglichkeiten für qualitativ bessere Dienste, für niedrigere Kosten und die schnellere Produktintegration. TMN lässt sich auch auf die drahtlose Kommunikation, Kabelfernsehnetze, private Netze und andere große Kommunikationsnetze mit großen Bandbreiten übertragen. Im Hinblick auf UTMS (und andere drahtlose 3G-Netze) wird TMN so erweitert, dass es den neuen Anforderungen gerecht wird. Für Bereiche, wie die Verwaltung von Diensteprofilen, das Routing, das Management der Funkfrequenzen zwischen UMTS-Diensten, Netzwerken und Endgeräten werden neue TMN-Elemente entwickelt.

Trägerdienste

Unter UMTS werden vier Arten von Trägerdiensten angeboten, die praktisch alle aktuellen und zukünftigen Anwendungen unterstützen sollen:

- **Klasse A**. Dieser Trägerdienst bietet Verbindungen mit konstanten Bitraten (CBR – Constant Bit-Rate) für isochrone (Echtzeit) Sprachübertragungen. Dieser Dienst stellt für eine bestmögliche Sprachübertragungsqualität konstante Bandbreiten zur Verfügung.

- **Klasse B**. Dieser Trägerdienst bietet Verbindungen mit variablen Bitraten, die sich für spitzenlastigen Datenverkehr (z.B. die Verarbeitung von Datentransaktionen) eignen.

- **Klasse C**. Bei diesem Trägerdienst handelt es sich um ein verbindungsorientiertes Paketprotokoll, das sich für zeitabhängige Erblast-Datenanwendungen eignet, die beispielsweise auf der SNA_Netzwerkarchitektur von IBM basieren (SNA – Systems Network Architecture).

- **Klasse D**. Dies ist ein verbindungsloser Paketdienst, der sich für den Zugriff auf Daten im öffentlichen Internet oder in privaten Intranets eignet.

Technologieansätze

Bei der Entwicklung des UMTS-Standards gab es anhaltenden Streit im UMTS-Forum darüber, ob TD-CDMA (Time Division) oder W-CDMA (Breitband) für die Funkschnittstelle des Netzes eingesetzt werden sollte.

TD-CDMA setzt Signalspreizungstechniken von CDMA ein, um die Kapazität der herkömmlichen TDMA-Technologie zu verbessern. Digitalisierte Sprache und digitale Daten würden mit der zeitlich segmentierten TDMA-Technologie über einen 1,6 MHz breiten Kanal übertragen. Jeder Zeitschlitz des TDMA-Kanals würde einzeln mit der CDMA-Technologie codiert, so dass mehrere Teilnehmer je Zeitschlitz unterstützt werden. Der Vorschlag bietet vorhandenen GSM-Kunden einen wirtschaftlichen und reibungslosen Netzwerkübergang auf den zellularen Standard der nächsten Generation. Gleichzeitig kann bei der TD-CDMA-Lösung CDMA-Techologie in die weltweite TDMA-basierte GSM-Struktur integriert werden, so dass GSM-Betreiber im Bereich von Breitband-Mutimedia-Dienstleistungen konkurrieren und dabei ihre aktuellen und zukünftigen Investitionen schützen können.

W-CDMA bietet andererseits nicht nur den Vorteil hoher Kapazitäten, sondern ist auch die verbreitetste Zellulartechnologie. Befürworter von W-CDMA bestanden darauf, dass dies der Standard für die UMTS-Funkschnittstelle sein sollte. Im Januar 1998 beschlossen die Mitglieder des UMTS-Forums, die für die Koordinierung der Entwicklung der Standards zuständig waren, dass Schlüsselelemente der beiden Zellulartechnologien TD-CDMA und W-CDMA in einer einheitlichen Lösung namens UTRA kombiniert werden sollten. Im gepaarten Band (FDD – Frequency Division Duplex) von UMTS übernimmt das System die von der W-CDMA befürwortete Funktechnologie. Im ungepaarten Band (TDD – Time Division Duplex) übernimmt das UMTS-System die von der TD-CDMA-Gruppe befürwortete Funktechnologie. UTRA bietet eine konkurrenzfähige Fortführung der GSM-Evolution hin zu UMTS und positioniert UMTS als führendes Mitglied der IMT-2000-Systemfamilie.

Anwendungen

UMTS wird neue Funkschnittstellen und Funkkomponenten umfassen. Das Ziel ist es, diese modular mit neuen Netzwerkkomponenten und mit Elementen von Festnetzen und mobilen Netzwerken aus der Zeit vor UMTS zu kombinieren. Dieser Ansatz ermöglicht neuen Anbietern die Einrichtung von UMTS-Netzwerken und existierenden Betreibern den reibungslosen Übergang auf die neue Technik, wobei sie Elemente der vorhandenen Infrastruktur weitgehend weiter verwenden können.

Benutzern stellt UMTS flexible Terminals unterschiedlicher Hersteller mit vielen Betriebsmodi oder Endgeräte mit flexiblen Funkschnittstellen zur Verfügung, die mit Systemen der zweiten Generation globales Roaming für die unterschiedlichen Standorte möglich machen. Das Herunterladen von Software in die Endgeräte kann für weitere, gesteigerte Flexibilität sorgen.

Dadurch dass UMTS die besten Eigenschaften der zellularen, terrestrischen und satellitengestützten Breitbandtechnologie bewahrt, garantiert es den Zugang auf Dienste von der einfachen Sprachtelefonie bis hin zu schnellen, qualitativ hochwertigen Multimedia-Diensten. Es wird Teilnehmern Informationen direkt zur Verfügung stellen und ihnen Zugang zu neuen und innovativen Diensten und Anwendungen gewähren. Es wird dem Massenmarkt unabhängig vom Standort und dem benutzten Netzwerk oder eingesetzten Endgerät mobile, auf die persönlichen Bedürfnisse zugeschnittene Kommunikationsmöglichkeiten bieten.

9.5   Amerikanische Beteiligung

Zu den der ITU zur Prüfung vorgelegten US-amerikanischen Vorschlägen für die Funkschnittstellentechnologie im Rahmen von IMT-2000 zählten Breitbandversionen von CDMA. In Nordamerika gibt es drei konkurrierende Standards: Breitband-cdmaOne, WIMS W-CDMA und WCDMA/NA. Alle drei 3G-Technologien sind Weiterentwicklungen digitaler, drahtloser 2G-Technologien, die so weiterentwickelt wurden, dass sie den entsprechenden Netzen möglichst weitgehend entsprechen. Schnell wurden jedoch WIMS W-CDMA und WCDMA/NA zu einem einzelnen Standard und Vorschlag vereint und der ITU zusammen mit Breitband-cdmaOne zur Integration in das Konzept der global untereinander verbundenen und miteinander zusammenarbeitenden 3G-Netze der IMT-2000-Systemfamilie vorgelegt. Vom UWCC (Universal Wireless Communications Consortium) in den USA wurde auch ein Vorschlag zu einer TDMA-Lösung für die Funkschnittstellentechnologie vorgelegt.

9.5.1   CDMA-Vorschläge

Wie erwähnt, gab es in Nordamerika anfangs drei konkurrierende WCDMA-Standards: Breitband-cdmaOne, WIMS (Wireless Multimedia and Messaging Services) W-CDMA, und W-CDMA/NA (W-CDMA North America). Die meisten Betreiber drahtloser Kommunikationsnetze haben sich für einen dieser Standards beim Ausbau und der Erweiterung ihrer Netze entschieden. Der Wettbewerb zwischen diesen drei möglichen Standards hat zu technologischen Innovationen, neuen Merkmalen und Diensten und Preissenkungen geführt.

Die Breitband-cdmaOne-Technologie wurde der ITU von der CDG (CDMA Development Group) als cdmaOne-2000 vorgelegt. Die WIMS-W-CDMA-Technologie wurde der ITU unter anderem von AT&T Wireless, Hughes Network Systems und InterDigital Communications Corporation vorgelegt. Die nordamerikanische GSM-Allianz, die aus einer Gruppe von zwölf US-amerikanischen und einem kanadischen Betreiber digitaler Mobilfunknetze besteht, hat der ITU die WCDMA/NA-Technologie vorgelegt.

Es wurden Gespräche geführt, die das Ziel hatten, diese Technologien in einem einzelnen, einheitlichen ITU-Vorschlag zu vereinen. Im September 1998 wurden die W-CDMA/NA- und WIMS-W-CDMA-Vorschläge im so genannten erweiterten W-CDMA/NA-Vorschlag kombiniert. Dieser Vorschlag bietet bessere Datenkapazitäten, wie z.B. die Auslieferung von Datenpaketen an die zehnfache Anzahl von Teilnehmern.

Die Verfechter des erweiterten W-CDMA/NA lehnten es jedoch ab, ihren Vorschlag mit Breitband-cdmaOne zu vereinen, da sie behaupteten, dass dies

nicht nur deutliche Einbußen bei Kapazität und Leistung der Systeme sondern auch eine Beeinträchtigung der zusätzlichen Fähigkeiten und wahrscheinlich steigende Verbraucherpreise zur Folge haben würde.

Breitband-cdmaOne

Beim vorgeschlagenen Standard der CDG (CDMA Development Group)
benutzt Breitband-cdmaOne eine CDMA-Funkschnittstelle, die auf dem
bestehenden TIA/EIA-95-B-Standard basiert, um Sprachdienste in der von
kabelgestützten Netzen gewohnten Qualität und Hochgeschwindigkeits-
Datendienste (mit Datenraten zwischen 144 kBit/s für mobile und bis zu
2 MBit/s für stationäre Teilnehmer) anzubieten. Er wird sowohl die paket-
(Internet-Surfen) als auch die leitungsvermittelte Kommunikation (landgestützte Telefondienste) unterstützen.

Die Unterstützung von Breitband-cdmaOne beschränkt sich nicht auf Nord-
amerika. Auch in Japan unterstützen bedeutende Betreiber drahtloser Netze
Breitband-cdmaOne. Koreanische Träger und Hersteller haben ebenfalls zur
Entwicklung von Breitband-cdmaOne beigetragen.

Die fortschrittlichen Dienste benötigen größere Kapazitäten, mehr Stabilität
und Flexibilität, als sie Schmalband-Technologien bieten können. Entsprechend haben die Mitglieder der CDG eine Spezifikation für einen Daten-
dienst mit einer Datenrate von 64 kBit/s entwickelt. Die 64-kBit/s-Datenrate
soll für den schnellen Internet-Zugriff im mobilen Umfeld sorgen und lässt
sich mit anderen schmalbandigen digitalen Technologien und CDMA der
zweiten Generation nicht erreichen.

Die CDG glaubt, dass mobile Datenraten von bis zu 144 kBit/s und feste
Spitzendatenraten oberhalb von 1,5 MBit/s ohne Beeinträchtigung der
Sprachübertragung oder den Einsatz zusätzlicher Funkspektren möglich
sind. Mit anderen Worten soll cdmaOne erwartungsgemäß innerhalb der
bestehenden 1,25-MHz-Kanalstruktur für eine Verdoppelung der Kapazität
sorgen und Datenraten von 1,5 MBit/s bieten können. Gleichzeitig unter-
stützt cdmaOne vorhandene CDMA-basierte Dienste der zweiten
Generation, wie z.B. Sprachcodierung, Paketdatendienste, leitungsgestützte
Datendienste, Faxdienste, Kurzmitteilungsdienste (SMS – Short Messaging
Service) und die Aktivierung und das Angebot funkgestützter Dienste.

cdmaOne benutzt auf der physikalischen Schicht eine Kanalstruktur, die
weitgehend mit der grundlegenden und ergänzenden Kanalstruktur des
TIA/EIA-95-B-Standards übereinstimmt. Dieser Entwurf sorgt für simultane
Datenstrukturen und Prozeduren, die zu TIA/EIA-95-B aufwärtskompatibel
sind.

cdmaOne erweitert durch das Angebot viel höherer Datenraten und anspruchs-
voller Steuermöglichkeiten der Multimedia-Dienstequalität die Unterstützung

mehrerer simultaner Dienste weit über die Dienste in TIA/EIA-95-B hinaus und unterstützt damit mehrere Sprach-/Paket-Daten-/Leitungs-Datenverbindungen mit unterschiedlichen Leistungsanforderungen.

Die MAC-Schicht (Medium Access Control) des cdmaOne-Systems bietet erhebliche Verbesserungen bei der Aushandlung von Multimedia-Verbindungen, lässt gleichzeitig mehrere Dienste zu und bewältigt Wechselwirkungen bei der Dienstequalität zwischen mehreren aktiven Diensten in einer effizienten, strukturierten und erweiterbaren Form. Die Übermittlung mehrerer gleichzeitiger Datenströme über die Funkschnittstelle wird durch Layer 1 (physikalische Schicht) von cdmaOne erreicht.

Layer 1 unterstützt mehrere Zusatzkanäle, die mit auf die Anforderungen der jeweiligen Dienste zugeschnittenen, unterschiedlichen Charakteristiken der Dienstequalität betrieben werden können. Ein Kanal kann z.B. leitungsvermittelte Daten mit niedriger Bitfehlerrate (BER – Bit Error Rate) und niedrigen Latenzzeiten übertragen, während ein anderer Kanal Datenpakete übermitteln kann, bei denen sich höhere Bitfehlerraten und größere Latenzzeiten tolerieren lassen.

Die physikalische Schicht von cdmaOne unterstützt auch einen DCCH (Dedicated Control Channel – dedizierter Steuerkanal), der sich in einer Reihe flexibler Konfigurationen so nutzen lässt, dass er für die Unabhängigkeit konkurrierender Dienste (d.h. Sprache und Daten) und ein hohes Maß an Leistung sorgt. Prozeduren zur Aushandlung schneller Datendienste wurden weit über TIA/EIA-95-B hinaus erweitert und umfassen unter anderem die folgenden ATM/B-ISDN-Parameter für die Dienstequalität (QoS – Quality of Services):

● Datenratenanforderungen (CBR, ABR, VBR usw.)

● Anforderungen an symmetrische/asymmetrische Datenraten

● Charakteristische Toleranzen für Verzögerungen/Latenzzeiten.

Die QoS-Aushandlungsprozedur stellt einen Dienst zur Verfügung, der den B-ISDN-Q.2931-Prozeduren funktional entspricht. Dies sorgt dafür, dass sich über Gateways zu ATM/B-ISDN-Netzen (d.h. landgestützte ATM-Netzwerke) leicht transparente Multimedia-Anrufdienste implementieren lassen.

Weiterhin unterstützen die Paket-Datendienste von cdmaOne (d.h. IP) bei der QoS-Aushandlung die Protokolle der oberen Schichten, wie z.B. RSVP (Resource ReSerVation Protocol), die Prozeduren zur Aushandlung von Diensten zwischen Endstellen ausführen und auf diesem Wege für Multimedia-Unterstützung sorgen.

Das cdmaOne-System bietet auch umfassende Möglichkeiten zur Unterstützung hocheffizienter und kosteneffektiver WLL-Implementierungen (WLL – Wireless Local Loop). Es wird eine optimale Kapazität der Funkschnittstelle in Verbindung mit einem hohen Durchsatz beim einzelnen Teilnehmer geboten. Verzögerungen und Zell-/Sektorkapazitäten lassen sich gegenseitig abgleichen, so dass sie sich für die gewünschte Umgebung optimieren lassen.

Optimierte Betriebsmodi für Paket-Datendienste stellen Internet-Dienste zur Verfügung, die mit kabelgestützten und anderen kabellosen Umgebungen konkurrieren können. Die Sprachqualität ist besser als bei herkömmlichen Ferngesprächen. Hohe Systemkapazitäten sorgen für einen überaus konkurrenzfähigen Ersatz landgestützter Sprachübermittlungssysteme. Bei höheren Kapazitäten und größerem Datendurchsatz für einzelne Teilnehmer lässt sich die Zellstruktur eines vorhandenen TIA/EIA-95-B-Systems nutzen, so dass sich WLL-Dienste und der allgemeine zellulare mobile Datenverkehr unter Einsatz derselben Infrastruktur integrieren lässt.

Enhanced W-CDMA/NA

Wie bereits bemerkt, resultiert Enhanced W-CDMA/NA aus der Vereinigung von WIMS W-CDMA (WIMS – Wireless Multimedia and Messaging Services) und W-CDMA/NA (W-CDMA North America). Diese beiden Vorschläge ließen sich relativ problemlos zusammenführen, da Schlüsselelemente von WCDMA/NA bereits in die WIMS-W-CDMA-Technologie integriert worden waren (unter anderem Chiprate, Rahmengröße, ein adaptiver Vocoder mit flexibler Datenrate und Unterstützung asynchroner Basisstationen). Enhanced W-CDMA/NA stellt eine Technologie zur Verfügung, mit der sich Paketdaten innerhalb von 10 ms beschaffen lassen, so dass sie erheblich schneller als die anderen der ITU zur Berücksichtigung vorgelegten 3G-Technologien ist.

In den erweiterten W-CDMA/NA-Vorschlag wurden zwei Schlüsselelemente von WIMS eingearbeitet: Der Einsatz multipler paralleler orthogonaler Codes bei höheren Datenraten und eine Vorlauf/Header-Struktur, die für ein sehr schnelles Versenden und Empfangen von Pakten sorgt. Dies verbessert die Leistung und den Durchsatz des Datenverkehrs und kommt der wachsenden Nachfrage und den Anforderungen von Multimedia- und Internet-basierten Diensten entgegen.

Angesichts der offensichtlichen Gemeinsamkeiten technischer Schlüsselparameter (unter anderem Chiprate, Rahmenlänge, die asynchrone Operation der Basisstationen und Vocoder), unterstützte die GSM-Allianz die Vereinigung der beiden Technologien. Die GSM-Allianz unterstützt mehrere 3G-Standards in den USA und anderen Ländern.

Die dritte Generation von GSM wird eine Evolution und Erweiterung der heute verfügbaren GSM-Systeme und -Dienste sein, die auf Hochgeschwindigkeitsanwendungen mit hohen Paket-Datenraten zugeschnitten sind, zu denen schnelle drahtlose Internet-Dienste, Video-on-Demand und andere datenintensive Anwendungen zählen. Insbesondere kommt bei 3G-GSM das CDMA-Multiplexing auf der Ebene der Funkschnittstelle hinzu. Dies ist einer der Gründe, warum die GSM-Allianz die Verschmelzung von WIMS W-CDMA und W-CDMA/NA unterstützt hat.

9.5.2   TDMA-Vorschläge

Wie bereits erwähnt, hat das UWCC (Universal Wireless Communications Consortium) eine ANSI-136-TDMA-Lösung (Time Division Multiple Access) für die Funkschnittstelle von IMT-2000 vorgeschlagen. Deren Befürworter sagen, dass UWC-136 den hohen Geschwindigkeitsanforderungen der Datenanwendungen von IMT-2000 gerecht werden, so dass Telekommunikationsträger und -anbieter diese Möglichkeiten unter minimalen Kosten und größtmöglichem Nutzen anbieten können. Der UWC-136-Vorschlag wurde von einem technischen Forum der UWCC (dem Global TDMA Forum) entwickelt.

UWC-136 ist eine rein digitale TDMA-Lösung, die einen evolutionären Pfad von ANSI-136 zur nächsten Generation ANSI-136+ und ANSI-136HS (die Hochgeschwindigkeitskomponente von UWC-136) bietet. ANSI-136+ wird äußerst hochwertige Sprachdienste und Paket-Datendienste mit höheren Datenraten zur Verfügung stellen (bis zu 64 kBit/s beim Einsatz der vorhandenen 30-kHz-Bandbreite). ANSI-136HS bietet mit großflächiger Abdeckung Teilnehmern in allen Umgebungen Datenraten von bis zu 384 kBit/s und mehr als 2 MBit/s bei haus- bzw. unternehmensinternen Anwendungen.

UWC-136 ist eine marktgesteuerte Lösung für ANSI-136-TDMA, mit der Träger inkrementell insbesondere schnelle Daten- und Multimedia-Anwendungen bei sich ergebender Marktnachfrage realisieren können. Die Träger können ihre Investitionen in die Infrastruktur schützen, Datenanwendungen implementieren und dabei gleichzeitig Kunden hochwertige Dienste zur Verfügung stellen, ohne dass dies besondere Auswirkungen auf die vorhandenen Netze und Spektren hat.

Über die Flexibilität des Just-in-time-Ausbaus hinaus zählen die hausinternen Einsatzmöglichkeiten, die höhere Kapazität, die hohe Sprachqualität und die hochintegrierten Sprach- und Datendienste zu den Vorteilen von UWC-136. Durch die fortschrittliche Modulation und die verbesserten Vocoder steigert ANSI-136+ zusammen mit der adaptiven Kanalzuordnung die Kapazität auf das Zehnfache von AMPs, ohne dass die Sprachqualität darunter leidet.

Durch die hierarchischen Zellstrukturen von UWC-136 können Träger hausinterne Lösungen und den Endanwendern nahtlose ineinander übergehende Sprach- und Datendienste anbieten. UWC-136 unterstützt eine gemeinsame physikalische Schicht, die bei den wichtigsten TDMA-basierten Technologien für Breitbanddienste kompatibel ist. UWC-136 sorgt hinsichtlich der Einrichtung von Breitbanddiensten auch für eine gemeinsame Technologiebasis mit GSM und bildet die Basis für die Entwicklung eines »Welttelefons«, das drahtlose Multimedia-Anwendungen sowohl über D-AMPS-ANSI-136- als auch GSM-Netze auf allen Bändern möglich macht.

9.6 Die Rolle von Bluetooth

Die kommende Generation der zellularen Telefonie, wie beispielsweise der Evolution bestehender digitaler Systeme (GPRS, EDGE und HSCSD), oder die Entwicklung völlig neuer Systeme (UMTS/IMT 2000), wird den Teilnehmern größere Flexibilität und mehr Möglichkeiten als jemals zuvor bieten. Bluetooth wird neue Anwendungen erschließen, die die Rolle des Mobiltelefons weit über die heutigen, herkömmlichen Telefondienste hinaus erweitern wird. Tatsächlich kann die kommerzielle Lebensfähigkeit der neuen Entwicklungen durchaus vom Erfolg von Bluetooth bei der Unterstützung drahtloser Übertragungsmechanismen, wie z.B. der zellularen Telefonie, abhängen. Während nationale Netze die Kommunikation unterwegs oder den ortsunabhängigen, drahtlosen Zugriff ermöglichen, lassen sich rein lokale Verbindungen besser mit facettenreichen Systemen wie Bluetooth abwickeln.

Um Telefoniedienste zur Verbindung zweier unbekannter Orte zur Verfügung stellen und die Dienste und Funktionen an diesen Standorten anbieten zu können, ist eine Hybridlösung erforderlich, deren Kernelement ein zellulares Handgerät mit einem eingebauten Bluetooth-Transceiver bildet. Zellulartelefone eigneten sich bisher vorwiegend für die Sprachübertragung und nicht besonders gut für die Übertragung von Daten. Mit Erweiterungen vorhandener Systeme der zweiten Generation (so genannte 2.5G-Systeme) können Daten viel einfacher und mit höherer Geschwindigkeit (typischerweise maximal 64 kBit/s, obwohl auch höhere Datenraten möglich sind, wie GPRS zeigt) übertragen werden. Die Daten werden bei Bedarf paket- statt leitungsvermittelt. Die dritte Generation der Zellulartelefonie wurde für die Übertragung von Datenpaketen entwickelt und die Sprachübertragung wird einfach nur wie eine weitere Datenanwendung behandelt. Datenraten von bis zu einigen hundert kBit/s werden mit Zellulartelefonen schon bald verfügbar sein, so dass sie zu echten Multimedia-Endgeräten werden. Bluetooth wird sowohl erweiterte 2G- als auch 3G-Systeme beim Angebot vielfältiger Dienste vom WAN bis hin zu LANs und PDAs unterstützen. Bluetooth kann alle benötigten lokalen Verbindungen sowie bei Bedarf auch ein Gateway zu nationalen Netzen zur Verfügung stellen.

Drahtlose Telefonsysteme werden beim Zugriff auf nationale Netze genutzt, und 3G-Systeme können für den kombinierten Zugriff auf nationale und drahtlose Dienste sorgen. Für die Funktionalität von Gegensprechanlagen sind jedoch üblicherweise zusätzliche Handgeräte erforderlich, da diese zwar von nationalen Netzen direkt unterstützt werden können, es aber ineffizient und wenig wirtschaftlich wäre, wenn diese Fähigkeiten mehreren Leuten, die sich in großer räumlicher Nähe befinden, direkt zur Verfügung stünden.

Bluetooth kann gleichzeitig bis zu acht Geräte in einem Pico-Netz über kurze Entfernungen hinweg miteinander verbinden. Mehrere Pico-Netze können nahe voneinander betrieben werden, und Bluetooth-Geräte können schnell von einem Pico-Netz in ein anderes wechseln. Tatsächlich müssen Bluetooth-Geräte nur so lange Mitglied eines Pico-Netzes bleiben, wie sie für den Abschluss einer Kommunikationstransaktion brauchen. Geräte können lokalen Pico-Netzen schnell und häufig beitreten und diese verlassen, so dass sich dadurch die 8-Geräte-Obergrenze effektiv überwinden lässt. Zwei miteinander verbundene Pico-Netze, die ein Scatter-Netz bilden, können innerhalb desselben Gebiets betrieben werden, da sie unterschiedliche Hopping-Frequenzen benutzen. Dadurch können mehrere kleine Gruppen von Bluetooth-Geräten im selben Gebiet miteinander kommunizieren, ohne sich gegenseitig zu stören.

Bluetooth-Geräte können Daten mit Geschwindigkeiten von bis zu ca. 1 MBit/s übertragen, auch wenn die realen Datenraten etwas niedriger liegen, wenn mehrere Anwendungen gleichzeitig kommunizieren. Bluetooth-Geräte, die aktuell keinem Pico-Netz angehören, horchen laufend nach anderen Bluetooth-Geräten. Wenn sie dann so nahe herankommen, dass sie Mitglied eines Pico-Netzes werden können, identifizieren sie sich selbst, so dass andere Geräte bei Bedarf mit ihnen kommunizieren können.

3G-Terminals werden Zugriff auf viele verschiedene Arten der Information und Kommunikation bieten (z.B. Surfen im Web, Senden und Empfangen von E-Mails, Video- und Sprachübertragung), so dass sie zu echten Multimedia-Endgeräten werden. Die Sprache wird eine wesentliche Form der Kommunikation bleiben, und dies wird auch in den Bluetooth-Spezifikationen dadurch berücksichtigt, dass qualitativ hochwertige 64-kBit/s-Sprachkanäle spezifisch unterstützt werden. Da Bluetooth – bei Bedarf auch gleichzeitig – sowohl Paket- als auch Sprachdaten unterstützt, kann es diese Multimedia-Anwendungen lokal voll unterstützen.

Bluetooth-Geräte können gleichzeitig mehrere Datenverbindungen und bis zu drei Sprachverbindungen unterstützen und damit die Funktionalität eines drahtlosen Multimedia-/Gegensprech-Systems mit drei Handgeräten zur Verfügung stellen. Die Obergrenze von drei verbundenen Endgeräten gilt spezifisch für Sprachverbindungen; die maximale Anzahl der Daten austauschenden Terminals liegt bei der Obergrenze von acht Geräten je Pico-Netz.

Bluetooth-fähige Basisstationen sorgen für die Verbindung der lokalen, mit Bluetooth ausgestatteten Terminals und auch für die Verbindung mit der Telefonleitung. Wenn externe Verbindungen benötigt werden, können nur zwei lokale Handgeräte an Sprachverbindungen teilnehmen. Die Basisstation fungiert als Gateway zwischen der lokalen Umgebung und den verschiedenen nationalen Netzen und Diensten. Jeweils zwei Handgeräte können ohne Basisstation miteinander Verbindung aufnehmen, so dass der Aufbau sehr flexibel ist. In einigen Fällen wird der Heim-PC mit der Basisstation über Bluetooth verbunden, so dass sich dessen Daten abrufen lassen, wenn man die Basisstation von einem beliebigen entfernten Standort aus anruft.

Dieses Szenario unterstreicht die sich gegenseitig ergänzende Funktionalität von Bluetooth und Zellularsystemen der dritten Generation. Das 3G-System wird zur Herstellung einer Verbindung mit einem bestimmten Ort genutzt, während Bluetooth für die letztendliche Zustellung der Daten bei den lokalen Geräten zuständig ist. Dadurch verringert sich die Menge unnötigen Datenverkehrs in den 3G-Netzen beträchtlich, und es wird eine kosteneffiziente Lösung für die Konvergenz fester und mobiler Dienste geschaffen, bei der Hochfrequenzstörungen minimal bleiben.

9.7 Zusammenfassung

IMT-2000 widmet sich den wesentlichen Bedürfnissen der zunehmend globalen Wirtschaft, insbesondere der grenzüberschreitenden Zusammenarbeit der Systeme, dem globalen Roaming, hohen Übertragungsraten für Multimedia-Anwendungen und dem Internet-Zugriff sowie zusammenstellbaren persönlichen Diensten. Die entsprechenden Märkte sind heute vorhanden und werden in den nächsten Jahren sprunghaft wachsen. IMT-2000 setzt Standards, die einen geordneten Übergang von den heutigen 2G-Netzen zu den 3G-Netzen ermöglichen und Mobildiensten einen Wachstumspfad bei der Anpassung an fortschrittlichere Dienste bieten.

Durch seine geringen Abmessungen, seine beträchtliche Funktionalität und seine sehr geringen Kosten wird Bluetooth in viele portable Geräte und in reichhaltiges Zubehör integriert werden. Es bietet dabei leichte Steuerungsmöglichkeiten und einfachen Zugriff auf Informationen. Die neue Generation der zellularen Telefonsysteme sorgt zwar für nationale Flächendeckung und Mobilität, könnte aber nie die preiswerte Verbindung derart vieler Geräte ermöglichen. In Verbindung mit Bluetooth lassen sich lokale Geräte aber unabhängig von ihrem Standort anschließen. Bluetooth wird zur Verbreitung der zellularen Systeme weit über die heutigen Grenzen hinweg beitragen.

Mitwirkende der Bluetooth-Spezifikation

ComBit, Inc.

Lawrence Jones

Convergence

John Avery

Jason Kronz

Ericsson Mobile Communications AB

Christian Andersson

Olof Dellien

Johannes Elg

Ayse Findikli

Jaap Haartsen

Magnus Hansson

Robert Hed

Sven Jerlhagen

Christian Johansson

Gert-jan van Lieshout

Patrik Lundin

Sven Mattisson

Mårten Mattsson

Fisseha Mekuria

Tobias Melin

Ingemar Nilsson

Lars Nord

Lars Novak

Patrik Olsson

Mats Omrin

Joakim Persson

Stefan Runesson

Gerrit Slot

Erik Slotboom

Dan Sönnerstam

Johan Sörensen

Goran Svennarp

Anders Svensson

Fredrik Töörn

Extended Systems

Dave Suvak

IBM Corp.

Tohru Aihara

Troy Beukema

Chatschik Bisdikian

Brian Gaucher

Parviz Kermani

Edgar Kerstan

Nathan Lee

Brent Miller

Akihiko Mizutani

Dick Osterman

Apratim Purakayastha

Gary Robinson

Aron Walker

Intel Corp.

Les Cline

Bailey Cross

Kris Fleming

Uma Gadamsetty

Brad Hosler

John Howard

Robert Hunter

Jon Inouye

Srikanth Kambhatla
Kosta Koeman
Steve C. Lo
John McGrath
Shridar Rajagopal
Ramu Ramakeshavan
Jeffrey Schiffer
Vijay Suthar
John Webb
Chunrong Zhu

Motorola

Jay Eaglstun
Dale Farnsworth
Patrick Kane
Greg Muchnik
Brian Redding
Jean-Michel Rosso

Nokia Mobile Phones

Daniel Bencak
Paul Burgess
Thomas Busse
Michael T. Camp
Uwe Gondrum
Jan Grönholm
Olaf Joeressen
Arno Kefenbaum
Rauno Makinen
Riku Mettälä
Petri Morko

Thomas Müller
Dong Nguyen
Petri Nykänen
Peter Ollikainen
Thomas Sander
James Scales
Roland Schmale
Markus Schetelig
Kevin Wagner
Christian Zechlin

Puma Technology

Steve Rybicki
John Stossel

Toshiba Corp.

Warren Allen
Allen Huotari
Kazuaki Iwamura
Katsuhiro Kinoshita
Masahiro Tada
Jun'ichi Yoshizawa

3Com Corp.

Jon Burgess
Todor Cooklev
David Kammer
Paul Moran
Ken Morley
Ned Plasson
Richard Shaw

Xtraworx

Bob Pascoe

Die Bluetooth-Spezifikation wurde von Dan Sonnerstam, Pyramid Communication AB, zusammengestellt und bearbeitet.

Um über die Bluetooth-Entwicklung und Produktankündigungen von Herstellern auf dem Laufenden zu bleiben, wird der Besuch der folgenden Webseiten empfohlen:

- www.bluetooth.com (The Official Bluetooth Website)
- www.bluetooth.net
- www.palowireless.com (Bluetooth Resource Center)

Und natürlich finden Sie auch auf den Websites der Unternehmen, die an der Bluetooth-Spezifikation mitgewirkt haben (z.B. www.ericsson.de), eine Menge Informationen, die sich nicht nur auf Bluetooth, sondern auch auf das gesamte Umfeld der Telekommunikation beziehen.

Begriffe und Definitionen

B

Ablaufsteuerung (Flow Control). Ein Verfahren zur Steuerung der Datenübertragung zwischen zwei verbundenen Geräten. Verkabelte Verbindungen über serielle Schnittstellen implementieren eine Ablaufsteuerung zwischen den Geräten, die entweder durch die Software und über Steuerzeichen, wie z.B. XON/XOFF (Transmitter On/Transmitter Off), oder über Signale, wie z.B. RTS/CTS (Request to Send/Clear to Send) oder DTR/DSR (Data Terminal Ready/Data Set Ready), erfolgt. Diese Methoden können in beiden Richtungen oder auch nur in eine Richtung der Verbindung genutzt werden. In der Bluetooth-Spezifikation wird das RFCOMM-Protokoll zum Emulieren serieller Verbindungen über drahtlose Leitungen benutzt, das über eigene Befehle zur Ablaufsteuerung verfügt (FCON/FCOFF – Flow Control On/Flow Control Off), die sich auf den gesamten Datenfluss zwischen zwei Geräten beziehen.

Akzeptor. Siehe **Initiator**.

Anfrage. Siehe **Inquiry**.

Anwendungsschicht (Application Layer). Die Gruppe der Protokolle auf der Benutzerebene. Die Anwendungsschicht in den Bluetooth-Protokollschichten enthalten jene Protokolle, die mit der Benutzeroberfläche (UI – User Interface) im Zusammenhang stehen.

Asymmetrisch. Ein Typ der ACL-Verbindung (Asynchronous Connectionless), die in der Aufwärts- und der Abwärtsrichtung mit unterschiedlicher Geschwindigkeit arbeitet. Für asymmetrische Verbindungen legt die Bluetooth-Spezifikation maximale Datenraten von 723,2 kBit/s in der Abwärtsrichtung (downstream) und 57,6 kBit/s in der Aufwärtsrichtung (upstream) fest. Siehe auch **Symmetrisch**.

Asynchron. Eine Form der Datenkommunikation, bei der jedes Byte von einem Start- und einem Stoppbit geklammert wird, die der Synchronisation der Übertragung der Sende- und Empfangsgeräte dienen. Bei diesem Verfahren der Datenkommunikation koordinieren Sender und Empfänger die einzelnen Übertragungen nicht ausdrücklich mit einem Verbindungsmechanismus. Stattdessen bestimmen die Start- und Stoppbits die Grenzen eines Zeichens. Die Bluetooth-Spezifikation unterstützt einen asynchronen Datenkanal, der über eine gesamte Bandbreite von 778 kBit/s verfügt. Siehe auch **Synchron**.

Authentifizierung (Authentication). Der Prozess der Überprüfung der Identität eines Gerätes am anderen Ende einer Verbindung. Bei drahtlosen Geräten mit Bluetooth-Technologie findet diese mit Hilfe der Authentifizierungsprozedur statt, die auf einem gespeicherten Verbindungsschlüssel oder der Eingabe einer PIN (Pairing) basiert.

Autorisierung. Der Vorgang, bei dem einem bestimmten Bluetooth-Gerät der Zugriff auf einen bestimmten Dienst gewährt wird. Sie kann auf der Basis einer vom Benutzer eingegebenen Bestätigung oder einer vorhandenen, vertrauenswürdigen Beziehung erfolgen.

Basisband. Beschreibt die Spezifikationen des Teils der Bluetooth-Hardware, der die digitalen Signale verarbeitet, insbesondere den Link-Controller, der für die Basisbandprotokolle und andere Low-Level-Verbindungsroutinen zuständig ist. Basisband bezieht sich auf die physikalische Schicht des Bluetooth-Protokolls, die unter anderem die physikalischen Kanäle und Verbindungen verwaltet. Die Basisband-Spezifikation definiert zwei Verbindungsarten: SCO- (Synchronous Connection-Oriented) und ACL-Links (Asynchronous Connectionless). SCO-Verbindungen unterstützen die Echtzeitsprachübertragung unter Benutzung einer reservierten Bandbreite, während ACL-Verbindungen den Datenverkehr bestmöglich unterstützen. Siehe auch **Asynchron** und **Synchron**.

Beacon Channel (Signalkanal). Zur Unterstützung von Slaves im Park-Modus richtet der Master einen Signalkanal ein, wenn sich mindestens ein Slave im Park-Modus befindet. Der Signalkanal besteht aus einem oder einer Folge von Beacon-Zeitschlitzen mit gleichem Abstand und wird innerhalb eines konstanten Zeitintervalls periodisch übertragen. Slaves im Park-Modus empfangen die Beacon-Parameter über einen LMP-Befehl (Link Management Protocol). Siehe auch **Park-Modus**.

Bit. Abkürzung für »Binary Digit« (Binärziffer), eine 1 oder 0. Acht verkettete Bits entsprechen einem Byte. Siehe auch **Byte**.

Bluetooth Development Kit. Eine Reihe von Entwicklungswerkzeugen, die die Erstellung von Prototyp-Anwendungen erleichtern und beschleunigen. Development-Kits stellen eine flexible Entwicklungsumgebung zur Verfügung, von der aus Entwickler den offenen, drahtlosen Bluetooth-Standard nahtlos in eine Reihe digitaler Geräte, die für die Massenproduktion bestimmt sind, integrieren können. Vielfältige Schnittstellen tragen zur schnellen Entwicklung der Endanwendungen bei.

Bluetooth Device Class (Bluetooth-Geräteklasse). Ein Parameter, der über die Art des Gerätes und die Art der unterstützten Dienste Aufschluss gibt. Die Klasse wird während der Prozedur zur Geräterkennung ermittelt. Der Parameter enthält das Haupt- und das Neben-Geräteklassenfeld. Der Begriff »Bluetooth-Geräteklasse« wird auf der Ebene der Benutzerschnittstelle verwendet.

Bluetooth Device Name (Bluetooth-Gerätename). Der Name des Gerätes (max. 248 Byte).

Bluetooth Radio. Ein Transceiver (transmitter/receiver – Sendeempfänger), der modulierte elektromagnetische Wellen zwischen Bluetooth-Endgeräten sendet und empfängt.

Bluetooth Service Type (Bluetooth-Dienstetyp). Ein oder mehrere Dienste, die ein Gerät anderen Geräten zur Verfügung stellen kann. Die Diensteinformation wird im Feld »service class« des Parameters der Bluetooth-Geräteklasse definiert.

Bluetooth Session (Bluetooth-Sitzung). Die Aktivierung und Beteiligung eines Gerätes in bzw. an einem Pico-Netz.

Bluetooth Unit (Bluetooth-Geräteeinheit). Gerät mit Schaltkreisen für die Sprach-/Datenübertragung über eine kurzstreckige drahtlose Kommunikationsverbindung. Es ermöglicht die Sprach- und Datenkommunikation zwischen Bluetooth-Hosts.

Bluetooth. Die Spezifikation für eine drahtlose Kommunikationsleitung, die im unlizenzierten ISM-Band bei 2,4 GHz betrieben wird und einen Frequency-hopping-Transceiver benutzt. Sie ermöglicht eine Echtzeit-Sprach- und Datenkommunikation zwischen Bluetooth-Hosts. Das Verbindungsprotokoll basiert auf Zeitschlitzen.

Bluetooth-Host. Ein Rechengerät, Peripheriegerät, zellulares Telefon, ein Zugang zum öffentlichen, leitungsvermittelten Telefonnetz usw. Ein an eine Bluetooth-Geräteeinheit angeschlossener Bluetooth-Host kann mit anderen Bluetooth-Hosts kommunizieren, die ebenfalls an ihre Bluetooth-Geräteeinheiten angeschlossen sind. Der Kommunikationskanal über die Bluetooth-Geräteeinheiten bietet fast dieselbe Transparenz wie Kabelsysteme.

Bonding. Ein Verfahren, das auf der Grundlage eines gemeinsamen Verbindungscodes eine Beziehung zwischen zwei Bluetooth-Geräten herstellt. Der Verbindungscode (link key) wird während der Bonding-Prozedur erzeugt und ausgetauscht und wird von beiden Bluetooth-Geräten für zukünftige Authentifizierungen gespeichert.

BQB (Bluetooth Qualification Body). Eine spezifische, vom BQRB autorisierte Organisation, die für die Überprüfung von Eigenschaften und Dokumenten hinsichtlich der Anforderungen zuständig ist, die Testberichte von Produkten prüft und die den Spezifikationen entsprechende Produkte in der offiziellen Datenbank der Bluetooth-qualifizierten Produkte führt.

BQRB (Bluetooth Qualification Review Board). Die für die Verwaltung, Prüfung und Verbesserung des Bluetooth-Qualifizierungsprogramms zuständige Organisation, die Produkte der Hersteller auf Übereinstimmung mit den Standards prüft. Die ursprünglichen Unternehmen der Bluetooth-SIG ernennen die BQRB-Mitglieder. Siehe auch **Conformance**.

BT. Inoffizielle Abkürzung von **Bluetooth**.

Byte. Eine Folge von acht Bit, die ein Zeichen, eine Zahl, ein Symbol oder eine Tastaturfunktion repräsentieren. Siehe auch **Bit**.

Circuit Switching. Siehe **Leitungsvermittlung**.

Class of Device (Geräteklasse). Ein während der Geräteerkennungsprozedur benutzter Parameter. Dieser Parameter wird vom entfernten Gerät (remote device) übermittelt und gibt dessen Gerätetyp und die von ihm unterstützten Dienste an.

CLI (Calling Line Identification – Rufnummernübermittlung). Die Fähigkeit zur Anzeige der Rufnummer des Anrufers, so dass man entscheiden kann, ob man den Anruf annimmt. Dieses Merkmal wird im drahtlosen Telefonieprofil (Cordless Telephony Profile) unterstützt.

Client. Ein Bluetooth-Gerät, das Datenobjekte zum Server übertragen oder von diesem empfangen kann. Siehe auch **Server**.

CLIP (Calling Line Identification Presentation). Siehe **CLI**.

Clock Offset (Zeitunterschied). Der Unterschied zwischen den Uhrzeiten von Slave und Master, deren Wert in den Nutzdaten-Abschnitt des FHS-Pakets (Frequency Hop Synchronization) eingeht. Der Zeitunterschied wird jeweils aktualisiert, wenn ein Paket vom Master empfangen wird. Der Master kann diesen Zeitunterschied jederzeit während der Verbindung abfragen. Dadurch, dass er diesen Zeitunterschied speichert, weiß der Master, auf welchem RF-Kanal der Slave bei PAGE SCAN aufwacht, nachdem er das Pico-Netz verlassen hat. Dadurch lässt sich das Paging beschleunigen, wenn dasselbe Gerät wieder angesprochen wird.

Conformance (Übereinstimmung). Wenn Hersteller behaupten, dass ihre Produkte mit den Spezifikationen eines Bluetooth-Profils übereinstimmen, müssen alle verbindlichen Eigenschaften des Profils auf die vorgeschriebene Weise unterstützt werden (Prozess-Verbindlichkeit). Dies trifft auch auf alle optionalen und bedingten Eigenschaften zu, die angeblich unterstützt werden. Alle verbindlichen, optionalen und bedingten Eigenschaften, die angeblich unterstützt werden, werden im Rahmen des Bluetooth-Zertifizierungsprogramms einer Überprüfung unterzogen. Siehe auch **BQRB** (Bluetooth Qualification Review Board).

Connection Establishment (Verbindungseinrichtung). Eine Prozedur zur Einrichtung einer Verbindung zwischen den Anwendungen auf zwei Bluetooth-Geräten. Die Verbindungseinrichtung beginnt nach Abschluss der Kanaleinrichtung. Dann sendet das initiierende Gerät eine Anforderung zur Verbindungseinrichtung. Welche Anforderung dabei benutzt wird, ist von der jeweiligen Anwendung abhängig.

Connectivity Modes (Verbindungsmodi). In Bezug auf das Paging müssen sich Bluetooth-Geräte entweder im verbindungsfähigen oder im nicht-verbindungsfähigen Modus befinden. Wenn sich ein Bluetooth-Gerät im verbindungsfähigen Modus befindet, versetzt es sich selbst in den »Page-Scan«-Status. Beim Empfang eines »Ausrufs« kann es antworten. Wenn sich ein Bluetooth-Gerät im nicht-verbindungsfähigen Modus befindet, versetzt es sich nicht in den Page-Scan-Status. Da es keinen »Ausruf« empfangen kann, reagiert es nicht auf Paging. Siehe auch **Paging**.

Conscious (Bewusst). Bezieht sich auf einen Prozess, der das bewusste Eingreifen des Gerätebenutzers bei seiner Implementierung erfordert. Siehe auch **Unconscious**.

Cordless Telephony Profile (drahtloses Telefonie-Profil). Eine »Drei-in-Einem-Telefon«-Lösung, die zellulare Telefone mit einem zusätzlichen Betriebsmodus ausstattet, bei dem die drahtlose Bluetooth-Technologie beim Zugriff auf Festnetz-Telefoniedienste über eine Basisstation als Kurzstreckenträger eingesetzt wird. Derartige Lösungen lassen sich auch allgemein für die drahtlose Telefonie in festen oder kleinen Büroumgebungen einsetzen, wie z.B. bei ausschließlich drahtloser Telefonie oder drahtlosen Telefoniediensten in einem Multimedia-PC. Siehe auch **Intercom-Profil**.

Coverage Area (Reichweite oder Abdeckungsbereich). Der Bereich, innerhalb dessen zwei Bluetooth-Geräte Nachrichten mit akzeptabler Qualität und Leistung austauschen können.

CRC (Cyclic Redundancy Check). Ein rechnerisches Verfahren, das die Fehlerfreiheit von Datenpaketen gewährleisten soll. Die mathematische Funktion wird vor der Übertragung der Pakete im sendenden Gerät auf der Grundlage der zu übertragenden Datenpakete berechnet. Der sich daraus ergebende numerische Wert wird mit einem vom Zielgerät neu berechneten Wert der Funktion verglichen.

CSMA/CA (Carrier Sense Multiple Access/Collision Avoidance). Ein Netzwerkzugriffsverfahren, bei dem alle Geräte vor der eigentlichen Datenübertragung die entsprechende Absicht signalisieren. Dies hält andere Geräte von der Übertragung von Informationen ab, so dass Kollisionen zwischen den Signalen zweier oder mehrerer Geräte vermieden werden. CSMA/CA wird von Funknetzen genutzt, die im selben unlizenzierten 2,4-GHz-ISM-Band wie die Bluetooth-Spezifikation arbeiten (z.B. DECT-Erweiterungen in Home-RF-Netzen).

CVSD (Continuously Variable Slope Delta). Modulationsverfahren zur Umwandlung analoger Signale (Sprache) in einen seriellen Datenstrom. Diese Methode der Sprachcodierung wurde aufgrund ihrer Robustheit bei der Behandlung ausgefallener oder beschädigter Sprachsignale für die drahtlose Bluetooth-Technologie ausgewählt. Siehe auch **PCM** (Pulse Code Modulation).

DECT (Digital Enhanced Cordless Telecommunications). Standard für Schnurlostelefone im Geschäfts- und Privatbereich, der ursprünglich vom ETSI (European Telecommunications Standards Institute) eingeführt wurde, eine Funkverbindung zwischen zwei Stellen definiert und sich für den ferngesteuerten Zugriff auf öffentliche und private Netzwerke eignet. Erweiterungen von DECT, die dasselbe unlizenzierte 2,4-GHz-ISM-Band wie die drahtlosen Bluetooth-Koponenten benutzen, werden in Home-RF-Netzwerken (Home Radio Frequency) eingesetzt. DECT ist eine europäische Funktechnologie, die in seiner normalen Variante z.B. von vielen schnurlosen Telefonen genutzt wird, über eine maximale Reichweite von ca. 300 Metern verfügt und im Frequenzbereich zwischen 1,88 und 1,9 GHz arbeitet.

Delay Variation (Verzögerungsabweichung). Die Differenz in Mikrosekunden zwischen der minimal und der maximal möglichen Verzögerung, die ein Paket bei der Übertragung über einen Kanal aufweisen kann. Dieser Wert wird von Anwendungen zur Bestimmung der auf der Empfangsseite zur Wiederherstellung des ursprünglichen Datenübertragungsmusters benötigten Puffergröße benutzt.

Device Discovery (Geräteerkennung). Das Verfahren, mit dem die Bluetooth-Adresse, Uhrzeit, Geräteklasse, der benutzte Page-Scan-Modus und die Gerätenamen ermittelt werden.

Device Security Level (Geräte-Sicherheitsstufe). Der Zugriff auf Geräte kann auf der Grundlage einer erforderlichen Sicherheitsstufe verweigert werden. Es gibt zwei Stufen der Gerätesicherheit: vertrauenswürdige (trusted) und nichtvertrauenswürdige (untrusted) Geräte: Siehe auch **Service Security Level**.

Dialup-Networking-Profil (DFÜ-Netzwerk-Profil). Definiert die von Bluetooth-Geräten (z.B. Modems und Zellulartelefonen) zur Implementierung des Einsatzmodells »Internet-Bridge« verwendeten Protokolle und Prozeduren. Zu den möglichen Konstellationen dieses Modells gehören Zellulartelefone, die als drahtloses Modem dienen und mit denen man sich mit einem Computer bei einem Internet-Zugangs-Server in einem Wählnetz verbinden kann, oder die Verwendung eines Mobiltelefons oder eines Modems durch einen Computer für den Datenempfang.

Discoverable Device (Erkennbares Gerät). Von einem Bluetooth-Gerät, das sich innerhalb der Reichweite befindet und das auf eine Anfrage antworten kann, sagt man, dass es sich im erkennbaren Modus befindet. Es gibt zwei

Arten des erkennbaren Modus: beschränkt (limited) und allgemein (general). Im ersten Fall können Geräte nur für beschränkte Zeiträume, temporär oder bei bestimmten Ereignissen ansprechbar sein. Im zweiten Fall sind Geräte laufend erkennbar.

Discovery (Erkennung). Ein Begriff, der die Protokolle und Mechanismen beschreibt, mit denen sich an ein Netzwerk angeschlossene Geräte oder Softwaredienste über das entsprechende Netzwerk informieren und feststellen können, welche Netzwerkdienste zur Verfügung stehen. Ein Palmtop muss z.B. das heimatliche Netzwerk erkennen können und einen Dienst finden, der für die Synchronisierung von Palmtop und PC sorgt. Siehe auch **Salutation**.

Dritte Generation (3G). Die kommende Generation des Zellularfunks für die Mobiltelefonie. 3G wird die erste zellulare Funktechnologie sein, die von Anfang an gleichermaßen Breitband-Datenkommunikation und Sprachkommunikation unterstützt. 3G wird die Grundlage einer drahtlosen Informationsgesellschaft bilden, in der ein Zugriff auf Informationen und Informationsdienste (z.B. E-Commerce) jedem jederzeit und an jedem Ort zur Verfügung steht. Der technische Rahmen von 3G wird von der ITU (International Telecommunication Union) mit ihrem IMT-2000-Programm (International Mobile Telecommunications 2000) definiert. Die drahtlose Bluetooth-Technologie unterstützt 3G-Systeme auf lokaler Basis beim Angebot vielfältiger Dienste und beim Zugriff auf aktuelle 2G-Systeme.

DTMF (Dual Tone Multi-Frequency). Bezieht sich auf die Fähigkeit bei externen Gesprächen ein DTMF-Signal über das externe Netzwerk zu übertragen, um andere Teilnehmer anzurufen. Beispielsweise werden beim Drücken der Ziffer 7 auf dem Tastenfeld des Gerätes gleichzeitig ein 852- und ein 1209-Hertz-Ton übertragen. Die Zentrale erkennt diese unterschiedlichen Frequenzen und ordnet sie den gewählten Ziffern zu. DTMF wird im **Cordless Telephony Profile** unterstützt.

E-Commerce (Electronic Commerce). Die Fähigkeit zur Durchführung finanzieller Transaktionen über ein Netzwerk (z.B. über das Internet, ein privates Intranet oder ein gemeinsam genutztes Extranet). Bluetooth erleichtert mobiles E-Commerce dadurch, dass es eine sichere Funkverbindung zur Verfügung stellt, über die sich Waren und Dienstleistungen mit Handgeräten, die eine elektronische Geldbörse enthalten, bestellen und bezahlen lassen.

Entferntes Gerät. Siehe **RemDev**.

Events (Ereignisse). Auf der L2CAP-Schicht eintreffende Mitteilungen und Abbruchbedingungen. Ereignisse lassen sich in Hinweise und Bestätigungen niedriger Schichten, Anforderungen und Antworten höherer Schichten, Daten von Gegenstellen, Signalanforderungen und Antworten von Gegenstellen und Ereignisse, die aus Zeitüberläufen resultieren, kategorisieren.

Faxprofil. Definiert die Protokolle und Prozeduren, die Bluetooth-Geräte zur Implementierung eines Einsatzmodells namens »Data Access Points, Wide Area Networks« benutzen. Bluetooth-Zellulartelefone oder Bluetooth-Modems können von einem Computer als drahtloses Faxmodem zum Senden und Empfangen von Faxmitteilungen genutzt werden.

Flow Control. Siehe **Ablaufsteuerung**.

Frequency Hopping. Siehe **Kanalhüpfen**.

GAP (Generic Access Profile – Allgemeines Zugangsprofil). Eines der vier von der Bluetooth-SIG veröffentlichten allgemeinen Profile. Das GAP beschreibt den Einsatz der unteren Schichten – LC (Link Control) und LMP (Link Manager Protocol) – des Bluetooth-Protokoll-Stacks. Gleichzeitig werden in diesem Profil Prozeduren definiert, die mit der Sicherheit in Zusammenhang stehen, an denen höhere Schichten (L2CAP, RFCOMM und OBEX) beteiligt sind.

Gateway. Eine Basisstation, die die drahtlose Bluetooth-Technologie verwendet, die mit einem externen Netzwerk verbunden ist.

GOEP (Generic Object Exchange Profile). Definiert die Protokolle und Prozeduren, die von Anwendungen eingesetzt werden, die die Einsatzmodelle zur Verfügung stellen, die OBEX-Fähigkeiten benötigen. Beispiele für derartige Einsatzmodelle sind Synchronisation, Dateitransfer und das Übertragen von Datenobjekten. Zu den verbreitetsten Geräten, die diese Einsatzmodelle verwenden, zählen Notebooks, PDAs, Smartphones und Mobiltelefone.

Gruppenabstraktion. Eine auf der L2CAP-Schicht (Logical Link Control and Adaptation Protocol) ausgeführte Funktion. Das Basisband-Protokoll unterstützt das Konzept eines Pico-Netzes, einer Gerätegruppe, die synchron mit derselben Taktfrequenz die Funkfrequenz wechseln. Durch die Gruppenabstraktion können Implementierung Protokollgruppen effizient auf Pico-Netze abbilden. Ohne Gruppenabstraktion müsste man die Protokolle der oberen Schichten dem Basisband-Protokoll und der Funktionalität des Link Managers aussetzen, um Gruppen effizient verwalten zu können. Siehe auch **L2CAP**.

GSM (Global System for Mobile telecommunications). Ein 1982 entwickelter, zellularer digitaler Dienstestandard, der sowohl Sprach- als auch Datenübertagung ermöglicht. RFCOMM ist die Bluetooth-Adaption von GSM TS 07.10, das ein Transportprotokoll zur Emulation einer seriellen Schnittstelle zur Verfügung stellt.

HAVi (Home Audio-Video). Eine Spezifikation für Heim-Netzwerke, die aus Geräten der Unterhaltungselektronik (CD-Player, Fernseher, Videorekorder, Digitalkameras und Set-Top-Boxen) bestehen. Die Netzwerkkonfiguration wird beim Anschluss oder beim Entfernen von Geräten automatisch aktualisiert. Die Geräte des verkabelten HAVi-Netzwerks kommunizieren über das auch unter dem Namen FireWire bekannte IEEE-1394-Protokoll bei einer Geschwindigkeit von bis zu 400 MBit/s.

Headset. Eine Kombination von Mikrofon und Ohrhörer oder Kopfhörer, mit der sich Gespräche führen lassen. Headsets können direkt oder über die Bluetooth-Kommunikationstechnologie mit einem Mobiltelefon verbunden werden.

Headset-Profil. Definiert die Protokolle und Prozeduren, die von Geräten verwendet werden, die dem Einsatzmodell »Ultimate Headset« entsprechen. Die verbreitetsten Beispiele für derartige Geräte sind Headsets, PCs und Zellulartelefone. Das Headset lässt sich drahtlos verbinden, so dass es als Audio-Ein- und -Ausgabe-Schnittstelle für das entfernte Gerät (remote device) dienen kann. Das Headset erhöht die Bewegungsfreiheit des Benutzers, wahrt aber dessen Privatsphäre. In verbreiteten Konfigurationen wird das Headset zusammen mit Mobiltelefonen, drahtlosen Geräten oder PCs verwendet.

Hidden Computing. Die Möglichkeit des Zugriffs auf einen Computer und dessen Steuerung von einem mobilen Endgerät aus. Beispiele sind Fernbedienung, Datenabfragen über Mobilgeräte und das Aufwecken von Geräten aus Strom sparenden Betriebsmodi.

Hold-Modus. Ein Strom sparender Betriebsmodus, in den Geräte typischerweise übergehen, wenn sie für relativ lange Zeit keine Daten senden müssen. Um Strom zu sparen, kann der Transceiver dann abgeschaltet werden. Der Hold-Modus kann auch eingesetzt werden, wenn Geräte von anderen Bluetooth-Geräten erkannt werden oder anderen Pico-Netzen beitreten sollen. Mit dem Hold-Modus lassen sich Kapazitäten für andere Dinge (z.B. Scanning, Paging oder die Teilnahme an anderen Pico-Netzen) freigeben.

Home RF. Ein Standard für drahtlose Verbindungen in private Haushalte, der eine Spread-spectrum-Technologie im selben 2,4-GHz-ISM-Band wie die Bluetooth-Technologie benutzt. Home RF »hüpft« 50-mal je Sekunde, während die drahtlose Bluetooth-Technologie mit 1600 Hops je Sekunde arbeitet. Geräte, die diese beiden Technologien benutzen, stören sich möglicherweise gegenseitig.

Host Terminal Interface. Die Schnittstelle zwischen einem Bluetooth-Host und einer Bluetooth-Geräteeinheit.

HTTP (HyperText Transfer Protocol). Ein Protokoll der Anwendungsschicht für verteilte, untereinander zusammenarbeitende Hypermedia-Informationssysteme. Es ist ein allgemeines, zustandsloses Protokoll, das sich (durch Erweiterung seiner Request-Methoden, Fehlercodes und Header) für viele Aufgaben einsetzen lässt, die über den üblichen Hypertext hinausgehen, wie z.B. Namens-Server und verteilte Objekt-Managementsysteme. Ein Merkmal von HTTP sind sie Typisierung und Aushandlung der Datendarstellung, durch die sich Systeme unabhängig von den übertragenen Daten aufbauen lassen. HTTP wird im World Wide Web seit 1990 eingesetzt. Das OBEX-Authentifizierungsverfahren basiert auf HTTP, unterstützt aber nicht all dessen Eigenschaften und Optionen.

Idle-Modus (Leerlaufmodus). Geräte befinden sich im Idle-Modus, wenn keine eingerichteten Verbindungen zu anderen Geräten bestehen. In diesem Modus kann das Gerät andere Geräte erkennen. Im Allgemeinen senden Geräte Inquiry-Codes an andere Geräte. Alle Geräte, die Inquiries zulassen, antworten mit Informationen. Wenn die Geräte eine Verbindung unterein-ander herstellen sollen, findet Bonding statt.

Infrarot. Ein Kommunikationsverfahren, das Infrarotlicht mit einer Wellen-länge von 850 nm (Nanometer) zur Datenübertragung zwischen elektroni-schen Geräten nutzt. Bei dieser Art von Signal, muss es eine freie, direkte Sichtverbindung von einem Gerät zu einem anderen geben (wenn man vom Einsatz von Spiegeln einmal absieht). Typischerweise darf die Entfernung zwischen den Geräten maximal ca. einen Meter nicht überschreiten. Die Da-tenrate kann bis zu 16 MBit/s betragen.

Initiator. Das Bluetooth-Gerät, das eine Aktion zu einem anderen Bluetooth-Gerät auslöst. Das Gerät, dem die Aktion gilt, wird Akzeptor (acceptor) ge-nannt. Der Initiator ist typischerweise Teil einer eingerichteten Verbindung.

Inquiry (Anfrage). Eine Prozedur, bei der Geräteeinheiten Mitteilungen übertragen, die der Erkennung anderer Geräteeinheiten innerhalb ihrer Reichweite dienen. Geräteeinheiten, die Inquiry-Mitteilungen empfangen, können diese beantworten. Die Antworten enthalten Informationen über die Geräteeinheit selbst und ihren Bluetooth-Host.

Inquiry-Prozedur. Mit der Inquiry-Prozedur können Geräte andere Geräte erkennen, die sich innerhalb ihrer Reichweite befinden. Sie können deren Adressen und Uhrzeit feststellen. Nach Abschluss der Inquiry-Prozedur kann mit der Paging-Prozedur eine Verbindung hergestellt werden.

Intercom-Anruf. Bezieht sich auf einen Anruf, der von einem Terminal stammt und für ein anderes bestimmt ist. Intercom-Anrufe zwischen zwei Terminals lassen sich mit Gateway-Unterstützung einrichten, wenn die zwei Terminals Mitglieder derselben WUG (Wireless User Group) sind. Siehe auch **Cordless Telephony Profile, Intercom-Profil, WUG.**

Intercom-Profil. Definiert die Protokolle und Prozeduren, die von Bluetooth-Geräten bei der Implementierung des Teils für die Gegensprechanlage im Rahmen des so genannten »Drei-in-Einem«-Telefons genutzt werden. Auch als »Walkie-talkie«-Anwendung der Bluetooth-Spezifikation bekannt.

Inter-Pico-Netz-Fähigkeit. Die Fähigkeit eines Master-Gerätes, die Synchronisation eines Pico-Netzes zu bewahren, während es in freien Zeitschlitzen Page-scans durchführt und neuen Mitgliedern den Beitritt zum Pico-Netz gewährt. Während neue Geräteeinheiten dem Pico-Netz beitreten, kann der Betrieb des Netzes für andere Mitglieder temporär beeinträchtigt sein, bis der Wechsel der Master- und Slave-Rollen erfolgt ist. Gateways, die mehrere Terminals unterstützen, besitzen die Inter-Pico-Netz-Fähigkeit. Die Terminals können die Inter-Pico-Netz-Fähigkeit ebenfalls besitzen. Siehe auch **Pico-Netz**.

IP (Internet Protocol). Das Protokoll der dritten Schicht, das Datagramme zwischen verschiedenen TCP/IP-Netzen über Router zustellt, die Pakete beim Übergang zwischen zwei autonomen Systemen verarbeiten.

ISM (Industrial, Scientific, Medical). Diese Bänder des elektromagnetischen Spektrums, die ursprünglich für industrielle, wissenschaftliche und medizinische Zwecke zur Verfügung gestellt wurden, umfassen u.a. die Frequenzbereiche von 902 bis 928 MHz und von 2,402 bis 2,480 GHz und erfordern keine Betriebslizenz von den Fernmeldebehörden der jeweiligen Länder. Die drahtlose Bluetooth-Technologie arbeitet im oberen 2,4-GHz-Band, das jeweils 79 Kanäle von je 1 MHz Bandbreite zur Verfügung stellt. (In Frankreich, Spanien und Japan kann BT wegen eines schmaleren Bandes nur 23 Kanäle nutzen.)

Isochronous User Channel. Kanal für zeitgebundene Informationen (z.B. komprimierte Audiodaten).

Java. Eine Netzwerk-Programmiersprache, die ursprünglich von Sun Microsystems entwickelt worden ist. Sie eignet sich für plattformübergreifende Netze. Java ist eigentlich eine abgespeckte Variante der objektorientierten Programmiersprache C++, in der viele selten genutzte Eigenschaften fehlen. Java ist eine sauberere, einfachere Sprache, die von fast allen Mikroprozessoren schneller und effizienter als C oder C++ verarbeitet werden kann und sich daher auch für die mit wenig Speicher ausgestatteten Geräte mit der drahtlosen Bluetooth-Technologie eignet.

Jini. Eine von Sun Microsystems entwickelte Verbindungstechnologie, die einfache Mechanismen bietet, mit denen sich Geräte zu improvisierten Gemeinschaften verbinden lassen, die keine Planung, Installation oder menschliche Eingriffe erfordern. Jedes Gerät stellt Dienste zur Verfügung, die von anderen Geräten der Gruppe in Anspruch genommen werden können. Diese Geräte besitzen eigene Schnittstellen, die für Zuverlässigkeit und Kompatibilität sorgen. Jini arbeitet auf den höheren Schichten, während die Bluetooth-Spezifikation viel tiefere Schichten betrifft.

Kanaleinrichtung (Channel Establishment). Verfahren zur Einrichtung eines Bluetooth-Kanals (einer logischen Verbindung) zwischen zwei Bluetooth-Geräten, die die Bluetooth-FTP-Spezifikation benutzen. Die Kanaleinrichtung beginnt nach Abschluss der Verbindungseinrichtung, und der Initiator sendet eine Anforderung zur Kanaleinrichtung.

Kanalhüpfen (Frequency Hopping). Die Bluetooth-Spezifikation benutzt eine Spread-Spectrum-Technologie mit Kanalhüpfen (frequency hopping), bei der die Transceiver die Frequenzen entsprechend einer pseudozufälligen Codesequenz mit einer bestimmten Hopping-Rate wechseln. Die Bluetooth-Technologie arbeitet mit 1600 Hops je Sekunde auf Frequenzen in einem Abstand von 1 MHz im Frequenzband zwischen 2,402 GHz und 2,480 GHz. Durch das Frequenzhüpfen werden Übertragungen sicherer und weniger störanfällig bei Rauschen und abnehmender Signalstärke. Siehe auch **Spread-Spectrum.**

L2CAP (Logical Link Control and Adaptation Protocol). Ein Bluetooth-Protokoll auf der Sicherungsschicht (Schicht 2) des OSI-Referenzmodells, das Protokollen der oberen Schichten verbindungslose und verbindungsorientierte Datendienste, Protokoll-Multiplex-Fähigkeiten, SAR-Operationen (segmentation and reassembly) und Gruppenabstraktionen bietet. L2CAP ermöglicht Protokollen höherer Schichten und Anwendungen das Senden und Empfangen von L2CAP-Datenpaketen, die maximal 64 kByte lang sein können.

LAN-Zugriffsprofil (LAN Access Profile). Definiert, wie das PPP (Point-to-Point Protocol) bei der Emulation serieller Kabel in einem PPP-Netzwerk beim LAN-Zugriff einzelner Bluetooth-Geräte, beim LAN-Zugriff mehrerer Bluetooth-Geräte und der Kommunikation zwischen PCs unterstützt wird. Siehe auch **PPP.**

Latenzzeit (Latency). Die maximal zulässige Verzögerung zwischen der Bereitstellung der Sendedaten (ready to send) und ihrer erstmaligen Funkübertragung, die in Millisekunden angegeben wird.

Legacy Application (Vererbungs-Anwendung). Im Zusammenhang mit der Sicherheit der Verbindungsschicht können Vererbungs-Anwendungen den Sicherheitsmanager nicht selbstständig aufrufen. Stattdessen wird eine »Adapter«-Anwendung benötigt, die der Bluetooth-Spezifikation entspricht und die die Aufrufe des Bluetooth-Security-Managers stellvertretend für diese Anwendung aufruft.

Leitungsvermittlung (Circuit Switching). Grundlage herkömmlicher, analoger und digitaler Telefonnetze. Bei Anrufen wird hier jeweils eine eigene Leitung zwischen Anrufer und Angerufenem geschaltet. Diese Verbindung besteht auch dann für die Dauer des Anrufs, wenn keine Informationen (Sprache, Daten, Bilder oder Video) übermittelt werden. Siehe auch **Paketvermittlung.**

Link Establishment. Siehe **Leitungseinrichtung.**

Link Manager (Verbindungsmanager). Software, die für die Verbindungs-einrichtung, die Authentifizierung, die Verbindungskonfiguration und andere Verwaltungsfunktionen zuständig ist. Sie bietet Dienste wie Verschlüsselungssteuerung, Power-Management und QoS-Fähigkeiten. Sie verwaltet auch die Geräte in den verschiedenen Betriebsmodi (Park-, Hold-, Sniff- und Active-Modus).

Link Supervision (Verbindungsüberwachung). Jede Bluetooth-Verbindung verfügt über einen Timer, der der Überwachung der »Leitung« bzw. Funk-verbindung dient. Dieser Timer wird zur Erkennung von Verbindungsabris-sen benutzt, die von Geräten verursacht werden, die sich aus der Reichweite bewegen, die abgeschaltet werden oder bei denen Fehler auftreten. Das Ver-fahren der Verbindungsüberwachung wird in der Baseband-Spezifikation von Bluetooth beschrieben.

LocDev (Local Device). Das Gerät, das die Prozedur zur Diensteerkennung (service discovery) unter dem SDP (Service Dicovery Profile) initiiert. Dazu muss das LocDev zumindest den Cient-Teil der Bluetooth-SDP-Architektur und insbesondere die SrvDscApp (service discovery application) enthalten, mit deren Hilfe es die Erkennung starten und die entsprechenden Ergebnisse anzeigen kann. Siehe auch **RemDev** (remote device).

Logischer Kanal. Ein Kanal, der über eine physikalische Verbindung übertra-gen wird.

MAC-Adresse (Medium Access Control Address). Die MAC-Adresse (Me-dium Access Control) wird dazu benutzt, die Teilnehmer eines Pico-Netzes zu unterscheiden.

Master. Das Gerät in einem Pico-Netz, dessen Takt- und Hopping-Frequenz zur Synchronisierung aller anderen Geräte (der Slaves) im Pico-Netz genutzt wird. Die Geräteeinheit, die die Paging-Prozedur ausführt und die Verbin-dung herstellt, ist standardmäßig der Master der Verbindung. Sofern die Taktfrequenz bekannt ist, lässt sich der Einrichtungsvorgang beschleunigen. Siehe auch **Slave**.

Modus (mode). Eine Reihe von Direktiven, die definieren, wie ein Bluetooth-Gerät auf bestimmte Ereignisse reagiert. Es gibt Modi für die Erkennung, die Verbindung und das Pairing. Siehe auch **Discovery**, **Connectivity Modes**, **Pairing**.

Name Discovery (Namenserkennung). Eine Prozedur, die das initiierende Gerät mit dem Gerätenamen anderer verbindungsfähiger Geräte (insbeson-dere Bluetooth-Geräte innerhalb der Reichweite, die auf das Paging reagie-ren) versorgt. Die Anforderung richtet sich an Geräte, deren Geräteadressen bekannt sind.

Nutzdaten (Payload). Angewandt auf ein Datenfeld, handelt es sich bei Nutzdaten um ein diskretes Informationspaket, das einen Header (Vorspann), Teilnehmerdaten und einen Trailer (Nachspann) enthält. In der Bluetooth-Spezifikation besteht das Format eines Datenfeldes aus einem Payload-Header, der den logischen Kanal angibt, den Datenfluss über den logischen Kanal steuert und die Länge des Payload-Körpers (body) enthält. Der Payload-Körper enthält die Teilnehmerdaten. Der »Trailer« enthält eine CRC-Prüfsumme (Cyclic Redundancy Check), die die Fehlerfreiheit des Pakets gewährleisten soll.

OBEX. Ein Protokoll der Sitzungsschicht für den Austausch von Datenobjekten, das ursprünglich von der IrDA (Infrared Data Association) als IrOBEX entwickelt worden ist. Sein Zweck ist die Unterstützung des Austauschs von Datenobjekten auf einfache und spontane Weise über drahtlose Infrarot- oder Bluetooth-Verbindungen.

On Hook. Bezieht sich auf die Fähigkeit eines Terminals einen Anruf zu beenden (d.h. aufzuhängen) und damit alle vom Anruf beanspruchten Funkressourcen freizugeben. Diese Fähigkeit wird im Cordless Telephony Profile unterstützt.

OSI (Open Systems Interconnection). Das aus sieben Schichten bestehende Referenzmodell wurde erstmals 1978 von der ISO (International Organization for Standardization) definiert. Die unteren Schichten (1 bis 3) entsprechen der lokalen Kommunikation, während die oberen Schichten (4 bis 7) der Kommunikation zwischen Endgeräten entsprechen. Die einzelnen Schichten stellen die zur Einrichtung und Wahrung des fehlerfreien Informationsaustauschs zwischen Netzwerkbenutzern erforderlichen Protokollfunktionen zur Verfügung.

Packet Switching. Siehe **Paketvermittlung.**

Page Scan. Der Prozess, mit dem Geräte auf Page-Mitteilungen lauschen, die ihren eigenen DAC (Device Access Code) enthalten.

Paging. Eine Prozedur, bei der eine Reihe von Mitteilungen übertragen werden, die das Ziel der Einrichtung einer Kommunikationsverbindung zu einer aktiven Geräteeinheit haben. Wenn entfernte Geräte (RemDev) auf das Paging antworten, wird eine Verbindung eingerichtet.

Paired Device (gepaartes Gerät). Ein Bluetooth-Gerät mit dem entweder vor der Verbindungseinrichtung oder während der Connecting-Phase ein Verbindungscode ausgetauscht wurde.

Pairing. Eine Initialisierungsprozedur mit der zwei Geräte erstmals kommunizieren, um einen gemeinsamen Verbindungscode zu erzeugen, der bei nachfolgenden Authentifizierungen verwendet wird. Bei der erstmaligen

Verbindung erfordert das Pairing die Eingabe eines Bluetooth-Sicherheitscodes oder einer PIN durch den Benutzer.

Paket. In der Bluetooth-Spezifikation das Format der gesamten Bits, aus denen eine diskrete Informationseinheit besteht, die in 1, 3 oder 5 Zeitschlitzen übertragen werden können. Das Format der Pakete unterscheidet sich je nach eingesetzter Übertragungstechnologie. Die Länge der Pakete kann bis zu ca. 12.000 Bit bei Ethernet und IP und bis zu ca. 32.000 Bit bei Frame Relay betragen. Die Größe eines Datenpakets, das in einem Pico-Netz mit der drahtlosen Bluetooth-Technologie übertragen wird, beträgt zum Vergleich maximal ca. 2.800 Bit.

Paketvermittlung (Packet Switching). Vermittlungsverfahren für Daten- und neuerdings auch für Telekommunikationsnetze. Die Informationen werden in Datenpakete aufgeteilt und unabhängig voneinander auf verschiedenen Verbindungsstrecken zum Bestimmungsort befördert. Für den mobilen Zugang ist dieses Verfahren besonders attraktiv, denn es beansprucht nur Bandbreite, wenn tatsächlich Daten übertragen werden. Ein paketorientiertes Verfahren ist beispielsweise das für digitale Mobilnetze entwickelte GPRS. Siehe auch **Leitungsvermittlung**.

Park-Modus. Wenn ein Slave den Pico-Netz-Kanal nicht nutzen muss, aber immer noch mit diesem Kanal synchronisiert bleiben soll, kann er in den Park-Modus übergehen. Bei diesem handelt es sich um einen Strom sparenden Betriebsmodus mit sehr geringfügigen Aktivitäten beim Slave. Ein Slave, der sich im Park-Modus befindet, wacht in regelmäßigen Intervallen auf, um den Kanal abzuhören, sich wieder zu synchronisieren und nach übertragenen Mitteilungen zu suchen.

PBX (Private Branch eXchange). Bietet leitungsvermittelte Verbindungen zwischen internen und externen Telefonbenutzern in Geschäftsumgebungen. Damit ist z.B. die direkte Durchwahl zu Mitarbeitern, das Hinterlegen von Voice-Mails etc. möglich. Dient allgemein als Bezeichnung für Tk-Anlagen (Telekommunikationsanlagen).

PCM (Pulse Code Modulation). Ein verbreitetes Verfahren zur Codierung analoger Audiosignale in einen digitalen Bitstrom, bei dem das Audiosignal 8000-mal je Sekunde abgetastet wird. Jedem abgetasteten Punkt wird ein Wert zugeordnet, der in einen Byte-Wert umgewandelt und damit in Binärform gebracht wird. Die sich so ergebenden Einsen und Nullen bilden den digitalen Bitstrom, der über ein Kabel oder eine drahtlose Verbindung übertragen wird. Beim empfangenden Gerät werden die ursprünglichen Sprachsignale aus den Einsen und Nullen zur Wiederherstellung der ursprünglichen Sprachsignale genutzt, so dass sie sich wieder in der üblichen Form als Sprache wiedergeben lassen. Die Bluetooth-Spezifikation unterstützt PCM in den beiden Codierungsvarianten »A-law« und »µ-law«. Die

USA haben die μ-law-Version von PCM standardisiert, während Europa und viele anderen Länder in Asien, Südamerika und Afrika die A-law-Version von PCM standardisiert haben. Siehe auch **CVSD** (Continuously Variable Slope Delta).

PDA (Personal Digital Assistant – persönlicher digitaler Assistent). Auch als Handheld oder Palmtop bezeichneter Kleinstcomputer, der mit einem Betriebssystem, Anwendungsprogrammen (meist ein PIM – Personal Information Manager) und Kommunikationsfähigkeiten ausgestattet ist, so dass sich Kurztexte (SMS), E-Mail, Fax, aktualisierte Nachrichten und Voice-Mail übertragen lassen. Diese Geräte sind für Reisende gedacht, die unabhängig von ihrem jeweiligen Standort einen verzögerungsfreien Zugriff auf Informationen benötigen und vorrangige Anwärter für eingebettete Bluetooth-Funktionalität sind.

PDC (Personal Digital Cellular). In Japan verwendete digitale Mobilfunknorm, die mit der TDMA-Funkschnittstelle arbeitet.

PDU (Protocol Data Unit). Ein allgemeiner Begriff für das Header-Datenpaket, das von den verschiedenen Schichten des Protokoll-Stacks eingesetzt wird.

Peak Bandwidth (Spitzen-Bandbreite). Wird in Byte pro Sekunde (Byte/s) angegeben und gibt darüber Auskunft, mit welcher Geschwindigkeit Datenpakete von Anwendungen aufeinander folgen können. Einige vermittelnde Systeme können diese Information nutzen, um für eine effizientere Ressourcenzuordnung zu sorgen.

Personal Area Network. Ein Netzwerkkonzept, bei dem alle Geräte im nahen Umfeld eines Menschen miteinander kommunizieren und zusammenarbeiten und ihre Informationen und Dienste gemeinsam nutzen.

Personal Identification Number. Siehe **PIN**.

Pervasive Computing. Bezieht sich auf den Trend des Einsatzes zahlreicher, häufig unsichtbarer und nur selten benutzter Computer und damit darauf, dass Rechner heute fast alle Lebensbereiche durchdringen. Die Rechner sind häufig mobil oder in die Umgebung eingebettet und mit einer zunehmend allgegenwärtigen Netzwerkstruktur ausgestattet. Das Ziel besteht darin, den Rechnereinsatz in allen Lebensbereichen zu erleichtern.

Physikalische Verbindung. Eine Folge von Übertragungsschlitzen auf einem physikalischen Kanal, der abwechselnd aus Master- und Slave-Übertragunggschlitzen besteht.

Physikalischer Kanal. Die synchronisierte RF-Hopping-Sequenz in einem Pico-Netz. Diese Beziehung zwischen zwei Geräten auf der Ebene des Basisbandes wird durch Paging aufgebaut.

Pico-Netz. Geräteeinheiten, die einen gemeinsamen Kanal nutzen, bilden ein Pico-Netz. Ein einzelnes Pico-Netz kann maximal acht untereinander verbundene Geräte unterstützen (ein Master und sieben Slaves). Diese Beziehung bleibt während der Dauer der Pico-Netz-Verbindung bestehen. Siehe auch **Inter-Pico-Netz-Fähigkeit.**

PIN (Personal Identification Number). Die Bluetooth-PIN wird zur Authentifizierung von zwei Geräten genutzt, die bisher noch keinen Verbindungscode ausgetauscht haben. Durch den Austausch einer PIN erzeugen die Geräte eine vertrauenswürdige Beziehung. Die PIN wird in der Pairing-Prozedur zum Aufbau der ursprünglichen Verbindung benutzt, die bei der weiteren Identifikation verwendet wird.

PLMN (Public Land Mobile Network). Oberbegriff für landgestützte Mobilfunknetze wie z.B. GSM.

Post-dialing. Bezieht sich auf die Fähigkeit eines Terminals, nach dem Versenden der Mitteilung zur Einrichtung der ausgehenden Anrufanforderung Wählinformationen zu übertragen.

Power Mode (Betriebsmodus). Das Gateway ist normalerweise der Master des Pico-Netzes im Cordless Telephony Profile. Daher steuert es den Betriebsmodus der Terminals (d.h. der Slaves). Das Gateway geht bei der Entscheidung, in welchen Betriebsmodus die Terminals versetzt werden sollen, möglichst konservativ vor. Wenn Terminals nicht am Signalverkehr teilnehmen, werden sie vom Gateway in einen Strom sparenden Betriebsmodus (low-power mode) versetzt. Der empfohlene Strom sparende Betriebsmodus ist der so genannte Park-Modus. Die für den Strom sparenden Betriebsmodus gewählten Parameter sehen so aus, dass das Terminal immer innerhalb von 300 Millisekunden in den aktiven Zustand zurückkehren kann. Wenn das Gateway während eines Anrufs Strom sparen kann, kann es den Sniff-Modus verwenden. Auch Terminals können sich in den Sniff-Modus versetzen lassen.

PPP (Point-to-Point Protocol). Ein weit verbreitetes Protokoll für den Zugriff auf Netzwerke. PPP bietet Authentifizierung, Verschlüsselung, Datenkompression und unterstützt mehrere Protokolle. PPP über RFCOMM bietet Bluetooth-Geräten LAN-Zugriff. Obwohl PPP verschiedene Netzwerkprotokolle (d.h. IP, IPX usw.) unterstützen kann, fordert das LAN Access Profile nicht den Einsatz eines bestimmten Protokolls. Siehe auch **LAN Access Profile.**

Primitives. Abstrakte grundlegende Beschreibungen bestimmter, von einem Dienst verwendeter, Funktionen. Beispiele für Primitives, die zusammen mit dem SDP (Service Discovery Profile) verwendet werden, sind openSearch (.) und closeSearch (.), die »open search« bzw. »close search« anzeigen. Auch die von L2CAP angebotenen Dienste werden mit Hilfe des Begriffs Service-Primitives beschrieben.

Private. Ein Operationsmodus, durch den ein Gerät nur über Bluetooth-Basisband-Pages aufgespürt werden kann. Das Gerät reagiert nur auf Page-Scans. Siehe auch **Public**.

Profil. Definiert die Protokolle und Eigenschaften, die von einem bestimmten Einsatzmodell unterstützt werden. Wenn Geräte verschiedener Hersteller derselben Profilspezifikation der Bluetooth-SIG entsprechen, arbeiten sie zusammen, wenn sie für diesen speziellen Dienst und Einsatzzweck genutzt werden.

Protokoll. Definiert die Kommunikationsfunktionen zwischen zwei Endgeräten auf einer bestimmten Schicht eines gegebenen Protokoll-Stacks.

Protokollanalysator. Ein Werkzeug zur Fehlersuche, dass alle Schichten des Bluetooth-Protokoll-Stacks inklusive des Basisbandes untersucht. Das Gerät kann spezifischen Bluetooth-Datenverkehr eines Pico-Netzes in Echtzeit aufzeichnen, so dass Techniker den Datenverkehr paketweise untersuchen oder sich auf bestimmte Transaktionen konzentrieren können, wenn sie bestimmte Felder, Pakete, Fehler oder andere Dinge herausfiltern. Durch die Filterung erhalten Techniker schnell und effizient nur die zur Identifikation und Isolierung des anormalen Datenverkehrs relevanten Informationen. Die aufgezeichneten Daten werden dann in einer Windows-Systemumgebung farbig und grafisch angezeigt. Mit diesen anspruchsvollen Such- und Sichtungsmöglichkeiten können Techniker bestimmte Daten, Fehler und andere Bedingungen schnell aufspüren.

Protokoll-Multiplexing. Eine Funktion, die auf der L2CAP-Schicht ausgeführt wird. Da das Basisband-Protokoll kein »Typfeld« unterstützt, das der Identifizierung der auf höheren Schichten verwendeten Multiplex-Protokolle dient, muss L2CAP Protokoll-Multiplexing unterstützen. L2CAP muss daher Protokolle höherer Schichten, wie z.B. SDP (Service Discovery Protocol), RF-COMM (Radio frequency Communication) und TCS (Telephony Control Specification) unterscheiden können.

Public (öffentlich). Ein Betriebsmodus, in dem sich Geräte über Bluetooth-Basisband-Inquiries auffinden lassen, auf die sie dann reagieren. Öffentliche Geräte können auch auf Page-Scans reagieren. Siehe auch **Private**.

Push-Pull. Beim GOEP (Generic Object Exchange Profile) sendet ein Client Datenobjekte zum Server (push) oder empfängt Datenobjekte vom OBEX-Server (pull).

QoS (Quality of Service – Dienstequalität). Hinsichtlich der L2CAP-Signalgebung kann während der Verbindungseinrichtung eine garantierte Leistung für Anwendungen angefordert werden. In eine QoS-Konfigurationsanforderung können Parameter wie Zeitverzögerungen (Mikrosekunden), Spitzenbandbreiten (Byte/s) und Latenzzeiten (Mikrosekunden) festgelegt werden. Wenn in der Anforderung keine QoS-Option angegeben wird, werden die Dienste mit möglichst guter Leistung zur Verfügung gestellt (best-effort).

Register Recall (Registerabruf). Bezieht sich auf die Fähigkeit eines Terminals, einen »Registerabruf« anzufordern, und eines Gateways, die Anforderung zum lokalen Netzwerk zu übertragen. Nach dem Registerabruf (mit Wählton) lassen sich weitere Ziffern eingeben oder andere Aktionen durchführen (auch »flash hook« genannt). Dieses Merkmal wird im Cordless-Telephony-Profil unterstützt.

RemDev (Remote Device). Ein Gerät, das am Diensteerkennungsprozess teilnimmt und auf die von einem lokalen Gerät (LocDev) unter dem SDP (Service Dicovery Profile) generierten Diensteanfragen antwortet. Zu diesem Zweck muss das RemDev zumindest den Server-Teil der Bluetooth-SDP-Architektur enthalten. RemDevs enthalten eine Datenbank mit Datensätzen der Dienste, die vom Server-Teil von SDP bei der Beantwortung von Diensteerkennungsanforderungen abgefragt werden. Siehe auch **LocDev**.

RFCOMM. Ein einfaches Transportprotokoll mit zusätzlichen Vorkehrungen für das Emulieren der neun Leitungen serieller RS-232-Schnittstellen (FIA/TIA-232-E) über das L2CAP-Protokoll. Dieses Protokoll zum Emulieren der seriellen Kabelverbindung basiert auf ETSI TS 07.10.

Salutation (Gruß). Eine Prozedur zur Entdeckung, Erkennung und zum Zugriff auf Dienste und Informationen. Diese Architektur definiert Abstraktionen für Geräte, Anwendungen und Dienste und erfordert eine Reihe von Protokollen (zum Austausch von Informationen über die Fähigkeiten, die Anforderung und die Ausführung gemeinsamer Dienste) und APIs (Application Programming Interfaces) für den Informationszugriff und das Sitzungsmanagement. Siehe auch **Salutation-Architektur**.

Salutation-Architektur. Ein vom Salutation-Konsortium entwickelter Diensteerkennungsstandard, der die Lösung von Problemen erleichtert, die bei der Diensteerkennung und -nutzung angesichts der zunehmenden Zahl der von einer Vielzahl von Herstellern angebotenen Geräte und Zusatzgeräte auftreten können. Die Architektur ist unabhängig vom Prozessor, Betriebssystem und Kommunikationsprotokoll. Die Salutation-Architektur bietet Anwendungen, Diensten und Geräten ein Standardverfahren, mit dem sie ihre Fähigkeiten anderen Anwendungen, Diensten und Geräten bekanntgeben und beschreiben können und deren Fähigkeiten wiederum ermitteln können. Wenn die Fähigkeiten anderer Einheiten erst einmal bekannt sind, lassen sich gemeinsame Sitzungen anfordern und einrichten, in denen diese Fähigkeiten genutzt werden. Implementierungen der Salutation-Architektur gibt es für TCP/IP, IrDA-Standards, die Bluetooth-Spezifikation und das SLP (Service Location Protocol) der IETF (Internet Engineering Task Force). Siehe auch **SLP**.

Scatter-Netz. Zwei oder mehr Pico-Netze, die sich im selben Gebiet befinden, und miteinander kommunizieren können aber nicht müssen.

SDAP (Service Discovery Application Profile). Definiert die Prozeduren, durch die eine Anwendung in einem Bluetooth-Gerät die in anderen Bluetooth-Geräten registrierten Dienste erkennen und die der Implementierung dieser Dienste entsprechenden Informationen ermitteln kann.

SDP (Service Discovery Protocol). Eines der von der Bluetooth-SIG veröffentlichten vier allgemeinen Profile. Das SDP beschreibt das von Anwendungen zur Erkennung der für sie zur Verfügung stehenden Dienste und der Merkmale dieser Dienste verwendete Protokoll.

Security Manager (Sicherheitsmanager). Das Modul in einem Bluetooth-Gerät, das für die Sicherheitsaspekte der Kommunikation mit anderen Bluetooth-Geräten zuständig ist.

Segmentation and Reassembly. Eine von der L2CAP-Schicht (Logical Link Control and Adaptation Protocol) durchgeführte Funktion, mit der Bluetooth-Geräte Protokolle unterstützen können, die größere als die vom Basisband unterstützten Pakete verwenden. Große L2CAP-Paket werden vor der Funkübertragung in mehrere kleinere Basisband-Pakete aufgeteilt (Segmentation). Auf der Empfängerseite werden die Basisband-Pakete dann wieder zu einem größeren L2CAP-Paket zusammengesetzt (Reassembly). Siehe auch **L2CAP**.

Server. Das Datenverarbeitungsgerät, zu dem Datenobjekte übertragen bzw. von dem diese Empfangen werden können. Siehe auch **Client**.

Service Discovery (Diensteerkennung). Die Erkennung der Fähigkeiten von Geräten oder Hosts, zu denen eine Verbindung aufgebaut werden soll.

Service Security Level. Der Zugriff auf Dienste kann auf der Grundlage des erforderlichen Sicherheitsniveaus unterbunden werden. Es gibt drei Stufen der Dienstesicherheit: Autorisierung und Authentifizierung, nur Authentifizierung und keine Sicherheit. Eine weitere Sicherheitsanforderung für die Nutzung von Diensten kann die Verschlüsselung sein, die aber typischerweise auf der Ebene des Basisbandes bzw. der physikalischen Schicht vorgenommen wird. Siehe auch **Device Security Level**.

Sicherheitsmodi. Für Bluetooth-Geräte gibt es drei Sicherheitsmodi. Im Sicherheitsmodus 1 initiieren Geräte nie Sicherheitsprozeduren. Im Sicherheitsmodus 2 initiieren die Geräte keine Sicherheitsprozeduren vor dem Empfang oder der eigenen Initiierung einer Anforderung zur Kanaleinrichtung. Im Sicherheitsmodus 3 initiieren Geräte Sicherheitsprozeduren, bevor sie eine Meldung über den Abschluss der Verbindungseinrichtung senden.

Silent Device (Stilles Gerät). Bluetooth-Geräte erscheinen für entfernte Geräte still, wenn sie auf deren Inquiries nicht antworten. Geräte können schweigen, weil sie sich im nicht-erkennbaren Modus befinden oder weil das Basisband einfach ausgelastet ist.

Slave. Eine Geräteeinheit innerhalb eines Pico-Netzes, die mit einem Master über dessen Uhr und Hopping-Sequenz synchronisiert wird. Bis zu sieben Slaves können auf diese Weise in einem Pico-Netz in Beziehung zu einem Master stehen. Siehe auch **Master**.

Slot. Siehe **Zeitschlitz**.

SLP (Service Location Protocol). Ein von der IETF (Internet Engineering Task Force) veröffentlichter Standard, der ein skalierbares Gerüst für die Erkennung und Auswahl von Netzwerkdiensten bietet. Beim Einsatz dieses Protokolls erfordern Rechner in einem LAN, einem Unternehmens-Intranet oder im öffentlichen Internet nur wenig oder gar keine statische Konfiguration der Netzwerkdienste bei Netzwerk-basierten Anwendungen. Dieser Aspekt wird zunehmend wichtig, wenn Rechner portabler und/oder die Toleranz oder Fähigkeit der Anwender, die Anforderungen der Netzwerk-Systemadministration zu erfüllen, abnimmt.

Smartphone. Digitale Zellulartelefone, die erweiterte Kommunkationsfähigkeiten bieten (z.B. Internet-Zugriff, Senden und Empfangen von E-Mail, Surfen im Web, Abruf von Daten wie Nachrichten, Börsenkurse, Sportergebnisse, Wetterberichte, Reiseinformationen usw.). Smartphones unterstützen üblicherweise WAP (Wireless Application Protocol) und sind für Mobilfunkteilnehmer gedacht, die unabhängig vom Standort und der Uhrzeit sofort auf Informationen zugreifen müssen. Derartige Geräte sind vorrangige Kandidaten für eingebettete Bluetooth-Funktionalität.

Sniff-Modus. Ein Betriebsmodus, in dem sich die Zyklen der Lauschaktivitäten eines Slaves zwecks Energieeinsparung verringern lassen. Wenn ein Slave an einem ACL-Link beteiligt ist, muss er in jedem ACL-Zeitschlitz den Master-Datenverkehr abhören. Im Sniff-Modus wird die Anzahl der Zeitschlitze verringert, in denen der Master Übertragungen zu einem bestimmten Slave beginnen kann. Das bedeutet, dass der Master Übertragungen nur in festgelegten Zeitschlitzen beginnen kann. Diese »Sniff«-Zeitschlitze haben einen regelmäßigen Abstand.

SPP (Serial Port Profile). Definiert beim Einsatz von RFCOMM die Anforderungen für die Einrichtung emulierter serieller Kabelverbindungen zwischen zwei Bluetooth-Endgeräten. Siehe auch **RFCOMM**.

Spread Spectrum. Ein digitales Codierungsverfahren, bei dem das Signal so zerlegt oder »gespreizt« wird, dass es von zufälligen Lauschern nur als Rauschen wahrgenommen wird. Der Empfänger, der denselben Spreizungsschlüssel wie der Sender verwendet, kann das gespreizte Signal wieder in seine ursprüngliche Form zurückführen. Durch die Verteilung der Signalstärke über ein breiteres Frequenzband erhält man ein robusteres Signal, das sich weniger stark durch elektromagnetisches Rauschen und andere Störungsquellen beeinträchtigen lässt. Es sorgt auch für eine höhere Sicherheit der Sprach- und Datenkommunikation. Siehe auch **Frequenzhüpfen**.

SrvDscApp (Service Discovery Application). Die Anwendung in einem lokalen Gerät (LocDev), die tatsächlich Dienste bei bereits verbundenen entfernten Geräten anfragt.

SSL (Secure Sockets Layer). Ein Internet-Protokoll, das zum Schutz der Kommunikation zwischen Client und Server Verschlüsselungs- und Authentifizierungsmöglichkeiten bietet. Siehe auch **WTLS**.

Symmetrisch. Ein ACL-Typ (Asynchronous Connectionless Link), der sowohl in der Sende- als auch in der Empfangsrichtung mit derselben Datenrate arbeitet. Für symmetrische Verbindungen definiert die Bluetooth-Spezifikation eine maximale Datenrate von 433,9 kByte/s in beiden Richtungen (Senden und Empfangen). Siehe auch **Asymmetrisch**.

Synchron. Beschreibt Übertragungen, die sich auf einen gemeinsamen Takt zur Synchronisation des Datenflusses zwischen Geräten stützen. Die Synchronisation findet am Anfang der Sitzung statt, so dass Datengrenzen zeitlich definiert sind (keine Start- und Stop-Bits wie bei der asynchronen Kommunikation). Eindeutige Bitmuster, die in die digitalen Signale eingebettet werden, sorgen dafür, dass Abweichungen in der Zeitsteuerung zwischen den sendenden und empfangenden Geräten erkannt werden. Siehe auch **Asynchron**.

TCP (Transmission Control Protocol). Bietet bei Verwendung von IP (Internet Protocol) in der Netzwerkschicht eine zuverlässige Verbindung auf der Transportschicht. IP stellt Multiplex-Protokolle und Verbindungen auf der Grundlage von IP-Adressen zur Verfügung. Siehe auch **IP**.

TCS Binary (Telephony Control protocol-Binary). Definiert die Anruf-Steuersignale zur Einrichtung von Sprach- und Datenanrufen zwischen Bluetooth-Geräten. Weiterhin definiert das Protokoll Bewegungsmanagement-Prozeduren für Bluetooth-TCS-Gerätegruppen. Die Bluetooth-SIG hat den AT-Befehlssatz definiert, über den sich Mobiltelefone und Modems in mehreren Einsatzmodellen steuern lassen.

TDMA (Time Division Multiple Access – Vielfachzugriff im Zeitmultiplex-Verfahren). Ein Verfahren zur Unterteilung der verfügbaren Gesamtbandbreite, so dass alle Teilnehmer, die die physikalischen Ressourcen gemeinsam nutzen, über ihre eigenen, sich wiederholenden Zeitschlitze innerhalb einer Gruppe von Zeitschlitzen (Rahmen) verfügen. Die Zuordnung der Zeitschlitze wird häufig Kanal (channel) genannt. TDMA kommt in HomeRF-Netzwerken (Home Radio Frequency) zum Einsatz, die dasselbe unlizenzierte 2,4-GHz-ISM-Band wie Geräte mit der drahtlosen Bluetooth-Technologie verwenden.

Time Slot. Siehe **Zeitschlitz**.

Token Bucket Size. Die Größe eines »Token bucket« (d.h. eines Puffers) in Byte. Wenn der »Eimer« voll ist, müssen Anwendungen entweder warten oder Daten verwerfen. Bei Best-effort-Diensten verwenden Anwendung möglichst große Puffer. Bei garantierten Diensten steht der Anwendung der maximale Pufferplatz zum Zeitpunkt der Anforderung zur Verfügung. Siehe auch **Token-Rate**.

Token-Rate. Die unterstützte Geschwindigkeit des Datenverkehrs in Byte/s. Anwendungen können kontinuierlich Daten mit dieser Rate senden. Burst-Daten können bis zur Größe des »token bucket« gesendet werden. Bis der Datenpuffer geleert worden ist, müssen sich Anwendungen auf die Token-Rate beschränken. Werden Dienste auf Best-effort-Basis zur Verfügung gestellt, steht Anwendungen die größtmögliche Bandbreite zur Verfügung. Bei Diensten mit garantierter Datenrate wird Anwendungen die zur Zeit der Anforderung verfügbare maximale Bandbreite eingeräumt. Siehe auch **Token Bucket Size**.

Trusted Device (vertrauenswürdiges Gerät). Ein Gerät, das die drahtlose Bluetooth-Technologie verwendet und zuvor bereits authentifiziert wurde und dem auf der Basis seines Leitungscodes Zugriff auf ein anders Bluetooth-Gerät gewährt wurde. Siehe auch **Untrusted Device**.

UDP (User Datagram Protocol). Ein einfaches Protokoll, das einzelne Meldungen an IP zur Übertragung bei freien Ressourcen über das Netz weiterleitet.

UMTS (Universal Mobile Telecommunications System). Bezeichnung für 3G-Mobilfunksysteme in Europa gemäß der ETSI-Definition. Durch einen neuen Übertragungsstandard mit Breitbandfunktechnik, der ab 2002 zum Einsatz kommen soll, wird die Übertragungsrate auf bis zu 2 MBit/s gesteigert. UMTS ermöglicht hochqualitative, mobile Multimedia-Anwendungen wie z.B. Videokonferenzen (http://www.umts-forum.org).

Unbekanntes Gerät (Unknown Device). Ein Bluetooth-Gerät, das aktuell nicht mit einem lokalen Gerät verbunden ist und das mit dem lokalen Gerät bisher noch nicht gepaart worden ist. Es sind keine Informationen über das Gerät gespeichert, weder dessen Adresse, noch sein Verbindungscode oder andere Informationen. Unbekannte Geräte werden auch neue Geräte genannt.

Unconscious (unbewusst). Bezieht sich auf Prozesse, für deren Implementierung keine expliziten Benutzereingriffe erforderlich sind. Siehe auch **Conscious**.

Untrusted Device (nicht-vertrauenswürdiges Gerät). Bluetooth-Geräte, die anderen Bluetooth-Geräten nicht bekannt sind. Bevor ihnen Zugriff gewährt wird, kann eine Autorisierung erforderlich sein, in die der Benutzer in irgendeiner Weise eingreifen muss.

USIM (UMTS Subscriber Identity Modul). Karte des zukünftigen UMTS-Endgerätes, die alle teilnehmerspezifischen Informationen enthält.

vCalendar. Ein Format für Kalender- und Termininformationen. Die vCalendar-Spezifikation stammt vom Versit-Konsortium und wird nun vom IMC (Internet Mail Consortium) verwaltet.

vCard. Ein Format für persönliche Informationen, wie sie auf Visitenkarten zu finden sind. Die vCalendar-Spezifikation stammt vom Versit-Konsortium und wird nun vom IMC (Internet Mail Consortium) verwaltet.

Verbinden (Connecting). Eine Phase in der Kommunikation zwischen Geräten, in der die Verbindung zwischen ihnen aufgebaut wird. Die Verbindungsphase folgt nach Abschluss des Aufbaus der physikalischen Verbindung (link establishment).

Verbindungseinrichtung (Link Establishment). Eine Prozedur, mit der zwischen zwei Bluetooth-Geräten eine physikalische Verbindung – eine ACL-Verbindung (Asynchronous Connectionless) – eingerichtet wird, wobei Prozeduren der Bluetooth IrDA Interoperability Specification und des GOEP (Generic Object Exchange Profile) zum Einsatz kommen.

Verbindungseinrichtung. Siehe **Link Establishment**.

Vererbungs-Anwendung. Siehe **Legacy-Application.**

Walkie-Talkie. Ein Modus der Sprachübertragung, bei der ein Teilnehmer spricht und die anderen Teilnehmer derselben Gesprächsrunde zuhören.

WAP (Wireless Application Protocol). Eine Spezifikation für das Versenden und Empfangen von Internet-Inhalten und Mitteilungen mit kleinen drahtlosen Geräten, wie z.B. Mobiltelefonen, die mit Textanzeigen ausgestattet sind. Die Bluetooth-Spezifikation unterstützt WAP.

Wireless Connections Made Easy (Drahtlose Kommunikation leicht gemacht). Diese grundlegende Bluetooth-Philosophie umfasst die folgenden, wichtigen Eigenschaften für Endbenutzer: zuverlässige, qualitativ hochwertige Funkverbindungen, Zusammenarbeit zwischen Produkten verschiedener Hersteller und leicht verständliche Fähigkeiten. Laut der Bluetooth-SIG sind zuverlässige Funkverbindungen darauf angewiesen, dass alle Produkte mit den Leistungsspezifikationen der Bluetooth-Spezifikation für Funkverbindungen übereinstimmen. Die Zusammenarbeit wird durch standardgemäße Protokoll- und Profilimplementierungen erreicht. Der unkomplizierte, einfache Einsatz hängt von der klaren, konsistenten und verständlichen Dokumentation der Bluetooth-Fähigkeiten in den Produktbeschreibungen ab. All diese Elemente zählen zu den Anforderungen der Bluetooth-Konformitätsprüfungen.

WLAN (Wireless Local Area Network). Bezieht sich üblicherweise auf lokale Netzwerke, die auf dem IFFE-802.11-Standard aufbauen und ohne Kabelverbindungen arbeiten. Ein WLAN bietet die Möglichkeit, drahtlose Endgeräte untereinander oder mit einem herkömmlichen, verdrahteten Netzwerk bei einer Übertragungsrate von bis zu 11 MBit/s (direct sequence spread spectrum) bzw. 1 oder 2 MBit/s (frequency-hopping spread-spectrum) zu verbinden. Siehe auch **Home RF**.

WSP (Wireless Session Protocol). Richtet eine Beziehung zwischen einer Client-Anwendung und dem WAP-Server ein. Diese Sitzung ist relativ langlebig und kann Diensteunterbrechungen überdauern. Das WSP benutzt Dienste des WTP (Wireless Transport Protocol) für den zuverlässigen Transport zum Ziel-Proxy/Gateway. Siehe auch **WTP**.

WTLS (Wireless Transport Layer Security). Eine optionale Komponente des WAP-Stacks (Wireless Application Protocol), der eine sichere Datenleitung für die Sitzung zwischen einem Client und einem Server zur Verfügung stellt. WTLS wurde aus der SSL-Spezifikation (SSL) abgeleitet. Daher bietet es dieselben Authentifizierungs- und Verschlüsselungsdienste wie SSL. Siehe auch **SSL**.

WTP (Wireless Transport Protocol). Bietet Dienste, die viele derselben Anforderungen wie TCP (Transmission Control Protocol) erfüllt. Im Internet stellt TCP ein zuverlässiges, verbindungsorientiertes Protokoll für Zeichenströme zur Verfügung, das auf IP-Diensten basiert. Im Gegensatz dazu bietet WTP sowohl zuverlässige als auch unzuverlässige Einweg- sowie zuverlässige Übertragungen von Zweiweg-Mitteilungen. Die Übertragungen sind für die von WAP (Wireless Application Protocol) benutzten kurzen Anforderungen und langen Antwortdialoge optimiert. WTP ermöglicht auch das Zusammenziehen von Mitteilungen, so dass die Anzahl der über drahtlose Leitungen übertragenen Mitteilungen verringert wird. Siehe auch **WAP**.

WUG (Wireless User Group). Eine Gruppe von Terminals, die unter der Steuerung eines Masters stehen und nur untereinander kommunizieren können. Die WUG sorgt dadurch, dass keine Anrufe von außen zugelassen sind, auch für eine höhere Sicherheit. Dieses Merkmal wird vom Cordless-Telephony-Profil unterstützt.

Zeitschlitz (Time Slot). Durch die Bluetooth-Spezifikation wird der physikalische Kanal in 625 µs lange Zeitschlitze unterteilt.

Akronyme

In diesem Anhang finden Sie eine Zusammenstellung der im Buch verwendeten Abkürzungen. Bei einigen der Abkürzungen finden Sie zudem kurze Erläuterungen und/oder die entsprechenden deutschen Begriffe.

2G	Zweite Generation
3G	Dritte Generation

A

ABR	Available Bit Rate
ACC	Analog Control Channel
ACK	Acknowledge
ACL	Asynchronous Connectionless
ACO	Authenticated Ciphering Offset
ADSL	Asymmetrical Digital Subscriber Line
AG	Audio Gateway
AM_ADDR	Active Member Address
AMPS	Advanced Mobile Phone Service
AP	Access Point
API	Application Programming Interface
AR_ADDR	Access Request Address
ARQ	Automatic Repeat Request
AS	Autonomous System
ASCII	American Standard Code for Information Interchange
ATM	Automated Teller Machine; Asynchronous Transfer Mode
AVC	Analog Voice Channel

B

B-ISDN	Breitband-ISDN
BB	Basisband
BBS	Bulletin Board System

BCCH	Broadcast Control Channel
BCH	Bose, Chaudhuri & Hocquenghem (Codierungsschema; benannt nach den Erfindern in den Jahren 1959 [H] und 1960 [B&C])
BD_ADDR	Bluetooth Device Address
BER	Bit Error Rate
BPSK	Binary Phase Shift Keying
BQB	Bluetooth Qualification Body
BQTF	Bluetooth Qualification Test Facility
BT	Bandwidth Time

C

CAC	Channel Access Code
CBR	Constant Bit Rate
CC	Call Control
CCCH	Common Control Channel
CCF	Call Control Function
CDG	CDMA Development Group
CDMA	Code Division Multiple Access
CHAP	Challenge Handshake Authentication Protocol
CID	Channel Identifier
CKPD	Control Keypad (ein AT-basierter, von einer Tastatur abgesetzter Befehl)
CL	Connectionless
CLI	Calling Line Identification
CLIP	Calling Line Identification Presentation
CO	Connection Oriented
CoD	Class of Device
CODEC	COder DECoder
COF	Ciphering Offset
CR	Carriage Return
CRC	Cyclic Redundancy Check
CSMA/CA	Carrier Sense Multiple Access with Collision Avoidance
CSMA/CD	Carrier Sense Multiple Access with Collision Detection
CTP	Cordless Telephony Profile
CTR	Clear to Send
CVSD	Continuous Variable Slope Delta

D

DAC	Device Access Code
DAMPS	Digital Advanced Mobile Phone System
DC	Direct Current (Gleichstrom)
DCCH	Digital Control Channel
DCE	Data Communication Equipment
DCI	Default Check Initialization
DECT	Digital Enhanced Cordless Telephone
DH	Data-High Rate
DIAC	Dedicated Inquiry Access Code
DM	Data-Medium Rate
DME	Distance Measuring Equipment
DNS	Domain Name System
DQPSK	Differential Quadrature Phase-Shift Keying
DSL	Digital Subscriber Line
DSR	Data Set Ready
DT	Data Terminal
DTC	Digital Traffic Channel
DTE	Data Terminal Equipment
DTMF	Dual Tone Multiple Frequency
DTR	Data Terminal Ready
DUT	Device Under Test
DV	Data-Voice
DVD	Digital Video Disc

E

EDGE	Enhanced Data for Global Evolution
EIA	Electronic Industries Alliance (früher: Electronic Industries Association)
EMV	Europay-MasterCard-Visa
ETSI	European Telecommunications Standards Institute

F

FCC	Federal Communications Commission
FACCH	Fast Associated Control Channel
FCOFF	Flow Control Off

FCON	Flow Control On
FDD	Frequency Division Duplex
FDMA	Frequency Division Multiple Access
FEC	Forward Error Correction
FH	Frequency Hopping
FHS	Frequency Hop Synchronization
FIFO	First In First Out
FSK	Frequency Shift Keying
FTP	File Transfer Protocol

G

GAP	Generic Access Profile
Gbps	Gigabit pro Sekunde (GBit/s)
GEOP	Generic Object Exchange Profile
GFSK	Gaussian Frequency Shift Keying
GHz	Gigahertz (10^9 Hertz)
GIAC	General Inquiry Access Code
GM	Group Management
GOEP	Generic Object Exchange Profile
GPRS	General Packet Radio System
GPS	Global Positioning System
GSM	Global System for Mobile (telecommunications)
GW	Gateway

H

HA	Host Application
HAPi	Home Application Programming interface
HAVi	Home Audio-Video interoperability
HCI	Host Controller Interface
HDLC	High-level Data-link Control
HEC	Header Error Check
HID	Human Interface Device
HS	Headset
HSCSD	High Speed Circuit-switched Data
HTML	HyperText Markup Language
HTTP	HyperText Transfer Protocol
HV	High-quality Voice
Hz	Hertz (Schwingungen pro Sekunde)

I

I/O	Input/Output
IAC	Inquiry Access Code
ICC	Integrated Circuit Card
IEC	International Electrotechnical Commission
IEEE	Institute of Electronic and Electrical Engineers
IETF	Internet Engineering Task Force
IMC	Internet Mail Consortium
IMT-2000	International Mobile Telecommunications 2000
IP	Internet Protocol
IPX	Internet Protocol eXchange
IrDA	Infrared Data Association
IrMC	Infrared Mobile Communications
IrOBEX	Infrared Object Exchange
ISDN	Integrated Services Digital Network
ISM	Industrial, Scientific, Medical
ISO	International Organization for Standardization
ITU	International Telecommunication Union
ITU-T	International Telecommunication Union-Telecommunications
IVR	Interactive Voice Response

J

JDC	Japanese Digital Cellular
JVM	Java Virtual Machine

K

KB	Kilobytes
Kbps	Kilobit pro Sekunde (kBit/s)
KHz	Kilohertz (10^3 Hertz)

L

L_CH	Logical Channel
L2CA	Logical Link Control and Adaptation
L2CAP	Logical Link Control and Adaptation Protocol
LAN	Local Area Network
LAP	LAN Access Point
LA	Lower Address Part
LC	Link Controller
LCP	Link Control Protocol
LCSS	Link Controller Service Signaling
LF	Line Feed
LFSR	Linear Feedback Shift Register
LIAC	Limited Inquiry Access Code
LLC	Logical Link Control (logische Leitungssteuerung)
LM	Link Manager
LMP	Link Management Protocol
LocDev	Local Device
LSB	Least Significant Bit

M

M_ADDR	Medium Access Control Address
mA	Milliampere
MAC	Medium Access Control
MAPI	Messaging Application Procedure Interface
ME	Management-Einheit
MM	Mobility Management
MMI	Man Machine Interface
MPEG	Moving Picture Experts Group
ms	Millisecond
MS	Mobile Station
MS	Multiplexing Sublayer
MSB	Most Significant Bit
MSC	Message Sequence Chart
MSC	Modem Status Command
MTU	Maximum Transmission Unit
MUX	Multiplexing Sublayer
mW	Milliwatt

N

NAK	Negative Acknowledge
NA	Non-significant Address Part
NBC	Number-of-repetitions for Broadcast packets
NCP	Network Control Protocol
nm	Nanometer
NMT	Nordic Mobile Telephone

O

OBEX	OBject EXchange protocol
OCF	Opcode Command Field
OSI	Open Systems Interconnection

P

PAN	Personal Area Network
PBX	Private Branch Exchange (Telekommunikationsanlage)
PC	Personal Computer
PCH	Paging Channel
PCM	Pulse Code Modulation
PCMCIA	Personal Computer Memory Card International Association
PCS	Personal Communications Service (allgemeine Bezeichnung für Mobilfunkdienste im amerikanischen 1900-MHz-Frequenzband)
PDA	Personal Digital Assistant
PDU	Protocol Data Unit
PDN	Packet Data Network
PIM	Personal Information Manager
PIN	Personal Identification Number
PM_ADDR	Parked Member Address
PN	Pseudo-random Noise
PnP	Plug and Play
POTS	Plain Old Telephone Service
PPM	Part Per Million
PPP	Point-to-Point Protocol
PRBS	Pseudo Random Bit Sequence

PRNG	Pseudo Random Noise Generation
PSK	Phase Shift Keying
PSM	Protocol/Service Multiplexer
PSTN	Public Switched Telephone Network

Q

QCIF	Quarter Common Intermediate Format
QoS	Quality of Service (Dienstequalität)

R

RACH	Random Access Channel
RAND	Random number (Zufallszahl)
RAS	Remote Access Server
RemDev	Remote Device
RF	Radio Frequency (Hochfrequenz)
RFC	Request For Comments
RFCOMM	Radio Frequency Communication
RNSS	Radio Navigation Satellite System
RSSI	Received Signal Strength Indicator (Anzeige der Signal-feldstärke)
RSVP	Resource ReSerVation Protocol
RTCON	Real Time Connection
RTP	Real Time Protocol
RTS	Request to Send
RTT	Radio Transmission Technology
RX	Receiver

S

SAP	Service Access Points
SAR	Segmentation and Reassembly
SCF	Service Control Function
SCO	Synchronous Connection Oriented
SD	Service Discovery
SDAP	Service Discovery Application Protocol
SDCCH	Standalone Dedicated Control Channel
SDDB	Service Discovery Database

SDF	Service Data Function
SDP	Service Discovery Protocol
SDSL	Symmetrical Digital Subscriber Line
SeP	Serial Port (serielle Schnittstelle)
SEQN	Sequential Numbering (fortlaufende Nummerierung)
SET	Secure Electronic Transactions
SIG	Special Interest Group
SIM	Subscriber Identity Module
SIR	Serial Infrared
SLP	Service Location Protocol
SMS	Short Messaging Service (Kurzmitteilungsdienst)
SNA	Systems Network Architecture
SPA	Self Provided Applications (lizenzfreie Anwendungen)
SPP	Serial Port Profile
SRES	Signed Response
SrvDscApp	Service Discovery Application
SS	Supplementary Services
SSF	Service Switching Function
SSI	Signal Strength Indication (Feldstärkenanzeige)
SSL	Secure Sockets Layer; Service Security Level
SUT	System Under Test
SWAP	Shared Wireless Access Protocol

T

TACS	Total Access Communications System
TAE	Terminal Adapter Equipment
TBD	To Be Defined (noch nicht definiert)
TC	Test Control
TCI	Test Control Interface
TCP/IP	Transmission Control Protocol/Internet Protocol
TCP/UDP	Transmission Control Protocol/User Datagram Protocol
TCS	Telephony Control Specification
TCS BIN	Telephony Control Specification Binary
TDD	Time Division Duplex
TDM	Time Division Multiplexing
TDMA	Time Division Multiple Access
TIA	Telecommunications Industry Association
TL	Terminal
TLo	Terminal Originating a Call

TLT	Terminal Terminating a Call
TMN	Telecommunications Management Network
TS	Technical Specification
TTP	Tiny Transport Protocol
TX	Transmit

U

UA	User Asynchronous
UAP	Upper Address Part
UART	Universial Asynchronous Receiver-Transmitter
UC	User Control
UDP	User Datagram Protocol
UDP/IP	User Datagram Protocol/Internet Protocol
UI	User Interface (Benutzerschnittstelle); User Isochronous
UIAC	Unlimited Inquiry Access Code
UMTS	Universal Mobile Telecommunications System
US	User Synchronous
USB	Universal Serial Bus
UTRA	UMTS Terrestrial Radio Access
UUID	Universally Unique Identifier
UWCC	Universal Wireless Communications Consortium

V

VBR	Variable Bit Rate
VCR	Video Cassette Recorder
VFIR	Very Fast Infrared
VGA	Video Graphics Array

W

W-CDMA	Wideband Code Division Multiple Access
WAE	Wireless Application Environment
WAN	Wide Area Network
WAP	Wireless Application Protocol
WEP	Wired Equivalent Privacy
WID	Wireless Information Device

WIMS	Wireless Multimedia and Messaging Services
WLL	Wireless Local loop
WML	Wireless Markup Language
WRC	World Radio Conference (Weltfunkkonferenz)
WSP	Wireless Session Protocol
WTLS	Wireless Transport Layer Security
WTP	Wireless Transport Protocol
WUG	Wireless User Group

X

XML	eXtensible Markup Language
XOFF	Transmitter Off
XON	Transmitter On

Index

i